C0-AOK-934

Jochen Vollmer

Geschichtliche Rückblicke und Motive in der Prophetie des Amos, Hosea und Jesaja

Jochen Vollmer

Geschichtliche Rückblicke und Motive in der Prophetie des Amos, Hosea und Jesaja

Walter de Gruyter & Co.
Berlin 1971

Beiheft zur Zeitschrift für die alttestamentliche Wissenschaft
Herausgegeben von Georg Fohrer

119

Printed in Germany
Satz und Druck: Walter de Gruyter & Co.
Archiv-Nr. 3822703

Vorwort

Die vorliegende Untersuchung wurde im Sommer-Semester 1969 von der Theologischen Fakultät der Friedrich-Alexander-Universität Erlangen-Nürnberg als Dissertation angenommen. Für den Druck wurde sie nur geringfügig an wenigen Stellen überarbeitet.

Ich habe vielfach zu danken: meinem Lehrer, Herrn Prof. D. Dr. Georg Fohrer DD DD, der das Entstehen der Arbeit mit seinem freundlichen Rat begleitete und förderte und sie in die Reihe der Beihefte zur ZAW aufgenommen hat; Herrn Prof. D. Friedrich Baumgärtel, der das Koreferat übernahm; Frau Hildegard Hiersemann für das Schreiben des Manuskripts.

Oberndorf/Neckar, im August 1970 Jochen Vollmer

Inhaltsverzeichnis

Verzeichnis der Abkürzungen

AAA	Acta Academia Aboensis, Åbo.
ALUOS	The Annual of Leeds University Oriental Society, Leiden.
ARW	Archiv für Religionswissenschaft, Leipzig/Berlin.
ATD	Das Alte Testament Deutsch, Göttingen.
AThANT	Abhandlungen zur Theologie des Alten und Neuen Testaments, Zürich/Stuttgart.
AzTh	Arbeiten zur Theologie, Stuttgart.
BA	Die Botschaft des Alten Testaments, Stuttgart.
BBB	Bonner Biblische Beiträge, Bonn.
BC	Biblischer Commentar über das Alte Testament, Leipzig.
BEvTh	Beiträge zur evangelischen Theologie, München.
BFChTh	Beiträge zur Förderung christlicher Theologie, Gütersloh.
BHH	Biblisch-Historisches Handwörterbuch, herausgegeben von B. Reicke und L. Rost, Göttingen, I 1962, II 1964, III 1966.
BHK	Biblia Hebraica, ed. R. Kittel, Stuttgart.
Bibl	Biblica, Rom.
BK	Biblischer Kommentar. Altes Testament, Neukirchen-Vluyn.
BRL	K. Galling, Biblisches Reallexikon, HAT I/1, 1937.
BWANT	Beiträge zur Wissenschaft vom Alten und Neuen Testament, Stuttgart.
BZAW	Beihefte zur Zeitschrift für die Alttestamentliche Wissenschaft, (Gießen) Berlin.
CAT	Commentaire de l'Ancien Testament, Neuchâtel.
EB	Études Bibliques, Paris.
EvTh	Evangelische Theologie, München.
FRLANT	Forschungen zur Religion und Literatur des Alten und Neuen Testaments, Göttingen.
GB	W. Gesenius—F. Buhl, Hebräisches und Aramäisches Handwörterbuch über das Alte Testament, Berlin/Göttingen/Heidelberg 1915[17].
GK	Wilhelm Gesenius' Hebräische Grammatik völlig umgearbeitet von E. Kautzsch, Leipzig 1909[28].
GPM	Göttinger Predigt-Meditationen, Göttingen.
GSt	Gesammelte Studien zum Alten Testament.
HAT	Handbuch zum Alten Testament, Tübingen.
HK	Göttinger Handkommentar zum Alten Testament, Göttingen.
HS	Die Heilige Schrift des Alten Testaments, Bonn.
HSAT	Die Heilige Schrift des Alten Testaments, herausgegeben von E. Kautzsch und A. Bertholet, Tübingen.
HUCA	Hebrew Union College Annual, Cincinnati (Ohio).

ICC	The International Critical Commentary on the Holy Scriptures of the Old and New Testament, Edinburgh.
IntB	The Interpreter's Bible, New York/Nashville.
JBL	Journal of Biblical Literature, (New York, New Haven/Philadelphia.
JThSt	Journal of Theological Studies, Oxford.
KAT	Kommentar zum Alten Testament, Leipzig.
KAT^2	Kommentar zum Alten Testament, Gütersloh.
KBL	L. Koehler—W. Baumgartner, Lexicon in Veteris Testamenti Libros, Leiden 1958.
KBL^3	L. Koehler† und W. Baumgartner, Hebräisches und Aramäisches Lexikon zum Alten Testament, 3. Auflage neu bearbeitet von W. Baumgartner unter Mitarbeit von B. Hartmann und E. Y. Kutscher, Lieferung I א—טֶבַח, Leiden 1967.
KeH	Kurzgefaßtes exegetisches Handbuch zum Alten Testament, Leipzig.
KHC	Kurzer Hand-Kommentar zum Alten Testament, Tübingen und Leipzig.
NKZ	Neue Kirchliche Zeitschrift, (Erlangen und Leipzig) Leipzig.
OTS	Oudtestamentische Studien, Leiden.
RGG	Die Religion in Geschichte und Gegenwart, Tübingen.
RHPhR	Revue d'Histoire et de Philosophie Religieuses, Paris.
RSV	Revised Standard Version.
SAT	Die Schriften des Alten Testaments in Auswahl neu übersetzt und für die Gegenwart erklärt, Göttingen.
SZ	Kurzgefaßter Kommentar zu den heiligen Schriften Alten und Neuen Testamentes sowie zu den Apokryphen, herausgegeben von H. Strack und O. Zöckler, München.
ThB	Theologische Bücherei. Neudrucke und Berichte aus dem 20. Jahrhundert, München.
ThGl	Theologie und Glaube, Paderborn.
ThLZ	Theologische Literaturzeitung, Leipzig/Berlin.
ThR	Theologische Rundschau, Tübingen.
ThStKr	Theologische Studien und Kritiken, (Hamburg, Gotha, Leipzig) Berlin.
ThViat	Theologia Viatorum, Berlin.
ThW	Theologisches Wörterbuch zum Neuen Testament, begründet von G. Kittel. In Verbindung mit zahlreichen Fachgenossen herausgegeben von G. Friedrich, Stuttgart.
ThZ	Theologische Zeitschrift, Basel.
UUA	Uppsala Universitets Årsskrift, Uppsala.
VT	Vetus Testamentum, Leiden.
VTSuppl	Supplements to Vetus Testamentum, Leiden.
WMANT	Wissenschaftliche Monographien zum Alten und Neuen Testament, Neukirchen-Vluyn.
ZAW	Zeitschrift für die Alttestamentliche Wissenschaft, (Gießen) Berlin.
ZDPV	Zeitschrift des Deutschen Palästina-Vereins, (Leipzig, Stuttgart) Wiesbaden.
ZThK	Zeitschrift für Theologie und Kirche, Tübingen.

EINLEITUNG

Die Propheten beziehen sich immer wieder auf die Vergangenheit zurück, sei es, daß sie Überblicke über die bisherige Geschichte Israels oder Rückblicke auf größere Zeiträume, sei es, daß sie Anspielungen auf Einzelereignisse ihrer Verkündigung eingliedern. Die Untersuchung dieser geschichtlichen Rückblicke und Motive ist Gegenstand dieser Arbeit. Dabei sind verschiedene Fragen zu stellen. Welches Geschichtsbild läßt sich auf Grund der Aussagen über die Vergangenheit bei den einzelnen Propheten erheben? Wie sehen sie die Geschichte Israels? Sodann ist zu fragen nach den Gattungen, die Rückbezüge auf die Vergangenheit enthalten. Welchen Ort haben die Rückblicke und Motive im Aufbau der Redeeinheiten, wie sind sie den anderen Aussagen in diesen Redeeinheiten zuzuordnen und welche Funktion ergibt sich schließlich für die Rückbezüge hinsichtlich des Zieles der einzelnen Prophetenworte? Was wollen die Propheten mit ihren Geschichtsbetrachtungen und den zahlreichen Anspielungen auf vergangene Ereignisse sagen? Welches Interesse haben sie an der Geschichte?

Ein weiterer Schritt ist dann die Frage nach dem Verhältnis der Propheten zur Tradition. Diese Frage beschränkt sich bewußt auf geschichtliche Traditionen, klammert also alle anderen Überlieferungen aus, seien sie nun kultischer, rechtlicher oder sonstiger Art. Hier geht es einmal darum festzustellen, auf welche Traditionen sich die Propheten bezogen haben, zum anderen um die Frage nach der Art der Verwendung dieser Traditionen. Tradition und Funktion sind streng auseinanderzuhalten[1]. Daß die Propheten Traditionen überkommen haben, ist gar keine Frage — sie waren ja Glieder des Volkes Israel, das seine Geschichte hatte —, strittig ist aber, welcher Stellenwert der Tradition in ihrer Verkündigung zukommt, ob und wieweit sie sich von der Tradition her verstehen, wie sich das an sie ergehende Jahwewort zur Tradition verhält.

Die Frage nach der Funktion der Tradition in der Verkündigung der Propheten möchte ein Beitrag sein zum Verständnis der Einzelpropheten des 8. Jh. Im zweiten Band seiner Theologie des Alten Testaments[2] hat G. v. Rad mit großem Nachdruck die These vertreten, daß die Propheten des 8. Jh. in den drei Traditionskomplexen der Exodus-, Zion- und Davidtradition wurzeln und von ihnen her zu

[1] Siehe hierzu besonders G. Fohrer, Tradition und Interpretation im Alten Testament, ZAW 73 (1961), 1—30.

[2] 1965[4], 135—181. 182—194.

verstehen sind: »Wir sahen, wie tief sie (sc. die Propheten) in den religiösen Überlieferungen ihres Volkes wurzeln, wahrscheinlich viel tiefer als irgend einer ihrer Zeitgenossen; man könnte ja fast das Ganze ihrer Verkündigung als ein einziges aktualisierendes Gespräch mit der Überlieferung bezeichnen«[3]. Diese These, die sich eng an E. Rohland[4] anlehnt und noch andere Vorläufer hat[5], hat ebenso Zustimmung[6] wie heftigen Widerspruch erfahren[7]. G. Fohrer stellt es keineswegs in Abrede, daß die Propheten ältere Traditionen gekannt und verwendet haben, doch fordert er entschieden, »daß außer der verwendeten Tradition auch die Art ihrer Interpretation berücksichtigt werden muß«[8]. Mit der Frage nach der Doppelheit von Tradition und Interpretation ist G. Fohrer ebenso entfernt von dem Verständnis der Propheten als schöpferischer Persönlichkeiten, wie es etwa von B. Duhm klassisch vertreten wurde[9], wie von der einseitig traditionsgeschichtlichen Sicht der Propheten durch G. v. Rad. Ist man sich heute in der Ablehnung von B. Duhms Verständnis der Propheten einig, so erfordert doch der Unterschied des Stellenwertes, den man der Tradition in der Verkündigung der Propheten zumißt, einen Versuch der Klärung. Dieser Versuch hat Aussicht auf Erfolg nur, wenn

---

[3] Theologie II 183.

[4] E. Rohland, Die Bedeutung der Erwählungstraditionen Israels für die Eschatologie der alttestamentlichen Propheten, Diss. Heidelberg 1956.

[5] M. Noth, Jerusalem und die israelitische Tradition, OTS 8, 1950, 28—46, bes. 39—45 (wieder abgedruckt in: M. Noth, Gesammelte Studien zum Alten Testament, ThB 6, 1960², 172—187, bes. 181—186); H. Schmid, Jahwe und die Kulttraditionen von Jerusalem, ZAW 67 (1955), 168—197; siehe auch H. W. Wolff, Das Thema »Umkehr« in der alttestamentlichen Prophetie, ZThK 48 (1951), 129—148, bes. 136 (wieder abgedruckt in: H. W. Wolff, Gesammelte Studien zum Alten Testament, ThB 22, 1964, 130—150, bes. 137): »die prophetische Rede von der Umkehr Israels zu Jahwe wurzelt in der Tradition von der Frühzeit Israels, in der Jahwes grundlegende Heilstaten und die Offenbarung seines Rechtes für Israel geschahen.«

[6] Durch R. Rendtorff, Tradition und Prophetie, ThViat 8 (1961/1962), 1962, 216—226; ders., Geschichte und Wort im Alten Testament, EvTh 22 (1962), 621—649, bes. 637—642; in bezug auf Jesaja durch J. Schreiner, Sion-Jerusalem Jahwes Königssitz. Theologie der Heiligen Stadt im Alten Testament, 1963, 243—270; J. H. Hayes, The Tradition of Zion's Inviolabilit , JBL 82 (1963), 419—426, bes. 424—426; H. Wildberger, Jesaja, BK X, 1965ff.; H.-M. Lutz, Jahwe, Jerusalem und die Völker, WMANT 27, 1968.

[7] Besonders durch G. Fohrer, Remarks on Modern Interpretation of the Prophets, JBL 80 (1961), 313—315 (deutsch: Bemerkungen zum neueren Verständnis der Propheten in: G. Fohrer, Studien zur alttestamentlichen Prophetie, 1949—1965, BZAW 99, 1967, 24—26); ders., Prophetie und Geschichte, ThLZ 89 (1964), 495f. (= Studien, 1967, 285f.); G. Wanke, Die Zionstheologie der Korachiten in ihrem traditionsgeschichtlichen Zusammenhang, BZAW 97, 1966, 113ff.

[8] G. Fohrer, Tradition und Interpretation, 25.

[9] B. Duhm, Israels Propheten, 1922², 3—8.

er von einer eingehenden Analyse der einzelnen Texte ausgeht, die geschichtliche Rückblicke und Motive enthalten. Die Konzeption G. v. Rads ist durch das Fehlen dieser Voraussetzung stark belastet. Dies macht sich vor allem auch darin geltend, daß die literarkritische Methode bei ihm so gut wie keine Rolle mehr spielt. G. v. Rad zögert keinen Augenblick, in ihrer Authentizität so fragwürdige Texte wie Am 9 11-15 Jes 9 1-6 und 11 1-9 Amos bzw. Jesaja zuzuschreiben, obwohl er sich der Spannung dieser Texte zur Verkündigung des betreffenden Propheten wohl bewußt ist. Der Verzicht auf Sachkritik, die durch solche Spannungen und Widersprüche gefordert wäre, wird G. v. Rad ermöglicht gerade durch sein Vor-Urteil, das das Verhältnis der Propheten zur Tradition vorwegnimmt. Auf die Begründung dieses Vor-Urteils käme aber zunächst alles an. Zu dem umstrittenen Amosschluß urteilt G. v. Rad: »Am Ende des Buches Amos steht die Weissagung von der künftigen Wiederaufrichtung der baufälligen ‚Hütte' Davids (Am 9 11f.). Ihre Echtheit ist stark angezweifelt und mußte es wohl sein, solange man die Prophetie des Amos als den Niederschlag einer Art von ‚prophetischer Religion', eines Ringens und einer persönlichen Überzeugung ansah. War sie das, dann konnte man wohl erwarten, daß sie sich von großen Selbstwidersprüchen freihielt. Anders aber sieht die Sache aus, wenn wir in den Propheten Männer sehen, die zu ganz bestimmten sakralen Überlieferungen, wie sie im Volk lebendig waren, das Wort nahmen; ja, wenn wir ihre ganze Verkündigung als ein einziges kritisches oder neu aktualisierendes Gespräch mit diesen alten, ihnen vorgegebenen Überlieferungen ansehen«[10].

Die zweite Belastung des Vorgehens G. v. Rads liegt darin, daß die Frage nach dem Verhältnis des an die Propheten ergehenden Jahwewortes zu den ihnen vorgegebenen Traditionen nicht explizite gestellt wird[11]. Weil das jetzt an die Propheten ergehende Jahwewort gegenüber ihrer Bestimmtheit durch die Traditionen zu kurz kommt, kann man sich nur schwer des Eindrucks erwehren, die Propheten seien eine Art Prediger, die »sich als Sprecher und aktuelle Interpreten alter und altbekannter sakraler Traditionen verstanden«[12].

---

[10] Theologie II 144.

[11] W. Zimmerli stellt in seiner Besprechung der Theologie G. v. Rads, VT 13 (1963), 108f., »sehr dringlich die Frage, ob diese entschlossen traditionsgeschichtliche Sicht der Propheten die eigentliche Mitte und verborgene Einheit ihrer Botschaft voll zu Gesicht zu bringen vermag«, und äußert den Wunsch, es möchte doch nach dem »*einen* Wort Gottes im Rahmen des theologischen Zusammendenkens noch ausdrücklicher gefragt und das Wort in den Worten mitten unter der traditionsgeschichtlichen Bestimmtheit des Einzelpropheten entschiedener zur Geltung gebracht werden« (Hervorhebung von Zimmerli).

[12] G. v. Rad, Theologie, II 181.

So erhebt sich erneut die Frage: Wer waren die Propheten? Auch R. Knierim hat neuerdings diese Frage wieder gestellt: »The opinion was held for a long time that the prophets were the great innovators, the real founders of the official religion of Israel. However, new research during the last generation has shown that this is not true, but that the prophets were dependent on many ancient traditions of Israel to a great extent. But at this point, the question arises again: Who were the prophets? Were they representatives, messengers, rejuvenators of the old traditions?« Und R. Knierim antwortet: »Indead they were! But does their uniqueness consist in this fact? This question must be posed if the question of the uniqueness of the prophets is to be researched. Therefore we must make inquiries regarding the relations between the old and the new in the prophets. And we must turn to the question of the special motives of their appearance«[13]. Es ist nicht zu bestreiten, daß, wer nach der Einzigartigkeit der Propheten fragt, nach den speziellen Motiven ihres Auftretens fragen muß und das Verhältnis von alt und neu in ihrer Verkündigung zu untersuchen hat. Aber auch R. Knierim geht von der Voraussetzung aus, daß der Umfang der prophetischen Verkündigung bereits feststeht. Aus diesem Grunde ist auch bei ihm die literarkritische Frage faktisch gegenstandslos, überholt[14]. Dabei sind die Probleme, die die literarkritische Schule vor dem ersten Weltkrieg aufgeworfen hat, in Vergessenheit geraten, bevor sie überhaupt ernsthaft zur Kenntnis genommen, geschweige denn gelöst wurden[15]. Das gegenwärtige methodische Übergewicht der Traditionsgeschichte über die Literarkritik mutet bisweilen wie ein Rückfall in ein vorkritisches Stadium der Auslegung an. In der Einseitigkeit ihrer Verwendung ist die traditionsgeschichtliche Arbeitsweise weit entfernt, eine Methode zu sein. Solange die Verfasserfrage nicht geklärt ist, ist die Frage nach den Traditionen — so subtil sie immer gestellt sein mag — verfrüht. Denn erst, wenn ermittelt ist, welche Worte von Amos, Hosea oder Jesaja stammen, ist es berechtigt und sinnvoll zu fragen, welche Traditionen sie verarbeitet haben. Die Mißachtung der literarkriti-

---

13 R. Knierim, The vocation of Isaiah, VT 18 (1968), 48.

14 Jes 29 1-8 und 31 4-5 werden ihres uneinheitlichen Charakters zum Trotz in ihrer Ganzheit fraglos für Jesaja in Anspruch genommen. Gerade hier müßte sich aber entscheiden, ob Jesaja wirklich »has actualized to a great extent and in its purest form the old tradition of the Holy War, saying that Jahwe would ascend to Zion in a great expedition to protect it«, R. Knierim, The vocation of Isaiah, 66.

15 Einen nicht geringen Anteil an diesem methodischen Schwundprozeß hat O. Procksch, Jesaia I, KAT IX, 1930, der mit pauschalen Sätzen wie »Die Gegengründe ... sprachlicher ... wie sachlicher Art sind so fadenscheinig, daß sie neuerdings auch bei den Skeptikern ihr Gewicht verlieren« (151) die Einwände gegen jesajanische Verfasserschaft einfach abtut.

schen Methode kann nur zu einem heillosen, weil harmonisierenden Verständnis so auseinanderstrebender Worte führen, wie sie nun einmal im Laufe ihrer Überlieferungsgeschichte in die Prophetenbücher — besonders in das des ersten Jesaja — aufgenommen wurden. Statt die Literarkritik einfach zu überspringen, müßte die Traditionsgeschichte sie ergänzen und weiterführen. Sollte die traditionsgeschichtliche Fragestellung z. B. ergeben, daß zwei nach literarkritischen Gesichtspunkten Jesaja zuzuschreibende Texte in der Verwendung der Tradition entgegengesetzte Wege gehen, dann wäre damit jesajanische Verfasserschaft erneut in Frage gestellt. Für das Verständnis eines prophetischen Textes ist nun einmal die Situation, aus der heraus und in die hinein er einst gesprochen wurde, konstitutiv. Es ist eben nicht gleichgültig, ob ein Text im 8. oder im 5. Jh. entstanden ist, weil die Situation den Text auslegt. Einen nachexilischen Text Jesaja zuschreiben heißt die je eigenen Konturen dieses Textes und der Verkündigung Jesajas verwischen. Es ist auch nicht gleichgültig, ob eine Texteinheit als ganze von einem Propheten stammt oder ob sie mit sekundären Zusätzen von Schülern, Sammlern oder wem auch immer versehen auf uns gekommen ist. Denn es hat sich immer wieder gezeigt, daß Tradenten die Worte derer, die sie weitergaben, mißverstanden, ja sogar in ihr Gegenteil verkehrten. Dabei ist die Uminterpretation häufig durch die Tradenten intendiert. Sie wollen durch Zusätze den damaligen Text in ihrer Situation zum Sprechen bringen. Das relative Recht und vielleicht sogar die Notwendigkeit solcher Vergegenwärtigung mag unbestritten sein, auf die Frage nach dem ursprünglichen Wort der Propheten können wir nur verzichten um den Preis des Verständnisses der Propheten und ihrer Worte selbst. Die Vorfrage nach dem ursprünglichen Wort bei den einzelnen Propheten nimmt darum in dieser Arbeit einen verhältnismäßig breiten Raum ein[16].

---

[16] Die methodischen Überlegungen, im besonderen die Zuordnung von literarkritischer und traditionsgeschichtlicher Methode, sind alles andere als neu; siehe hierzu G. Fohrer, Einleitung in das Alte Testament, 1969[11], 26—31. Daß sie aber dennoch nicht überflüssig sind, wird erneut bestätigt durch R. Rendtorff, Literarkritik und Traditionsgeschichte, EvTh 27 (1967), 138—153. Der von R. Rendtorff unternommene Versuch, in der Methodenfrage zwischen Literarkritik und Traditionsgeschichte, zwischen Deutschland, der »Urheimat der Literarkritik«, und Skandinavien zu vermitteln, kann nicht als gelungen bezeichnet werden. Niemand bestreitet heute, daß auch die späteren Texte und sekundären Bestandteile Aufmerksamkeit verdienen. Siehe z. B. G. Fohrer, Das Buch Jesaja, I Kapitel 1—23, 1966[2], 138, den R. Rendtorff wiederholt als Kronzeugen der Literarkritik anführt, zu Jes 9 1-6: »Vor allem gehört das Wort seinem Inhalt nach zur nachexilischen eschatologischen Prophetie; durch diese Einordnung wird seiner Größe und Bedeutung nichts genommen.« Wie soll man es verstehen, daß es heute »dabei nicht mehr einfach um eine

Die Arbeit beschränkt sich bewußt auf die Frage nach der Bedeutung der vergangenen Geschichte in der Verkündigung der Propheten. Es liegt nicht in ihrer Absicht, die Deutungen darzulegen, die das Gesamtphänomen Geschichte durch die Propheten erfahren hat[17]. Diese Beschränkung teilt sie weitgehend mit den Monographien von O. Procksch[18] und J. Rieger[19]. Während aber O. Procksch die Geschichtsbetrachtungen der einzelnen Propheten im ersten Teil systematisch darlegt[20] und im zweiten Teil die geschichtlichen Erinnerungen im Vergleich mit der Sagengeschichte des Hexateuch und der Geschichtsüberlieferung der Richter- und Königszeit behandelt, wobei er der Chronologie der Motive und Ereignisse folgt, geht J. Rieger zunächst den einzelnen Stellen nach, die geschichtliche Anspielungen enthalten, um dann »Die allgemeine Geschichtsauffassung« bzw. »Die allgemeine Geschichtsbetrachtung« von Amos und Hosea systematisch darzustellen. Dem Vorgehen J. Riegers ist methodisch grundsätzlich der Vorzug zu geben. Doch muß eine neue Untersuchung der Geschichtsbetrachtung der Propheten die geschichtlichen Anspielungen in ihrem Kontext sehen, weil Zweck und Funktion der Erinnerungen für die atomistische Betrachtungsweise dunkel bleiben. Im Unterschied zu den Monographien von O. Procksch und J. Rieger verzichtet diese Arbeit auf die Frage nach den Überlieferungen, aus denen die Propheten ihre Kenntnis der Vergangenheit gewonnen haben[21]. Da bloße Vermutungen nicht befriedigen, hätte diese Frage den Rahmen der Untersuchung ins Unabsehbare geweitet.

Alternative zwischen ‚ursprünglich‘ und ‚sekundär‘, zwischen ‚echt‘ und ‚unecht‘« geht, daß wir uns aber dennoch »die Frage nach den ‚ipsissima verba‘ der Propheten nicht methodisch verbieten« lassen (145)? Auf die Frage der methodischen Zuordnung von Literarkritik und Traditionsgeschichte gibt R. Rendtorff keine Antwort. Im Grunde hat auch bei ihm die Traditionsgeschichte den klaren Vorrang.

[17] Siehe dazu H. W. Wolff, Das Geschichtsverständnis der alttestamentlichen Prophetie, EvTh 20 (1960), 218—235 (=GSt, ThB 22, 1964, 289—307); H. Wildberger, Jesajas Verständnis der Geschichte, VTSuppl 9, 1963, 83—117.

[18] O. Procksch, Geschichtsbetrachtung und geschichtliche Überlieferung bei den vorexilischen Propheten, 1902.

[19] J. Rieger, Die Bedeutung der Geschichte für die Verkündigung des Amos und Hosea, 1929.

[20] Er entfaltet die Geschichtsbetrachtung des Amos von der Idee der Gerechtigkeit her: »So entwickelt sich die Idee der Gerechtigkeit, die ihren Inhalt aus der besonderen geistigen Religion Israels empfing, durch den Begriff der Notwendigkeit hindurch zum universalen Prinzip der Geschichte; auch die Betrachtung der Weltgeschichte bei Amos ist von ihr beherrscht« (11). Bei Hosea ist es die Idee der »Notwendigkeit der Liebe«, die er durch die Geschichte Israels hindurch wirksam sieht (18) und bei Jesaja schließlich »die weltgeschichtliche und die nationale Idee« (32).

[21] Ebenso A. Lauha, Die Geschichtsauffassung der Propheten Israels, Theologia Fennica, 1939, 2f.

Schließlich sei noch ein Wort zur »Auswahl« der geschichtlichen Erinnerungen gesagt. Mancher wird die Behandlung des einen oder anderen Motivs vermissen und da keine Anspielung sehen, wo hier eine vermutet wird. Das liegt in der Natur der Sache. Für die zeitgenössischen Hörer der Propheten mag auch die flüchtigste Anspielung unmittelbar verständlich gewesen sein, während sie uns völlig entgeht, weil unsere Kenntnis der Geschichte Israels, besonders aber der israelitischen Lokalgeschichte mehr als lückenhaft ist.

1. KAPITEL: AMOS

Die Zahl der geschichtlichen Anspielungen und Motive ist im Amosbuch im Gegensatz etwa zu Hosea und Jesaja auf einen Blick überschaubar. Das liegt nicht nur und nicht in erster Linie am geringen Umfang des Amosbuches — das Hoseabuch umfaßt nur fünf Kapitel mehr, weist dabei aber ein Vielfaches an geschichtlichen Rückbezügen gegenüber dem Amosbuch auf —, sondern diese zahlenmäßige Überschaubarkeit spiegelt die verhältnismäßig geringe Bedeutung wider, die die Vergangenheit in der Verkündigung des Amos hat.

Neben den wenigen Einzelanspielungen auf Ereignisse der Geschichte Israels in 3 1f. 5 25 und 9 7 sind es vor allem die exemplarische Geschichtsbetrachtung 4 6-12 und die Erweiterung der Anklage 2 9-12 in der Israelstrophe des großen Völkergedichtes, die einen Einblick geben in die Geschichtsauffassung des Amos und die Funktion der geschichtlichen Rückblicke in seiner Verkündigung. Es läßt sich nämlich auf Grund des Zusammenhangs, in dem die geschichtlichen Anspielungen stehen, zeigen, daß sie nicht Selbstzweck, sondern der Mitte der Verkündigung des Amos zugeordnet sind.

Ist die Echtheit und Einheitlichkeit von 4 6-12 kaum bestritten[1], so erweckt 2 9-12 in dieser Hinsicht große Bedenken. Damit ist die erste Schwierigkeit genannt, mit der die Darstellung der Geschichtsbetrachtung des Amos sich auseinandersetzen muß: Die Verfasserschaft des Amos ist in einigen Texten, in denen geschichtliche Anspielungen vorliegen, zweifelhaft. Das Amosbuch hat eine oder mehrere Redaktionen erfahren, in denen die Verkündigung des Amos aktualisiert wurde[2]. Spuren dieser Redaktion finden sich gerade in den geschichtlichen Rückbezügen.

Eine weitere Schwierigkeit, das Geschichtsverständnis des Amos zu erfassen, besteht darin, daß die Worte 3 2 und 9 7 aus der Diskussion stammen und die Geschichtsauffassung der Hörer widerspiegeln, die Amos gerade verneint. Es ist nun — besonders in 3 2 — nicht ohne weiteres klar, ob Amos zitiert und, wenn ja, in welchem Sinne er dies tut.

---

[1] Soweit ich sehe, wird sie nur von L. Köhler, Amos, Schweizerische Theologische Zeitschrift 34 (1917), 156 (»stärkste Bedenken«, »mutet mich ausgesprochen deuteronomistisch an«); V. Maag, Text, Wortschatz und Begriffswelt des Buches Amos, 1951, S. 23f.; zuletzt aber auch von H. W. Wolff, Dodekapropheton Amos, BK XIV/6, 1967, 120. 136, angezweifelt, doch sind die Gründe m. E. nicht durchschlagend.

[2] Siehe besonders W. H. Schmidt, Die deuteronomistische Redaktion des Amosbuches. Zu den theologischen Unterschieden zwischen dem Prophetenwort und seinem Sammler, ZAW 77 (1965), 168—192.

Es empfiehlt sich, von der exemplarischen Geschichtsbetrachtung 4 6-12 auszugehen. Das breit angelegte, streng aufgebaute Gedicht vermittelt den besten Eindruck von der Eigenwilligkeit des Amos, die Geschichte Israels zu betrachten. Daran anschließend soll die Erweiterung der Anklage in der Israelstrophe untersucht werden. Ein weiteres Kapitel bilden die Anspielungen in den Diskussionsworten 3 2 und 9 7. Das umstrittene Wort von der sog. »opferlosen Wüstenzeit« 5 25 soll als letztes geschichtliches Motiv nur mehr gleichsam als Anhang behandelt werden, da die Gründe, die gegen die Autorschaft des Amos sprechen, überwiegen. Das Schlußkapitel »Die Geschichtsbetrachtung des Amos und sein Verhältnis zur Tradition« zieht die Folgerungen aus den exegetischen Einzelbeobachtungen.

I. Am 4 4-12: eine exemplarische Geschichtsbetrachtung

4 Kommt nach Betel und frevelt,
nach Gilgal, frevelt noch mehr! 3+3
Bringt am Morgen eure Schlachtopfer dar,
am dritten Tag euren Zehnten. 3+3
5 Laßt[a] vom Gesäuerten in Rauch aufgehen Dankopfer
und ruft hörbar freiwillige Gaben aus, 3+3
denn so liebt ihr es ja,
ihr Israeliten.
Ausspruch Jahwes[b] 2+2+2

6 Dabei war ich es doch[c], der euch gegeben hat
Reinheit der Zähne in allen euren Städten 3+3
und Mangel an Brot an allen euren Orten.
Doch ihr seid nicht umgekehrt bis zu mir.
Ausspruch Jahwes 4+3
7 Ich[d] habe euch den Regen verweigert (. . .)[e],
8 so daß wankten zwei, drei Städte 3+3?
zu einer Stadt, um Wasser zu trinken (. . .)[f].
Doch ihr seid nicht umgekehrt bis zu mir.
Ausspruch Jahwes 4+3
9 Ich habe euch geschlagen mit Getreidebrand und Getreiderost,
ich habe verwüstet[g] eure Gärten und Weinberge, 4+3
und eure Feigen- und Ölbäume fraß die Heuschrecke.
Doch ihr seid nicht umgekehrt bis zu mir.
Ausspruch Jahwes 4+3
10 Ich sandte unter euch die Pest (. . .)[h],
ich tötete eure Jungmannschaft mit dem Schwert (. . .)[i]. 3+3
Ich ließ aufsteigen den Gestank eurer Heerlager in eure Nasen[j].
Doch ihr seid nicht umgekehrt bis zu mir.
Ausspruch Jahwes 4+3
11 Ich habe unter euch zerstört . . .[k]
wie die Zerstörung von Sodom und Gomorra[l]. 3+3

Ihr ward wie ein Holzscheit, das aus dem Brand herausgerissen [wurde.
Doch ihr seid nicht umgekehrt bis zu mir.
Ausspruch Jahwes 4+3
12 Darum werde ich so an dir handeln, Israel
.................................[m]

[a] Lies mit J. Wellhausen[3] u. a. in Anlehnung an die sonstigen pluralischen Imperative וְקַטְּרוּ.

[b] Die Schlußwendung נאם אדני יהוה ist wahrscheinlich eine Erweiterung der sonst bei Amos überwiegenden einfachen Formel נאם יהוה. Zudem fügt sich die Kurzform metrisch besser in v. 5b ein: 2+2+2 gegenüber 2+2+3.

[c] וגם hat hier adversative und betonende Funktion. Zur Hervorhebung wird גם gerade im Zusammenhang mit Personen häufig verwendet[4]. Mit der Auffassung von וגם hängt die Frage der Selbständigkeit von 4 6-12 bzw. der Zusammengehörigkeit mit 4 4-5 zusammen. Dazu siehe unten.

[d] Streiche וגם אנכי[5].

[e] V. 7 hat mehrere Erweiterungen erfahren. Die Zeitbestimmung 7aβ interpretiert 7aα als Ausbleiben des Spätregens. Entscheidend für den Wasservorrat ist aber nicht der Spätregen, sondern der anhaltende, starke Winterregen, der das Erdreich sättigt und die Zisternen füllt[6]. Daß das Ausbleiben des Winterregens in der zweiten Strophe gemeint ist, legt auch die Wortwahl nahe. גֶּשֶׁם bezeichnet den heftigen Regenguß, während das Hebräische für Frühregen und Spätregen gesonderte Wörter hat[7]. Die Zeitbestimmung kam deswegen in den Text, weil der Interpolator diese Plage mit der folgenden zusammensah[8]. — V. 7aγδ. b ist auf einen Glossator zurückzuführen, der v. 8 falsch verstand. Zwei, drei Städte wankten nicht deswegen zu einer Stadt, weil über der einen Stadt Regen fiel, über der anderen nicht — übrigens eine Einschränkung der allgemeinen Aussage von 7aα »ich verweigerte euch den Regen« —, sondern weil die eine Stadt über bessere Zisternen und damit einen größeren Wasservorrat verfügte als die anderen[9].

[f] Streiche mit B. Duhm[10] ולא ישבעו; die Wendung ist nichtssagend und überfüllt zudem das Metrum.

---

[3] J. Wellhausen, Die Kleinen Propheten, 1898³, 79.

[4] Vgl. hierzu C. J. Labuschagne, The emphasizing particle *gam* and its connotations, in: Festschrift Th. C. Vriezen, 1966, 199.

[5] A. Weiser, Die Profetie des Amos, BZAW 53, 1929, 166, bezieht die beiden einleitenden Wendungen וגם־אני bzw. וגם אנכי von v. 6 und v. 7 aufeinander und sieht in den beiden Versen das erste Strophenpaar. Bei den folgenden Strophen fehlen aber solche Einleitungen. Auffällig ist auch, daß v. 7 im Unterschied zu v. 6 die Langform אנכי hat. Die Einleitung ist eher in Anlehnung an das adversative וגם v. 6 entstanden, vgl. H. Guthe, Der Prophet Amos, in: E. Kautzsch—A. Bertholet, Die Heilige Schrift des Alten Testaments, II 1923⁴, 37.

[6] Siehe H. Hilderscheid, Die Niederschlagsverhältnisse Palästinas in alter und neuer Zeit, ZDPV 25 (1902), 67; H. W. Hertzberg, Art. Regen, BHH, III 1568—1571.

[7] Siehe KBL unter גֶּשֶׁם, יוֹרֶה, מַלְקוֹשׁ.

[8] Vgl. A. Weiser, Zu Amos 4 6-13, ZAW 46 (1928), 54.

[9] Siehe K. Marti, Das Dodekapropheton, KHC XIII, 1904, 183.

[10] B. Duhm, Anmerkungen zu den Zwölf Propheten, ZAW 31 (1911), 6.

g Lies mit J. Wellhausen[11] statt des inf. cs. הרבות von רבה die 1. pers. sg. pf. הֶחֱרַבְתִּי von חרב. Die finite Form der 1. sg. pf. herrscht in dem Gedicht vor.

h In בדרך מצרים sehe ich mit W. Nowack[12], K. Marti[13], E. Sievers—H. Guthe[14], R. S. Cripps[15] u. a. einen Zusatz. Der Halbvers 10a ist im Vergleich mit den anderen Stichen des Gedichts ungewöhnlich lang. Das empfindet auch A. Weiser[16], wenn er בדרך als Dittographie streicht. Doch wird der Begriff Dittographie dann überstrapaziert[17] und die Wendung בדרך מצרים aufgelöst. Sachlich ist es fraglich, ob בדרך מצרים schon zur Zeit des Amos sprichwörtlich gebraucht wurde. Der Ausdruck begegnet noch zweimal in Jes 10 24-27a, dem Wort eines eschatologischen Theologen der späten nachexilischen Zeit[18].

i Auch der zweite Stichos 10aβ fällt mit seinen fünf Hebungen zu lang aus. W. Nowack[19], K. Marti[20] und H. Guthe[21] haben הרגתי בחרב בחוריכם als Glosse ausgeschieden, weil die Tötung der kriegstüchtigen Mannschaft sich mit der Pest sachlich stoße. Es ist aber die Frage, ob Amos die einzelnen Plagen sachlich derartig scharf abgegrenzt wissen will. Zudem schließen sich Pest und Niederlage im Krieg keineswegs aus[22]. Durch die 1. pers. sg. pf. und durch die Parallelität zu 10aα erweist sich die mit הרגתי eingeleitete Wendung als ursprünglich. Stilistisch und sachlich viel größere Schwierigkeiten bereitet der Schluß von 10a עם שבי סוסיכם: »samt der Gefangennahme eurer Rosse«. Die Partikel עם verbindet in der Regel Gleichartiges[23]. Wozu sollte עם שבי סוסיכם aber parallel sein? Von הרגתי kann der Ausdruck kaum abhängen, denn warum sollten die gefangenen Pferde noch getötet werden? Die Abhängigkeit von שלחתי wäre aber stilistisch außergewöhnlich: »ich habe euch die Gefangennahme eurer Rosse gesandt« (?). עם שבי סוסיכם paßt nicht in den Zusammenhang und ist daher späterer Zusatz[24]. Selbst wenn man mit Zeijdner[25] für שבי

[11] A. a. O. (Anm. 3) 80.

[12] W. Nowack, Die kleinen Propheten, HK III/4, 1922³, 139.

[13] A. a. O. (Anm. 9) 183.

[14] E. Sievers—H. Guthe, Amos metrisch bearbeitet, Abhandlungen der philologisch-historischen Klasse der Königl. Sächsischen Gesellschaft der Wissenschaften, XXIII/3, Leipzig, 1907, 23.

[15] R. S. Cripps, A Critical and Exegetical Commentary on the Book of Amos, 1955², 174.

[16] A. Weiser, Das Buch der zwölf Kleinen Propheten I, ATD 24, 1963⁴, 153.

[17] Dittographie liegt erst nach Umstellung der Konsonanten vor.

[18] Siehe G. Fohrer, Das Buch Jesaja, I, Zürcher Bibelkommentare, 1966², 161; vgl. noch K. Marti, Das Buch Jesaja, KHC X, 1900, 106. 108.

[19] A. a. O. (Anm. 12) 139.

[20] A. a. O. (Anm. 9) 183.

[21] A. a. O. (Anm. 5) 37.

[22] Zum Nebeneinander von דֶּבֶר und חֶרֶב siehe R. Fey, Amos und Jesaja. Abhängigkeit und Eigenständigkeit des Jesaja, WMANT 12, 1963, 93.

[23] Vgl. R. S. Cripps a. a. O. (Anm. 15) 174.

[24] So auch E. Baumann, Der Aufbau der Amosreden, BZAW 7, 1903, 40; W. R. Harper, Amos and Hosea, ICC, 1953⁴, 100; O. Procksch, Die kleinen Prophetischen Schriften vor dem Exil, 1910, 75; R. S. Cripps a. a. O. (Anm. 15) 174; H. E. W. Fosbroke, The Book of Amos, IntB 6, 1956, 807.

[25] Zeijdner, Bijdragen der Tekstcritiek op het O. T., Theol. Stud. 1886, 196ff., 1888, 247ff. (nach V. Maag a. a. O. [Anm. 1] 22). Ihm sind gefolgt u. a. E. Sellin, Das Zwölfprophetenbuch, KAT XII, 1929²·³, 223; Th. H. Robinson—F. Horst, Das

צְבִי konjiziert, bleibt das formale Bedenken bestehen. Während die Strophen I—III und V aus je zwei Langversen bestehen, bestünde Strophe IV aus drei Langversen. Das ist unwahrscheinlich[26].

j Das ו vor באפכם macht dieses Wort verdächtig. Wohin sollte der Gestank denn aufsteigen, wenn nicht in die Nase, fragt mit Recht B. Duhm[27]. Andererseits zeigt der zweite Langvers jeder Strophe in der Regel 4+3 Hebungen: v. 6b 4+3, v. 9b 4+3, v. 11b 4+3. Daher wird man es mit dem Streichen des ו bewenden lassen[28].

k Wahrscheinlich ist im ersten Stichos etwas ausgefallen. הפך in der Bedeutung »umstürzen, zerstören« begegnet nur hier ohne Objekt[29]. Auch metrisch fehlt eine Hebung, da die Status-constructus-Verbindung כמהפכת אלהים nicht durch die Zäsur auseinandergerissen werden kann.

l Dagegen mutet der zweite Stichos etwas zu lang an. Es hat den Anschein, daß die Wendung erst später zu der Formel aufgefüllt worden ist, wie sie Jes 13 19 und Jer 50 40 begegnet. Zudem stört das אלהים in der Jahwerede.

m V. 12b ist sicher nicht ursprünglich. V. 12 muß einmal erhalten haben, was Jahwe Israel nach diesen vergeblichen Plagen tun wird[30]. Es ist kaum vorstellbar, daß ein solches Gedicht in das Mahnwort ausklingt: »Mache dich bereit, deinem Gott zu begegnen, Israel«. Nach der strengen Logik des Gedichtes ist in v. 12 nur die Ankündigung des Vernichtungsgerichtes zu erwarten. Nachdem die einzelnen Plagen, die partiellen Gerichte, nicht als Mahnungen zur Umkehr verstanden worden sind, hat Jahwe nun keine andere Möglichkeit mehr, als an Israel das totale Vernichtungsgericht zu vollstrecken. Von der Ankündigung des Vernichtungsgerichtes ist nur die Einleitung v. 12a überliefert. Der Grund dafür ist schwer anzugeben. Vielleicht war die Vorstellung des Gerichtes so entsetzlich, daß sich dem Abschreiber die Feder sträubte[31] — angesichts dessen, was sonst bei Amos überliefert ist, jedoch eine unwahrscheinliche Annahme. Näher liegt die Vermutung, daß der Schluß zugunsten der Doxologie v. 13 weggebrochen wurde und daß die Mahnung v. 12b zu v. 13 überleiten soll. Durch diese Substitution wollte ein Redaktor das Gedicht des Amos für seine Zeit zur Geltung bringen. Das von Amos angekündigte Vernichtungsgericht war nicht mehr aktuell. Durch das Mahnwort v. 12b und die Doxologie v. 13 aber wird das Gedicht des Amos für spätere Leser aktualisiert[32]. Daß die Ansage der Vernichtung nicht überliefert ist, geht schon daraus

---

Buch der Zwölf kleinen Propheten, HAT I/14, 1963[4], 86; V. Maag a. a. O. 21f.; S. Amsler, Amos, CAT XIa, 1965, 198.

[26] Der Formanalyse V. Maag a. a. O. (Anm. 1) 21 kann ich nicht zustimmen. Bei einem Gedicht, das so streng in einzelne Strophen gegliedert ist, die jeweils mit einem Kehrvers schließen, kann das Urteil nicht befriedigen: »Der Parallelismus membrorum ist stellenweise straff, stellenweise locker oder in auffallend langen Perioden durchgeführt, oder er verschwindet sozusagen ganz. Man kann sich daher fragen, ob nicht eher gehobene Prosa vorliegt.«

[27] A. a. O. (Anm. 10) 7.

[28] So die meisten Exegeten mit J. Wellhausen a. a. O. (Anm. 3) 80.

[29] Siehe KBL unter הפך Nr. 2.

[30] So u. a. J. Wellhausen a. a. O. (Anm. 3) 80; K. Marti a. a. O. (Anm. 9) 184; B. Duhm a. a. O. (Anm. 10) 7; H. Guthe a. a. O. (Anm. 5) 37; O. Eißfeldt, Einleitung in das Alte Testament, 1964[3], 541.

[31] So H. Greßmann, Die älteste Geschichtsschreibung und Prophetie Israels, SAT II/1, 1921[2], 344.

[32] Vgl. F. Horst, Die Doxologien im Amosbuch, ZAW 47 (1929), 45.

hervor, daß זאת v. 12b sich auf sie zurückbezieht; זאת setzt die Ankündigung des Gerichtes voraus. Im Unterschied zu der hier übernommenen Auffassung vom Ende des Gedichtes, die sich fast allgemein durchgesetzt hat, sehen A. Weiser[33] und S. Amsler[34] gerade in der Unbestimmtheit der Gerichtsansage v. 12 eine Absicht des Amos. Doch widerspricht dem die Konkretheit der sonstigen Gerichtsankündigungen[35].

Der fünfmalige Kehrvers »Doch ihr seid nicht umgekehrt bis zu mir. Ausspruch Jahwes«, der jeweils eine Strophe abschließt, weist 4 6-12a als einheitliches Gedicht aus. Daß der Kehrvers in v. 12 fehlt, hängt mit dem Aufbau des ganzen Gedichtes zusammen. Enthielt v. 12 einmal die Ansage des Vernichtungsgerichtes, dann konnte er nicht mehr mit dem Kehrvers schließen, denn einmal bezieht sich v. 12 im Unterschied zu v. 6-11 auf die Zukunft[36] und zum anderen ist nach der Vernichtung Israels eine Umkehr nicht mehr möglich. V. 13 wird allgemein als hymnischer Zusatz angesprochen[37]. Nur W. Brueggemann, soweit ich sehe, »may investigate a possible relation of v. 13 to the unit«[38], indem er 4 4-13 als »a liturgy of covenant renewal« versteht[39].

Umstritten ist, ob 4 4-5 noch zu dem Gedicht gehört oder nicht. Die Frage wird zwar überwiegend negativ beantwortet, doch sind die Gründe, die für den ursprünglichen Zusammenhang von v. 4-5 mit v. 6-12a sprechen, zu beachten. Der Eingang von v. 6 וגם־אני mutet nicht wie der Anfang eines selbständigen Gedichtes an. Die beiden Wörter deswegen und aus metrischen Gründen zu streichen[40], will nicht recht überzeugen, gerade weil וגם־אני sehr schön den Gegensatz zu den vorhergehenden v. 4-5 betont und metrisch keineswegs überschüssig ist[41]. Dem verfehlten Handeln Israels gegenüber Jahwe im Kult (v. 4-5) wird v. 6-11 Jahwes Handeln an Israel in der Vergangenheit gegenübergestellt. Sind die v. 4-5 ganz beherrscht von dem »Ihr« Israels, so ist in den v. 6-11 im Kontrast dazu von dem »Ich« Jahwes die

33 A. a. O. (Anm. 8) 57; vgl. auch a. a. O. (Anm. 5) 171f.

34 A. a. O. (Anm. 25) 201.

35 Siehe z. B. 2 13-16 3 11.

36 Der hier vertretene Bezug von v. 6-11 auf die Vergangenheit ist fast allgemein anerkannt. Der Kehrvers hat nur in einem Rückblick Sinn. Es bliebe unerfindlich, warum Jahwe in Zukunft Plagen sendet, wenn von vornherein feststeht, daß Israel nicht umkehrt, vgl. A. Weiser a. a. O. (Anm. 5) 166 gegen J. Meinhold, Studien zur israelitischen Religionsgeschichte, I: Der heilige Rest, Teil I: Elias Amos Hosea Jesaja, 1903, 38 Anm. 2; O. Procksch a. a. O. (Anm. 24) 76; E. Sellin a. a. O. (Anm. 25) 220f. zieht die in der 1. Aufl., 1922, 182, angenommene Deutung auf die Zukunft zurück.

37 Seit F. Horst a. a. O. (Anm. 32) 45—54.

38 W. Brueggemann, Amos IV 4—13 and Israel's Covenant Worship, VT 15 (1965), 10.

39 Ebd. 13.

40 So W. Nowack a. a. O. (Anm. 12) 138.

41 Nimmt man die Zäsur hinter לכם an, so erhält man einen schönen Doppeldreier.

Rede, wobei innerhalb des Rückblicks selbst der Gegensatz zwischen dem »Ich« Jahwes und dem »Ihr« Israels auf die Spitze getrieben wird. Der fünfmalige Kehrvers des Rückblicks faßt dabei den Vorwurf der v. 4-5 prägnant zusammen. Inhaltlich besteht freilich kein direkter Bezug zwischen den beiden Abschnitten. Vom Kult ist in v. 6-11 nicht die Rede. Doch fällt die Partikel des Kehrverses auf. Gewöhnlich wird שׁוב mit אל konstruiert, hier dagegen mit עד. Während אל im allgemeinen nur die Richtung angibt, schließt עד das Ziel bereits mit ein[42]. Die Kultpraxis, zu der Amos in bitterer Ironie auffordert, ist keine Umkehr *bis zu* Jahwe und darum Frevel. Um so unverständlicher ist diese Kultpraxis, als Jahwe Israel in der Vergangenheit eine Reihe von Plagen schickte, die Israel zur Umkehr bis zu Jahwe bringen sollten. Weil diese Plagen von Israel nicht als Mahnungen zur Umkehr verstanden wurden und darum das Vernichtungsgericht jetzt unausweichlich ist, kann Amos nur in bitterer Ironie zum Kult — und das heißt für ihn zum Freveln — einladen. An die Einladung zum Kult schließt der Rückblick mit וגם־אני adversativ an. So scheint es fraglich, ob mit v. 6 ein selbständiges Gedicht beginnt. V. 4f. ist als Einleitung gut denkbar, vor allem würde v. 4f. über den Sitz im Leben der Geschichtsbetrachtung etwas sagen[43]. Fraglich ist auch, ob v. 4-5, wenn man vom Hörer her denkt, als selbständige Einheit wahrscheinlich ist. Im Unterschied zu 5 21ff. wird hier weder ein positives Verhalten gefordert[44] noch gesagt, warum der Kultus Frevel ist. Allein mit den Suffixen der 2. pers. pl. und der Schlußzeile »denn so liebt ihr es ja, ihr Israeliten« wird sich Amos kaum verständlich gemacht haben. Der Jahwekultus war den Israeliten heilig. Wenn Amos ihn als Frevel

---

[42] Siehe KBL unter אֶל und עַד; vgl. K. Budde, Zu Text und Auslegung des Buches Amos, JBL 43 (1924), 97: »Das auffallende, starke עֲדֵי (Hos. 14 2) statt des gewöhnlichen, selbstverständlichen אֱלֵי will wohl eigens den gewaltigen Unterschied zwischen den Standesvisiten bei Jahwe, die man an den Heiligtümern abstattete, und dem wirklichen Durchdringen zu Jahwes persönlicher Gegenwart ausdrücken«; ebenso A. Weiser a. a. O. (Anm. 8) 59 Anm. 1.

[43] Der Einwand A. Weisers a. a. O. (Anm. 5) 166, eine derartige Selbstironie im Munde Jahwes lasse sich nicht vereinbaren mit der ernsten Gottesauffassung, die uns bei Amos sonst überall begegne, überzeugt nicht. Einmal trifft die Bezeichnung Selbstironie nicht zu — Jahwe ironisiert nicht sich selbst in v. 4-5 — und zum anderen schließen sich Ironie und Ernst keineswegs aus. Es gibt verschiedene Stufen der Ironie; die Ironie von v. 4f. ist sehr bitter und steht durchaus im Einklang mit dem Ernst des Vernichtungsgerichtes, auf das v. 6-11 hinzielt. Aber davon abgesehen ist es nicht einzusehen, warum die »Selbstironie« Jahwes sich nur dann nicht mit der ernsten Gottesauffassung verträgt, wenn v. 4-5 im Zusammenhang mit v. 6-12a gesehen wird; dabei versteht A. Weiser auch v. 4-5 von Amos her.

[44] 5 24: »Sondern wie Wasser soll sich das Recht daherwälzen und die Gerechtigkeit wie ein nie versiegender Bach.«

bezeichnet, muß er dies begründen. Diese Begründung liegt vor in 4 6-11.

Versteht man 4 4-12a als Einheit[45], so gliedert sich das Gedicht in drei Teile:

A v. 4-5 : Ironische Aufforderung zum weiteren Praktizieren des frevlerischen Gottesdienstes.
B v. 6-11: Geschichtlicher Rückblick.
C v. 12a : Einleitung der Ankündigung des Vernichtungsgerichtes.

Die ersten beiden Verse sind die Einleitung, die es Amos ermöglicht, an die Situation seiner Hörer anzuknüpfen. Wahrscheinlich tritt er anläßlich eines Festes an einem der von ihm erwähnten Kultorte auf. Den in Betel und Gilgal geübten Kultus bezeichnet Amos ohne Rücksicht auf die Gefühle seiner Hörer als Frevel. Amos will mit diesem Verdikt nicht eine bestimmte Form des Kultus treffen, sondern den legitimen Jahwekultus, was aus den von ihm erwähnten Opfern und Praktiken hervorgeht[46]. Aber wie die Betonung der 2. pers. pl. in v. 4-5 zeigt, geht es Amos nicht um die Kritik am Jahwekultus als solchem, sondern ganz konkret um den von seinen Hörern geübten und geliebten Kultus. Seine Kritik trifft in erster Linie den Kultteilnehmer, nicht den Kultus selbst[47].

An die Kritik an den Kultteilnehmern schließt Amos nun den Rückblick an, der die Berechtigung der Kritik nachweisen soll. Mit dem Rückblick legt Amos dar, warum die Kultteilnehmer Frevler sind: Sie sind Abtrünnige, die trotz wiederholter Mahnungen Jahwes in Form von Katastrophen nicht bis zu ihm umgekehrt sind.

Vom dritten Teil des Gedichtes ist heute nur noch die Einleitung erhalten. Mit zwingender Notwendigkeit kann nach der Vergeblichkeit der einzelnen Mahnungen nur die Ansage des Vernichtungsgerichtes folgen.

Dem dreiteiligen Aufbau entsprechend sind in dieser Rede drei verschiedene Formen verarbeitet: die Einladung zum Kult v. 4-5, das Scheltwort v. 6-11 und das Drohwort v. 12. Die Einladung legte sich von der Situation her nahe. Durch sie war es Amos möglich, sogleich Zugang zu seinen Hörern zu finden. Wie ein Donnerschlag

---

45 S. u. a. K. Marti a. a. O. (Anm. 9) 180f.; O. Procksch a. a. O. (Anm. 24) 74ff.; B. Duhm a. a. O. (Anm. 10) 6f.; W. R. Harper a. a. O. (Anm. 24) 90; E. Sellin a. a. O. (Anm. 25) 181ff.

46 So auch A. Weiser a. a. O. (Anm. 5) 162.

47 Die gleiche Stoßrichtung der Kultkritik läßt sich in 5 21-24 beobachten, ebenso in Jes 1 10-17; siehe hierzu G. Fohrer, Jesaja 1 als Zusammenfassung der Verkündigung Jesajas, ZAW 74 (1962), 261 (= Studien zur alttestamentlichen Prophetie, 1949 bis 1965, BZAW 99, 1967, 158): »Genau genommen übt er gar keine Kritik am Kultus, sondern am kultischen Menschen.«

mußte darum das ופשעו wirken, das unmittelbar an die erste Einladung anschließt.

Das folgende Scheltwort besteht aus fünf Strophen, die jeweils mit dem Kehrvers »Doch ihr seid nicht umgekehrt bis zu mir. Ausspruch Jahwes« schließen. Die einzelnen Strophen erzählen von Plagen bzw. Plagenkomplexen, die Jahwe über Israel gebracht hat, um es zur Umkehr zu mahnen. Allein, der Kehrvers stellt immer wieder lapidar fest, daß die Schläge nicht als Mahnungen zur Umkehr verstanden wurden. Die Hörer sind angeredet in der 2. pers. pl. Diese direkte Anrede ist ein Merkmal des Scheltwortes, während die Anklagerede vom Angeklagten in der dritten Person redet[48]. Eine gerichtliche Situation liegt demnach hier nicht vor, was wieder für die Möglichkeit spricht, daß Amos anläßlich eines Festes diese Rede gehalten hat.

Ziel des Gedichtes ist das nicht mehr überlieferte Drohwort, das die Vernichtung Israels ankündigt. Nach der Einleitung und dem langen Scheltwort sagt Amos endlich, was er zu sagen hat, wird deutlich, warum er diese Rede hält.

Von der Funktion der Einleitung war schon die Rede. Welche Funktion hat der geschichtliche Rückblick? Die Partikel לכן v. 12 schließt folgernd an v. 6-11 an, d. h. v. 6-11 sollen das Drohwort begründen. Weil Israel in der Vergangenheit trotz wiederholter Mahnungen zur Umkehr nicht bis zu Jahwe umgekehrt ist, Jahwe trotz seines kultischen Gebarens die ungeteilte Hingabe verweigerte, würden auch weitere Mahnungen in Form von Plagen nicht zum Ziel führen. Die Verstocktheit Israels hat einen solchen Grad erreicht, daß weitere Bemühungen Jahwes aussichtslos erscheinen. Hat Israel nicht auf die bisherigen Plagen gehört, so wird es auch nicht auf weitere Plagen hören — das endgültige Vernichtungsgericht ist darum unausweichlich.

Amos kündigt das Vernichtungsgericht nicht bloß an, er bereitet die Ankündigung vor, begründet sie. Dabei folgt die Ansage des Endes nahezu zwangsläufig aus dem Rückblick, d. h. Amos führt seinen Hörern mit logischer Stringenz ihr Ende vor Augen. Um dieser logischen Stringenz willen wählt er den langen Weg von der Einleitung v. 4f. bis zur Drohung v. 12. Es ist Amos anscheinend nicht gleichgültig, ob seine Hörer ihr Ende als gerecht und notwendig einsehen; er könnte sie ja auch mitten im Festestrubel ihrem Untergang entgegentreiben lassen. Daß er so viel Wert auf die Begründung legt, ist nur verständlich, wenn er in letzter Stunde doch noch einen möglichen Ausweg sieht: wirkliche Umkehr bis zu Jahwe. Amos selbst versteht sich als der letzte, unwiderruflich letzte Mahner zur Umkehr. Allein das Interesse an Israel läßt ihn in der Einleitung so schroff, bitter iro-

---

[48] Siehe H. J. Boecker, Redeformen des Rechtslebens im Alten Testament, WMANT 14, 1964, 84.

nisch und sarkastisch reden[49], weil nur solche Redeweise nach allen vergeblichen Bemühungen zuvor die Israeliten noch aufrütteln kann. Das Interesse an Israel läßt ihn dessen Ende so breit begründen, weil die Hörer nur durch solche Begründung den bitteren Ernst ihrer Lage vor Gott zu erkennen vermögen. Selbst in der Ankündigung des Endes hofft Amos noch auf Umkehr als der einzigen Möglichkeit Israels, noch einmal davonzukommen.

Die Begründung des Endes geschieht durch einen geschichtlichen Rückblick, der ein Licht wirft auf die Art, wie Amos Geschichte betrachtet. Zwei Subjekte ziehen sich durch den ganzen Rückblick: das »Ich« Jahwes und das »Ihr« Israels. Diese beiden Subjekte handelten in der Geschichte, handeln in der jeweiligen Gegenwart[50]. Geschichte ist nicht allein Jahwes Werk, sondern das Verhalten des Menschen, seine jeweilige Entscheidung bestimmt ihren Ablauf mit. Wäre Israel bereits nach der ersten Plage umgekehrt, hätte Jahwe die folgenden Plagen nicht gesandt. So geschieht das Handeln Jahwes als Antwort auf Israels Tun, in Korrelation dazu. Die von Jahwe gewirkte Geschichte läuft nicht ab nach einem vorgegebenen Plan, sondern ist immer wieder Antwort auf menschliche Entscheidung.

Die einzelnen Plagen reiht Amos nicht im Sinne eines historischen Ablaufs aneinander, vielmehr sind die Strophen sachlich geordnet nach dem Prinzip der Steigerung, d. h. die Strophen können vertauscht werden, ohne daß der Rückblick darunter entscheidend leidet[51]. Damit hängt zusammen, daß Amos hier nicht auf einzelne, konkret bestimmbare Ereignisse anspielt. Die Plagen, die er aufzählt, haben etwas Typisches, sie sind nicht einmalig, sondern können immer wieder eintreffen[52]. Hunger, Dürre, Getreidekrankheiten, Heuschrekken, Pest, Krieg, Erdbeben — das sind Nöte, von denen Israel ständig

[49] Der Stimmungsgehalt von v. 4-5 ist schwer zu treffen. Die Einladung zum Gottesdienst, die Aufforderung zum Freveln, kann kaum anders als ironisch gemeint sein, aber die in dieser Aufforderung enthaltene Behauptung, der Gottesdienst sei Frevel, ist bar jeder Ironie. Diese Behauptung ist beißender Hohn, ist Sarkasmus, der die dem Volk heilige Illusion, im Kult Jahwe zu dienen, solange man Jahwe die innere Umkehr verweigert, rücksichtslos als Sünde entlarvt. — Zu den Begriffen Ironie und Sarkasmus vgl. J. Hoffmeister, Wörterbuch der philosophischen Begriffe, 1955², 337, und Ph. Lersch, Aufbau der Person, 1962⁸, 186f.

[50] Zur Ungenauigkeit des Begriffes Geschichte siehe G. Fohrer, Prophetie und Geschichte, ThLZ 89 (1964), 486 (= Studien zur alttestamentlichen Prophetie, 1949—1965, 1967, 271).

[51] Vgl. R. Fey a. a. O. (Anm. 22) 90f. 96.

[52] Daß die Plagen sehr allgemein gehalten sind und so wenig konkrete Züge aufweisen, ist schon früher aufgefallen. Nur hat E. Sellin, Das Zwölfprophetenbuch, KAT XII, 1922¹, 182, daraus geschlossen, »daß sich alles dagegen sträubt«, die Plagen »als Geschichte aufzufassen«. Hinzu kam noch, daß Israel unter Jerobeam II. nichts von solchen Katastrophen erlebte.

bedroht ist, immer wieder bedroht werden kann. Amos legt hier nicht einen Ablauf der Geschehnisse dar, wie der Historiker ihn sieht. Ihm kommt es nicht auf das Konkrete, Einmalige, zeitlich Bestimmbare in der Vergangenheit an, sondern auf das Typische, immer Wiederkehrende[53]. Er betrachtet die Geschichte rein schematisch. Zwei Komponenten bestimmen ihren Verlauf: Die eine Komponente ist eine Reihe von Plagen, die Jahwe sandte, die andere ist Israels permanente Verweigerung der Umkehr. Aus diesen beiden Komponenten resultiert für Amos das unmittelbar bevorstehende Vernichtungsgericht. Jahwes Tun *und* die menschliche Entscheidung darauf bestimmen erneut Jahwes Handeln.

Das Typische dieser »Ereignisse« ist schon daraus ersichtlich, daß sich die gleichen Plagen auch in anderen Plagenreihen im AT finden — freilich nicht in gleicher Reihenfolge und Zahl[54]. H. Graf Reventlow hat darum die Auffassung vertreten, »daß Amos in dem Abschnitt auf dem alten Traditionsgut des Segen- und Fluchformulars fußt, wie es uns in verhältnismäßig geschlossener Form noch in Lev 26, weiter aufgelöst auch in Dtn 28 erhalten ist«[55]. Wenn Amos wirklich seinem Rückblick ein Fluchformular zugrunde gelegt hätte, wäre es auffällig, daß sich die Reihenfolge der Plagen und ihre Begrifflichkeit mit keiner anderen Plagenreihe im AT deckt, schon gar nicht mit denen von Lev 26 und Dtn 28. Das macht die Abhängigkeit von einem fixierten Plagenschema äußerst unwahrscheinlich. Die lebendige palästinische Wirklichkeit lag dem Hirten aus Tekoa sicher näher als bestimmte Fluchschemata, die ihren Sitz im Leben im Kult haben. Dieser Wirklichkeit hat er die einzelnen Plagen entnommen und sie eigenständig benannt[56] und zusammengestellt. Wenn in anderen Plagenreihen sachlich die gleichen Plagen auftreten, so nicht deswegen, weil ihnen ein bestimmtes Schema zugrunde liegt, sondern weil diese Plagen immer wieder auftraten. Das geht nicht zuletzt aus der Plagenreihe I Reg 8 37 innerhalb des Tempelweihgebetes I Reg 8 22-53 hervor. Welchen Sinn hätte die Bitte um Bewahrung vor diesen Plagen, wenn Israel nicht fast täglich durch sie bedroht wäre?

Dem Blick des Amos bietet sich die vergangene Geschichte dar als eine Reihe von Plagen, die Jahwe gesandt hat, um Israel zur Um-

---

53 Nicht einmal der letzten Katastrophe scheint etwas Einmaliges anzuhaften. Durch den Vergleich mit der Zerstörung von Sodom und Gomorra, dem typischen Strafgericht Gottes in der Vergangenheit, wird auch das letzte Eingreifen Jahwes vor dem Vernichtungsgericht typisiert.

54 Solche Plagenreihen liegen z. B. vor in Ex 7—11 Dtn 28 16ff. I Reg 8 37 Hag 2 10-19.

55 H. Graf Reventlow, Das Amt des Propheten bei Amos, FRLANT 80, 1962, 87.

56 Hingewiesen sei nur auf die Umschreibung von Hunger durch נקיון שׁנים bzw. חסר לחם und von Dürre durch den Satz מנעתי מכם את־הגשם.

kehr zu mahnen. Jede weitere Plage folgte wegen der negativen Entscheidung des Volkes.

Amos führt das gesamte Geschehen auf Jahwe zurück, nicht nur das heilvolle, sondern auch das unheilbringende[57]. In jedem Geschehen sieht er Jahwe wirksam, mit einer bestimmten Absicht und verständlich. Wenn Jahwe Unheil wirkt, dann geschieht es in der erzieherischen Absicht, sein Volk zu sich zurückzurufen.

Es könnte nach den bisherigen Darlegungen den Anschein haben, daß Amos das Ende der Geschichte Israels aus ihrem bisherigen Verlauf erschlossen hat. Das Gegenteil ist richtig. Vom Ende der Geschichte Israels her kommt Amos zu diesem höchst einseitigen Rückblick. Das bevorstehende Ende der Geschichte, das ihm geoffenbart wurde und von dem er in seiner Verkündigung ausgeht, bedingt den Aspekt seiner Betrachtung. In seinem rückwärtsgewandten Blick sieht Amos die Geschichte auf ihr Ende zueilen. Alles, was nicht streng auf dieses Ende hinweist, erfaßt solche Sicht nicht. Relevant am bisherigen Verlauf der Geschichte ist nur das, was in einem engen Kausalzusammenhang mit ihrem Ende steht. Darum kann Amos die Anfänge der Geschichte Jahwes mit Israel hier völlig ignorieren. Er beginnt mit seinem Rückblick irgendwann. Nur eines ist sicher: Die Anwesenheit Israels im Kulturland ist vorausgesetzt. Unausgesprochene Voraussetzung des Rückblickes ist ebenfalls, daß Israel sich der von Jahwe gesetzten Anfänge als unwürdig erwies. Amos setzt ein mit Jahwes Antwort auf Israels Ungehorsam. Es geht ihm bei seiner Betrachtung der Geschichte allein darum, den Kausalzusammenhang zu ihrem Ende aufzuzeigen. Er will seine Hörer auf das Ende hinführen, von dem er auf Grund der ihm zuteil gewordenen Offenbarung herkommt.

Offenbarung — nicht Tradition — ist die Quelle der Erkenntnis vom Ende der Geschichte. Amos leitet das Ende der Geschichte weder aus ihrem bisherigen Verlauf noch aus irgendeiner Tradition ab, sondern nachträglich sieht er, daß die bisherige Geschichte zwingend auf ihr Ende zugelaufen ist.

Amos denkt von der Zukunft her, von der Zukunft her gestaltet er sein Bild der Vergangenheit. Er ist nicht Historiker, der ein Interesse an der Geschichte als solcher hätte, sondern eher Geschichtstheologe, der von ihrem von Gott gesetzten Ende her die Geschichte streng schematisch und typisierend sieht, dabei aber ihr Wesen erfaßt. In der Tat kann nur derjenige letztgültige Aussagen über die Geschichte machen, der ihr Ende kennt. Die eigenwillige Sicht des Amos kann darum der Historiker nicht verifizieren. Amos kommt es nicht auf das einzelne Ereignis an, sondern auf die Absicht, die hinter Jahwes Han-

---

[57] Siehe 3 6b.

deln steht, auf die Folge von göttlichem Handeln und menschlicher Entscheidung[58].

Vergebliche Mahnung zur Umkehr ist das Thema der Geschichte Israels. Dieses Thema erschließt Amos nicht aus irgendeiner Tradition, sondern allein von dem ihm geoffenbarten Ende her. Die Tradition wird von Amos hier völlig ignoriert. In bezug auf das Ende haben die in der Tradition vergegenwärtigten Ereignisse der Vergangenheit, in denen Jahwe sich Israel zum Volk machte, keine Bedeutung mehr. Die sog. Heilstaten Jahwes in der Frühzeit Israels haben ihre Geltung durch den permanenten Ungehorsam Israels jetzt endgültig eingebüßt. Amos erinnert darum hier auch nicht an die Heilstaten, sondern an die vielen Katastrophen, die Jahwe seit Israels Ungehorsam schickte und die Amos zu einer ununterbrochenen Folge zusammenschaut. Es hat den Anschein, als wollte Amos der einseitigen Überlieferung von Jahwes Heilstaten hier bewußt Jahwes ununterbrochenes Unheilswirken entgegenstellen. Daß auch dieses Tun Jahwes eine heilvolle Absicht hatte, betont er dabei ausdrücklich. Aber durch die ständige Weigerung der Umkehr ist aus dem Unheilswirken Jahwes eine Unheilsgeschichte[59] geworden, an deren Ziel die Vernichtung Israels steht.

II. Die Erweiterung der Anklage in Am 2 6-16

Neben der exemplarischen Geschichtsbetrachtung in 4 4-12 ist die Erweiterung der Anklage in 2 6-16 eine weitere geschichtliche Erinnerung, auf die Amos von sich aus anspielt. Die geschichtlichen Motive in 3 2 und 9 7 entstammen der Diskussion, sind Antworten auf Einwände, in denen die Hörer mit dem Hinweis auf Jahwes frühere Taten an Israel die Gerichtsdrohung des Amos entkräften wollen[60].

---

[58] Die Korrelation von göttlichem Handeln und menschlicher Entscheidung hat G. Fohrer a. a. O. (Anm. 50) 498 (= Studien, 1967, 289ff.) herausgestellt und den Begriff »Entscheidungsgeschichte« geprägt.

[59] Vgl. hierzu das Urteil G. v. Rads, Theologie, II 187: »Die Reihe liest sich fast wie eine Parodie zur Heilsgeschichte, als wolle Amos der populären Überlieferung einen ganz anderen Aspekt der Geschichte Jahwes mit seinem Volk entgegenhalten und in dieser Interpretation nun wahrlich auch eine Abfolge einschneidender Geschichtstaten!« Von der begrifflichen Unschärfe — »fast wie eine Parodie zur Heilsgeschichte« — abgesehen, wird diese Interpretation Amos nicht gerecht. Amos geht es nicht um eine komisch-satirische Darstellung der »Heilsgeschichte«. Amos geht es aber auch nicht um einen Aspekt der Geschichte neben anderen, so als hätte Jahwe neben dem Unheilvollen auch noch Heilvolles gewirkt, sondern die Geschichte ist seit Israels ungehorsamer Entscheidung gegen Jahwe die ununterbrochene Folge gottgewirkter Plagen, die vergeblich zur Umkehr mahnten und die darum in die Vernichtung Israels ausmünden.

[60] Zu 5 25 siehe unten S. 37ff.

6 So spricht Jahwe:
Wegen der drei Verbrechen Israels
und wegen der vier nehme ich es nicht zurück, 3+3
weil sie verkauft haben um Geld den Gerechten
und den Armen um ein Paar Sandalen. 3+3
7 Sie zertreten (. . .)[a] das Haupt der Geringen
und den (Rechts)Weg[b] der Elenden beugen sie. 3+3
Sohn und Vater
gehen zur Dirne (. . .)[c]. 2+2
8 Auf gepfändeten Kleidern strecken sie sich aus (. . .)[d]
und trinken den Wein derer, denen eine Geldbuße auferlegt
wurde (. . .)[d]. 3+3
9 Dabei habe ich doch ausgerottet
die Amoriter ihretwegen[e], 2+2
die so hoch gewachsen sind wie Zedern
und so stark wie große Bäume. 4+3
Ich habe vertilgt ihre Frucht oben
und ihre Wurzeln unten. 3+2
10 Ich habe euch heraufgeführt aus dem Lande Ägypten.
Ich habe euch in der Wüste geführt vierzig Jahre,
damit ihr das Land der Amoriter in Besitz nehmt.
11 Ich habe aus euren Söhnen Propheten aufstehen lassen
und aus euren jungen Männern Nasiräer. 3+2
Ist es nicht so, ihr Israeliten?
Ausspruch Jahwes. 3+2?
12 Aber ihr gabt den Nasiräern Wein zu trinken
. . . .[f] 3+
Und den Propheten befahlt ihr:
tretet nicht als Propheten auf. 3+3
13 Siehe ich mache ächzen
unter euch . . .[g] 3+
wie der Wagen ächzt,
der voll geschnittener Ähren[h] ist. 3+3
14 Dann hat der Schnelle keine Zuflucht mehr,
und der Starke wird seine Kraft nicht gebrauchen (. . .[i]). 3+3
15 Der Bogenschütze wird nicht standhalten (. . .)[j],
der Reiter sich[k] nicht in Sicherheit bringen. 3+3
16 Selbst der Beherzteste unter den Mannhaften
wird nackt fliehen (. . .)[l]. 3+2
Ausspruch Jahwes

[a] »Sie gieren nach dem Erdenstaub auf dem Kopf der Geringen« ist trotz V. Maag[61] unverständlich. Die LXX hat τὰ πατοῦντα ἐπὶ τὸν χοῦν τῆς γῆς καὶ ἐκονδύλιζον εἰς κεφαλὰς πτωχῶν und liest demnach שָׁפִּים von I שׁוּף »zertreten, zermalmen«. Auf

[61] V. Maag a. a. O. (Anm. 1) 11.

Grund von 8 4 wird nur das Objekt בראש דלים ursprünglich sein, das metrisch und sachlich gut zu dem zweiten Halbvers paßt[62].

b So treffend H. W. Wolff[63]. Die Bedeutung von דֶּרֶךְ wird sich hier an die von מִשְׁפָּט anlehnen[64].

c למען חלל את־שם קדשי ist Zusatz. Die Wendung חלל את שם findet sich noch Jer 34 16 Ez 20 39 36 20. 21 6mal im Heiligkeitsgesetz und Mal 1 12 (אותו bezogen auf שמי v. 11). Sämtliche Stellen sind jünger als Amos und abhängig von der deuteronomischen שֵׁם-Theologie[65].

d Die Wendungen אצל כל־מזבח und בית אלהיהם sind spätere Zusätze, die die allgemein sozialen Vergehen in kultische umdeuten[66].

e Ein Anlaß zur Änderung von מפניהם in מפניכם mit B. Duhm[67] u. a. besteht nicht. Die Anklagerede v. 6b-8 ist durchweg in der 3. pers. gehalten, während die 2. pers. in den Zusätzen v. 10-12 erscheint. מפני hat hier nicht lokale, sondern kausale Bedeutung[68].

f Hier ist wahrscheinlich ein Halbvers ausgefallen.

g Das von מעיק abhängige Objekt fehlt.

h עמיר bedeutet »geschnittene Ähren«[69]. Die Wiedergabe »Garbe«[70] ist ungenau, da wir unter »Garbe« das Bündel langstieliger Ähren verstehen, die Israeliten aber das Getreide mit der Handsichel schnitten, wobei der Schnitt wesentlich höher lag als bei dem mit der Sense geübten Schnitt[71].

i V. 14b wird von einigen MSS nicht überliefert. Vermutlich handelt es sich um einen Zusatz. Auffällig ist das dreimalige לא ימלט in v. 14f.[72]. Gegenüber der eigenständigen und prägnanten Sprache von v. 14a wirkt v. 14b blaß. Zudem ist vom גבור erst v. 16 die Rede[73].

j V. 15aβ ist Dublette zu v. 14aα und daher Zusatz. Der Stichos fehlt wieder in einigen MSS.

---

62 על עפר ארץ streichen ebenfalls J. Wellhausen a. a. O. (Anm. 3) 2; K. Marti a. a. O. (Anm. 9) 167; E. Sellin a. a. O. (Anm. 25) 199; A. Weiser a. a. O. (Anm. 16) 134.

63 H. W. Wolff, Amos, 160.

64 Vgl. hierzu noch Prov 17 23 und Dtn 16 19, wo נטה hi. אָרְחוֹת מִשְׁפָּט bzw. מִשְׁפָּט zum Objekt hat, und V. Maag a. a. O. (Anm. 1) 11. 73, der »und beugen das Recht der Armen« übersetzt.

65 Ebenso Sh. H. Blank, Isaiah 52 5 and the Profanation of the Name, HUCA 25 (1954), 6f. Anm. 20. 21; H. W. Schmidt a. a. O. (Anm. 2) 178f. Anm. 31; H. W. Wolff, Amos, 163.

66 So K. Marti a. a. O. (Anm. 9) 168; H. Guthe a. a. O. (Anm. 5) 33; B. Duhm a. a. O. (Anm. 10) 3f.; K. Galling, Bethel und Gilgal, ZDPV 67 (1944), 37; H. W. Wolff, Amos, 160. 163.

67 A. a. O. (Anm. 10) 4.

68 Siehe C. Brockelmann, Hebräische Syntax, 1956, § 111 i.

69 So KBL unter עָמִיר.

70 So J. Wellhausen a. a. O. (Anm. 3) 3 u. a.; siehe auch W. Rudolph, Jeremia, HAT I/12, 1958², zu Jer 9 21.

71 Siehe K. Galling, Art. Getreidearten und Ernte, BRL, HAT I/1, 1937, 184.

72 Siehe J. Wellhausen a. a. O. (Anm. 3) 74.

73 Auch A. Weiser a. a. O. (Anm. 16) 134; H. W. Wolff, Amos, 160. 164, u. a. streichen v. 14b.

k Man kann fragen, ob נפשו hier ursprünglich und nicht besser יְמַלֵּט zu vokalisieren ist, da נפשו das Metrum überfüllt[74]. Am Sinn ändert sich freilich nichts.

l Die Ursprünglichkeit von ביום ההוא erscheint mir zweifelhaft. Metrisch überfüllt diese Wendung den zweiten Halbvers, der dann vier Hebungen hätte gegenüber den drei Hebungen des ersten Halbverses. Das Metrum 3+4 ist zumindest ungewöhnlich, 3+2 dagegen in der Schlußzeile häufig. Sachlich stößt sich das ביום ההוא mit der das Drohwort einleitenden deiktischen Partikel הנה und dem ihr folgenden Partizip, das auf ein unmittelbares Eingreifen deutet[75]. — Zum sonstigen Vorkommen der Wendung ביום ההוא bei Amos siehe K. Marti[76], der sie an den anderen Stellen jeweils für sekundär hält, ausgerechnet in 2 16 aber nicht[77].

Der Abschnitt 2 6-16 ist der Schlußteil und Höhepunkt des großen Völkergedichtes 1 3—2 16. Konnten sich die Hörer bei der Bedrohung der fremden Völker in Sicherheit wiegen, so mußte die Israelstrophe sie aus ihrer Sicherheit aufrütteln. Es hat fast den Anschein, als ob Amos nur deswegen von Jahwes Gericht an den fremden Völkern spricht, um seinen Hörern einen Köder hinzuwerfen. Bejahen sie, daß Jahwe die Verbrechen der anderen Völker ahndet, so müssen sie notwendig auch bejahen, daß Jahwe ihre eigenen Verbrechen straft. In dem Urteil über die anderen Völker, in das sie unbedacht einstimmen, sprechen sie sich selbst das Urteil.

Im Vergleich zu den anderen Strophen ist die Israelstrophe wesentlich umfangreicher. Bei den anderen Völkern hebt Amos nach der pauschalen Anklage der drei, vier Freveltaten jeweils ein Vergehen heraus; die Anklage gegen Israel entfaltet er breit (2 6b-8).

Die Israelstrophe gliedert sich in drei Teile. An die breite Entfaltung der Anklage v. 6b-8 schließt sich der geschichtliche Rückblick v. 9-12 an. In dem Drohwort v. 13-16 findet das Gedicht seinen Abschluß.

Das ganze Gedicht ist als Jahwerede stilisiert, wobei jede einzelne Strophe durch die Formel כה אמר יהוה eingeleitet wird. In der Israelstrophe, die uns hier wegen des geschichtlichen Rückblicks 2 9-12 interessiert, tritt Jahwe als Ankläger auf. Er spricht von Israel, dem Angeklagten, in der 3. pers. und führt die einzelnen Vergehen an, die Israel sich hat zuschulden kommen lassen.

Auch v. 9-12 ist noch Bestandteil der Anklagerede. Der Kläger legt an Hand eines geschichtlichen Rückblicks das verpflichtende Gemeinschaftsverhältnis dar, das zwischen ihm und dem Angeklagten bestanden hat. In v. 13-16 tritt Jahwe als Richter auf, der das Israel

---

74 Siehe BHK.

75 Zu der Partikel הנה mit Partizip siehe Festschrift — P. Humbert, 54ff. (nach KBL[3] unter הִנֵּה Nr. 9). Vgl. noch den Exkurs »הִנֵּה bei Amos« bei H. W. Wolff, Amos, 173.

76 A. a. O. (Anm. 9), zu den Stellen 8 3. 9. 13 9 11.

77 Zur Streichung von ביום ההוא in 2 16 vgl. W. Nowack a. a. O. (Anm. 12) 129.

treffende Strafmaß verkündigt. Welche Funktion hat der geschichtliche Rückblick innerhalb der Israelstrophe?

Doch bevor die Frage nach der Funktion des geschichtlichen Rückblicks beantwortet werden kann, muß sein ursprünglicher Umfang bestimmt werden. 2 9-12 wirkt nicht einheitlich. Zunächst fällt die Reihenfolge auf. Der Rückblick setzt mit der Vernichtung der Amoriter v. 9 ein, die in eigenständiger Wortwahl geschildert wird[78]. V. 10 setzt noch einmal mit ואנכי ein und trägt die Ereignisse des Exodus und der Wüstenführung in traditionellen Wendungen nach. Auch das Thema der Landnahme wird noch einmal aufgegriffen. Stilistisch fällt v. 10 gegenüber der eigenständigen Sprache von v. 9 ab[79]. Die Tradition vom vierzigjährigen Wüstenaufenthalt ist vor dem Deuteronomium nicht nachweisbar[80]. Daß Amos die historische Reihenfolge bedenkenlos umkehren kann[81], mag angehen, höchste Bedenken gegen die Ursprünglichkeit von v. 10 erheben sich aber dadurch, daß er für sich die drei grundlegenden Heilstaten Exodus, Wüstenführung und Landnahme enthält, während v. 9 nur von der Landnahme redet. Auf keinen Fall wäre einzusehen, warum Amos in v. 10 noch einmal die Landnahme erwähnt. V. 10 endet an genau der gleichen Stelle wie v. 9 und weist sich dadurch als Einschub aus[82].

Auch die Ursprünglichkeit von v. 11f. ist zweifelhaft. Die Propheten, denen das Auftreten untersagt wurde, sind nur als Unheilspropheten verständlich. Unheilspropheten hat es einmal aber vor Amos kaum gegeben, zum anderen setzt das Auftreten von Unheilspropheten bereits Israels Schuld voraus. Die Unheilspropheten haben

---

[78] Von der Größe der Ureinwohner ist noch in der Kundschaftergeschichte Num 13 32b die Rede, wo sie als אַנְשֵׁי מִדּוֹת bezeichnet werden.

[79] Zu dem Satz אנכי העליתי אתכם מארץ מצרים vgl. Jdc 6 8 I Sam 10 18 Am 3 1 9 7 Mi 6 4, zu v. 10b Dtn 29 4, wo der Halbvers, abgesehen von der Umstellung von ארבעים שנה und במדבר wörtlich wiederkehrt. Die Wendung לרשת את ארץ findet sich häufig im Deuteronimium (2 31 9 4. 5 11 31) und im Josua- und Richterbuch (Jos 1 11 18 3 Jdc 2 6 18 9).

[80] Zu Am 5 25 siehe unten S. 37ff. Die »vierzig Jahre« in Ex 16 35 gehören wie Num 14 33 zu P, siehe M. Noth, Das zweite Buch Mose, ATD 5, 1968[4], 109; ferner Dtn 2 7 8 2. 4 29 4.

[81] So R. Fey a. a. O. (Anm. 22) 96.

[82] Ebenso u. a. K. Marti a. a. O. (Anm. 9) 169; B. Duhm a. a. O. (Anm. 10) 4; A. Weiser, Profetie, 95 (anders in: Kleine Propheten, 134. 142); H. W. Wolff, Amos' geistige Heimat, WMANT 18, 1964, 37 Anm. 4 (ebenso in: Amos, 160. 172); H. W. Schmidt a. a. O. (Anm. 2) 180; G. Fohrer, Einleitung in das Alte Testament, 1969[11], 481 Anm. 25; dagegen halten an der Echtheit von 2 10 fest u. a. K. Galling, Die Erwählungstraditionen Israels, BZAW 48, 1928, 10 Anm. 1; E. Rohland, Die Bedeutung der Erwählungstraditionen Israels für die Eschatologie der alttestamentlichen Propheten, Diss. Heidelberg, 1956, 56ff.; S. Lehming, Erwägungen zu Amos, ZThK 55 (1958), 149 Anm. 2, der die Bedenken gegen v. 10 durch den Wechsel der Personen entkräftet wissen will.

das Gericht als Antwort Jahwes auf Israels Schuld angekündigt. V. 9 steht aber ganz im Zeichen von Jahwes heilschaffendem Tun an Israel, greift hinter die Vergehen Israels zurück und soll die Anklage von v. 6b-8 kontrastierend erweitern[83]. Die Sendung von Unheilspropheten bildet aber nur sehr bedingt einen Kontrast zu den Anklagepunkten. Sie setzt praktisch den Gegenstand der Anklage schon voraus, greift also nicht hinter ihn zurück wie v. 9. Auch stilistisch erheben sich gegen die Ursprünglichkeit von v. 11 Bedenken. הקים ist ein beim Deuteronomisten beliebtes Verb, mit dem Jahwes Erwecken von Propheten und Richtern ausgedrückt wird[84]. Schließlich muß man fragen, ob v. 11-12, mit Ausnahme von 11a, nicht Prosa ist. Mit v. 12 mündet der Rückblick in ein Scheltwort aus, das sich auf die Vergangenheit bezieht. Es ist schwer anzunehmen, daß Amos die Anklagerede mit einem Vorwurf schließt, der ein in der Vergangenheit liegendes Verhalten beklagt, und dadurch die Anklagepunkte, die sich auf die Gegenwart beziehen (v. 6b-8), ihrer Wirksamkeit beraubt. V. 11f. läßt sich wesentlich besser als späterer Zusatz verstehen, der auf eine längere Wirksamkeit der Unheilspropheten zurückblickt, in die Amos eingeschlossen ist[85]. Der Glossator hat Amos verstanden und interpretiert mit v. 11 dessen Ergehen[86].

Was demnach von dem geschichtlichen Rückblick v. 9-12 von Amos her bleibt, ist lediglich v. 9, der in sehr eigenständigen Wendungen an die Landgabe erinnert. Dabei ist das ואנכי betont vorangestellt. War in v. 6b-8 von der Sünde Israels die Rede, die sich in einzelnen Verhaltensweisen auswirkt, so erinnert v. 9 kontrastierend dazu an Jahwe, der Israels wegen die unvergleichlich großen und starken Ureinwohner vernichtete, um ihm das Kulturland zu geben. Diese kurze geschichtliche Erinnerung, die einseitig von Jahwes Tun für Israel redet, genügt, um die Schuld Israels als besonders unverständliche Undankbarkeit herauszustellen. Daneben hat die geschichtliche Erinnerung innerhalb der Anklagerede noch eine besondere Funktion. Der Kläger weist seine Berechtigung nach, gegen den Angeklagten gerichtlich aufzutreten[87]. Er hat das Gemeinschafts-

---

[83] Den Begriff »Erweiterung der Anklage« hat C. Westermann, Grundformen prophetischer Rede, 1964², 131, geprägt. — Der Kontrast kommt zum Ausdruck durch das adversative ואנכי v. 9. Dem, was Israel getan hat (v. 6b-8), stellt Amos Jahwes Tun für Israel entgegen, vgl. H. W. Schmidt a. a. O. (Anm. 2) 179 Anm. 34.

[84] הקים נביא Dtn 18 15. 18, vgl. Jer 29 15; הקים שפטים Jdc 2 16; הקים מושיע Jdc 2 18 3 9. 15.

[85] Vgl. die ausführliche Begründung bei H. W. Schmidt a. a. O. (Anm. 2) 180—183; ebenso H. W. Wolff, Amos, 172.

[86] Siehe 7 10ff.

[87] Insofern ist H. Gese, Kleine Beiträge zum Verständnis des Amosbuches, VT 12 (1962), 422, der v. 9-11 als »Rechtsaufweis des Klägers« versteht, zuzustimmen gegen H. W. Schmidt a. a. O. (Anm. 2) 179 Anm. 34.

verhältnis, das zwischen ihm und dem Angeklagten besteht, geschaffen, und darum ist der Angeklagte ihm verpflichtet. Er hat dem Angeklagten die Existenzmöglichkeit, das Kulturland, gegeben und seinetwegen sogar die riesenhaften Ureinwohner vernichtet. Unter dieser Voraussetzung ist das Verhalten des Angeklagten völlig widerrechtlich. Da Jahwe der Kläger ist, kann das Urteil nicht zweifelhaft sein.

Das Drohwort v. 13-16 enthält denn auch das dem Vergehen entsprechende Strafmaß. Jahwe wendet sich als Richter unmittelbar an den Angeklagten[88], fährt dann aber in der 3. pers. fort, indem er die Auswirkung der Strafe — sie wird als Krieg vorgestellt — auf die einzelnen Krieger beschreibt. Hat der Angeklagte durch seine Vergehen (v. 6b-8) das von Jahwe gesetzte Gemeinschaftsverhältnis (v. 9) mißachtet, so wird Jahwe nun seinerseits dieser Mißachtung entsprechend das Gemeinschaftsverhältnis aufheben. Das vom Angeklagten zerstörte Gemeinschaftsverhältnis hat auch nach dem Willen Jahwes keinen Bestand mehr. V. 13-16 kündigt die Vernichtung Israels an[89]. Selbst der Beherzteste unter den Helden wird nackt fliehen. Von Israel wird so gut wie nichts übrigbleiben[90].

Bemerkenswert ist, daß Amos hier nur die Landnahme erwähnt. Er greift das für ihn bedeutendste Ereignis der Vergangenheit, die Setzung der Gemeinschaft Jahwes mit Israel, heraus. Daß dies nicht der Exodus ist, fällt auf, steht aber im Einklang mit der sonstigen Verkündigung des Amos, da der Exodus gleichsam nur beiläufig in 9 7 erwähnt wird[91].

---

[88] V. 13a: suff. 2 pl. in תחתיכם.

[89] Neben der Entsprechung von Schuld und Strafe kann man in der Ankündigung der Vernichtung Israels noch eine weitere Entsprechung sehen: Wie Jahwe einst die Amoriter vernichtet hat, um Israel seine Existenzmöglichkeit zu geben, so wird er jetzt Israel selbst vernichten.

[90] Vgl. hierzu 3 12, das Bild aus dem Hirtenrecht: Von Israel werden nur einige Beweisstücke übrigbleiben, die von seiner früheren Existenz zeugen. — E. Rohland, Die Bedeutung der Erwählungstraditionen Israels für die Eschatologie der alttestamentlichen Propheten, 58f., sieht in der 2 13ff. angedrohten Strafe nicht eine Aufhebung der bisherigen Erwählung und damit das Ende der Geschichte Jahwes mit seinem Volk. E. Rohland bestreitet grundsätzlich, daß Amos dem gesamten Volk den Untergang angesagt habe, und beruft sich dabei auf 9 8, wonach die Drohungen sich gegen das sündige Königreich, d. h. gegen das Nordreich Israel richten sollen. Doch läßt sich 9 8 viel leichter von einem Späteren her verstehen, der mit dem sündigen Reich das Nordreich im Unterschied zu Juda meinte. Daß Amos nur im Nordreich aufgetreten ist, ist so gut wie sicher, siehe G. Fohrer, Einleitung, 476; gerade deswegen ist aber die Betonung des sündigen Königreiches 9 8 und damit die indirekte Entlastung des Südreiches für Amos unwahrscheinlich, siehe K. Marti a. a. O. (Anm. 9) 224; ebenso H. W. Wolff, Amos, 132.

[91] Die Erwähnung in 3 1 ist redaktionell, siehe S. 29.

Am 2 9 ist die einzige Anspielung auf ein Ereignis aus der Geschichte Israels, von der mit Sicherheit gesagt werden kann, daß sie Amos nicht aufgenötigt wurde[92]. Amos greift hier von sich aus auf ein Geschehen der Vergangenheit zurück. Aus der Stellung und der Funktion, die diese Anspielung innerhalb der Israelstrophe hat, ergibt sich, daß Amos nicht an der unverbrüchlichen Geltung der Landgabe festhält. Was früher geschah, gilt heute nicht unbedingt. Jahwe handelt nie ein für allemal. Die Ereignisse der Vergangenheit haben ihren einmaligen Ort in der Geschichte, sie sind nicht ständig gegenwärtig und in Geltung. Amos zieht sie heran, um Israels Vergehen als besonders unverständlich und undankbar zu brandmarken und Jahwes unmittelbar bevorstehendes Handeln, das seinem früheren Handeln genau entgegengesetzt sein kann, zu begründen. Die Ereignisse der Vergangenheit sind für Amos nur noch Folie, Hintergrund, Anschauungsmaterial. Das Gedicht zielt auf das Drohwort v. 13-16, das die Geltung der mit der Landgabe gesetzten Gemeinschaft zwischen Jahwe und Israel aufhebt. Es kündigt das unmittelbar bevorstehende Ende der Geschichte Israels an.

Welches Verhältnis zur Tradition ergibt sich für Amos aus der Israelstrophe? Es trifft nicht zu, daß Amos die Exodustradition als Erwählungstradition anerkennt[93], einmal darum nicht, weil Amos in diesem Zusammenhang gar nicht vom Exodus spricht[94], zum anderen aber nicht — und das ist der entscheidende Grund —, weil Amos grundsätzlich keine Tradition anerkennt, sofern man unter Tradition die vergegenwärtigende Überlieferung des Vergangenen versteht. Wenn Amos doch ganz vereinzelt auf die Vergangenheit anspielt, dann tut er dies nicht als Wahrer der Tradition, der die grundlegenden Ereignisse der Geschichte Israels immer wieder verkündigt und immer neu aktualisiert[95], sondern um zu zeigen, daß sich das frühere heil-

92 Der geschichtliche Rückblick 4 6-11 ist schematisch typisierend. Auf einzelne, konkret bestimmbare Ereignisse spielt Amos dort nicht an; siehe oben zu 4 4-12 S. 17f.

93 Gegen K. Galling, Erwählungstraditionen, 9f.; E. Rohland a. a. O. (Anm. 82) 56; H. Wildberger, Jahwes Eigentumsvolk. Eine Studie zur Traditionsgeschichte und Theologie des Erwählungsgedankens, AThANT 37, 1960, 63; G. v. Rad, Theologie, II 139; H. D. Preuß, Jahweglaube und Zukunftserwartung, BWANT 87, 1968, 32. 160.

94 Es fällt gerade bei E. Rohland auf, wie sehr die Literarkritik zu kurz kommt gegenüber dem Nachweis, der häufig jedoch durch das Postulat ersetzt wird, daß die Propheten von bestimmten Traditionen abhängig sind.

95 In der Aktualisierung der heilsgeschichtlichen Traditionen sieht G. v. Rad, Theologie, II 183 u. ö., ein entscheidendes Charakteristikum der Prophetie des 8. Jahrhunderts. Er betrachtet die Propheten als Männer, »die zu ganz bestimmten sakralen Überlieferungen, wie sie im Volk lebendig waren, das Wort nahmen«; er sieht ihre ganze Verkündigung »als ein einziges kritisches oder neu aktualisierendes Gespräch mit diesen alten, ihnen vorgegebenen Überlieferungen« an (ebd.).

volle Tun Jahwes an Israel jetzt auf Grund von Israels Schuld gegen Israel wendet. Jahwes früheres Handeln erhöht Israels Schuld und begründet mit Jahwes zukünftiges Handeln.

Dieses bevorstehende Handeln Jahwes steht in gebrochener Kontinuität zu seinem früheren. Jahwe bindet sich nicht an die Tradition und auch nicht an sein früheres Handeln. Hat er einst Israel die Existenzmöglichkeit gewährt, so wird er jetzt Israel diese Existenzmöglichkeit wieder entziehen. Zwischen Einst und Jetzt liegt Israels Schuld. Israel selbst hat durch sein Verhalten mit der Tradition gebrochen, es ist darum nur folgerichtig und entspricht dem Verhalten Israels, wenn Jahwe nun auch von sich aus mit der Tradition bricht.

Schroffe Diskontinuität bestimmt hier das Verhältnis des Amos zur Tradition. Gleichwohl ist es auffällig, daß er zur Begründung seiner Diskontinuität zur Tradition die Tradition mitheranzieht. Das Ende der Geschichte bedeutet Bruch mit der Tradition und wird von Amos mit begründet aus der Tradition. Dieser widersprüchliche Sachverhalt spiegelt die verschiedenen Standorte des Amos und seiner Hörer wider. Amos versteht sich von der Zukunft her, seine Hörer verstehen sich von der Vergangenheit her. Will Amos sich bei seinen Hörern verständlich machen, so muß er ihre Voraussetzungen in sein Wort einbeziehen. Das geschieht nun paradoxerweise so, daß er mit der Tradition, in der seine Hörer stehen, die weitere Geltung der Tradition von ihrem Ende her bestreitet. Mit der Tradition begründet Amos das Ende der Tradition.

III. Die geschichtlichen Anspielungen in den Diskussionsworten Am 3 2 und 9 7

Es ist bezeichnend für die Geschichtsbetrachtung des Amos, daß von den wenigen geschichtlichen Motiven, die sich bei ihm finden, gleich zwei in Diskussionsworten verarbeitet sind. Es hat den Anschein, daß Amos — von der exemplarischen Geschichtsbetrachtung 4 6-11 und der Erweiterung der Anklage in 2 9 abgesehen — nur gezwungen und wider Willen auf die Vergangenheit seines Volkes zu sprechen kommt. Wie er die Geschichte Israels betrachtet, hat er in jenem ausführlichen Rückblick deutlich gesagt. Die schroffe Einseitigkeit, in der Amos diese Geschichte auf ihr Ende zueilen sieht, und die bewußte Rücksichtslosigkeit gegenüber den Heilstaten, die Jahwe einst an Israel wirkte und von denen her sich das Volk versteht, mußten die Hörer vor den Kopf gestoßen haben. Es ist darum nicht verwunderlich, wenn Amos Einwänden ausgesetzt war, die gegen seine Einseitigkeit protestierten, die im Widerspruch zu seiner »Unheilsgeschichte«[96] auf Jahwes Heilstaten hinwiesen. Mit solchen Ein-

[96] Siehe oben Anm. 59.

wänden mußte sich Amos, sollte seine Gerichtsandrohung nicht von vornherein unglaubwürdig sein, auseinandersetzen. Er mußte den Widerspruch, der zwischen seinem eigenen Geschichtsverständnis und dem seiner Hörer aufbrach, klären, mit anderen Worten: Er mußte seine Hörer gegen ihre Heilssicherheit von der Unausweichlichkeit ihres Untergangs überzeugen.

Zwei Worte sind uns von Amos überliefert, in denen diese Auseinandersetzung ihren Niederschlag gefunden hat.

1. Am 3 1-2

1 Hört dieses Wort, das Jahwe gesprochen hat über
euch, ihr Israeliten (über jede Völkerschaft, die
ich aus dem Lande Ägypten heraufgeführt habe)[a]:
2 Nur euch habe ich gekannt
von allen Völkerschaften des Kulturlandes. 3+3
Darum werde ich an euch strafen
alle eure Vergehen. 3+3

[a] V. 1b ist Glosse[97]. Während die Einführung v. a von Jahwe in der 3. pers. redet, ist v. b als Jahwerede stilisiert. V. b mutet wie eine Explikation der Einführung von v. 2 her an. Die Anrede von v. 1a wird in v. 1b im Sinne von v. 2a wiederholt. Der Glossator deutet das Geschehen von v. 2a auf den Auszug, d. h. v. 1b interpretiert v. 2a im Sinne der traditionellen Erwählungsvorstellung[98]. Schließlich kann man fragen, ob die unnötige Anrede עליכם בני ישראל ursprünglich ist. V. 1aαβ wäre ein Doppeldreier und würde metrisch gut zu v. 2 passen[99].

Das Wort 3 (1) 2 bildet eine in sich geschlossene Einheit. Mit der Aufforderung שמעו את הדבר הזה beginnt ein neuer Spruch[100], der in dem Drohwort v. 2b seinen wirkungsvollen Abschluß findet.

3 2 ist als Jahwerede stilisiert. Der Vers besteht aus zwei Teilen, einer Voraussetzung v. 2a und einer Schlußfolgerung v. 2b. Uns interessiert in diesem Zusammenhang die Frage, ob v. 2a eine geschichtliche Anspielung enthält. Man könnte zunächst auf Grund des Perfekts diese Frage bejahen. Aber dieses Perfekt ist nur sinnvoll, wenn es die Gegenwart miteinschließt. Umgekehrt muß das ידעתי, wenn es präsentisch übersetzt wird[101], irgendwann einmal in der Vergangenheit angefangen haben. Indirekt liegt in v. 2a demnach eine geschicht-

[97] So u. a. K. Marti, Dodekapropheton, 172; zuletzt S. Amsler, Amos, 185.

[98] Mit R. Smend, Das Nein des Amos, EvTh 23 (1963), 409 Anm. 25.

[99] Siehe BHK. — Möglicherweise ist der ganze Vers redaktionell; die Einführung שמעו (את) הדבר הזה findet sich noch 4 1 und 5 1, siehe W. Nowack, Die kleinen Propheten, 130; H. Guthe, Amos, 34.

[100] Bzw. eine neue Spruchsammlung, siehe G. Fohrer, Einleitung, 477.

[101] ידע zählt O. Grether, Hebräische Grammatik für den akademischen Unterricht, 1951, § 79h, zu den Verben, die eine geistige oder sinnliche Tätigkeit bezeichnen und deren Perfekt darum präsentisch übersetzt werden kann. Siehe auch K. Cramer, Amos, BWANT 51, 1930, 32.

liche Anspielung vor. Der Halbvers redet von der exklusiven Gemeinschaft, die zwischen Jahwe und Israel besteht. Wann hat diese Gemeinschaft angefangen? Eine zeitliche Bestimmung fehlt. Einen Anhaltspunkt kann allenfalls die Wendung מכל משפחות האדמה geben, die den Bereich angibt, in dem das ידע geschieht. Ob man allerdings מכל משפחות האדמה unmittelbar zu ידעתי ziehen und ידע מן mit »erwählen« übersetzen muß[102], erscheint mir fraglich. Es ist ebenso möglich, מכל משפחות האדמה mit אתכם zu verbinden; die partitive Grundbedeutung von מן bleibt auch dann erhalten[103] und das Verb ידע wird theologisch nicht überbefrachtet. Daß ידע hier nicht »kennen« heißen kann[104], weil Jahwe nach Amos ja noch andere Völker kenne[105], will nicht überzeugen, da 3 2 sich auch dann mit 9 7 stößt, wenn ידע mit »erwählen« wiedergegeben wird.

Doch bleiben wir zunächst dabei, ob in der Wendung מכל משפחות האדמה nicht eine zeitliche Bestimmung verborgen liegt. Gewöhnlich wird der Ausdruck wiedergegeben mit »von allen Geschlechtern der Erde« bzw. »von allen Völkern der Erde«[106]. Aber אדמה ist streng zu unterscheiden von ארץ und heißt nicht Erde im Sinne von ‚die ganze Erde', sondern meint »die lichtbraune Erde des Ackers, die dem Menschen nach mühevoller Arbeit den Ertrag zum Leben spendet und den Völkern der Erde die Existenzmöglichkeit gewährt«[107]. אדמה ist also das Kulturland. Mit dem Kulturland wäre demnach der Bereich angegeben, in dem das ידע geschieht. Aber eine Aussage über den Beginn der Gemeinschaft zwischen Jahwe und Israel ist damit nicht getroffen. Diese Gemeinschaft kann sehr wohl schon vor der Landnahme Israels bestanden haben. Über den Beginn der Gemeinschaft reflektiert der Spruch nicht; er blickt auf die Gegenwart und will sagen, daß Jahwe von allen Völkerschaften, die sich gegenwärtig im Kulturland aufhalten — ob sie schon immer im Kulturland wohnten oder erst in einem späteren Stadium ihrer Geschichte das Kulturland besetzten, ist dabei unerheblich — nur mit Israel vertraut ist.

---

[102] So P. Altmann, Erwählungstheologie und Universalismus im Alten Testament, BZAW 92, 1964, 24 Anm. 17.

[103] Gegen E. Baumann, ידע und seine Derivate. Eine sprachlich-exegetische Studie, ZAW 28 (1908), 34 Anm. 2; zur Grundbedeutung von מן siehe C. Brockelmann, Hebräische Syntax, 1956, § 111a.

[104] Freilich nicht im gnoseologischen Verstand, sondern in dem spezifisch hebräischen Sinn von »Gemeinschaft haben mit, vertraut sein mit«.

[105] P. Altmann a. a. O. (Anm. 102) 24 Anm. 17.

[106] So u. a. J. Wellhausen, Die Kleinen Propheten, 3; W. Nowack, Die kleinen Propheten, 130; H. Guthe, Amos, 34; E. Sellin, Zwölfprophetenbuch, 2./3. Aufl., 211; S. Amsler, Amos, 185.

[107] L. Rost, Die Bezeichnungen für Land und Volk im Alten Testament, in: O. Procksch-Festschrift, 1934, 128.

Mehr als die zuständliche Aussage, daß Jahwe nur Israel kennt, wird man dem Wort nicht entnehmen können. Es fehlt auch die Angabe des Ereignisses, in dem Jahwe die besondere Gemeinschaft mit Israel gesetzt hat. Der Redaktor hat das empfunden und darum v. 2a mit der Heraufführung aus Ägypten in Zusammenhang gebracht. Das Wort sagt lediglich, daß zwischen Jahwe und Israel eine ausschließliche Gemeinschaft besteht.

Amos genügt hier das bloße Daß. Dennoch ist die Aussage von der ausschließlichen Gemeinschaft Jahwes mit Israel für Amos ungewöhnlich. Sie widerspricht den einleitenden, von Vergehen anderer Völker handelnden Strophen des Fremdvölkergedichtes 1 3—2 3[108], aus dem hervorgeht, daß Jahwe sehr wohl die anderen Völker kennt, und zwar nicht nur dann, wenn sie Israel Unrecht getan haben, sie widerspricht vor allem dem Universalismus von 9 7, wonach Jahwe auch andere Völker geführt hat. 3 2a — so wie der Halbvers dasteht — ist ein Fremdkörper in der Verkündigung des Amos, der auf keinen Fall isoliert werden darf[109]. Wenn er überhaupt die Meinung des Amos wiedergibt, dann nur im Zusammenhang mit v. b. Aber es ist unwahrscheinlich, daß Amos von sich aus auf der einen Seite den nationalen Erwählungsglauben vertritt, auf der anderen Seite dagegen mit Nachdruck betont, daß die Israeliten Jahwe soviel bedeuten wie die Kuschiten, die fernen Bewohner des Niltales südlich von Syene[110]. 3 2a wird im Zusammenhang der Verkündigung des Amos nur verständlich als ein Zugeständnis, das Amos seinen Hörern macht, ohne sich mit ihm zu identifizieren. Der Halbvers ist nur verständlich als Einwand, der Amos auf Grund seiner Gerichtsverkündigung entgegengebracht wird. Diesen Einwand nimmt Amos auf und legt ihn als hypothetische Voraussetzung dem Drohwort v. 2b zugrunde. Er nimmt die Hörer beim Wort und zeigt, was aus ihrer Annahme — einmal ganz abgesehen von ihrer Richtigkeit — zwangsläufig folgt.

Das Wort ist ein Niederschlag aus der Diskussion. Worauf es Amos ankommt, ist die für die Hörer paradoxe Schlußfolgerung, die ihren Erwartungen ins Gesicht schlägt, die Bestätigung seiner Gerichtsverkündigung. In ihrem Dienste steht das scheinbare Ja von v. 2a. Amos schlägt seine Hörer mit ihren eigenen Waffen. Während für sie aus der Voraussetzung v. 2a zwangsläufig folgt, daß Jahwe den

108 Die Judastrophe 2 4-5 gilt allgemein als sekundär, siehe J. Wellhausen, Die Kleinen Propheten, 71f.; H. W. Wolff, Amos, 170f.

109 Vgl. die Frage R. Smends a. a. O. (Anm. 98) 410: »Ob 2a ein Satz ist, der, isoliert, zur Dogmatik des Amos gehören würde ?«

110 Es wird hier eher an die Äthiopier gedacht sein als das Volk, das am Ende der damals bekannten Welt wohnt, siehe H. E. W. Fosbroke, The Book of Amos, IntB 6, 1956, 848, weniger an das Volk, das auf Grund seiner Hautfarbe verachtet ist, so J. Wellhausen, Die Kleinen Propheten, 94.

nationalen Bestand Israels garantiert, folgt für Amos ebenso zwangsläufig, daß Jahwe auf Grund seiner liebenden Fürsorge für Israel Israel wegen aller seiner Vergehen zur Rechenschaft ziehen wird.

Der »geschichtliche Rückblick« — sofern man nach den oben vorgebrachten Vorbehalten noch davon sprechen kann — steht ganz im Dienste der Aussage über Israels unmittelbar bevorstehende Zukunft. Auf ihr liegt das Schwergewicht des Wortes. Die Anspielung auf die ausschließliche Gemeinschaft zwischen Jahwe und Israel verwendet Amos in seinem Sinne als Begründung für das Gericht. Die Schuld Israels wiegt dann noch schwerer, wenn — wie der Einwand behauptet — Jahwe sich seiner in besonderer Weise angenommen hat. Darum gehört die besondere Zuwendung Jahwes zu Israel — wie sie v. 2a beansprucht — ebenso zur Begründung des Gerichtes wie die Schuld Israels, von der nur summarisch in dem Drohwort v. 2b die Rede ist. Jahwes künftiges Handeln an Israel hat zwei Gründe: Es resultiert aus seinem früheren Handeln und Israels Schuld. Der funktionale Charakter von v. 2a tritt somit in zweifacher Hinsicht zutage. Denn abgesehen davon, daß v. 2a nur im Dienste von v. 2b steht, verwendet Amos die Voraussetzung nur als scheinbares Zugeständnis an die Hörer, d. h. er distanziert sich von dem Einwand über seine funktionale Bedingtheit hinaus.

Kaum ein Wort des Amos zeigt mehr, wie wenig Amos im Grunde an der Geschichte interessiert ist. Sein Blick ist ganz auf die nächste Zukunft gerichtet, auf das Ende seines Volkes Israel. Wenn er doch einmal, was ausgesprochen selten ist, auf die Vergangenheit zu sprechen kommt, dann kann es, wie hier, sogar in zweifacher Distanz geschehen.

Man kann darum 3 2 nicht dafür in Anspruch nehmen, daß Amos die Gültigkeit der Erwählungstradition anerkannt habe[111]. Über Amos' Verhältnis zur Tradition sagt 3 2 direkt nichts, da abgesehen von der neuen Interpretation, die er der Erwählungstradition gibt, die Voraussetzung der Erwählungstradition in diesem Zusammenhang nur hypothetisch ist. Indirekt zeigt 3 2, wie frei Amos mit der Tradition umgehen kann. Er kann sie zitieren und sich doch innerlich von ihr distanzieren.

Daß Amos in v. 2a einen Einwand aufgreift, wird fast allgemein angenommen[112]. Nur muß betont werden, daß Amos den Anspruch dieses Einwandes — ganz abgesehen von seiner Folgerung v. b — im Zusammenhang mit 9 7 nicht teilen kann. Allein um seinen Hörern

---

[111] So R. Rendtorff, Tradition und Prophetie, ThViat 8 (1961/62), 1962, 220f.

[112] U. a. E. Balla, Die Droh- und Scheltworte des Amos, 1926, 27f.; A. Weiser, Profetie des Amos, 120; S. Amsler, Amos 186; siehe auch K. Budde, Zu Text und Auslegung des Buches Amos, JBL 43 (1924), 81; H. E. W. Fosbroke, Amos, 792; G. Fohrer, Einleitung, 476.

zu zeigen, wie weit sie mit ihrem Anspruch kommen, nimmt er ihn auf und wendet ihn ins Gegenteil.

2. *Am 9 7*

Auf die Spannung, in der Am 9 7 und 3 2 zueinander stehen, wurde bereits hingewiesen. Auch 9 7 liegt höchstwahrscheinlich ein Streitgespräch zugrunde. Von der Situation des Streitgespräches her wäre es jedoch verfehlt, die beiden der Diskussion entstammenden Worte 3 2 und 9 7 systematisieren und auf einen Nenner bringen zu wollen[113]. Dennoch muß sich das oben dargelegte Verständnis von 3 2 an der Auslegung von 9 7 bewähren.

Seid ihr mir nicht wie die Kuschiten,
ihr Israeliten? 3+2
Habe ich nicht Israel heraufgeführt
aus dem Lande Ägypten 3+2
und die Philister aus Kaftor
und die Syrer aus Kir? 2+2

Die Abgrenzung des Wortes ist nicht zweifelhaft. Vorauf geht die Gerichtsvision 9 1-4 mit der später angefügten Doxologie v. 5f., es folgt das Wort gegen das sündige Königreich 9 8-10, das nicht von Amos stammt[114].

Trotz der fraglosen Abgrenzung ist 9 7 nicht als in sich geschlossene Einheit anzusprechen. Die Fragen sind nur verständlich als Teil eines Gespräches, in dem Rede und Gegenrede wechseln.

Amos behauptet hier in Form einer rhetorischen Frage die grundsätzliche Gleichrangigkeit Israels mit anderen Völkern vor Jahwe. Diese Behauptung ist eine strikte Bestreitung des nationalen Erwählungsglaubens und mußte auf die Hörer wie ein Schlag ins Gesicht wirken. Noch mehr mußten sie sich aber durch die Form der Behauptung angegriffen fühlen. Die rhetorischen Fragen erwecken den Eindruck, als spreche Amos nur eine allgemein anerkannte Tatsache aus. In Wirklichkeit aber sind die Fragen für die Hörer völlig absurd. Amos

---

[113] R. Rendtorff a. a. O. (Anm. 111) 220f. hat die Wahrscheinlichkeit, daß es sich bei 3 2 und 9 7 um Diskussionsworte handelt, zu wenig im Blick. Mit der Möglichkeit, daß Amos sich mit 3 2a nicht identifizieren könnte, rechnet er nicht. Statt dessen behandelt er die beiden Worte flächig, indem 9 7 von 3 2 her interpretiert wird und mehr hergeben muß, als der Vers faktisch enthält.

[114] Siehe besonders J. Wellhausen, Die Kleinen Propheten, 96; K. Marti, Dodekapropheton, 224—227; R. S. Cripps, A Critical and Exegetical Commentary on the Book of Amos, 1955², 67—77; G. Fohrer, Einleitung, 479; zuletzt H. W. Wolff, Amos, 132, und U. Kellermann, Der Amosschluß als Stimme deuteronomistischer Heilshoffnung, EvTh 29 (1969), 169—183.

überschüttet sie mit beißendem Hohn[115]. Auch die Fragen v. b — von Amos im Sinne einer Begründung gedacht — sind für die Hörer kaum eher verständlich. Daß Jahwe auch die Philister und Aramäer geführt haben soll, ist doch unerhört — aber genau das will Amos sagen. Der nationale Erwählungsglaube ist eine Illusion, weil Jahwe in der Vergangenheit nicht nur an Israel gehandelt hat. Jahwe kümmerte sich genauso um die Philister und die Aramäer, die Erzfeinde Israels.

Mit der Entschränkung der nationalen Geschichtsbetrachtung, auf Grund deren Israel seinen nationalen Bestand garantiert sah, zieht Amos den Israeliten den Boden unter den Füßen weg. Auch dieses Wort ist im Zusammenhang zu sehen mit der Ankündigung des Endes Israels. Der Gerichtsverkündigung werden die Hörer die Erwählung in der Herausführung aus Ägypten entgegengehalten haben. Mit der Stichhaltigkeit ihres Einwandes fällt oder steht die Drohung des Amos. Gelingt es Amos, den Einwand zu entkräften, so bestätigt er erneut seine Gerichtsverkündigung.

Auch hier hat der geschichtliche Rückblick die Funktion der Begründung. Mit dem Hinweis auf Jahwes vielfältiges Handeln in der Vergangenheit an den verschiedenen Völkern will Amos die schockierend wirkende Aussage verständlich machen, daß die Israeliten Jahwe nicht mehr gelten als die Kuschiten. Letzten Endes steht auch dieser geschichtliche Rückblick im Dienste der Gerichtsansage. Seine Funktion ist eine zweifach abgeleitete. Er dient der Begründung von v. 7a, der seinerseits nur eine Funktion hat von der Mitte der Verkündigung des Amos her: »Gekommen ist das Ende über mein Volk Israel« (8 2).

Welche untergeordnete Bedeutung die Vergangenheit und damit die Geschichte in der Verkündigung des Amos hat, geht aus diesen beiden Diskussionsworten hervor, wo der Bezug auf die Vergangenheit Amos gleichsam aufgenötigt wird und er die geschichtlichen Erinnerungen, die seine Gerichtsandrohung ad absurdum führen sollen, ad hoc in durchschlagende Begründungen für seine Gerichtsdrohung ummünzt.

Man hat hin und wieder versucht, die Schroffheit von Am 9 7 dadurch zu mildern, daß man sagte, erst durch seine Sünde sei Israel in den Augen Jahwes wie die anderen Völker geworden, habe es seine Vorrangstellung verloren[116]. Dem widerspricht aber entschieden die Begründung v. b. Jahwe hat nicht erst, weil Israel sündigte, die Philister aus Kaftor und die Aramäer aus Kir geführt, sondern diese Führungen geschahen unabhängig von Israels Verhalten. Jahwe hat sich nicht deswegen den Philistern und Aramäern zugewandt, weil

---

115 K. Galling, Erwählungstraditionen, 10, bezeichnet 9 7 als »Spottruf«.

116 Am deutlichsten E. Sellin, Zwölfprophetenbuch, 213; ebenso H. E. W. Fosbroke, Amos, 848.

Israel ihn enttäuscht hätte[117], sondern weil er der Herr der gesamten Völkerwelt ist, der die Geschicke jedes einzelnen Volkes lenkt. Man darf auf keinen Fall 9 7 von 3 2 her interpretieren[118]. Denn Amos identifiziert sich nicht mit 3 2a, und 3 2b bringt nur die von den Hörern beanspruchte und von Amos hypothetisch vorausgesetzte Sonderstellung Israels zur Geltung. 9 7 dagegen verneint jede vermeintliche Sonderstellung Israels strikt ohne Wenn und Aber.

Die Schroffheit des Amos vermochten nicht nur seine Zeitgenossen nicht zu ertragen, auch viele Ausleger schrecken davor zurück, die Verkündigung des Hirten aus Tekoa ohne Abstriche und ohne Umdeutung nachzusprechen. Selbst J. Wellhausen meint, man dürfe Amos hier »nicht zu sehr beim Wort nehmen« und verweist dabei auf Stellen wie 2 10. 11 3 2 7 15 8 2[119]. Nun ist es gewiß richtig, daß Amos in der dritten und vierten Vision und in dem Fremdbericht über die Ausweisung aus Betel Israel im Munde Jahwes als עמי ישראל bezeichnet[120]. Aber diese Bezeichnung steht am Anfang der Wirksamkeit des Amos und wird damals den Glauben zum Ausdruck gebracht haben, den Amos mit seinen Volksgenossen teilte, daß Israel Jahwes Volk ist. In der Berufung wurde Amos die Erkenntnis zuteil, daß das Ende über das Volk Jahwes gekommen ist. Die Bezeichnung drückt dann nur aus, daß Amos den Inhalt der Berufung in seinen bisherigen Glauben einordnet. Dies geschieht via negationis ähnlich wie bei Hosea, der mit dem Symbolnamen seines dritten Kindes לא עמי erfahren muß, daß Israel nicht mehr Jahwes Volk ist[121]. Erst in der weiteren Reflexion und Verarbeitung des Verkündigungsinhaltes wird Amos zu der Entschränkung des nationalen Erwählungsglaubens, zu dem Universalismus von 9 7 gekommen sein. Man muß nicht eine Entwicklung seiner Botschaft annehmen[122]; näher liegt ihre stufenweise Erfassung, die Amos allmählich aus seinem vorprophetischen Glaubensstand herauslöste.

---

117 So etwa K. Marti, Dodekapropheton, 223, der die Ansicht vertritt, daß die verachteten Kuschiten Jahwe am Ende so viel wert sind wie die Israeliten und Jahwe mit einem anderen Volk seinen Plan verwirklichen kann.

118 Gegen R. Rendtorff, siehe oben Anm. 113.

119 Die Kleinen Propheten, 94f.

120 7 8 8 2 7 15.

121 Hos 1 9.

122 Wenngleich auch das nicht ausgeschlossen ist. Ein wörtliches Verständnis von 3 2 wäre möglich, wenn man das Wort am Anfang seiner Wirksamkeit gesprochen denkt, wo Amos noch mehr in den Traditionen seines Volkes steht, während das Diskussionswort 9 7, das Ergebnis längeren Nachdenkens über seinen Verkündigungsauftrag, gegen Ende seiner Wirksamkeit gesprochen zu denken wäre. Doch ist die Annahme einer Entwicklung — bei der ohnehin kurzen Wirksamkeit des Amos — eher eine Verlegenheitsauskunft als die Auffassung von 3 2a als ein scheinbares Zugeständnis an die Hörer.

Bezeichnend für das entschärfende Verständnis der Verkündigung des Amos in bezug auf 9 7 ist R. Rendtorffs Interpretation. Er schreibt: Die »schroffe Antithese gegen die populäre Erwählungstradition kommt fast ihrer Bestreitung gleich. Aber man muß gerade ein solches polemisches Wort in seinem Zusammenhang verstehen. Amos bestreitet Israel das Recht, sich auf die Herausführung aus Ägypten als ein Privileg zu berufen. Auch hier steht also die Kritik an einem populären Verständnis der Tradition und den daraus gezogenen Folgerungen im Vordergrund; aber man darf gewiß nicht daraus schließen, daß Amos die Gültigkeit dieser Tradition überhaupt bestritten habe«[123]. Die Forderung, daß man das polemische Wort im Zusammenhang verstehen müsse, ist selbstverständlich, die Frage ist jedoch, ob R. Rendtorff den Zusammenhang richtig sieht. Der Zusammenhang der Amosworte und zugleich ihre Mitte ist das Wort vom bevorstehenden Ende Israels (8 2), mit dem die Erwählungstradition ihre Gültigkeit verliert. Außerdem ist es nicht richtig, 9 7 von 3 2 her zu verstehen, da 9 7 grundsätzlicher formuliert ist, zudem zwar auf einen Einwand antwortet, nicht aber einen Einwand enthält. In 9 7 geht es nicht um die Abwehr eines populären Verständnisses der Tradition[124], sondern um die grundsätzliche Gleichrangigkeit Israels mit den anderen Völkern. Vom vermeintlichen Privileg der Herausführung aus Ägypten ist erst in der Begründung die Rede. 9 7 kann man nicht anders als Bestreitung der Erwählung und damit der Tradition verstehen, die Amos vorgegeben war.

Wenden wir uns noch einmal der Spannung zwischen 3 2 und 9 7 zu. Nach dem faktisch Gesagten bestreitet 3 2 lediglich die Folgerung, die landläufig aus dem Satz von der Erwählung Israels gezogen wird, während 9 7 diesen Satz selbst negiert[125]. Dem faktisch Gesagten entsprechend besteht ein unerträglicher Widerspruch zwischen den beiden Worten[126]. Doch kommt es nicht auf das faktisch Gesagte an, sondern auf die damit verbundene Intention. Beide Worte wenden sich gegen die Heilssicherheit Israels, die in den Augen des Amos angesichts der bevorstehenden Katastrophe eine tödliche Illusion ist. Die Destruktion

---

[123] A. a. O. (Anm. 111) 221.

[124] So E. Rohland, Bedeutung der Erwählungstraditionen, 57f.

[125] So hat W. Nowack, Die kleinen Propheten, 166, die Differenz der beiden Worte klar herausgearbeitet.

[126] Diesen Widerspruch hat auch E. Sellin, Zwölfprophetenbuch, 1922[1], 173f., empfunden, wenn er 3 2a als Frage versteht (nicht mehr in der 2./3. Aufl.), auf die die Hörer mit Nein geantwortet hätten. Doch einmal würde diese Antwort bei den Hörern zuviel voraussetzen und auch der von Amos ironisch gebrauchten Bezeichnung »Erstling der Völker« von 6 1 widersprechen, die sicher die Auffassung im Volk wiedergibt, zum anderen aber wäre dann die Logik des Wortes nicht mehr durchsichtig: Weil Jahwe nicht nur Israel kennt, wird er es strafen für alle seine Vergehen?

dieser Heilssicherheit geschieht in beiden Worten auf verschiedene Weise. Während Amos in 3 2a die Voraussetzung der Erwählung anerkennt, dann aber zu einer sie praktisch negierenden Folgerung kommt, bestreitet er in 9 7 den Satz von der Erwählung selbst. Im Endeffekt sagt Amos in beiden Worten das gleiche. Er zerstört die vermeintlichen Privilegien Israels, auf die seine Hörer sich angesichts der Bedrohung durch Amos als auf eine Heilsgarantie berufen. Eine Heilsgarantie hat aber nie bestanden. Da beiden Worten die gleiche Intention zugrunde liegt, darf man die Differenz des faktisch Gesagten nicht überbetonen. Sie wird erst recht verständlich durch die Freiheit des Amos, eine Tradition aufzunehmen und aus ihr eine Folgerung zu ziehen, die sie praktisch aufhebt. Amos kann eine Tradition als Zugeständnis an seine Hörer, die in dieser Tradition stehen, scheinbar bejahen, um sich seinen Hörern von ihren Voraussetzungen her verständlich zu machen.

IV. Am 5 25: Amos und die sog. opferlose Wüstenzeit

Bei den wenigen geschichtlichen Anspielungen, die von Amos überliefert sind, ist es verständlich, daß dem Wort von der »opferlosen Wüstenzeit« eine zentrale Bedeutung für die Geschichtsauffassung des Amos beigemessen wird. Man sieht weithin in 5 25 den Beleg dafür, daß Amos in der Wüstenzeit die Idealzeit, die Zeit des ungetrübten Verhältnisses zwischen Jahwe und Israel, gesehen hat[127].

Das Wort von der »opferlosen Wüstenzeit« ist jedoch umstritten und hat bisher die verschiedensten Deutungen erfahren. Entscheidend für das Verständnis des Verses ist sein Zusammenhang. Im allgemeinen wird er zu v. 21-24 gezogen, deren Kultpolemik er wirkungsvoll abschließen soll:

> „Habt ihr mir etwa Schlachtopfer und Speisopfer dargebracht in der Wüste vierzig Jahre lang, Haus Israel?"

Auf die Frage wäre dann die Antwort Nein zu erwarten. Amos wollte dann sagen, daß es ja auch in der Wüste ohne Opfer ging, wo doch die Wüstenzeit sogar die Zeit der Harmonie zwischen Jahwe und Israel war.

Gegen diese Interpretation aber erheben sich zunächst rein formale Bedenken. V. 25 ist Prosa. Eine metrische Gliederung ist dem Vers nicht abzugewinnen und eine Parallelität der Glieder fehlt völlig.

---

[127] Siehe z. B. K. Marti, Dodekapropheton, 196; A. Weiser, Profetie des Amos, 228; P. Volz, Prophetengestalten des Alten Testaments. Sendung und Botschaft der alttestamentlichen Gotteszeugen, 1938, 150f.; R. Hentschke, Die Stellung der vorexilischen Schriftpropheten zum Kultus, BZAW 75, 1957, 83; R. Knierim, Das erste Gebot, ZAW 77 (1965), 31.

Außerdem ist er zu lang. Zu den formalen Bedenken kommt eine sachliche Schwierigkeit. Der Vers ist als rhetorische Frage stilisiert und hat nur Sinn, wenn es nicht nur eine Tradition von der »opferlosen Wüstenzeit« gab, sondern wenn diese Tradition unter den Hörern des Amos unumstritten war[128]. Das ist aber nur schwer vorstellbar. Im Gegenteil, die Hörer würden auf eine solche Frage geantwortet haben: ‚Selbstverständlich haben wir Jahwe in der Wüste Opfer dargebracht'[129]. Die mit der Frage intendierte negative Antwort hat keinen Anhalt an der Wirklichkeit[130], und darum ist v. 25 als Abschluß von v. 21-24 sehr unwahrscheinlich. Daß sich die Propheten um historische Genauigkeit nicht gekümmert haben[131], ist sicher richtig, aber man muß zwischen ‚ungenau' und ‚unrichtig' unterscheiden. Die mit v. 25 intendierte Antwort ist nicht nur ungenau, sondern unrichtig[132]. Die Glaubwürdigkeit der prophetischen Verkündigung hätte bei solch starken Verzerrungen des Geschichtsbildes allzusehr gelitten.

---

[128] So auch J. Rieger, Die Bedeutung der Geschichte für die Verkündigung des Amos und Hosea, 1929, 12: »Es ist doch die wahrscheinlichste Vermutung, daß der Prophet . . . eine Wahrheit sagen wollte, die jedermann im Volke kannte und niemanden mehr überraschte.«

[129] Siehe A. H. J. Gunneweg, Mündliche und schriftliche Tradition der vorexilischen Prophetenbücher als Problem der neueren Prophetenforschung, FRLANT 73,1959, 111: »Und verlangt die Frage als Antwort ein Nein, so hätten die Zeitgenossen dennoch nicht mit diesem Nein geantwortet, sondern mit einem erstaunten ‚Aber natürlich!'«.

[130] Diese Schwierigkeit empfindet auch H. W. Hertzberg, Die prophetische Kritik am Kult, ThLZ 75 (1950), 223, der in v. 25 לִי betont wissen will. Doch hat gegen diese Deutung bereits K. Marti, Dodekapropheton, 196, geltend gemacht, daß dann לִי mit der Fragepartikel voranstehen müßte; ebenso R. Hentschke a. a. O. (Anm. 127) 82.

[131] So R. Hentschke a. a. O. (Anm. 127) 86.

[132] Siehe hierzu H. H. Rowley, Worship in Ancient Israel, 1967, 41: »If that were really what Amos meant, we should have to conclude that he was ill informed; for all our older evidence shows that sacrifice was offered in that age.« H. H. Rowley schließt sich D. B. Macdonald, Old Testament Notes, JBL 18 (1899), 214f., an, der übersetzt: »Was it only (or nothing but) flesh-sacrifices and meal-offerings that ye brought to me in the wilderness for forty years. O house of Israel?« und erklärt: »Such a translation renders the emphatic position of the words, and explains why Amos had here to use הגיש and not a specific sacrifical term.« הגיש wird aber auch anderswo vom Darbringen der Opfergaben gebraucht (Ex 32 6 I Sam 13 9 שלמים, Lev 2 8 Mal 2 12 3 3 מנחה, Lev 8 14 II Chr 29 23 חטאת, I Sam 13 9 עולה), und allein auf Grund der Stellung von הזבחים ומנחה anzunehmen, Amos wolle sagen, Israel habe Jahwe in der Wüste nicht nur Schlachtopfer und Speisopfer, sondern auch »true worship of the heart and righteousness« dargebracht, erscheint mir fraglich, einmal wegen des technischen Gebrauchs von זבח und מנחה hier (dazu siehe unten S. 41 Anm. 149), zum anderen aber wegen der Hörer, die solche abgekürzte Redeweise wohl kaum verstanden hätten.

Es bleibt die Frage, ob nicht v. 21-24 ohne v. 25 als geschlossene Einheit denkbar ist. V. 21-23 bringen — als Jahwerede stilisiert — Jahwes Abscheu vor den einzelnen Kultpraktiken der Israeliten zum Ausdruck. Demgegenüber enthält v. 24 die positive Forderung des Jahwewillens. 5 21-24 zeigt somit den gleichen Aufbau wie Jes 1 10-17: Auf die Kritik am kultischen Gottesdienst folgt die Mahnung zum Gottesdienst im Alltag der Welt. Es hat den Anschein, daß für die Gattung der »prophetischen Nachahmung priesterlicher Tora«[133] zwei Elemente konstitutiv sind, Verbote und Gebote. Es liegt im Wesen der Tora, daß sie Weisung erteilt[134], daß sie in positiven Formulierungen des Gotteswillens gipfelt[135]. Die fadenscheinige Begründung mit der »opferlosen Wüstenzeit« ist nach v. 24 also durchaus entbehrlich.

Und noch etwas spricht gegen den Anschluß von v. 25 an v. 21-24. V. 21-24 richtet sich nicht gegen den Kultus als solchen, sondern, wie die Suffixe der 2. pers. pl. zeigen, gegen die Kultpraxis der Angeredeten. V. 25 aber erweckt den Eindruck, als verneine Amos den Kultus grundsätzlich. Die Kritik von v. 21-24 richtet sich gegen den kultischen Menschen, nicht gegen den Kultus als solchen[136].

Hat sich der Anschluß von v. 25 an v. 21-24 als unwahrscheinlich erwiesen, so besteht immerhin die Möglichkeit eines Anschlusses nach unten. Auf keinen Fall darf v. 25 isoliert werden, denn die Aussage von der »opferlosen Wüstenzeit« hat so keinen Anhalt an der Wirklichkeit.

V. 26 redet nicht vom Jahwekult, sondern vom Kult an fremden Göttern. Daß Amos auch den Dienst an fremden Göttern bescholten hat, ist durchaus möglich[137]. Das Drohwort v. 27 paßte sogar ausgezeichnet dazu: Weil ihr fremden Göttern dient, werde ich euch über Damaskus hinaus — also dorthin, wo jene Götter verehrt werden — verbannen. Doch ist es sehr fraglich, »ob eine Verehrung des babylonischen Saturngottes Sakkut-Kaiman in der Zeit des Amos stattgehabt hat«[138]. Verständlich wird v. 26 erst als Antwort auf die Einwanderung fremder Kulte, die den Austausch der Oberschichten unter den Assyrern voraussetzt[139]. Gegen die Ursprünglichkeit von v. 26 erheben sich

---

133 Siehe J. Begrich, Die priesterliche Tora, BZAW 66, 1936, 73ff.

134 Per definitionem.

135 Außer Jes 1 10-17 siehe noch Am 5 4-5 Hos 6 6 Jes 66 2b-3.

136 Vgl. G. Fohrer, Jesaja 1 als Zusammenfassung der Verkündigung Jesajas, ZAW 74 (1962), 260f. (= Studien zur alttestamentlichen Prophetie, 1949—1965, BZAW 99, 1967, 158), zu Jes 1 10-17.

137 Zumindest läßt Am 8 14 vermuten, »daß Amos kanaanäische Lokalgötter als ursprüngliche Herren der hier genannten Kultstätten, darunter der von Bethel kennt«, siehe O. Eißfeldt, Der Gott Bethel, ARW 28 (1930), 13 (= Kleine Schriften, I 1962, 217); anders R. Hentschke a. a. O. (Anm. 127) 87: »Außerdem ist sonst bei Amos die Polemik gegen die Verehrung fremder Götter nicht belegt.«

138 K. Galling, Bethel und Gilgal, ZDPV 67 (1945), 39.

139 Vgl. K. H. Bernhardt, Art. Exil, BHH I, 459.

daher sachlich schwere Bedenken. In der Ausdrucksweise und in der Polemik gegen die gleiche oder ähnliche Gottheit סכות erinnert Am 5 26 an die deuteronomistische Stelle II Reg 17 29f. Sprachlich auffällig ist außerdem das Wort צֶלֶם, das häufig bei P und Ezechiel belegt ist[140]. Diese Gründe machen die Ursprünglichkeit von 5 26 mehr als fraglich. Die meisten Ausleger verstehen daher den Vers als Zusatz[141].

Da v. 25 mit v. 27 keine Einheit bilden kann — was sollte die rhetorische Frage im Zusammenhang mit dem Drohwort? — spitzt sich die Problematik von v. 25 auf folgende Alternative zu: Entweder gehört v. 25 mit v. 26 zusammen und ist mit diesem als Zusatz zu beurteilen oder v. 25 ist ein Fragment. Aber auch wenn man v. 25 als Fragment versteht, bleiben die sachlichen Einwände bestehen. Hinzu kommen aber noch formale Bedenken. Auf die Schwierigkeit, ja Unmöglichkeit, v. 25 metrisch zu gliedern, wurde schon hingewiesen. Diejenigen Ausleger, die v. 25 als Abschluß von v. 21-24 verstehen, sind bestrebt, das in v. 21-24 vorherrschende Metrum 3 + 3[142] auch in v. 25 zu gewinnen. Ohne Streichungen ist dies jedoch nicht möglich[143]. Die Ungleichheit von זבחים und מנחה hinsichtlich der Numeri ist schon früher aufgefallen. K. Marti[144] und E. Balla[145] wollen darum ומנחה streichen. K. Budde[146] liest statt הזבחים den Singular הזבח, wobei er die Pluralendung ים- als Dittographie des folgenden ומ- streicht. Th. H. Robinson[147] und E. Sellin[148] streichen die Anrede בית ישראל. Doch sind alle Streichungen mit Ausnahme vielleicht der von K. Budde reine Willkür, da sie an der Textüberlieferung keinen Anhalt haben.

Der technische Gebrauch von זבח und מנחה, die Klassifizierung sämtlicher Opfer in tierische und vegetabilische, findet sich erst in

[140] Gen 1 26. 27 5 3 9 6 Num 33 52 (nach B. Baentsch, Numeri, HK I/2, 1903, 686, P^s) Ez 7 20 16 17 23 14. — Zu I Sam 6 5.11 siehe BHK und W. Nowack, Bücher Samuelis, HK I/4, 1902, 28f., der die Belege als Zusätze versteht; II Reg 11 18 Ps 73 20 und II Chr 23 17 sind ebenfalls später als Amos; Ps 39 7 (für die Datierung von Ps 39 fehlen die Anhaltspunkte, siehe H.-J. Kraus, Psalmen, I 1960, 300; G. Fohrer, Einleitung, 311).

[141] U. a. J. Wellhausen, Die Kleinen Propheten, 84; M. Löhr, Untersuchungen zum Buch Amos, BZAW 4, 1901, 19; K. Marti, Dodekapropheton, 196f.; W. Nowack, Die kleinen Propheten, 147f.; J. Meinhold, Studien zur israelitischen Religionsgeschichte, I Der heilige Rest, Teil I Elias Amos Hosea Jesaja, 1903; neuerdings W. H. Schmidt a. a. O. (Anm. 2) 188ff.; H. W. Wolff, Amos, 137.

[142] V. 22aα ist entweder Zusatz oder ein Halbvers 22aβ ist ausgefallen.

[143] V. Maag a. a. O. (Anm. 1) 34 erhält einen Doppeldreier, indem er die Anrede בית ישראל »als Trümmer eines eigenen Stichos betrachtet«.

[144] Dodekapropheton 196. [145] E. Balla, Droh- und Scheltworte, 38 Anm. 1.

[146] K. Budde, Zu Text und Auslegung des Buches Amos, JBL 43 (1924), 116.

[147] Th. H. Robinson—F. Horst, Die Zwölf Kleinen Propheten, HAT I/14, 1964^3, 92.

[148] E. Sellin, Zwölfprophetenbuch, 1922, 194; in der 2./3. Aufl. 1929, 233, macht E. Sellin die Streichung wieder rückgängig.

späteren Texten[149]. Auffällig ist in v. 25 weiter das Motiv vom vierzigjährigen Wüstenaufenthalt. Dieses Motiv begegnet durchweg in Texten, die jünger sind als Amos[150]. Es findet sich in der gesamten prophetischen Literatur nur Am 2 10 und hier. Am 2 10 erwies sich als deuteronomistischer Zusatz[151]; somit bliebe 5 25 als einzige prophetische Stelle übrig.

Nimmt man alle Gründe zusammen, so ist es mehr als wahrscheinlich, daß 5 25 Amos abgesprochen werden muß. Das Verständnis von 5 25 als Zusatz befriedigt jedoch solange nicht, als das Interesse des Glossators im Dunkeln bleibt. Welche Absicht aber könnte der Glossator mit der Zufügung von v. 25 verfolgt haben? Die gleiche sachliche Schwierigkeit, daß die mit v. 25 intendierte Aussage keinen Anhalt an der Wirklichkeit hat, besteht natürlich auch beim Verständnis von v. 25 als Glosse. Die Annahme, der Glossator habe eine solch mangelhafte Kenntnis der Geschichte gehabt, kann nicht befriedigen, wenngleich sie in bezug auf einen beliebigen Leser erträglicher ist als in bezug auf Amos. Doch welcher Glossator könnte an der Feststellung der »opferlosen Wüstenzeit« Interesse gehabt haben? Die isolierte Betrachtungsweise von v. 25 erschwert sein Verständnis, ob man den Vers nun für Amos in Anspruch nimmt oder einem Glossator zuweist.

Nun hat die obige Analyse ergeben, daß auch v. 26 schwerlich von Amos stammt. Was läge da näher als der Versuch, die beiden Verse zusammenzunehmen und als eine Doppelfrage zu verstehen[152]:

---

149 I Sam 2 29 3 14 Jes 19 21 Jer 17 26 Ps 40 7 Dan 9 27. I Sam 2 29 gehört dem allgemein als deuteronomistisch anerkannten Stück 2 27-36 an; siehe hierzu u. a. K. Budde, Die Bücher Samuel, KHC VIII, 1902, 22; W. Nowack, Bücher Samuelis, 14ff.; G. Fohrer, Einleitung, 243. Zu Jes 19 21 siehe B. Duhm, Das Buch Jesaia, HK III/1, 1922^{4}, 196; K. Marti, Das Buch Jesaja, KHC X, 1900, 157f.; zu Jer 17 26 F. Giesebrecht, Das Buch Jeremia, HK III/2, 1907^{2}, 104. Ps 40 ist nach dem Urteil von H.-J. Kraus, Psalmen, 307, nachexilisch.

150 Als einzige mögliche Ausnahme ist Ex 16 35 anzuführen. V. a wird im allgemeinen J zugewiesen, so B. Baentsch, Exodus, HK I/2, 1903, 156; O. Eißfeldt, Hexateuch-Synopse, 1922, 142*, bzw. J^{1}, so G. Beer, Exodus, HAT I/3, 1939, 90. — M. Noth, Das zweite Buch Mose, ATD 5, 1968^{4}, 109, nimmt jedoch an, daß die »vierzig Jahre« zur P-Variante gehören. Am häufigsten findet sich das Motiv in den Einleitungs- und Schlußreden des Deuteronomiums (2 7 8 2. 4 29 4), außerdem noch Num 14 33.34 32 13 (sämtliche Num-Stellen werden von B. Baentsch, Numeri, 530f. 665 P, P^{s} bzw. Rp zugewiesen) Jos 5 6 (nach M. Noth, Josua, HAT I/7, 1953^{2}, 39, deuteronomistischer Zusatz; vgl. G. Fohrer, Einleitung, 219: »v. 4-7 deuteronomistisch bearbeitet«) Ps 95 10 (nachexilisch, siehe G. Fohrer, Einleitung, 315) Neh 9 21. Zum Motiv des vierzigjährigen Wüstenaufenthalts vgl. noch G. Sauer, Die chronologischen Angaben in den Büchern Deut. bis 2. Kön., ThZ 24 (1968), 1—14.

151 Siehe S. 24.

152 Die Selbständigkeit von v. 26f. wird durch das gut bezeugte ו in ונשאתם zumindest in Frage gestellt. Kann man sich nicht mit E. Balla, Droh- und Scheltworte, 12 Anm.

»Habt ihr mir etwa Schlachtopfer und Speisopfer dargebracht in der Wüste vierzig Jahre lang, Haus Israel, und (dabei) getragen Sikkut, euren König, und Kewan, eure Bilder, (. . .)[153] die ihr euch gemacht habt?«

Die Doppelfrage bestreitet nicht Opfer in der Wüste überhaupt, sondern im Zusammenhang mit dem Jahwekult die Verehrung fremder Götter. Nun richtet sich die Kultkritik des Amos in 5 21-24 nicht gegen einen von der Verehrung fremder Götter durchsetzten Jahwekult, sondern gegen den legitimen Jahwekult, gegen »euren« Jahwekult. Diese Kritik war für einen späteren Glossator — ob es sich dabei um einen Sammler und Redaktor der Amosworte oder einen beliebigen Leser handelt, mag auf sich beruhen — nicht mehr erträglich: Er deutete die eindeutig gegen den Jahwekultus gerichtete Kritik der v. 21-24 um auf eine Kritik am synkretistischen Jahwekultus seiner Zeit, indem er die Doppelfrage zufügte. Der Jahwekultus soll wieder so rein werden wie in der Wüstenzeit. Alle synkretistischen Elemente sollen daraus entfernt werden. Durch diesen Zusatz interpretiert der Glossator das Amoswort und vergegenwärtigt es für seine Zeit. Für ihn stand die Berechtigung des Jahwekultus außer Zweifel. Ihn bedrängte die Verbreitung des synkretistisch durchsetzten Jahwekultus.

So berechtigt das Anliegen des Glossators — die Vergegenwärtigung der Kultkritik des Amos und damit ihre Entschärfung — immer sein mag, uns interessiert, was Amos sagte und meinte. Amos hat seine Kultkritik *nicht* begründet mit der Anspielung auf die »opferlose Wüstenzeit«. Die Geschichte liegt ihm hier so fern wie seiner Verkündigung sonst. Die positive Forderung von v. 24 ist ihm in diesem Zusammenhang Begründung genug:

»Sondern wie Wasser soll sich das Recht daherwälzen
und die Gerechtigkeit wie ein nie versiegender Bach«.

Dieses Mahnwort ist als Begründung evident. Es bedarf da keines Rückgriffes auf die Geschichte[154].

3, für die Streichung des ו entscheiden, so schließt v. 26 an v. 25 an. Der Text erfordert diesen Zusammenhang. Als Doppelfrage verstehen 5 25f. u. a.: H. Junker, Amos und die »opferlose Mosezeit«, ThGl 27 (1935), 692; V. Maag a. a. O. (Anm. 1) 35; E. Würthwein, Kultpolemik oder Kultbescheid?, in: Festschrift A. Weiser, 1963, 117; H. W. Wolff, Amos' geistige Heimat, WMANT 18, 1964, 8; J. Scharbert, Die Propheten Israels bis 700 v. Chr., 1965, 123.

[153] כוכב אלהיכם ist wahrscheinlich Zusatz; siehe BHK und H. W. Wolff, Amos' geistige Heimat, 8.

[154] Nun versteht eine Reihe von Auslegern v. 24 als Drohwort, u. a. F. Hitzig—H. Steiner, Die zwölf kleinen Propheten, KeH I, 1881⁴, 131; C. F. Keil, Die zwölf kleinen Propheten, BC III/4, 1888³, 207; E. Sellin, Zwölfprophetenbuch, 1922¹, 195f. (anders in der 2./3. Aufl. 1929, 235); A. Weiser, Profetie des Amos, 226; H. Junker a. a. O. (Anm. 152) 690. Ist diese Deutung nach v. 24a noch möglich — משפט kann das Strafgericht meinen und das Verbum גלל das Unaufhaltsame des Gerichtes wieder-

Mit der Notwendigkeit, Amos v. 25 abzuerkennen[155], wird unser Verstehen seiner Geschichtsauffassung noch weiter erschwert. Sämtliche Konstruktionen, die eine Idealzeit im Geschichtsbild des Amos annehmen, fallen nun in sich zusammen. Das hier dargelegte Verständnis von 5 25f. ist ein weiterer Beleg dafür, daß der Blick des Amos ganz auf die unmittelbar bevorstehende Zukunft gerichtet ist und daß die Vergangenheit in seiner Verkündigung eine untergeordnete Rolle spielt.

V. Amos' Geschichtsbetrachtung und sein Verhältnis zur Tradition

Von dem geschichtlichen Rückblick in 4 4-12 abgesehen finden sich im Amosbuch nur vereinzelt geschichtliche Anspielungen und Motive. Dabei hat die Analyse der einzelnen Stellen noch gezeigt, daß die traditionellen geschichtlichen Motive der Redaktion des Amosbuches angehören, für die Geschichtsbetrachtung des Amos demnach nicht in Anspruch genommen werden dürfen[156]. Was mit einiger Sicherheit auf Amos zurückgeführt werden kann, sind wenige Mosaiksteine, die keineswegs ein geschlossenes Bild von der Geschichte Israels er-

---

geben —, so ist sie aber nach v. 24b ausgeschlossen. Mit צדקה kann zwar auch das richtende Handeln Jahwes ausgedrückt werden — siehe K. H. J. Fahlgren, ṣ^edākā, nahestehende und entgegengesetzte Begriffe im Alten Testament, 1932, 98 — doch ist mit נחל איתן die Gerechtigkeit einem Bach verglichen, der ständig, nicht nur zur Regenzeit, Wasser führt. Das Gericht Jahwes wird aber sonst von Amos als ein einmaliges Geschehen vorgestellt, das zeitlich begrenzt ist und in der Vernichtung Israels seinen Abschluß findet. Das Bild vom נחל איתן paßt allein zu der Gerechtigkeit, die Jahwe von den Israeliten fordert: Sie sollen nicht nur hin und wieder צדקה üben, nicht nur an den Festtagen und nicht nur zu bestimmten Anlässen, wo sie Jahwe im Kult aufsuchen, sondern im Alltag, ständig, dauernd. Vgl. hierzu auch die positive Forderung am Ende der Kultkritik in Jes 1 17. — Auf Grund seines Verständnisses von v. 24 als Drohwort kann H. Junker 692f. die Doppelfrage v. 25f. als Antwort auf einen Einwand der Hörer auffassen. Gegenüber der Kritik des Amos an den Opfern sollen sich die Hörer auf die Opfer als einer Einrichtung berufen haben, die Jahwe selbst eingeführt habe. Mit der Doppelfrage habe Amos den Einwand der Hörer entlarvt, da in ihrem Jahwekult, im Gegensatz zu dem der Wüstenzeit, die Verehrung fremder Gottheiten statthabe. — Es hat den Anschein, daß dem Katholiken H. Junker die Kritik des Amos am Opfer genauso unerträglich ist wie dem Glossator, der durch die angefügte Doppelfrage die Kritik des Amos entschärft.

155 Gegen die Ursprünglichkeit von v. 25 haben sich noch ausgesprochen: E. Würthwein, Amos 5 21-27, ThLZ 72 (1947), 150; A. H. J. Gunneweg a. a. O. (Anm. 129) 111; W. H. Schmidt a. a. O. (Anm. 2) 189 Anm. 60 mit Vorbehalten; H.W. Wolff, Amos, 137.

156 Zu den redaktionellen Anspielungen gehören die Erwähnung des Exodus in 2 10 und 3 1b, der sog. opferlosen Wüstenzeit 5 25, der Rückblick auf die Wirksamkeit der Propheten und Nasiräer 2 11f. Siehe hierzu jeweils die Analysen und W. H. Schmidt, Die deuteronomistische Redaktion des Amosbuches (Anm. 2), 168—192.

geben. Hierin unterscheidet sich Amos deutlich von Hosea, der mehrere Bilder von der Gesamtgeschichte seines Volkes entwarf.

Wie fügen sich die wenigen geschichtlichen Rückblicke und Motive in die Verkündigung des Amos ein und welche Stellung zu Geschichte und Tradition ergibt sich daraus für Amos?

In der Obstkorbvision wird Amos die Erkenntnis zuteil: »Gekommen ist das Ende über mein Volk Israel« (8 2). Diese eine Erkenntnis hat er zu verkündigen und zu begründen, von ihr her sind seine Worte zu verstehen. Der Blick des Amos ist ganz konzentriert auf das unmittelbar bevorstehende Ende Israels. Alles, was Amos sagt, ist nur zu verstehen im Zusammenhang mit dem einen Satz, daß Israel keine Zukunft mehr hat. Im folgenden soll nun versucht werden, das Geschichtsverständnis des Amos und sein Verhältnis zur Tradition von Ausgangspunkt und Mitte seiner Verkündigung, von dem Ende Israels, her darzustellen[157].

Das Geschichtbild des Amos ist unvollständig. Amos interessiert nur das an der Geschichte Israels, was von ihrem Ende her, das Jahwe ihm geoffenbart hat, bedeutsam ist.

In dem Leichenlied 5 2 beklagt Amos den Tod der Jungfrau Israel. Die Bezeichnung Israels als בתולה ist in diesem Zusammenhang sicher nicht zufällig; sie soll den doppelten Schmerz über den viel zu frühen Tod Israels zum Ausdruck bringen. Israel steht gerade in der Blüte seines Lebens, kurz vor seiner Erfüllung, da schaut Amos seinen Tod als bereits geschehen. Es fragt sich nun, ob man in der Bezeichnung בתולת ישׂראל eine Aussage über das Alter Israels sehen darf[158]. Hat sie absolute Geltung oder dienende Funktion, um den Tod als besonders beklagenswert erscheinen zu lassen? Aber was hätte es umgekehrt für einen Sinn, den Tod Israels als besonders beklagenswert erscheinen zu lassen, wenn er nicht wirklich nach der Auffassung

[157] Den gleichen Ansatz vertritt H. W. Wolff, das Geschichtsverständnis der alttestamentlichen Prophetie, EvTh 20 (1960), 219 (wieder abgedruckt in: H. W. Wolff, Gesammelte Studien zum Alten Testament, ThB 22, 1964, 290). Fünf Jahre früher hat H. W. Wolff, Hauptprobleme alttestamentlicher Prophetie, EvTh 15 (1955), 456—459 (= GSt, ThB 22, 1964, 217—221), noch sehr stark die Traditionsgebundenheit der Propheten betont. Doch scheint H. W. Wolff sich immer mehr von dem 1955 eingenommenen Standort zu entfernen. In der ersten Lieferung seines Amoskommentars erteilt er dem traditionsgeschichtlichen Verständnis der Prophetie des Amos ganz entschieden den Abschied (bes. 122—125): »So werden die heilsgeschichtlichen Traditionen ausschließlich zum Schuldaufweis herangezogen« (123). »Diesem düsteren, rätselvollen Ergebnis wird die Auslegung nicht ausweichen dürfen: Amos hat höchstens einmal andeutend gemahnt, aber nirgendwo eine wirkliche Hoffnung entzündet, dagegen mit schärfster und immer wiederholter Eindeutigkeit das seinen Zeitgenossen bevorstehende Ende angekündigt« (125).

[158] So J. Rieger, Die Bedeutung der Geschichte für die Verkündigung des Amos und Hosea, 1929, 3 Anm. 2.

des Amos Israel in seiner Blüte und also viel zu früh träfe. So ist es nicht ausgeschlossen, daß diese Bezeichnung gerade in diesem Zusammenhang eine Aussage über das Alter Israels impliziert[159].

Das Bild, das Amos von der Geschichte seines Volkes hat, ist bestimmt durch dessen vorzeitiges, viel zu frühes Ende. Die Blütezeit[160] Israels ist eben erst im Anbruch, da steht sein Ende bereits fest.

Wie stellt Amos sich dieses Ende vor? Zwei Vorstellungen durchziehen seine Verkündigung: Krieg[161] und Deportation[162]. Es kommt Amos weniger auf das konkrete Wie als auf das Daß des Endes, der Vernichtung Israels an. Das geht auch daraus hervor, daß Amos das Vernichtungsgericht über Israel in bildlicher Redeweise ankündigen kann, die allein das Daß veranschaulicht[163].

So gewiß Amos das Ende der Geschichte Israels ist, so dunkel und unbestimmt bleibt deren Anfang. Amos reflektiert nicht über den

---

[159] Hedwig Jahnow, Das hebräische Leichenlied im Rahmen der Völkerdichtung, BZAW 36, 1923, 167, sieht in der Bezeichnung »Jungfrau« die Versinnbildlichung der Tatsache, daß Israel noch nicht erobert ist. Nun ist es aber unwahrscheinlich, daß Amos den Begriff »Jungfrau« in dieser Hinsicht politisch verstanden wissen wollte, denn die Erfüllung, die einer Jungfrau bevorsteht, ist Ehe und Mutterschaft, was im politischen Bereich aber nicht der Eroberung entsprechen kann.

[160] Der Begriff Blütezeit meint etwas anderes als der der »Idealzeit«. Von einer Idealzeit im Sinne des ungetrübten Verhältnisses zwischen Jahwe und Israel redet Amos wahrscheinlich nicht. Denn nirgends ist gesagt, wann der Ungehorsam Israels begann, und daß davor eine harmonische Zeit zwischen Jahwe und Israel bestand. Die literarkritische Analyse von 5 25 versuchte, deutlich zu machen, daß die Ursprünglichkeit dieses Verses sehr fraglich ist. Auch im Zusammenhang der Verkündigung des Amos ist dieser Vers mehr als auffällig. Wenn Israel zur Zeit des Amos noch eine בתולה ist, wenn Amos in dem geschichtlichen Rückblick 2 9 nicht hinter die Landgabe zurückgeht, dann wäre es doch merkwürdig, wenn er zur Begründung des Wortes gegen den Kultus auf die opferlose Wüstenzeit anspielte. Die Wüstenzeit hat in der Verkündigung des Amos keine Rolle gespielt: auch ihre Erwähnung in 2 10 ist redaktionell. Man steht mit der Inanspruchnahme von 5 25 für Amos und den daraus sich ergebenden Folgerungen für die Idealzeit in der Sicht des Amos auf sehr unsicherem Boden. Anders: J. Wellhausen, Die Kleinen Propheten, 83f.; K. Marti, Dodekapropheton, 196; R. Hentschke a. a. O. (Anm. 127) 83 u. a. — E. Rohland, Die Bedeutung der Erwählungstraditionen, 232, sieht die Idealzeit Israels in der Zeit der Herrschaft Davids. Es ist aber mehr als fraglich, ob man mit V. Maag a. a. O. (Anm. 1) 187f. 250 den Ausdruck ממלכה חטאה 9 8 mit das »gebotswidrige, das widerspenstige Königsreich« wiedergeben und diese Ordnungswidrigkeit auf »das Fehlen der zehn Stämme im Herrschaftsbereich der Davididen« (E. Rohland a. a. O. 232) beziehen kann. Einmal ist es ungewiß, ob חטאה in diesem Zusammenhang den nicht ordnungsgemäßen Zustand meint, zum anderen spricht alles gegen Amos als Verfasser von 9 8-15, siehe oben Anm. 114.

[161] 2 13-16 3 11 5 3 6 14 7 9. 17.

[162] 4 2f. 5 27 6 7 7 17.

[163] In 3 12 verwendet Amos ein Bild aus dem Hirtenrecht, in 5 1f. das Bild von der tot daliegenden Jungfrau Israel, in 5 18-20 das Motiv vom Tag Jahwes.

Anfang. Der einseitig gerichtete Blick auf das Ende hat das Interesse am Anfang verschlungen. In welchem Ereignis Amos den Anfang der Geschichte Israels sieht, läßt sich darum nur vermuten. Das am weitesten zurückliegende Ereignis der Geschichte Israels, das Amos erwähnt, ist die Herausführung aus Ägypten[164]. Doch ist anzunehmen, daß Amos in 9 7 — die anderen Erwähnungen in 3 1 und 2 10 sind redaktionell[165] — nicht von sich aus auf den Exodus anspielt, sondern einen Einwand der Hörer aufnimmt und entkräftet. Der Exodus ist ein Geschehen unter anderen, er steht auf der gleichen Stufe wie die anderen Völkerbewegungen, die Jahwe ebenfalls bewirkt hat, und zeichnet darum nicht die Geschichte Israels aus. Es ist daher auch nicht von ungefähr, daß Amos in der Israelstrophe des Fremdvölkergedichtes 2 6-16 auf die Erwähnung des Exodus verzichtet. Im Exodus sieht Amos nicht das Ereignis, das das verpflichtende Gemeinschaftsverhältnis zwischen Jahwe und Israel begründet. Dieses verpflichtende Gemeinschaftsverhältnis zeichnet aber die Geschichte Israels aus. Das kommt auch in dem breit angelegten, typisierenden Rückblick 4 6-11 zur Geltung, wonach Jahwes Handeln *und* Israels Verhalten den Verlauf der Geschichte bestimmten. Die Geschichte Israels ist in den Augen des Amos die Geschichte des verpflichtenden Gemeinschaftsverhältnisses zwischen Jahwe und Israel. Dieses Gemeinschaftsverhältnis hat Jahwe gesetzt, indem er Israel als Existenzmöglichkeit das Kulturland schenkte. In der Vernichtung der baumlangen und -starken Amoriter, der Ureinwohner des Kulturlandes, sieht Amos den Grund der Geschichte Israels. Was vor der Gabe des Kulturlandes und damit vor Israels Wohnen im Kulturland war, interessiert Amos, wenn überhaupt, nur am Rande. Die Geschichte Israels, wie Amos sie versteht, verläuft auf dem Boden des Kulturlandes.

Diesen Zeitraum der Anwesenheit Israels im Kulturland faßt Amos ins Auge. Israels Geschichte verläuft von der Landgabe bis zu dem jetzt unmittelbar bevorstehenden Ende. Von ihrem Ende her überblickt Amos die Geschichte Israels. Am Anfang steht Jahwes Zuwendung zu Israel, die Vernichtung der Amoriter, die Landgabe, in der er sein besonderes Verhältnis zu Israel gesetzt hat. Das Ende ist die Vernichtung Israels in dem Land, das es einst von Jahwe erhalten hat. Wie ist es zu diesem Ende gekommen, das Amos als bereits geschehen ankündigen kann? Unter dieser Fragestellung verfolgt Amos den Geschichtsverlauf rückwärts. Subjekt der Geschichte ist zunächst

---

[164] Bei Am 4 11 ist es unsicher, ob eine Anspielung auf die Geschichte Israels vorliegt. Die Zerstörung von Sodom und Gomorra durch Elohim scheint ein Ereignis außerhalb der Geschichte Israels zu sein. Der Gottesname אלהים innerhalb der Jahwerede und die Vergleichspartikel כְּ deuten darauf hin.

[165] Siehe oben die Analysen von 3 1-2 und 2 6-16.

Jahwe, aber nicht Jahwe allein. Das zweite Subjekt ist Israel[166]. Die von Jahwe mit der Landgabe gesetzte Gemeinschaft mit Israel hatte für Israel »verpflichtenden Charakter«[167]. Darum handelt Jahwe nicht nach einem bestimmten Plan, der von Anfang an fertig vorgelegen hätte, sondern sein jeweiliges Handeln ist immer eine Folge seines früheren Handelns und des darauf erfolgten Verhaltens Israels. Daß Jahwe in Reaktion auf die jeweilige menschliche Entscheidung handelt, geht besonders deutlich aus dem Kehrversgedicht 4 6-11 hervor: Jede weitere Plage, die Jahwe gesandt hat, war eine Folge der vorhergehenden und der trotzdem andauernden Verweigerung der Umkehr. Jahwes jeweiliges Handeln resultiert aus seinem früheren Handeln und dem Verhalten des Volkes. Weil Israel die besondere Zuwendung Jahwes mit Ungehorsam beantwortet hat, sandte Jahwe eine Plage als Mahnung zur Umkehr. Und weil diese Plage nichts ausrichtete, weil Israel ungehorsam blieb, folgte eine neue, schwerere Plage. Die zurückliegende Geschichte bietet sich Amos dar als eine Reihe immer schwerer werdender Plagen, die Israel zur Umkehr mahnen sollten. Weil aber Israel diese Plagen nicht als Mahnungen zur Umkehr verstand, weil es diesen erzieherischen Maßnahmen zum Trotz weiter die Umkehr verweigerte, würden auch weitere Plagen Israel nicht zur Umkehr bewegen können. Darum bleibt nur noch die eine Möglichkeit, die Vernichtung Israels, die seine ständige Verweigerung der Umkehr besiegelt. In dieser Geschichtsschau ergibt sich das Ende Israels nahezu zwangsläufig[168]. Doch soll noch einmal nachdrücklich betont werden, daß Amos das Ende der Geschichte Israels weder aus ihrem bisherigen Verlauf noch aus seiner Idee der Gerechtigkeit[169] erschließt, sondern in seinem Denken von dem ihm geoffenbarten Ende ausgeht und es für seine Hörer vom Verlauf der bisherigen Geschichte her begründet. Die Begründung ist sekundär, soll aber bei den Hörern den Eindruck der Zwangsläufigkeit erwecken. Amos denkt von der Zukunft Israels her, seine Hörer dagegen von der Vergangenheit. In der Disposition seiner Drohworte geht Amos darum den umgekehrten Weg: Er führt seine Hörer auf das Ende hin, während er selbst vom Ende her denkt. Amos denkt von der Zukunft her zurück in die Vergangenheit, holt dort seine Hörer ab und führt sie in die Zukunft, die für sie das Ende bedeutet. Er holt seine Hörer bei ihren

---

166 Vgl. hierzu, was H. W. Wolff, Geschichtsverständnis, 222 (= GSt, ThB 22, 293), den »Gesprächscharakter der Geschichte« nennt.

167 R. Rendtorff, Tradition und Prophetie, 221.

168 Ganz von dem Gesetz der Zwangsläufigkeit ist auch der Abschnitt 3 3-6. 8 bestimmt.

169 So O. Procksch, Geschichtsbetrachtung und geschichtliche Überlieferung bei den vorexilischen Propheten, 1902, 13. Es wäre dann nämlich nicht einsichtig, warum Jahwe nicht schon früher seinen Gerechtigkeitswillen im Vernichtungsgericht an seinem Volk durchgesetzt hat.

Voraussetzungen ab und führt sie zum Ausgangspunkt seines Denkens hin. Um aber bei den Hörern den Eindruck der Zwangsläufigkeit ihres Endes zu erreichen, kann Amos die bisherige Geschichte Israels höchst einseitig als eine Folge immer schwerer werdender Plagen betrachten, die schließlich in der Vernichtung Israels endet. Amos betrachtet und behandelt die bisherige Geschichte Israels eklektisch, um mit der so eigenwillig gesehenen Vergangenheit die Zukunft zu begründen. Nur was geeignet ist, die Zukunft zu begründen, ist für Amos von der Vergangenheit von Belang.

Diese Sicht der Geschichte Israels von ihrem Ende her mußte notwendig zu einer Auseinandersetzung mit dem traditionellen Geschichtsverständnis führen. Niederschlag dieser Auseinandersetzung sind die Diskussionsworte 3 2 und 9 7. Ob Amos die Erwählung[170] Israels grundsätzlich bejaht[171], kann man dem Wort 3 2 nicht ohne weiteres entnehmen. Denn die Bejahung der Erwählung v. 2a steht ganz im Dienste ihrer Aufhebung v. 2b. Die Interpretation von 3 2 suchte wahrscheinlich zu machen, daß Amos hier nur scheinbar die Position der Hörer zugesteht, um aus der Sonderstellung Israels seine besondere Verantwortlichkeit zu folgern. In Wahrheit ist es fraglich, ob Amos sich mit der Position, mit dem Anspruch der Hörer identifiziert. Er muß seine Gerichtsverkündigung ihrem Einwand gegenüber rechtfertigen. Indem er den Einwand der Erwählung aufgreift, daraus aber genau das Gegenteil folgert, gewinnt seine Verkündigung an Durchschlagskraft. Es ist dann nicht mehr von Belang, ob Amos den Erwählungsanspruch Israels wirklich bejaht oder ob er ihn nur scheinbar zugesteht, um von der Position seiner Hörer her zu argumentieren und sie gleichzeitig ad absurdum zu führen. Gesetzt den Fall, die Hörer hätten mit ihrem Erwählungsanspruch recht, so folgte daraus nur ihre erhöhte Verantwortlichkeit und damit das Gericht. Das Ergehen Israels ist nicht allein von Jahwes einmaliger »Erwählungstat« abhängig, sondern ebenso von dem Gehorsam, den Israel Jahwe entgegenbringt oder verweigert. Wenn Jahwe Israel »erwählt« hat, zieht er es auch für alle seine Verfehlungen zur Rechenschaft. Die Gabe der »Erwählung« wirkt nicht automatisch weiter, sondern muß im Gehorsam bewährt werden.

Wo der Gerichtspredigt des Amos die Herausführung aus Ägypten entgegengehalten wird, da kann er auch das Vertrauen auf den Exodus zerstören, ohne an den Ungehorsam Israels zu erinnern, indem er den

---

[170] Den Begriff der Erwählung behalte ich hier der Einfachheit halber und um der Verständigung willen bei, so ungenau er gerade in bezug auf Am 3 2 ist. Denn ידע heißt nicht »erwählen«, sondern bedeutet »vertraut sein mit, enge Gemeinschaft haben mit«. Dieser begriffliche Unterschied fällt jedoch in diesem Zusammenhang nicht ins Gewicht.

[171] So R. Rendtorff, Tradition und Prophetie, 220f.

Exodus im Zusammenhang mit den anderen Völkerbewegungen sieht, die Jahwe ebenfalls veranlaßt hat. Mit der Einebnung des Exodus in das Völkergeschehen bestreitet Amos jegliche Sonderstellung Israels:

Seid ihr mir nicht wie die Kuschiten,
ihr Israeliten?
Habe ich nicht Israel heraufgeführt
aus dem Lande Ägypten
und die Philister aus Kaftor
und die Syrer aus Kir? (9 7)

Amos entzieht damit seinen Hörern den Boden, auf dem sie stehen, er beraubt sie ihrer Existenzgrundlage. Durch das bevorstehende Ende Israels hat der Boden der Vergangenheit seine Tragfähigkeit verloren.

Die beiden Anspielungen auf die grundlegenden Ereignisse der Geschichte Israels in den Diskussionsworten 3 2 und 9 7 stellen nicht nur eine Korrektur an der traditionellen Geschichtsauffassung dar, sondern heben sie auf. Das Ende der Geschichte Israels verneint die traditionelle Geschichtsauffassung, wonach Jahwe, weil er einst für Israel gehandelt hat, für immer auf der Seite Israels zu stehen und seinen Bestand zu garantieren habe.

In zweifacher Hinsicht hebt Amos die nationale Geschichtsbetrachtung auf. Er entschränkt sie, indem er Jahwe nicht nur als Gott Israels versteht, sondern als Herrn auch der anderen Völker, die er auch dann zur Rechenschaft zieht, wenn sie nicht an Israel, sondern aneinander Unrecht tun[172]. Damit ist das zweite Moment schon mitangedeutet. Amos versteht die Geschichte, das Leben der Völker- und Menschenwelt, als den Bereich, in dem die Völker und Menschen sich vor Jahwe zu verantworten haben und für ihre Taten von Jahwe zur Rechenschaft gezogen werden. Jahwe wiederholt nicht einfach sein früheres Tun, sondern er antwortet jeweils auf die menschliche Entscheidung für oder gegen ihn. Da Israel sich von früher Zeit an gegen Jahwe entschied, ist für Amos die Geschichte der Bereich »göttlicher Pädagogie«[173]. Jahwe hat wiederholt versucht, durch Züchtigung Israel zur Umkehr zu bringen. Israel kehrte nicht um. Darum ist sein Ende jetzt unausweichlich.

Wie Amos die Geschichte Israels konsequent von ihrem Ende her betrachtet, so erhalten die einzelnen Motive und Anspielungen Sinn und Zweck nur in bezug auf dieses Ende. Sie haben keinen eigenständigen Wert, sondern stehen im Dienst der Ansage des Vernichtungsgerichtes. Sie haben ihre Funktion zunächst in der Entkräftung der Einwände, die Amos entgegengebracht werden. Es ist ja nicht zufällig,

---

[172] Siehe die Gaza- und Moabstrophe im Fremdvölkergedicht 1 6-8 2 1-3.
[173] R. Smend, Das Nein des Amos, 412f.

daß zwei der geschichtlichen Anspielungen in Diskussionsworten verarbeitet werden, die einen Einwand, ein Nichtverstehen der Hörer voraussetzen. Dieses Nichtverstehen ist gerade darin begründet, daß Jahwe ja früher ganz anders an Israel gehandelt hat als er jetzt nach der Aussage von Amos handeln soll. Die Hörer sehen einen unerträglichen Widerspruch zwischen der Ankündigung des Amos und Jahwes früherem Handeln. Statt eines Widerspruches sieht Amos vielmehr strenge Folgerichtigkeit. Die Gründe, die Amos *gegen* seine Verkündigung vorgeworfen werden, werden unter seiner Hand zu Gründen *für* seine Verkündigung. Die Amos aufgenötigte Auseinandersetzung mit den Ereignissen der Vergangenheit, die seine Verkündigung in Frage stellen sollen, erhält so die Funktion, das Vernichtungsgericht zu begründen und dessen Ankündigung zu rechtfertigen. Amos schlägt seine Hörer mit ihren eigenen Waffen.

Diese Funktion wird da noch deutlicher, wo Amos die Auseinandersetzung mit der Vergangenheit nicht aufgenötigt wird, sondern wo er von sich aus auf Ereignisse der Geschichte anspielt. Was an nicht provozierten Anspielungen auf die Geschichte bleibt, ist — von dem Kehrversgedicht 4 6-11 abgesehen — lediglich die Erinnerung an die Vernichtung der Amoriter (2 9), die die Anklagerede gegen Israel kontrastierend erweitert und die angedrohte Strafe mitbegründet. Die in 2 6b-8 aufgezählten Vergehen wiegen um so schwerer, als Israel ja seine Existenz Jahwe verdankt und ihm darum in erhöhtem Maße verpflichtet ist. Die Landgabe wird neben den Vergehen als Grund angeführt für Jahwes bevorstehendes Gerichtshandeln. Auch der schematische geschichtliche Rückblick 4 6-11 hat nur die eine Funktion, das bevorstehende totale Vernichtungsgericht zu begründen. Amos fällt nicht mit der Tür ins Haus, sondern er bereitet vor, was er zu sagen hat. Wer bis v. 11 mitgegangen ist, für den kommt die heute weggebrochene Ansage des Vernichtungsgerichtes nicht mehr überraschend. Denn eines hat Amos mit den fünf Strophen, die jede mit der lapidaren Feststellung »Und doch seid ihr nicht umgekehrt bis zu mir« schließt, deutlich gemacht: Selbst wenn Jahwe jetzt noch weitere Plagen schickte, Israels Haltung würde sich nicht ändern. Und welche Steigerung wäre überhaupt noch möglich? Nach all den Plagen, die Jahwe bisher gesandt hat, ist als folgerichtiger Abschluß nur das Vernichtungsgericht möglich.

Amos bereitet den Kernsatz seiner Verkündigung »Gekommen ist das Ende über mein Volk Israel« (8 2) vor und begründet ihn gelegentlich durch geschichtliche Rückblicke und Anspielungen. Warum? Es geht ihm darum, daß seine Hörer erkennen, daß ihr Ende unausweichlich ist, falls sie nicht umkehren. Die ausführlich begründete Ankündigung der Katastrophe ist die letzte, unwiderruflich letzte Mahnung zur Umkehr. Wenn Israel sie befolgt, ist die Katastrophe damit noch nicht abgewehrt. Das »Vielleicht« von 5 15 ist schließlich die einzige »positive« Aussage, die Amos verantworten kann[174].

Das Ende Israels, das Jahwe Amos schauen ließ und das er seinem Volk zu verkündigen hat, bestimmt notwendig auch sein Verhältnis zur Tradition. Dieses Ende ist aus keiner Tradition ableitbar; Jahwe hat es Amos in geheimer Offenbarung mitgeteilt. Das an Amos ergehende Wort Jahwes erfordert ein neues Verständnis der Tradition.

Auffällig ist in diesem Zusammenhang, daß Amos in seiner Fürbitte nicht die Tradition zitiert. Er erinnert Jahwe nicht daran, daß er Israel zu seinem Volk machte, er erwähnt nicht den Auszug aus Ägypten, nicht die Führung durch die Wüste und auch nicht die Landnahme. Aber auch die südlichen Erwählungstraditionen kommen in der Fürbitte nicht zu Wort[175]. Amos macht in seiner Fürbitte keinen Anspruch geltend, den Israel gegenüber Jahwe hätte. Er appelliert nicht an Jahwe, der doch sein Volk nicht im Stich lassen könne, der sich doch in der Vergangenheit seinem Volk unverbrüchlich zugewandt, der sein Volk ein für allemal erwählt habe. Amos begründet seine Fürbitte mit der Kleinheit Israels, er will Jahwes Mitleid erregen: »Wie kann Jakob bestehen, wo er doch klein ist!« (7 2. 5). Diese Fürbitte zeigt, daß Amos nicht einmal von Haus aus fest in der Tradition steht[176]. Doch soll die »Fehlanzeige« in 7 2. 5 nicht überbewertet werden. Entscheidend ist, daß das Ende, das über Israel hereinbrechen wird, dessen Traditionsverständnis zerschlägt. Die Sonderstellung, die Israel auf Grund der Herausführung aus Ägypten für sich in Anspruch nimmt, negiert Amos, und da, wo er die Sonderstellung Israels einräumt, geschieht es nur, um daraus das unausweichliche Gericht

---

[174] Vgl. hierzu das Mahnwort 5 4-6, das wahrscheinlich in einer Zeit gesprochen wurde, als Amos die Unausweichlichkeit des Endes noch nicht so klar sah. Man kommt nicht daran vorbei, eine zeitliche Differenz zwischen den Mahnworten 5 4-6 und 5 14-15 anzunehmen wie zwischen den Visionen 7 1-3. 4-6 und 7 7-9 8 1-3. Dabei sind die beiden letzten Visionen nicht auf Grund ihrer jetzigen Stellung im Amosbuch, sondern wegen der Aussage לא־אוסיף עוד עבור לו eindeutig später anzusetzen als die beiden ersten, wo Jahwe noch auf die Fürbitte des Amos hin zur Vergebung bereit ist. Die Erkenntnis von der Unausweichlichkeit des Endes bzw. dem Vielleicht der Rettung wurde Amos nicht in seiner ersten Begegnung mit Jahwe zuteil. Aber diese spätere Erkenntnis hat sich in ihm schließlich durchgesetzt. Von ihr ist seine Verkündigung bestimmt.

[175] Diese Fehlanzeige muß zumindest dem auffallen, der annimmt, daß Amos als Judäer »von Hause aus in den südlichen Erwählungstraditionen, also in der David- und Ziontradition stand«, so G. v. Rad, Theologie des Alten Testaments, II 1965[4], 139.

[176] Vgl. dagegen Jes 6 11: Jesajas Frage »wie lange« entspringt seinem herkömmlichen Traditionsverständnis, wonach Jahwe zwar vorübergehend strafen, nicht aber endgültig vernichten kann. Zu Jes 6 siehe unten S. 129f.

abzuleiten, um die Hörer im eigenen Netz zu fangen[177]. Das Wort von der Zukunft Israels stellt dessen bisheriges Verständnis der Vergangenheit auf den Kopf. Amos steht weder in Kontinuität zur Tradition — sein Verkündigungsauftrag ist nur als radikaler Bruch mit der Tradition zu verstehen, falls er je fest in der Tradition stand — noch in einer fortwährenden Sukzession des Amtes[178]. Das Wort vom Ende Israels ist nicht aus der Tradition ableitbar, sondern selbst das Ende jeder Tradition. Würde Amos tatsächlich nur die Tradition fortsetzen[179], so wäre es unverständlich, warum er nach dem Rückblick auf die einzelnen Plagen nun nicht weitere, in ihrer Wirkung beschränkte Plagen, sondern das Vernichtungsgericht ankündigt. Das Israel bevorstehende Ende ist gerade nicht eine Fortsetzung der bisherigen erzieherischen Maßnahmen Jahwes, die Israel zur Umkehr bringen sollten, sondern bedeutet totale Vernichtung. Der Übergang von den bisherigen Läuterungsgerichten zu dem totalen Vernichtungsgericht ist nur als radikaler Bruch mit der Tradition, als ihre Aufhebung zu verstehen. Amos vollstreckt eben nicht nur, »was schon je und je aus dem Fluch heraus, der alle Übertreter des Jahwewillens bedroht, für das Volk Wirklichkeit geworden ist: Fortsetzung der alten Tradition, nicht ein radikaler Bruch mit ihr ist der Inhalt seines Amtes«[180]. Was bisher für das Volk Wirklichkeit geworden ist, sind eben dem Verständnis des Amos entsprechend nur Läuterungsgerichte. Die Reihe der Läuterungsgerichte wird nicht fortgesetzt, sondern mit dem endgültigen Vernichtungsgericht abgebrochen. Gerade darin unterscheidet sich Amos von dem Traditionsverständnis seiner Zeitgenossen: Israel ist ganz und gar von dem kommenden Unheil her bestimmt, nicht von dem durch Jahwes Zuwendung in der Vergangenheit gesetzten Heil. Israel befindet sich in einer grundsätzlichen Unheilssituation[181]. Selbst wenn Israel jetzt radikal umkehrte, sieht Amos nur ein »Vielleicht« der Rettung. Mit dem Aussprechen von Segen

---

[177] Vgl. hierzu R. Smend, Das Nein des Amos, 410: »Amos benutzt die Aussagen von Israels Sonderstellung, um sie dem Volk um die Ohren zu schlagen, um das, was er ihm eigentlich zu sagen hat, zu unterstreichen und zu einer kaum überbietbaren Radikalität zu verschärfen. Wenn er in 3 2a ein Ja sagt, dann ein Ja, das im Dienste des Nein von 3 2b steht.«

[178] H. Graf Reventlow, Das Amt des Propheten bei Amos, FRLANT 80, 1962, passim; vgl. dagegen die Rezension von R. Smend in ThLZ 88 (1963), 662—664.

[179] So H. Graf Reventlow, Amt, 89. Siehe dagegen H. W. Wolff, Amos, 127: »Man darf im Sinne des Amos nicht weniger sagen: Das Ende der bisherigen Heilsgeschichte muß er ankündigen. Das ist das erregend Neue seiner Botschaft. Die älteren Fluchworte haben das nicht einmal konditional für Israel im ganzen auszusprechen gewagt.«

[180] Ebd.

[181] So G. Fohrer, Prophetie und Geschichte, ThLZ 89 (1964), 491 (= Studien, BZAW 99, 1967, 280).

und Fluch ist es jetzt nicht mehr getan; die begrenzten Strafgerichte gehören endgültig der Vergangenheit an. Die Lage des Volkes ist so aussichtslos, seine Unbußfertigkeit hat einen solchen Grad erreicht, daß auch weitere Läuterungsgerichte nicht zum Ziel führen würden. Darum bleibt nur die Vernichtung übrig, in der sich Jahwe endgültig von Israel abwendet.

Die extreme Auffassung H. Graf Reventlows geht weit hinaus über die Abhängigkeit des Amos von der Tradition, wie G. v. Rad sie im zweiten Band seiner Theologie dargelegt hat[182]. In der Tat kann man H. Graf Reventlow gegenüber G. v. Rad eine gewisse Folgerichtigkeit nicht absprechen[183]. Auf Grund seiner Hypothese des amphiktyonischen Amtes von Amos, kraft dessen er Fluch und Segen, Heil und Unheil zu verkündigen hat, fügt sich der umstrittene Amosschluß in die sonst ausschließliche Unheilsverkündigung ein. Doch läßt sich diese Hypothese wenigstens in bezug auf 4 4-12 und das grundsätzliche Verständnis der Verkündigung des Amos von dem unmittelbar bevorstehenden Vernichtungsgericht an Israel her nicht halten. Wiederum kann man sich der Kritik H. Graf Reventlows[184] an der zwiespältigen Position G. v. Rads kaum verschließen. Dieser Zwiespalt wird einem auch in der Darstellung des Amos deutlich. Auf der einen Seite betont G. v. Rad, daß Amos in einem Volk umhergegangen ist, »dessen Todesurteil gesprochen war«[185], auf der anderen Seite setzt er sich für Amos als den Verfasser der Weissagung von der künftigen Wiederaufrichtung der baufälligen Hütte Davids ein mit der Begründung: »Ihre Echtheit ist stark angezweifelt und mußte es wohl sein, solange man die Prophetie des Amos als den Niederschlag einer Art von ‚prophetischer Religion', eines Ringens und einer persönlichen Überzeugung ansah. War sie das, dann konnte man wohl erwarten, daß sie sich von großen Selbstwidersprüchen freihielt. Anders aber sieht die Sache aus, wenn wir in den Propheten Männer sehen, die zu ganz bestimmten sakralen Überlieferungen, wie sie im Volk lebendig waren, das Wort nahmen; ja, wenn wir ihre ganze Verkündigung als ein einziges kritisches oder neu aktualisierendes Gespräch mit diesen alten, ihnen vorgegebenen Überlieferungen ansehen. Nun war aber Amos Judäer. Wäre es da nicht vielmehr auffallend, wenn von den Überlieferungen, die ihm am nächsten waren, gar nichts zu Wort käme?«[186] In der Tat erschwert diese zweigleisige Interpretation das Verständnis des Amos. Es ist doch hier — die selbstverständliche Voraussetzung, daß die Verkündigung der Propheten nicht systematisiert werden darf,

[182] 137—145, bes. 139, 144f.

[183] Siehe Amt 8f. 111ff.

[184] Ebd. 9.

[185] Theologie II 138.

[186] Ebd. 144f.

miteingeschlossen — nur ein klares Entweder-Oder möglich. Entweder war das Todesurteil Israels schon gesprochen, dann konnte das Wort, das Amos zu den sakralen Überlieferungen nahm, nur ein klares Nein sein — oder aber ist die Verkündigung des Amos anzusehen als ein einziges kritisches oder neu aktualisierendes Gespräch mit den alten ihm vorgegebenen Überlieferungen, dann kann das Todesurteil noch nicht gesprochen sein. Was ist das Primäre in der Verkündigung des Amos? Es kann keine Frage sein, daß Amos zuerst das Todesurteil über Israel schaute und dann zu den Überlieferungen, die im Volk umliefen, das Wort nahm. Dies geschah aber so, daß in diesem »Gespräch mit den Überlieferungen« das Todesurteil gerade zur Geltung kam. Die Auseinandersetzung mit den Überlieferungen nahm Amos nicht auf sich, weil die Überlieferungen ihm als eine eigenständige Größe vorgegeben gewesen wären, sondern weil seine Hörer in diesen Überlieferungen lebten. Amos geht es darum, seine Hörer von ihrer Tradition her zu der Einsicht zu führen, daß das Ende Israels zwangsläufig ist. Amos kann nicht das eine Mal seinem Volk das Todesurteil verkünden und das andere Mal im Sinne der sakralen Überlieferungen von der Wiederaufrichtung der künftigen Hütte Davids reden. Daß die Argumente für die Echtheit des Amosschlusses im Grunde nicht durchschlagend sind, gesteht H. Graf Reventlow — seine Hypothese außer acht lassend — selbst zu[187]. Das Postulat von der Traditionsgebundenheit der Propheten feiert bisweilen solche Triumphe, daß dafür das legitime Recht der Literarkritik preisgegeben und die stärksten Selbstwidersprüche in der Verkündigung des Propheten in Kauf genommen werden[188].

---

[187] Amt 92; siehe besonders noch A. Weiser, Die Profetie des Amos, 285—288; R. S. Cripps, Amos, 67—77; G. Fohrer, Einleitung, 479; H. W. Wolff, Amos, 132. 138; U. Kellermann, Der Amosschluß als Stimme deuteronomistischer Heilshoffnung, EvTh 29 (1969), 169—183.

[188] Ein Beispiel dafür ist E. Rohland, Die Bedeutung der Erwählungstraditionen, 232, der die Frage nach der Ursprünglichkeit der Heilsweissagung bei Amos mit dem Hinweis auf Micha beantwortet wissen will. Wer sagt aber, daß die Heilsworte im Michabuch von Micha stammen? — Doch scheint sich mit dem Kommentar von H. W. Wolff ein Ende der Vernachlässigung der literarkritischen Methode ebenso wie der einseitig traditionsgeschichtlichen Sicht anzubahnen, siehe Amos 129—138. 122f.

2. KAPITEL: HOSEA

Bei keinem anderen Propheten des 8. Jh. finden sich im Verhältnis zum Umfang seiner Worte so viele Anspielungen auf die Geschichte Israels wie bei Hosea. In erster Linie ist es die Frühzeit Israels, auf die Hosea immer wieder zurückgreift. Er erinnert an den Exodus (2 17 11 1 12 10 13 4), an die Wüstenzeit (2 17 13 5; vgl. auch 9 10 10 11), er weist auf Einzelereignisse in der Geschichte Israels hin, auf die Zerstörung von Adma und Zeboim (11 8), die Tage von Gibea (9 9 10 9), die Blutschuld zu Jesreel (1 4). Er stellt seinen Hörern die Geschichte Israels von der Frühzeit bis zur Gegenwart vor Augen. Dabei ist er nicht an ihrem Einzelablauf interessiert. Hosea kleidet seine Geschichtsbetrachtung in verschiedene Bilder. Die Ausdeutung dieser Bilder ist ein besonderes Problem. Sie zeigen die Eigenart der hoseanischen Geschichtsbetrachtung. Man wird ihnen auf keinen Fall gerecht, wenn man sie vorschnell historisiert. Wenn es 10 1 heißt »Israel ist (war) ein üppiger Weinstock«, so gibt es zwei Möglichkeiten, dieses Bild auszudeuten. Einmal kann Israel als der Weinstock die Anwesenheit Israels im Kulturland symbolisieren, zum anderen kann dieses Bild vom Kulturland her geprägt sein und sich auf die Frühzeit beziehen, wo Israel noch nicht im Kulturland wohnte und wo das Verhältnis zwischen Jahwe und Israel harmonisch war. Bei dem Wort 10 11-13a ist die Problematik die gleiche. Der Vergleich Israels mit einer gelehrigen Färse spielt nicht von vornherein auf die Kulturlandsituation Israels an, weil es Rinder, d. h. Großvieh, nur im Kulturland gibt oder weil man nur im Kulturland drischt. Auch hier kann das Bild vom Kulturland her geprägt sein und sich auf Israels nomadische Zeit beziehen. Diese beiden Beispiele zeigen, daß man nur von Fall zu Fall und nach eingehender Analyse entscheiden kann, welchen Abschnitt der Geschichte Israels Hosea jeweils ins Auge faßt. So schwierig die Ausdeutung der bildlichen Geschichtsbetrachtungen ist, so ist es doch von vornherein wahrscheinlich, daß es Hosea bei seiner bildlichen Redeweise nicht auf das Detail ankommt. Bildliche Redeweise hebt Besonderheiten heraus, markiert Einschnitte, lehrt auf das Wesentliche achten. Trägt Hosea seine Geschichtsbetrachtungen in Bildern vor, so ist dies für uns nicht nur eine Schwierigkeit, sondern auch eine Hilfe. Denn auf diese Weise erfahren wir, worauf es Hosea bei der Geschichte seines Volkes ankommt.

Wie läßt sich nun die Fülle der Geschichtsbetrachtungen und Einzelanspielungen sinnvoll ordnen? Der Versuch, nach der Chronologie der Ereignisse vorzugehen, auf die Hosea anspielt, so daß zuerst die Anspielungen auf die Frühzeit, dann diejenigen auf die Zeit nach der Landnahme zu behandeln seien, ist nicht ratsam, da man Absicht und Funktion der geschichtlichen Rückblicke nur von der jeweiligen Redeeinheit her verstehen kann, in einer Rede aber häufig auf verschiedene Ereignisse angespielt, ja ein Überblick über die ganze Geschichte Israels gegeben wird. Es empfiehlt sich daher, von den Redeeinheiten auszugehen, die Rückblicke auf die Geschichte Israels von ihren Anfängen bis zur Gegenwart Hoseas enthalten. Die Analyse dieser Geschichtsbetrachtungen steht dabei im Vordergrund, denn sie vermitteln eine Anschauung von dem, wie Hosea die Geschichte seines Volkes versteht und wie sein Verhältnis zur Tradition zu beurteilen ist. Die Einzelmotive treten demgegenüber an Bedeutung zurück. Einmal ist die Bestimmung der Ereignisse, auf die sie anspielen, sehr schwierig und umstritten und zum anderen tritt ihre Funktion nicht immer deutlich hervor, da die Abgrenzung der Einheiten bei Hosea sehr ungewiß ist.

Im ersten Abschnitt sollen demnach die Rückblicke auf die Gesamtgeschichte Israels analysiert werden. Zu ihnen gehören 11 1-7 13 5-8 10 11-13a 9 10. Daran anschließend wird der Spruch 10 1-2 behandelt, der wahrscheinlich nicht mehr die Frühzeit Israels einbezieht, sondern sich auf die Zeit im Kulturland beschränkt. Dieses Wort nimmt eine Mittelstellung ein zwischen den vorhergehenden Worten drohenden und anklagenden Inhalts und dem Heilswort 2 16-22.

Der zweite Abschnitt befaßt sich mit der Analyse der Einzelanspielungen. Hier sollen nur die Stellen angeführt werden, die allgemein als geschichtliche Anspielungen gewertet werden. Dabei scheint E. Sellin einen Schritt zu weit zu gehen, wenn er von der geschichtlichen Orientierung der Verkündigung Hoseas spricht[1]. Vor 9 10 finden sich aber Anspielungen in der Tat nur vereinzelt im Hoseabuch. Diejenigen Anspielungen, die sich auf Ereignisse der jüngsten Vergangenheit beziehen, bleiben unberücksichtigt. Es genügt, die wenigen geschichtlichen Erinnerungen, die weiter zurückliegende Geschehnisse im Auge haben, katalogartig aufzuführen, ohne daß jeweils die Frage nach der Abgrenzung der Einheiten diskutiert werden müßte. Dieses abkürzende Verfahren ist zumindest bei 11 8 und 9 9 möglich, wo die Ereignisse als Vergleichsmaterial aufgeführt werden. Bei den restlichen Stellen käme es darauf an, die gemeinten Ereignisse zu bestimmen und die Art der Bezugnahme auf sie zu erkennen.

Der dritte Abschnitt erörtert die Anspielung auf Jakob in Kap. 12. Hos 12 ist aber zu schwierig und zu umstritten, als daß man daraus

---

[1] E. Sellin, Die geschichtliche Orientierung der Prophetie des Hosea, NKZ 36 (1925), 607—658. 807.

weitreichende Folgerungen für Hoseas Geschichtsverständnis und sein Verhältnis zur Tradition ziehen könnte.

Das Schlußkapitel zieht die Folgerungen aus den Einzelanalysen und versucht, Hoseas Geschichtsbetrachtung und sein Verhältnis zur Tradition systematisch darzustellen.

I. Rückblicke auf Israels Geschichte

1. *Verwirkte Sohnschaft Hos 11 1-7*

1 Als Israel jung war, liebte ich es,
aus Ägypten rief ich meinen Sohn. 4+3
2 Man rief sie[a], da gingen sie weg von meinem Angesicht[b].
Den Baalen brachten sie Schlachtopfer dar und den
Bildern räucherten sie. 4+4
3 Wo ich doch Ephraim das Gehen lehrte,
sie auf meine Arme nahm[c]. 3+3
(Aber sie erkannten nicht, daß ich sie heilte)[d]. (3)
4 Mit Menschenseilen zog ich sie,
mit Stricken der Liebe. 3+2
Ich war ihnen wie einer[e], der das Joch über ihre
Kinnladen hochhebt[f],
ich neigte mich ihm zu[g], gab ihm zu essen[h]. 4+4
5 Ephraim[i] wird nach Ägypten zurückkehren,
und Assur wird sein König sein (. . .)[j]. 3+3
6 Das Schwert wird in seinen Städten wüten
und seine Söhne[k] vernichten. 3+2
. . . .
. . . .
. . . .
. . . .[1]

[a] Fast alle Ausleger nehmen an קראו Anstoß. Man liest meist im Anschluß an die LXX כְּקָרְאִי »wie ich sie rief«[2] bzw. »je mehr ich sie rief«[3]. Dafür spricht, daß das folgende כֵּן die entsprechende Partikel כְּ fordert. Zudem begegnet gerade bei Hosea כְּ im Sinne von »je mehr . . . desto« noch in zwei geschichtlichen Rückblicken[4]. Dann würde כֵּן . . . כְּ wie an den anderen beiden Stellen den unverständlichen Gegensatz zwischen Jahwes Handeln und Israels Verhalten ausdrücken. Notwendig ist diese Lesart jedoch nicht. Die Unbestimmtheit des Subjekts in קראו könnte ja gerade den Gegensatz zu dem Subjekt Jahwe in 11 1 beabsichtigen und den Abfall von Jahwe veranschaulichen: »Man rief sie, da gingen sie von mir weg«. Irgend jemand hat gerufen — und schon fällt Israel von Jahwe ab. Das eine Mal — im Falle der Änderung nach der

[2] H. W. Wolff, Dodekapropheton 1 Hosea, BK XIV/1, 1965², 246.

[3] U. a. J. Wellhausen, Die Kleinen Propheten, 1898³, 18; W. Nowack, Die kleinen Propheten, HK III/4, 1922³, 66; K. Marti, Das Dodekapropheton, KHC XIII, 1904, 85; KBL unter II כֵּן Nr. 8.

[4] 10 1 13 6.

LXX — liegt der Vorwurf eklatanten Ungehorsams vor: Jahwe ruft — und Israel läuft weg. Das andere Mal — im Falle der Beibehaltung des Textes[5] — wird Israel Abfall vorgeworfen. Die Lesart »wie ich sie rief« ist noch dadurch erschwert, daß Israel dem Ruf Jahwes aus Ägypten ja tatsächlich folgte, die Annahme eines späteren Rufes aber unbegründet ist. Dieser Schwierigkeit suchen andere dadurch zu begegnen, daß sie übersetzen »sooft ich sie rief«[6]. Diese Deutung hat aber noch weniger Anhalt am Text[7]. Sachlich setzt die Wiedergabe »sooft ich sie rief« schon den Abfall Israels voraus und will Israels permanenten Ungehorsam ausdrücken. Das aber ist unwahrscheinlich. Nach v. 1 erwartet man, daß zunächst einmal der Abfall berichtet wird. Die Lesart »sooft ich sie rief« ist ebenfalls dadurch erschwert, daß Israel dem Ruf Jahwes aus Ägypten ja tatsächlich folgte. Der Satz träfe dann erst später zu und meinte ein Zurückrufen. Zudem legt das Perfekt הלכו nahe, ein einmaliges Weggehen anzunehmen, das freilich bis in die Gegenwart andauert, nicht einen immer wiederholt vollzogenen Ungehorsam. Demnach gibt קראו einen guten Sinn. V. 2 blickt zurück auf den Abfall Israels von Jahwe. Irgend jemand rief sie, da liefen sie schon von Jahwe weg.

[b] Lies מִפְּנֵי הֵם mit LXX. Die beiden Wörter wurden auf Grund des falschen Verständnisses von קראו zusammengezogen.

[c] Lies mit Targ und Syr אֶקָּחֵם עַל זְרוֹעֹתַי. Die 3. pers. sg. unterbricht unverständlich die Jahwerede. Auch LXX und Vulgata bleiben in der Jahwerede.

[d] V. 3b ist an dieser Stelle unverständlich. Von einer Krankheit Israels war bisher nicht die Rede. Das Verbum רפא setzt aber eine Krankheit voraus und heißt nicht »pflegen«, sondern »heilen«[8]. Aber auch eine Umstellung von v. 3b hinter v. 4a, wie sie vorgeschlagen wird[9], löst das Problem nicht, da auch in v. 4a nicht von einer Krankheit die Rede ist. Dem Sinn am ehesten gerecht wird vielleicht K. Martis Vorschlag, der den Halbvers folgendermaßen ergänzt וְלֹא יָדְעוּ כִּי נְשָׂאתִים כִּי רְפָאתִים בָּחֳלִי[10] — doch ist das eben reine Vermutung. Der Halbvers, obwohl er die Sprache Hoseas spricht[11], scheint diesem Zusammenhang ursprünglich nicht zuzugehören[12].

[e] Statt des Plurals כמרימֵי ist wohl der Singular כמרימִי zu lesen, wobei der st. cs. mit י-compaginis gebildet ist[13].

[f] MT wird dem ursprünglichen Text nahe sein. Auffällig ist freilich im Zusammenhang mit לחי על »Kinnbacke, Kinnlade«, da das Joch nicht auf den Kinnbacken,

---

[5] So auch R. Bach, Die Erwählung Israels in der Wüste, Diss. Bonn 1952, 65 Anm. 76.

[6] H. Greßmann, Die älteste Geschichtsschreibung und Prophetie Israels, SAT II/1, 1921², 392; Th. H. Robinson—F. Horst, Die Zwölf Kleinen Propheten, HAT I/14, 1964³, 42; A. Weiser, Das Buch der zwölf Kleinen Propheten I, ATD 24, 1963⁴, 84.

[7] Die Annahme, das καθώς der LXX sei die Wiedergabe von כְּדֵי, fordert eben einen tieferen Eingriff in den Text.

[8] Siehe KBL und GB unter רפא.

[9] E. Sellin, Das Zwölfprophetenbuch, KAT XII, 1922, 86; in der 2./3. Aufl. 1929, 113, hat E. Sellin die Umstellung wieder aufgehoben.

[10] Dodekapropheton 86; ihm folgt W. Nowack, Die kleinen Propheten, 66.

[11] רפא findet sich bei Hosea noch 5 13 6 1 7 1 14 5; ידע mit Israel als Subjekt 2 10.22 5 4 6 3 (2mal) 7 9 (2mal) 8 2 9 7 13 4.

[12] Vgl. B. Duhm, Anmerkungen zu den Zwölf Propheten, ZAW 31 (1911), 36, der v. 3b-4 als Glosse ausscheidet.

[13] Siehe H. Bauer—P. Leander, Historische Grammatik der hebräischen Sprache des Alten Testaments, 1922, § 65j.

sondern auf dem Nacken sitzt[14]. G. Dalman[15] hat vermutet, daß die Kinnbacken deswegen statt des Nackens erwähnt werden, weil hier nicht an die Freiheit des vom Joch befreiten Tieres, sondern an dessen Fütterung gedacht sei. Und zudem sei das Joch nicht ohne eine den Hals umschließende und die Kinnbacken berührende Einrichtung zu denken. Wahrscheinlich ist der Satz so zu verstehen, daß das Joch über die Kinnbacken hinweg hochgehoben, abgenommen wird[16]. H. W. Wolff dagegen nimmt an, daß עוּל in MT die geläufigere Vokalisation von עֹל angenommen hat[17]. Er begründet dies damit, daß weder חֶבֶל noch עֲבֹות jemals zur Topik der Rede vom Joch gehören[18]. Wer sagt aber, daß in v. 4aαβ vom Ziehen am Joch die Rede ist? Man würde ja dann statt des qal אֶמְשְׁכֵם die entsprechende hi.-Form אַמְשִׁיכֵם erwarten: »Ich ließ sie ziehen ...«. Doch gibt das qal durchaus einen guten Sinn: »An Seile, mit denen man Vieh zieht, ist Hos. 11 4 bei ḥeblē ādām und ʿabōtōt ahabā gedacht«[19]. Ein zweites spricht gegen die Annahme, עוּל sei ursprünglich, worauf schon B. Duhm hingewiesen hat[20]. Ist אדם in v. 4aα ursprünglich — eine Änderung bleibt bloße Vermutung, da sie an den Textzeugen keinen Anhalt hat —, dann gibt עוּל keinen Sinn. Was ist schon damit gesagt, wenn Jahwe, im Bild als Vater vorgestellt, an menschlichen Seilen zieht, gängelt? Das ist doch selbstverständlich, daß ein Vater mit seinem Kind menschlich umgeht. Freilich hat die Entscheidung für עֹל zur Folge, daß Hosea hier in zwei verschiedenen Bildern redet — ein Sachverhalt, der bei ihm aber auch sonst begegnet[21]. Es könnte sein, daß das Bild vom Gängeln des Kindes (תרגלתי v. 3) das neue Bild vom Ziehen des Viehs auslöste.

g Lies וָאֵט, da der Rückblick noch nicht zu Ende ist[22].

h אוֹכִיל ist eine schwache Form[23]. — לא (erstes Wort von v. 5) wird als Hörfehler aus לוֹ entstanden sein (LXX); es ist noch zu v. 4 zu ziehen. Gegen MT sprechen schon die Parallelen 9 3. 6[24].

i Hosea spricht häufiger nur von מצרים statt von ארץ מצרים[25]. Wo, wie hier מצרים und אשור parallel sind, fehlt ארץ[26]. Zudem legt der Beginn des Droh-

---

14 Siehe Gen 27 40 Dtn 28 48 Jes 10 27 Jer 27 8. 11. 12 28 11. 14 30 8 Thr 1 14. Nirgends im Alten Testament werden עֹל und לחי zusammen genannt.

15 G. Dalman, Arbeit und Sitte in Palästina, II 1932, 99f.

16 Vgl. dazu die Übersetzung von H.-J. Kraus, GPM 42 (1953), 33: »Dann hob ich ihnen das Joch über ihre Backen«.

17 Hosea 247; so schon A. van Hoonacker, Les Douze Petits Prophètes, 1908, 106; E. Sellin, Zwölfprophetenbuch, 1929$^{2.3}$, 113; M. Buber, Die Schrift XIII. Das Buch der Zwölf, o. J., 35.

18 Das ist richtig bis auf die späte Stelle Hi 39 10, wo von עֲבֹת und vom Pflügen die Rede ist; siehe dazu G. Fohrer, Das Buch Hiob, KAT^2 XVI, 1963, 493.

19 G. Dalman, Arbeit und Sitte, II 113.

20 Anmerkungen 34.

21 Siehe 13 5-8 14 2-9.

22 Mit J. Wellhausen, Die Kleinen Propheten, 127. Man kann fragen, ob nicht besser qal וָאֵט zu punktieren ist, so Th. H. Robinson—F. Horst, Die Zwölf Kleinen Propheten, 42; W. Rudolph, Hosea, KAT^2 XIII, 1966, 210.

23 Siehe GK § 68i; vgl. die Bildung אוֹבִידָה Jer 46 8.

24 Die Weissagung 11 11 hat die Drohung v. 5 ebenfalls als Rückkehr nach Ägypten verstanden; siehe auch 8 13bγ (wahrscheinlich Glosse).

25 Die Wendung ארץ מצרים findet sich 2 17 7 16 12 10 13 4.

26 7 11 9 3 (droht ebenfalls die Rückkehr nach Ägypten an) 6 (lies הֹלְכִים אשור) 11 11 12 2.

wortes die Nennung des wechselnden Subjekts nahe[27]. Ich lese mit LXX אֶפְרַיִם statt אל־ארץ.

[j] Streiche v. b כי מאנו לשוב als erklärende Glosse[28].

[k] Lies statt בניו בדיו בָּנָיו, da Hosea sonst nirgends den Vorwurf des Geschwätzes macht.

[l] Der Text ist von v. 6b an derartig verderbt, daß eine Rekonstruktion aussichtslos erscheint.

Die Abgrenzung von 11 1-7 dürfte nicht zweifelhaft sein. Mit 11 1 beginnt fraglos eine neue Einheit. Umstritten ist jedoch die Abgrenzung nach unten. Häufig wird das ganze Kapitel als eine Einheit verstanden[29]. Da v. 7 nicht zu rekonstruieren ist, kann er zur Entscheidung der Frage der Abgrenzung nicht herangezogen werden. V. 5f. kündigt das Gericht Israels an. Mit der Drohung der Rückkehr nach Ägypten, der Verbannung nach Assur und des Krieges bringt er die Aufhebung der Gemeinschaft mit Jahwe zum Ausdruck[30], was gleichbedeutend mit Untergang ist. Das Heilswort[31] 11 8-9 kann unmöglich an das Schelt- und Drohwort 11 1-6 (7) anschließen und derselben Rede

---

[27] So auch W. Nowack, Die kleinen Propheten, 67; H. Guthe, Der Prophet Hosea, HSAT, II 1923[4], 18; W. Rudolph, Hosea, 210; vgl. noch K. Marti, Dodekapropheton, 87; B. Duhm, Anmerkungen, 36.

[28] So auch W. Nowack, Die kleinen Propheten, 67; K. Marti, Dodekapropheton, 88; H. Greßmann a. a. O. (Anm. 6) 393; J. Mauchline, The Book of Hosea, IntB 6, 1956, 686. In v. 2 wirft Hosea Israel nicht die Verweigerung der Umkehr, sondern Abfall vor.

[29] Von E. Sellin, Zwölfprophetenbuch, 111f.; S. L. Brown, The Book of Hosea, Westminster Commentaries, 1932, 103; W. R. Harper, Amos and Hosea, ICC, 1953[4], 360; O. Eißfeldt, Einleitung in das Alte Testament, 1964[3], 531; A. Weiser, Kleine Propheten, 84f.; H. W. Wolff, Hosea, 249; W. Rudolph, Hosea, 212f.

[30] Vgl. W. Cossmann, Die Entwicklung des Gerichtsgedankens bei den alttestamentlichen Propheten, BZAW 29, 1915, 57.

[31] K. Marti, Dodekapropheton, 89, versteht dagegen v. 8f. als Drohwort, da im Zusammenhang mit v. 1-7 das Wort nur als Drohwort verstanden werden könne. Dazu ist zu sagen: 1. ist der Zusammenhang von 11 1-9 gerade fraglich, darf also nicht als Voraussetzung die Frage nach der Gattung von v. 8 f. beantworten und 2. würde man zu Anfang von v. 9 das ה-interogativum erwarten, das zwar nicht immer eine Frage einleiten muß, in der Regel aber doch verwendet wird, siehe GK § 150c; C. Brockelmann, Hebräische Syntax, 1956, § 54b; G. Beer—R. Meyer, Hebräische Grammatik, II 1955[2], § 111 Nr. 1a. 3. liest selbst K. Marti, Dodekapropheton, 90, in v. 8b für נחומי mit J. Wellhausen, Die Kleinen Propheten, 128, רַחֲמַי, da es dem parallelen לבי besser entspricht. Redet aber v. 8 vom Mitgefühl Jahwes — רחמים meint eindeutig die liebevolle mütterliche Empfindung, Mitgefühl, Erbarmen, siehe KBL unter רַחֲמִים — dann ist nicht einzusehen, warum v. 9 das nicht auch tun soll. Der Entschluß v. 9 ist gerade die Folge von v. 8b. Es ist auch nicht richtig, wenn K. Marti vom Begriff der Heiligkeit Jahwes her argumentiert; es könnte ja sein, daß Hosea darunter etwas anderes versteht als Jesaja.

angehören[32]. Ein solch spontaner Umschwung vom Nein zum Ja ist bei aller Leidenschaftlichkeit Hoseas undenkbar. Die beiden Worte 11 1-6 (7) und 11 8-9 entstammen verschiedenen Situationen, zwischen denen ein größerer Zeitraum anzunehmen ist, in dem sich die Botschaft Hoseas gewandelt hat[33]. Th. H. Robinson sieht in 11 1-3 eine Einheit für sich[34]. Der Wechsel des Bildes veranlaßt ihn zu dieser Abgrenzung. Nun läßt sich aber zeigen, daß bei Hosea noch an anderen Stellen mehrere Bilder innerhalb derselben Einheit einander ablösen[35]. Auch hier gehören die beiden Bilder vom Vater und Bauern dem gleichen Spruch an. Das soll die Analyse des Aufbaus noch deutlicher machen.

Das Wort geht von dem Ereignis aus, durch das Israel Jahwes Volk wurde: dem Auszug aus Ägypten. Dieses Ereignis ist gleichsam die Exposition von 11 1-7. V. 2 schildert den Abfall Israels von Jahwe. Er ist nicht als ein historisches Ereignis zu verstehen, das einer bestimmten Vergangenheit angehört, sondern er ist die Grundhaltung Israels, die bis in die Gegenwart Hoseas andauert. Mit v. 3 greift Hosea noch einmal hinter die Anklage zurück: Er schildert im Bild des sein Kind liebenden Vaters Jahwes Fürsorge an Israel. In v. 4 wird dasselbe Verhalten Jahwes — um es noch eindringlicher darzustellen — im Bilde des sein Vieh schonenden Bauern vor Augen gestellt. Mit v. 5 setzt dann unvermittelt das Drohwort ein ohne Begründungspartikel[36]. Es ergibt sich somit folgender Aufbau:

v. 1	Ausgangssituation	Rückblick
v. 2	Anklage: Israels Abfall	
v. 3-4	Jahwes Fürsorge an Israel	
v. 5-7	Drohwort	

Das Gedicht besteht also aus einem geschichtlichen Rückblick und einem daran anschließenden Drohwort.

Bevor auf den geschichtlichen Rückblick näher eingegangen wird, muß noch die Frage der Form erörtert werden. Während im allgemeinen der Beginn des Drohwortes in v. 5 gesehen wird, versteht H. Donner v. 5 noch als Fortsetzung des Scheltwortes[37]. Dieser Vers habe

32 Auch H. Greßmann a. a. O. (Anm. 6) 393 sieht in 11 8-9 eine selbständige Einheit, obwohl er das Wort als Drohung versteht. Als selbständiges Heilswort betrachten 11 8-9 u. a. noch G. Fohrer, Umkehr und Erlösung beim Propheten Hosea, ThZ 11 (1955), 163f. (= Studien, 1967, 224); H. Donner, Israel unter den Völkern, VT Suppl 11, 1964, 86.

33 Siehe dazu G. Fohrer a. a. O. (Anm. 32) 161—185 (= Studien, 1967, 222—241).

34 Th. H. Robinson a. a. O. (Anm. 6) 43; ebenso R. Bach a. a. O. (Anm. 5) 22.

35 Z. B. 5 8-14 9 10 13 5-8.

36 Die Einleitung des Drohwortes ohne Begründungspartikel findet sich bei Hosea noch mehrmals: 4 6 5 10 8 3. 8 10 10. 14 12 12 13 7.

37 A. a. O. (Anm. 32) 89f.

Verfehlungen der Gegenwart zum Gegenstand. Donner begründet seine Auffassung damit, daß der Nominalsatz ואשור הוא מלכו schwerlich »anders als präsentisch aufzufassen« sei[38]. Nun kann aber ein Nominalsatz grundsätzlich jede Zeitstufe annehmen. Welche Zeitstufe ihm tatsächlich zukommt, ist nur aus dem Kontext ersichtlich. Ein mit ו-copulativum an einen Verbalsatz angeschlossener Nominalsatz beschreibt einen mit der Handlung des Verbalsatzes gleichzeitigen Zustand[39]. Da das Prädikat des Verbalsatzes ein verb. finit. impf. ist, wird auch der Nominalsatz futurisch zu verstehen sein. Aber Donner führt noch einen zweiten Grund an: Es erscheine in der älteren klassischen Prophetie mehr als ungewöhnlich, »daß zur Begründung eines Drohwortes lediglich das Verhalten des Volkes in der Wüstenzeit bemüht und die Gegenwart mit keinem Worte erwähnt wird«[40]. Es ist aber gerade die Frage, ob der Prophet in 11 1-4 lediglich auf die Wüstenzeit anspielt[41]. So wird man bei der üblichen Interpretation bleiben müssen, die das Drohwort mit v. 5 beginnen läßt.

Damit ist die Form von v. 1-4 aber noch nicht bestimmt. Der Rückblick zeigt die entscheidenden Elemente der Anklagerede: 1) die Rede vom Angeklagten in der 3. pers.[42], 2) die Erwähnung des ungetrübten Verhältnisses zwischen Jahwe und Israel in der Vergangenheit v. 1, 3) die eigentliche Anklage v. 2 und 4) den Hinweis des Klägers auf seine eigene Pflichterfüllung v. 3f. Der geschichtliche Rückblick ist demnach als Anklagerede stilisiert. Jahwe tritt als Kläger auf; er redet von Israel, dem Angeklagten, in der 3. pers. Von daher ist es nicht glücklich, v. 1-4 allgemein als Scheltwort zu bezeichnen. Ein Scheltwort wendet sich direkt an die Person, die gescholten werden soll[43], während die Anklagerede sich an den Gerichtshof richtet.

Es liegt im Wesen der Anklagerede, daß sie auf Vergangenes zurückblickt. Sie geht aus von dem »verpflichtenden Gemeinschaftsverhältnis zwischen Kläger und Beklagtem«[44], d. h. hier von der

---

[38] Ebd. 89.

[39] Siehe O. Grether, Hebräische Grammatik, § 94e.

[40] A. a. O. (Anm. 32) 89. [41] Dazu siehe unten S. 64f.

[42] Siehe H. J. Boecker, Redeformen des Rechtslebens im Alten Testament, WMANT 14, 1964, 74. 81. 90.

[43] Das hängt damit zusammen, daß das Scheltwort von einem magischen Daseinsverständnis herkommt, siehe C. Westermann, Grundformen prophetischer Rede, 1964², 48f.; vgl. dagegen jetzt G. Fohrer, Einleitung in das Alte Testament, 1969¹¹, 388, der nach dem Aufsatz von G. Wanke, אוי und הוי, ZAW 78 (1966), 215—218, noch weiter von Westermanns Verständnis abgerückt ist. Eine Auseinandersetzung mit den verschiedenen Auffassungen von der Gattung des prophetischen Scheltworts ist hier nicht möglich.

[44] G. Fohrer, Das Buch Jesaja, I Kapitel 1—23, 1966², 75 Anm. 34.

Herausführung aus Ägypten und der Annahme Israels an Sohnes Statt durch Jahwe. Sobald sich aber die erste Gelegenheit bot, ist Israel von Jahwe abgefallen, hat es den Baalen und Göttern des Kulturlandes gedient. Damit ist der Tatbestand der Anklage umrissen. Freilich ist Israels Abfall von Jahwe nicht ein in der Vergangenheit abgeschlossenes Ereignis, sondern ein bis in die Gegenwart andauerndes Geschehen. Mit v. 1-2 hat Hosea die ganze Geschichte Israels im Blick, von ihrem Anfang bis in seine Gegenwart. Zwei Komponenten bestimmen nach Ansicht Hoseas diese Geschichte: die Zuwendung Jahwes zu Israel und die Abwendung Israels von Jahwe. Hosea betrachtet die Geschichte sehr schematisch, er benennt gerade ihren Anfang, die Herausführung aus Ägypten, ist aber schon nicht mehr daran interessiert — hier jedenfalls nicht —, wann der Abfall Israels einsetzte. Diese Unbestimmtheit läßt um so klarer hervortreten, worauf es Hosea ankommt. Die Abkehr von Jahwe ist der eigentliche Tatbestand der Anklage. Auf dem Hintergrund der Herausführung aus Ägypten wird die Abkehr Israels von Jahwe zur Schuld.

An diesen Rückblick könnte durchaus die Ankündigung des Gerichtes v. 5-7 anschließen: Der Abfall Israels von Jahwe begründet hinreichend Jahwes Gerichtshandeln. Aber nun greift Hosea noch einmal hinter die permanente Situation des Abfalls zurück, er schildert in zwei Bildern Jahwes fürsorgende Liebe gegenüber Israel. Und zwar wird das וְ in ואנכי zu Beginn von v. 3 am besten adversativ zu verstehen sein: »Dabei war ich es doch, der Ephraim gängelte . . .« D. h. das Bild v. 3 soll einen möglichst schroffen Kontrast zur verkehrten Grundhaltung Israels bilden und damit die Unverständlichkeit von Israels Fehlhaltung unterstreichen. Jahwe hat nicht den geringsten Anlaß gegeben — im Gegenteil. Und v. 4 sagt dasselbe noch einmal in einem anderen Bild, das von Israels Anwesenheit im Kulturland her geprägt ist: Jahwe verhält sich gegenüber Israel wie ein Bauer, der mit seinem Vieh schonend umgeht. In seiner leidenschaftlichen Rede gebraucht Hosea hintereinander zwei verschiedene Bilder, um die Größe von Jahwes Liebe anschaulich zu machen. So groß die Liebe Jahwes ist, so unverständlich ist Israels verkehrte Haltung. Ein Volk, das sich dieser Liebe zum Trotz von Jahwe abwendet, kann nur das Gericht treffen. Denn was hätte Jahwe noch tun können?[45] So zeigen die beiden Bilder die Aussichtslosigkeit weiteren Bemühens auf seiten Jahwes und begründen die Unausweichlichkeit des bevorstehenden Gerichtes.

Im Unterschied zu der oben dargelegten Auffassung, Hosea sehe die Geschichte seines Volkes rein schematisch unter den beiden Aspekten der Liebe Jahwes und Israels Abfall, versteht H. Donner v. 1-4 als »prophetisches Kompendium der Heilsgeschichte«[46]. Durch

[45] Vgl. hierzu Jes 5 4.

[46] A a. O. (Anm. 32) 87.

das Bild der Liebe eines Vaters gegenüber seinem Kinde scheine »das klassische Schema der Abfolge der Heilsereignisse, wie es sich vom ‚kleinen Credo' über die Geschichtspsalmen bis hin zum Aufriß des Hexateuch traditionsgeschichtlich verfestigt hat«[47]. Die Abfolge der Ereignisse, die man in allen Geschichtssummarien betrachten könne, finde sich, unterbrochen vom Hinweis auf den Ungehorsam Israels, in den Elementen des Scheltwortes Hos 11 1-4, freilich in Auswahl und ohne Anspruch auf Vollständigkeit. Von den drei großen Fundamentalsetzungen der Geschichtssummarien (Auszug, Wüstenwanderung, Landnahme) fehle nur die dritte: die Verleihung des Landes Kanaan. Das sei verständlich, wenn man berücksichtige, »daß Hosea die Berührung mit dem Kulturland als die große Versuchung und den Anfang vom Ende Israels verstanden hat; er hatte alle Ursache, die Nennung dieses Faktums in seiner Darstellung zu vermeiden«[48]. Dieselbe kanonische Abfolge der Heilsereignisse wie in dem um den Ungehorsam Israels vermehrten Schema von Ps 78 sei in Hos 11 1-4 zu erkennen, wenn man die Elemente des in Unordnung geratenen Textes herstelle und ordne: »Nach der Herausführung aus Ägypten (V 1) folgt sogleich der Abfall (V 2) . . . Es folgen der Wüstenzug unter Jahwes liebevoller Fürsorge (V 3/4), das Speisungswunder (V 4) und der Rückblick auf die Großtat der Beendigung der Knechtschaft in Ägypten (V 4)«[49]. Es ist jedoch mehr als fraglich, ob die beiden Bilder, die Hosea gebraucht, in diesem Sinne historisiert werden dürfen. Daß v. 3f. auf den Wüstenzug anspielt, geht doch unmittelbar nicht aus den beiden Versen hervor, sondern lediglich aus ihrer Stellung im Ganzen des Rückblicks und aus Parallelen bei Hosea. Deutlich ist, daß v. 3f. hinter die Situation des Abfalls v. 2 zurückgeht, der Abfall aber nach 9 10 erst mit dem Eintritt in das Kulturland beginnt[50]. Folglich spielt v. 3f. auf die Wüstenzeit an — darin ist Donner zuzustimmen. Ob jedoch Jahwes fürsorgende Liebe mit dem Abfall Israels aufhörte, die beiden Bilder sich also auf die Wüstenzeit beschränken, muß offen bleiben. Jahwe ist der Geber des Kulturlandes und seiner Gaben[51], seine Liebe zu Israel reicht also über den Beginn des Abfalls hinaus. Daß in v. 3f. die Erinnerung an Israels Frühzeit, die Wüstenzeit, mitschwingt, ist keine Frage, nur wird eine streng historische Ausdeutung und Eingrenzung des Bildes Hosea sicher nicht gerecht. Ebenso entspricht es wahrscheinlich nicht der Absicht Hoseas, in v. 4b eine An-

[47] Ebd.

[48] Ebd. 87f. H. Donner verweist dabei auf die Stellen Hos 2 16f. 9 10 10 1 12 10. — Trotzdem ist diese Argumentation nicht richtig, denn Jahwe ist ja der Geber des Kulturlandes, 2 10.

[49] Ebd. 88.

[50] Zu 9 10 siehe unten S. 76ff.

[51] Hos 2 10.

spielung auf das Speisungswunder in der Wüste zu sehen. Das Bild v. 4 ist eine Einheit: Es redet vom freundlichen Umgang eines Bauern mit seinem Vieh. Dazu gehört das geduldige Ziehen des Viehs, die Abnahme des Joches und schließlich die Fütterung. In dreifacher Hinsicht zieht Hosea das Bild aus. Die Einzelelemente wollen aber nur den Grundcharakter des Bildes illustrieren, eben den für sein Vieh sorgenden Bauern. Nicht an die einmalige Speisung in der Wüste ist hier gedacht, sondern daran, daß Jahwe für Israel liebevoll sorgte. Auch ist es nicht wahrscheinlich, in dem Satz »und war wie einer, der das Joch wegnimmt« einen Rückblick auf die Großtat der Beendigung der Knechtschaft in Ägypten zu sehen. Denn die Vergleichspartikel כְּ in כמרימי wäre dann unerfindlich, da Jahwe ja das »Joch« der Fremdherrschaft Ägyptens faktisch von Israel genommen hat. עֹל ist demnach hier nicht, wie sonst häufig, bildlicher Ausdruck der Fremdherrschaft, sondern innerhalb des Bildes vom Bauern und seinem Vieh durchaus wörtlich zu verstehen. Schließlich kommt Donner, wie er selbst sagt, zu dieser Deutung nur mit Hilfe mehrerer Umstellungen und Streichungen im Text: »Dieselbe kanonische Abfolge (sc. wie in Ps 78) ist in Hos 11 1-4 zu erkennen, wenn man die Elemente des in Unordnung geratenen Textes herstellt und ordnet«[52]. Daß die Reihenfolge des Textes nicht in Ordnung ist, ist eine unbegründete Voraussetzung. Ganz und gar unzulässig ist es aber, die Reihenfolge der Einzelaussagen in Hos 11 1-4 nach einem erst nach Hosea fixierten kanonischen Schema ordnen zu wollen[53].

Hosea ist nicht von einem kanonischen Schema der Heilsgeschichte abhängig und hat ein solches auch nicht modifiziert. Sein Geschichtsrückblick ist denkbar eigenständig. Die beiden Bilder v. 3f. wollen allein die Liebe Jahwes herausstellen und den Schuldcharakter von Israels Abfall unterstreichen. Hosea ist nicht als Historiker an der Geschichte seines Volkes interessiert. Sein schematischer Rückblick hat eine ganz bestimmte Funktion: Er soll das Drohwort v. 5-7 begründen. Die Ansage des Gerichtes ist das Wort, das Hosea seinen Hörern auszurichten hat. Damit dieses Wort bis an die Ohren seiner Hörer dringt, schickt er die Begründung vorweg. Nachdem Israel auf die liebende Fürsorge Jahwes mit permanentem Abfall geantwortet hat, ist das Gericht jetzt unausweichlich. Zur Motivierung der Gerichtsansage bedarf es nicht eines detaillierten geschichtlichen Rückblicks, sondern einer umfassenden Geschichtsschau, die sich auf die wesentlichen Strukturen der Geschichte Israels konzentriert. Diesem Erfordernis entspricht Hosea, wenn er die vergangene Geschichte unter den Aspekten der liebenden Fürsorge Jahwes und der unverständlichen

---

[52] A. a. O. (Anm. 32) 88.

[53] Zur Entstehungszeit von Ps 78 siehe H.-J. Kraus, Psalmen, I 1960, 540f.

Abkehr Israels von Jahwe betrachtet. An dieses konzentrierte Geschichtsbild knüpft er sein das jetzige Israel betreffendes Wort an: Auf die Abkehr Israels von Jahwe folgt jetzt Jahwes Abkehr von Israel.

Dabei muß noch auf eine geschichtstheologische Besonderheit in der Gerichtsansage hingewiesen werden: Hosea droht die Rückkehr nach Ägypten an. Nun steht diese Aussage nicht allein, sondern begegnet im Zusammenhang mit anderen Gerichtsankündigungen, der Verbannung nach Assur und der Vernichtung durch Krieg. Es ist daher anzunehmen, daß die Wendung ישוב אפרים מצרים Bildcharakter hat und zum Ausdruck bringen soll, daß das Gericht die mit der Herausführung aus Ägypten gesetzte Gemeinschaft zwischen Jahwe und Israel aufhebt. Die Geschichte Jahwes mit Israel verläuft nach der Geschichtsschau Hoseas zwischen Herausführung aus Ägypten und Rückkehr nach Ägypten; am Anfang dieser Geschichte steht die Knechtschaft in Ägypten und am Ende ebenfalls. Mit anderen Worten: Die Knechtschaft in Ägypten liegt jeweils außerhalb der Geschichte Jahwes mit seinem Volk.

2. *Jahwes Herde Hos 13 5-8*

5 Ich war es, der dich in der Wüste geweidet hat[a],
im Lande der Fieberschauer[b]. 3+2
6 Als sie weideten[c], wurden sie satt[d],
und ihr Herz erhob sich (. . .)[e]. 2+2
7 Ich aber werde[f] für sie wie ein Löwe,
wie ein Panther werde ich auf dem Wege lauern[g]. 3+3
8 Ich werde auf sie stoßen wie eine der Jungen beraubte Bärin
und den Verschluß ihres Herzens zerreißen. 3+3
Dann werden Hunde sie fressen[h],
wilde Tiere sie in Stücke reißen. 3+3

[a] Die Geschlossenheit des Bildes von der Herde und der Anfang von v. 6 machen es wahrscheinlich, daß die LXX den ursprünglichen Text überliefert; lies רעיתיך, das durch Dittographie des י von אני und durch Verwechslung des ר mit ד in ידעתיך verschrieben wurde[54].

[b] So nach L. Köhler[55], der es mit akkad. *la'abu* in Zusammenhang bringt.

[c] Wie ist כמרעיתם zu deuten? L. Köhler[56] denkt an »Weideplatz«, das hier wegen des folgenden impf. cons. nicht paßt. W. Gesenius — F. Buhl[57] sehen in מרעית einen substantivierten Infinitiv »das Weiden«, der im Deutschen mit einem verb. finit.

[54] So u. a. J. Wellhausen, Die Kleinen Propheten, 19. 132; K. Marti, Dodekapropheton, 101; B. Duhm, Anmerkungen zu den Zwölf Propheten, 40; W. Nowack, Die kleinen Propheten, 76; E. Sellin, Zwölfprophetenbuch, 130; W. R. Harper, Amos and Hosea, 392; H. S. Nyberg, Studien zum Hoseabuche, UUÅ 1935, 102; Th. H. Robinson—F. Horst, Die Zwölf Kleinen Propheten, 50; A. Weiser, Das Buch der zwölf Kleinen Propheten, 94; H. W. Wolff, Hosea, 286f.

[55] KBL unter תַּלְאֻבוֹת.

[56] KBL unter מַרְעִית.

[57] GB unter מַרְעִית.

wiederzugeben sei: »als sie weideten«; daran würde sich das impf. cons. gut anschließen[58]. Nun haben aber Nomina mit מ-Präfix nicht die Bedeutung von substantivierten Infinitiven, sondern sie geben das dem Stamm entsprechende Objekt[59] bzw. »die Umstände, unter denen eine Handlung vor sich geht, wie Ort, Zeit, Art und Weise, oder auch das Werkzeug der Handlung«[60] wieder. Daher heißt מרעית entweder »Herde« oder »Weide, Weideplatz« und ist in diesem Zusammenhang schwerlich ursprünglich[61]. J. Wellhausen[62] hat darum כרעותם vorgeschlagen, woran sich das impf. cons. gut anschließt.

d Vielleicht liegt dem שבעו ein inf. abs. zugrunde[63], vielleicht ist es aber auch als Dittographie zu streichen[64].

e V. 6b »darum haben sie mich vergessen« überfüllt metrisch die Zeile und ist wohl als erklärende Glosse zu וירם לבם zu werten[65].

f Lies mit LXX וָאֶהְיֶה. Die folgenden Imperfekte zeigen, daß es sich um eine Ankündigung von zukünftigem Geschehen handelt[66].

g Gegen אָשׁוּר wendet J. Wellhausen[67] ein, שׁוּר heiße nicht »lauern«, sondern »blicken«; aber פגשׁ v. 8 bedeutet auch nicht »auf jemanden losstürzen«, sondern »begegnen, antreffen«. שׁוּר und פגשׁ haben von Haus aus ganz allgemeine Bedeutungen;

---

[58] Vgl. GK § 111g.

[59] Den Nomina mit מ-Präfix »liegen ursprünglich Sätze zugrunde, in denen das Pronomen *mā* mit gewissen sich dazu eignenden Verbformen zu einem Wort zusammengewachsen ist«, H. Bauer—P. Leander, Historische Grammatik, 1922, § 61u ε.

[60] Ebd. § 61w ε.

[61] H. W. Wolff, Hosea, 287, will in כמרעיתם »syntaktisch die Bedeutung eines nominalen Zustandssatzes« sehen, bringt aber weder Belege noch Parallelstellen bei.

[62] Die Kleinen Propheten 132; ihm folgen K. Marti, Dodekapropheton, 101; KBL unter מַרְעִית.

[63] E. Sellin, Zwölfprophetenbuch, 130; vgl. LXX εἰς πλησμονήν.

[64] Siehe BHK.

[65] Der Begründungssatz hängt zudem merkwürdig nach und sagt nicht mehr als die Anklage וירם לבם. Davon abgesehen findet sich das Verb שכח mit Jahwe als Objekt 5mal im Dtn (6 12 8 11. 14. 19 32 18) Jdc 3 7 I Sam 12 9 und in der prophetischen Literatur: Jes 17 10 51 13 Jer 2 32 3 21 13 25 18 15 Ez 22 12 23 35 Hos 2 15 8 14 13 6. Abgesehen von den drei Belegen im Hoseabuch sind sämtliche Stellen jünger als Hosea. Dabei sind die Stellen im Hoseabuch, wie K. Marti, Dodekapropheton, 28 und 70, wahrscheinlich macht, trotz des Einwandes von H. W. Wolff, Wissen um Gott bei Hosea als Urform der Theologie, EvTh 12 (1952/53), 542, sekundär. An 8 14 dürfte nichts zu deuteln sein, und den Worten 2 15 und 13 6 nimmt man keineswegs die Spitze, im Gegenteil, ואתי שכחה 2 15 und על־כן שכחוני 13 6 schwächen die prägnanten Vorwürfe ותלך אחרי מאהביה und וירם לבם ab; siehe K. Marti, Dodekapropheton, 101; W. Nowack, Die kleinen Propheten, 76; O. Procksch, Die kleinen Prophetischen Schriften vor dem Exil, 1910, 57.

[66] So auch J. Wellhausen, Die Kleinen Propheten, 132; K. Marti, Dodekapropheton, 101; W. Nowack, Die kleinen Propheten, 76; O. Procksch a. a. O. (Anm. 65) 57; H. Greßmann a. a. O. (Anm. 6) 396; H. Guthe, Der Prophet Hosea, 21; E. Sellin, Zwölfprophetenbuch, 128; S. L. Brown, The Book of Hosea, 113; W. R. Harper, Amos and Hosea, 392; J. Mauchline, The Book of Hosea, 708; A. Weiser, Kleine Propheten, 95.

[67] Die Kleinen Propheten 132.

erst das jeweilige Subjekt qualifiziert das Verb näher. Das Blicken des Panthers ist nun einmal ein »Lauern« und eine ihrer Jungen beraubte Bärin stürzt sich auf den, der ihr gerade begegnet.

h V. 8b ist so schwerlich in Ordnung. Einmal ist Subjektwechsel innerhalb der parallelen Versglieder sehr unwahrscheinlich, zum anderen stört die Wiederaufnahme des Löwengleichnisses, das bereits nach v. 7a verlassen war. Am einfachsten liest man statt כלביא כלבים und punktiert אֲכָלוּם[68]. שָׁם ist dann zeitlich zu verstehen[69].

Die Abgrenzung von 13 5-8 empfiehlt sich von der Einheitlichkeit des Bildes her[70]. Israel wird als Herde gesehen. Geschlossen wirkt das Bild durch den Rahmen v. 5 und v. 7. 8a. Jahwe war in der Frühzeit der die Herde Israel weidende Hirte, in unmittelbarer Zukunft aber wird er nicht nur die Herde sich selbst und damit dem Raubwild überlassen, sondern er erscheint selbst unter dem Bilde des Raubwilds, das die Herde reißt. Mit v. 8b klingt der Spruch aus: Die von Jahwe gerissene Herde wird den Hunden und wilden Tieren überlassen, die sich gierig auf das Aas stürzen[71].

Man könnte fragen, ob der Spruch nicht schon mit v. 4 beginnt, da die vorhergehende Einheit mit dem Drohwort v. 3 abgeschlossen ist, und der geschichtliche Rückblick 11 1ff. ebenfalls mit der Erinnerung an den Auszug aus Ägypten einsetzt. Auch sonst spielt Hosea auf den Auszug aus Ägypten an[72]. Gegen v. 4 erheben sich aber schwere

[68] So O. Procksch a. a. O. (Anm. 65) 58. 170; ebenso H. W. Wolff, Hosea, 287. S. L. Brown, Hosea, 113, erwägt diese Möglichkeit ebenfalls: »The simplest emendation would be to read *m* for ' and point the words to mean *and dogs shall eat them there*«; vgl. noch B. Duhm, Anmerkungen, 40.

[69] Siehe KBL unter שָׁם Nr. 2; so auch H. W. Wolff, Hosea, 287.

[70] So auch H. Greßmann a. a. O. (Anm. 6) 396. — R. Bach, Die Erwählung Israels in der Wüste, 36, betrachtet »angesichts des Wechsels der angeredeten Person« v. 6 »als ursprünglich nicht mit v. 5 zusammengehörig«. Nun ist aber der Wechsel der Personen in der Gerichtsrede eine häufige Erscheinung, vgl. J. Begrich, Studien zu Deuterojesaja, BWANT 77, 1938, 19ff. (=ThB 20, 1963, 26ff.). Davon abgesehen, wäre v. 5, falls er isoliert würde, nur Fragment, es sei denn, man sieht in Hosea einen Historiker, der an einzelnen Ereignissen in der Vergangenheit interessiert wäre, ohne ihre Bedeutung für die gegenwärtigen Hörer darzulegen. Dem widersprechen aber die anderen geschichtlichen Rückblicke und Anspielungen entschieden. — H. Donner, Israel unter den Völkern, 89 Anm. 5, sieht in 13 5-6 ein Fragment und zwar den »Anfang eines heilsgeschichtlichen Rückblickes ähnlich 11 1ff.« Wechsel des Metrums reicht als Grund nicht aus, v. 7f. von 5f. zu trennen. Der Wechsel des Metrums ist vielmehr darauf zurückzuführen, daß von v. 7 an Jahwe als Richter spricht. Die Geschlossenheit des Bildes verbindet v. 5f. mit 7f. mehr als das wechselnde Metrum sie trennt. Außerdem setzt die Auffassung H. Donners voraus, Hosea sei streng an das kanonische Schema der Heilsgeschichte gebunden. Das aber ist gerade zu untersuchen.

[71] Vgl. dazu I Reg 14 11 21 19 II Reg 9 36 Ps 68 24.

[72] Hos 2 17 12 10, indirekt 9 3 11 5; 8 13bγ המה מצרים ישובו ist wahrscheinlich Zusatz, so K. Marti, Dodekapropheton, 69.

Bedenken: die Zusage hat zwischen den beiden Drohworten 13 1-3 und 5-8 keinen Platz. Außerdem erinnert v. 4b deutlich an die Sprache Deuterojesajas[73]. Der Halbvers ist daher wahrscheinlich als späterer Zusatz anzusehen[74].

Der Spruch ist als Jahwerede stilisiert. Sie enthält Elemente der Gerichtsrede[75]. In v. 5 wendet sich Jahwe an Israel. Er erinnert den Angeklagten zunächst an die Wüstenzeit, wo er für Israel sorgte. Der Parallelausdruck zu מדבר ארץ תלאבות unterstreicht noch die Fürsorge, auf die Israel angewiesen war. Es wäre ohne Jahwe unweigerlich umgekommen. In v. 6 trägt Jahwe den Tatbestand der Anklage vor. Entsprechend der charakteristischen Form der Anklagerede[76] wendet er sich nun an den Gerichtshof und redet von dem Angeklagten Israel in der dritten Person. Von v. 7 an redet Jahwe als Richter, der die Strafe für Israel ankündigt. Daß auch hier Israel nicht angeredet wird, entspricht der ursprünglichen Form der Urteils- und Strafbestimmung[77].

Die Rede Jahwes im Gericht ist in ihrem ersten Teil der Sache nach ein geschichtlicher Rückblick. Sie geht davon aus, daß Jahwe Israel in der Wüste umsorgt hat und daß darum keinerlei Anlaß für Israel bestand, schuldig zu werden. Nach dieser persönlichen Erinnerung an die Adresse Israels wendet sich Jahwe dem ganzen Gerichtshof zu und zwar in einer Bildrede. Die Bildrede wird aus der Situation der Wüstenzeit heraus entwickelt, so daß das Bild von der Herde sich nicht nur auf die Wüstenzeit bezieht, sondern auch auf die weitere Geschichte Israels bis zur Gegenwart des Propheten. Es ist darum nicht richtig, wenn man v. 6 so versteht, daß Israel schon in der Wüste von Jahwe abgefallen sei[78]. Der Abfall ereignete sich vielmehr, nachdem Israel satt geworden war. Wann das geschah, sagt Hosea nicht. Daß aber Israel nicht schon in der Wüste von Jahwe abfiel,

---

[73] Zu זולתי siehe Jes 45 5. 21, wo es beide Male zum Ausdruck bringt, daß Jahwe allein Gott ist; zu מושיע Jes 45 11. 21, wo es ebenfalls exklusiv von Jahwe gebraucht wird.

[74] So auch B. Balscheit, Alter und Aufkommen des Monotheismus in der israelitischen Religion, BZAW 69, 1938, 113 Anm. 6.

[75] Der Begriff Gerichtsrede ist hier ganz allgemein gefaßt als Rede im Gericht.

[76] Siehe dazu H. J. Boecker, Redeformen des Rechtslebens, 71—94.

[77] Ebd. 149—159.

[78] So H. W. Wolff, Wissen um Gott, 540 (= GSt, ThB 22, 1964, 190): »Nach dem Zusammenhang des Spruches setzte es (sc. das Vergessen Jahwes) schon in der Wüstenzeit ein, so daß das Vergessen Jahwes als die Ursünde Israels anzusehen ist.« Vgl. auch K. Marti, Dodekapropheton, 101: »Es ist auch hier kaum bloß an die Wüstenwanderung, sondern an das Wohnen im Lande Kanaan gedacht.« Dagegen beziehen den Abfall eindeutig auf die Situation des Kulturlandes O. Procksch, Geschichtsbetrachtung und geschichtliche Überlieferung bei den vorexilischen Propheten, 1902, 25; H. Greßmann a. a. O. (Anm. 6) 396; H. W. Wolff, Hosea, 293: »Jahwes Hirtentätigkeit hat Israel in das Land gebracht, da es satt wurde.«

legen folgende Überlegungen nahe: 1) Die Vorstellung des Sattseins läßt an die Situation des Kulturlandes denken. 2) Das Bild von der Herde ist aus der Anspielung auf die Wüstenzeit heraus gebildet, beschränkt sich aber nicht auf sie, sondern bestimmt selbst noch die Strafankündigung. 3) Es ist unwahrscheinlich, daß Hosea in diesem Spruch die ganze Kulturlandsituation einfach überspringt und von der Wüstenzeit sofort zur Ansage künftigen Geschehens übergeht. 4) Die Parallelen bei Hosea zeigen, daß Hosea mit der Datierung des Abfalls zeitlich nicht hinter die Kulturlandsituation zurückgeht[79]. Nach alledem ist es wahrscheinlich, daß v. 6 schon von Israels Verhalten im Kulturland redet, von seinem Hochmut und Abfall, der bis in die Gegenwart Hoseas andauert.

Auch dieser geschichtliche Rückblick ist sehr schematisch[80]. Jahwes Fürsorge für Israel und Israels Abfall von Jahwe bestimmen Hoseas Geschichtsbild. Weil es Hosea allein auf diese beiden Gesichtspunkte ankommt, kann er die Geschichte Israels von der Frühzeit in der Wüste bis zu ihrem Ende in unmittelbarer Zukunft durch dieses eindrückliche Bild von der Herde erfassen, das durch Jahwe, dessen Verhalten gegenüber Israel von dem des Hirten in das des Raubwilds umschlägt, kunstvoll gerahmt wird.

Dies zeigt: Hosea ist nicht als Historiker an der Geschichte seines Volkes interessiert. Seine Geschichtsbetrachtung ist nicht Selbstzweck, sondern Ausdruck einer bestimmten Absicht. Der geschichtliche Rückblick begründet auch hier das Drohwort, auf das die Gerichtsrede hinzielt. Die Ansage der Vernichtung Israels ist Hosea von Jahwe aufgetragen, davon geht er bei der Disposition dieses Wortes aus. Er bereitet die Ankündigung vor, indem er zunächst von der Fürsorge Jahwes an Israel in der Frühzeit redet, dann von Israels Abfall und erst zum Schluß kündigt er die Vernichtung an. Auf diese Weise will er seinen Hörern die Strafe verständlich machen. Nach dem Rückblick muß der Angeklagte Israel dem Urteil und dem Strafmaß des Richters Jahwe zustimmen[81]. Hosea geht von dem Urteil aus, das Jahwe über Israel gesprochen hat. Von dort wendet sich sein Blick auf die Gegenwart und Vergangenheit Israels. In seiner Rede wählt er um seiner Hörer willen aber den umgekehrten Weg. Er will sie

---

[79] Es ist hier methodisch nicht nur gerechtfertigt, sondern sogar geboten, die anderen geschichtlichen Rückblicke einzubeziehen. Die Bildersprache Hoseas erfordert dies. Vgl. besonders 9 10, wonach Israel von Jahwe abfiel, sobald es das Kulturland betreten hatte.

[80] Unter »schematisch« ist hier nicht verstanden, dem kanonischen Schema der Heilsgeschichte folgend.

[81] Der Rückblick hat innerhalb der Anklagerede die Funktion, die Schuld des Angeklagten aufzuzeigen und ihn zu überführen.

nicht vor den Kopf stoßen, sondern sie in ihrer Situation überführen und ihre Zustimmung gewinnen.

Warum aber bemüht sich Hosea noch um Israel, wo doch dessen Vernichtung unmittelbar bevorsteht? Er hätte es ja auch mit der knappen Ansage der Vernichtung bewenden lassen können. Die Antwort kann nur lauten: Die Ankündigung der Vernichtung ist die letzte, unwiderruflich letzte Mahnung zur Umkehr. Wird sie nicht befolgt, hat Israel seine letzte Gelegenheit verpaßt und geht unaufhaltsam seinem Ende entgegen.

Wie verhält sich das Geschichtsbild von 13 5-8 zu dem der Tradition? Das Geschichtsbild Hoseas steht in keiner Kontinuität mit der Tradition. Es ist bestimmt durch schroffe Diskontinuität. Wohl erinnert Hosea an die früheren Heilstaten Jahwes, aber er wiederholt nicht ihre gegenwärtige Geltung für Israel, er aktualisiert sie nicht. Er erinnert an sie, um das volle Maß gegenwärtiger Schuld aufzudecken und die Vernichtung Israels zu begründen, d. h. Hosea kehrt das Geschichtsbild der Tradition um, er bricht mit der Tradition[82]. Die Heilstaten, die Jahwe einst an Israel und für Israel wirkte, gelten nicht mehr, Jahwe ist nicht mehr der Hirte, der Israel umsorgt und schützt. Das Ende der Geschichte Israels steht bevor. Der Hosea von 13 5-8 sagt ein schroffes Nein zur Tradition seines Volkes. Abhängig ist er von der Tradition nur insofern, als er sie verneint. Seine Vollmacht empfängt er aus einer gegenwärtigen Anrede Jahwes, nicht aus der Tradition[83]. Die Tradition ist nur — und das hier sub contrario — Mittel, das, was Hosea jetzt zu sagen hat, zu begründen und verständlich zu machen. Mit dem Aufgreifen der Tradition trägt Hosea dem Tatbestand Rechnung, daß seine Hörer von der Tradition herkommen.

Schließlich ist noch auf die These von R. Bach einzugehen, der wie in 9 10 auch in 13 5 einen Hinweis auf die »Fundtradition« sieht, die Hosea verarbeitet haben soll[84]. Ganz abgesehen davon, daß das ידעתיך, an dem Bach festhält, umstritten ist, ist die Bedeutung des Perfekts von ידע keineswegs zwingend inkohativ im Sinne von »ich habe dich kennengelernt«. Vielmehr meint ידעתיך in diesem Zusammenhang »du warst mir vertraut«, »ich habe mit dir enge Gemeinschaft gehabt«, »ich habe mich um dich gekümmert«[85]. Hosea muß in seinem Rückblick nicht mit dem Anfang der Geschichte Israels, mit dem Auszug aus Ägypten, einsetzen, oder, wie Bach meint, mit der

---

82 Zum Verhältnis Hoseas zur Tradition siehe unten S. 119ff.

83 So auch H. W. Wolff, Hauptprobleme alttestamentlicher Prophetie, EvTh 15 (1955), 458f. (= GSt, ThB 22, 1964, 220f.), doch stellt er nicht deutlich genug heraus, daß Hoseas Verwendung der Tradition ganz im Dienste der Ansage von Jahwes Gerichtsurteil steht, daß die Tradition selbst keine Geltung mehr hat.

84 Die Erwählung Israels in der Wüste 37f. Zur Auseinandersetzung mit R. Bach siehe unten S. 80f. und 124f.

85 Siehe KBL unter ידע qal Nr. 7.

ersten Begegnung zwischen Jahwe und Israel in der Wüste. Bei seiner schematischen, streng zweigliedrigen Geschichtsbetrachtung kommt es Hosea allein auf den Kontrast zwischen dem harmonischen Einst und dem schuldverfallenen Jetzt an. Ob er dabei den Auszug aus Ägypten noch miterwähnt oder bloß auf die Wüstenzeit anspielt, ist für den Kontrast selbst unerheblich. Auf keinen Fall darf man aber daraus, daß Hosea den Auszug hier nicht erwähnt, schließen, er sei von einer besonderen Tradition abhängig.

3. *Ephraim war eine gelehrige Färse Hos 10 11-13a*

11 Ephraim war eine gelehrige Färse,
die gern drosch. 3+2
Ich legte ein Joch[a]
auf ihren schönen Nacken, 3+2
wollte Ephraim anspannen,
Juda[b] sollte pflügen,
Jakob eggen. 2+2+2
12 (Säet gemäß der Gerechtigkeit,
erntet gemäß der Verbundenheit,
brecht einen Neubruch,
solange es Zeit ist, Jahwe zu suchen,
bis er kommt und lehrt
euch Gerechtigkeit.)[c]
13a Ihr habt Frevel gepflügt,
Schlechtigkeit geerntet,
Lügenfrucht gegessen. 2+2+2

[a] Die Vermutung K. Martis[86], daß עַל durch Haplographie ausgefallen ist und infolgedessen qal statt hi. gelesen wurde, scheint mir mehr für sich zu haben als R. Bachs Deutung[87], die dem MT folgt, zumal v. b vom Anspannen die Rede ist.

[b] Juda ist hier wahrscheinlich nicht der judäischen Redaktion zuzuschreiben[88]. V. b ist wie v. 13a dreigliedrig.

[c] Gegen die Ursprünglichkeit von v. 12 erheben sich schwere Bedenken. Zunächst wird die Jahwerede abgebrochen. V. 12 redet nicht mehr Jahwe, sondern Jahwe erscheint in der 3. pers. Wer redet dann? Es ist aber auch unwahrscheinlich, daß der Prophet selbst das Mahnwort gesprochen hat, denn v. 13a konstatiert, daß die Mahnung

[86] K. Marti, Dodekapropheton, 83.

[87] R. Bach, Die Erwählung Israels in der Wüste, 20f.; so vor ihm schon H. S. Nyberg, Studien zum Hoseabuche, 80.

[88] Seit A. Alt, Hosea 5 8—6 6. Ein Krieg und seine Folgen in prophetischer Beleuchtung, NKZ 30 (1919), 537—568 (= Kleine Schriften zur Geschichte des Volkes Israel, II 1953, 163—187), ist es nicht mehr möglich, alle Erwähnungen Judas auf eine oder mehrere Bearbeitungen des Hoseabuches zurückzuführen (s. O. Seesemann, Israel und Juda bei Amos und Hosea nebst einem Exkurs über Hosea 1—3, 1898, 24f.; K. Marti, Dodekapropheton, 8f.). Wenn aber »Juda« in 5 8—6 6 ursprünglich ist, muß man mit der Möglichkeit rechnen, daß Hosea sich auch sonst an Juda gewandt bzw. auf Juda bezogen hat. — L. Rost, Israel bei den Propheten, BWANT 71 (1937), 31, streicht Juda in 10 11 metri causa, was nicht recht überzeugen will. Denn v. 11b ist metrisch strukturiert wie v. 13a: 2+2+2.

nichts fruchtete. Die Mahnung ist also vor der Feststellung des Tatbestandes v. 13a gesprochen zu denken. Einige Ausleger[89] nehmen für das Mahnwort die Situation des Übergangs ins Kulturland an. Dem steht aber entgegen, daß es nicht als Jahwerede stilisiert ist. Wer sollte jedoch damals dieses Mahnwort gesprochen haben? Wie immer man also das Mahnwort versteht, es will sich nicht in den Zusammenhang fügen. V. 12bβ bezieht sich auf die Zeit, bis Jahwe kommt. Schon diese Vorstellung ist der vorexilischen Prophetie fremd. Sie erwartet nicht ein Kommen Jahwes, das auf unbestimmte Zeit aussteht. Vielmehr ist die vorexilische Prophetie grundsätzlich gegenwartsbezogen. Neben diesen sachlichen Einwänden sind es stilistische Gründe, die für einen späteren Einschub sprechen. Zur Wendung זרעו לכם לצדק vgl. Prov 11 18 וְזֹרֵעַ צְדָקָה. Der Satz נירו לכם ניר findet sich noch einmal wörtlich Jer 4 3; doch muß dies wegen des Einflusses, den Hosea auf Jeremia ausgeübt hat, nicht notwendig ein Indiz gegen Hosea sein. Die Einführung des Objekts durch die Präposition לְ (eigentlich »in bezug auf, in Richtung auf«) ist eine Besonderheit der späteren Zeit[90]. לְפִי in der Bedeutung »gemäß, entsprechend« findet sich noch Lev 25 16. 51 Jer 29 10 I Reg 17 1[91]. Weiter ist auffällig, daß in diesem Vers gleich zweimal die Begriffe צדקה bzw. צדק begegnen, die sich sonst — von צדק 2 21 abgesehen — im ganzen Hoseabuch nicht finden. Folgt man MT, so spricht v. 12b vom Kommen Jahwes als dem, der Gerechtigkeit lehrt. Die Vorstellung von Jahwe als dem Lehrenden mit sachlichem Objekt begegnet aber erst später im Alten Testament[92]. Auch die Konstruktion עת mit לְ mit inf. findet sich erst in jüngeren Texten[93]. Schließlich soll noch auf eine formale Entsprechung aufmerksam gemacht werden. An den dreigliedrigen v. 11b schließt sich der ebenfalls dreigliedrige Vers 13a. Während v. 11b den Willensentschluß Jahwes zum Ausdruck bringt, sagt v. 13a in direkter Anrede, daß Israel dem Willen Jahwes gegenüber ungehorsam war[94].

Mit v. 11 beginnt ein neuer Spruch. Auch die Abgrenzung nach unten dürfte nicht zweifelhaft sein. Die Begründung v. 13b, die mit dem Drohwort v. 14f. sachlich zusammenhängt, gehört schon zu der folgenden Einheit[95].

---

[89] So u. a. E. Sellin, Zwölfprophetenbuch, 108: V. 12 »enthält die Worte, die Jahwe nach Hosea bei der Unterweisung zum Ackerbau zu Israel sprach«; A. Weiser, Kleine Propheten, 42; R. Bach, Die Erwählung Israels in der Wüste, 20.36.

[90] Siehe GK § 117n.

[91] Siehe KBL unter פֶּה Nr. 7b.

[92] ירה hi. mit דרך als Objekt I Reg 8 36 Ps 27 11 86 11 119 33, למד pi. mit דעת Jes 40 14 Ps 119 66, mit חק Ps 119 12. 26. 64. 68. 124. 135. 171. Zur Datierung von Ps 27 siehe H.-J. Kraus, Psalmen, 223, der mit Vorbehalt vorexilische Entstehung für möglich hält. Ps 86 wird auch von H.-J. Kraus, Psalmen, 597, als nachexilisch betrachtet.

[93] Siehe KBL unter עֵת Nr. 3.

[94] Schon früher wurde vereinzelt an v. 12 Anstoß genommen, so von P. Volz, Die vorexilische Jahweprophetie und der Messias, 1897, 33f.; K. Marti, Dodekapropheton, 84; H. Guthe, Hosea, 17; J. Lindblom, Hosea literarisch untersucht, 1928, 99; neuerdings E. Balla, Die Botschaft der Propheten, 1958, 100.

[95] Ebenso grenzen ab H. Greßmann a. a. O. (Anm. 6) 392; R. Bach, Die Erwählung Israels in der Wüste, 20; Th. H. Robinson—F. Horst, Die Zwölf Kleinen Propheten, 41; A. Weiser, Kleine Propheten, 82. — G. Fohrer, Umkehr und Erlösung beim

Der Spruch ist dreigeteilt. V. 11aαβ enthält die Exposition: Ephraim hatte für Jahwe einen Wert. Seinem Wert entsprechend wollte Jahwe Ephraim in Dienst nehmen (v. 11aγδ. b). Diesem Anspruch Jahwes gegenüber erwies sich Israel als ungehorsam (v. 13a).

Der Form nach liegt in Hos 10 11. 13a eine Gerichtsrede vor[96]. Sprecher ist Jahwe. Jahwe tritt als Kläger auf, der sein Verhältnis zum Beklagten in einem Bilde beschreibt: »Ephraim war eine gelehrige Färse, die gern drosch«. Eines Tages wollte er, Jahwe, sie anspannen — ein Vorhaben, aus dem man ihm nicht den geringsten Vorwurf machen kann. Da aber — und jetzt wendet sich der Kläger persönlich an den Angeklagten — wurdet ihr ungehorsam. Da Jahwe der Kläger ist, besteht die Anklage zu Recht. Es erübrigt sich daher auch, daß Jahwe als Richter noch das Urteil spricht[97].

Die Betrachtung der vergangenen Geschichte Israels ist auch hier ganz konzentriert auf das Verhältnis zwischen Jahwe und Israel. Dieses Verhältnis ist wieder in einem Bild eingefangen, das vom Kulturland her geprägt ist, sich aber nicht auf Israels Wohnen im Kulturland beschränkt. Jahwe erscheint als Bauer, Israel als gelehrige Färse. Eine Färse, noch dazu eine gelehrige, ist für einen Bauern wertvoll. Hier ist nicht von einem Handeln Jahwes an Israel in der Frühzeit die Rede, wie in 13 5-8, sondern es wird von einem Wert gesprochen, den Israel einst für Jahwe hatte. Niemand kann dem Bauern verargen, daß er ein Joch auf seine Kalbe legte, sie anspannen wollte.

Auch dieser geschichtliche Rückblick ist bestimmt durch eine streng schematische Zweigliedrigkeit. Doch wird hier der Ungehorsam Israels nicht einem Handeln Jahwes an Israel in dessen Frühzeit gegenübergestellt. Bestimmend ist hier der Kontrast zwischen Einst und Jetzt, und zwar wird beide Male auf Israel selbst geblickt. Einst war es eine gelehrige Färse, an der — so wird man Hosea ergänzen und interpretieren dürfen — Jahwe seine Freude hatte, jetzt ist es — so würde man folgerichtig erwarten — ein störrisches Rind[98], aber mit dem Scheltwort v. 13a ist dieses Bild bereits verlassen. Während man beim ersten Vorwurf Israel zur Not noch unter dem Bilde des Rindes sehen kann, wird es vom zweiten Vorwurf an als Bauer bzw. als Be-

---

Propheten Hosea, 169f. (= Studien, 1967, 229), grenzt 10 12-13a als Mahnwort aus. Aber abgesehen von den Bedenken gegen v. 12 wird v. 11 auf diese Weise isoliert. Doch zeigt G. Fohrers Abgrenzung die Naht zwischen v. 11 und 12 und bestätigt so indirekt den Verdacht gegen v. 12.

[96] Den Begriff Gerichtsrede verstehe ich hier wieder rein formal als Rede im Gericht.

[97] Vgl. Hos 9 10 Jes 1 2f. und G. Fohrer, Das Buch Jesaja, I Kapitel 1—23, 1966^{2}, 24—27.75 Anm. 34.

[98] In 4 16 vergleicht Hosea Israel ausdrücklich mit einem störrischen Rind: כי כפרה סררה סרר ישראל.

wohner des Kulturlandes angeredet. Einst gelehrig und willig, jetzt ungehorsam, frevlerisch, verkehrt.

Welche Absicht verfolgt Hosea mit diesem Kontrast? Warum spielt er auf Israels Frühzeit an? Worin besteht der Ungehorsam Israels? Als עגלה war Israel noch gelehrig und willig, bis Jahwe eines Tages ein Joch auf ihren Nacken legte und sie zum Pflügen anhielt. Mit dem Tragen des Joches setzt ihr Ungehorsam ein. Trotz der Bildrede läßt sich der Zeitpunkt von Israels Abfall genau bestimmen. Der entscheidende Einschnitt im Leben einer עגלה ist hier vorgestellt als der Augenblick, wo ihr zum ersten Mal ein Joch aufgelegt wird[99]. Das Joch, das Israel aufgelegt wurde, war die Gabe des Kulturlandes und der Auftrag, Jahwe im Kulturland zu dienen. Mit dem Übergang von der Wüste ins Kulturland ist für Hosea der entscheidende Einschnitt in der Geschichte Israels gegeben. Vor diesem Einschnitt konnte Israel noch mit einer gelehrigen Färse verglichen werden. Das Israel der Wüstenzeit trug gleichsam noch kein Joch, konnte noch frei herumgehen, wurde nur gelegentlich zum Dreschen herangezogen, wobei es durch sein freies Gehen die Arbeit tat und außerdem noch beliebig fressen konnte[100]. Mit dem Übergang ins Kulturland aber wurde ihm das Joch aufgelegt, Jahwe im Kulturland zu dienen. Obwohl Israel angelernt war (מלמדה), war es doch nicht arbeitsfähig, obwohl es mit Jahwe vertraut war, wollte es ihm doch nicht dienen — das ist die schmerzliche Erfahrung, die Jahwe mit Israel im Kulturland machen mußte. Israel hätte fähig sein sollen, Jahwe allein im Kulturland zu dienen trotz der vielen anderen Einflüsse, denen es ausgesetzt war und die es von Jahwe fortzuziehen drohten. Wegen dieser Gefahr sollte das freie Herumgehen der nicht unterjochten Kalbe ein Ende haben. Die alleinige Ausrichtung auf Jahwe im Kulturland ist mit dem Bilde vom Joch gemeint.

Solange Israel noch in der Wüste war, diente es Jahwe allein; es war keinen anderen Einflüssen und Mächten ausgesetzt, denen es sich, Jahwe vergessend, zuwenden konnte. Sobald es aber ins Kulturland kam, verehrte es mit den Ureinwohnern deren Fruchtbarkeitsgötter. Dabei war doch Jahwe der Herr und der Geber des Kulturlandes[101]. Man hätte erwarten können, daß Israel, nachdem Jahwe ihm in der Wüste genügend Zeit gelassen und keine schwere Arbeit abverlangt hatte, das Joch des Kulturlandes willig trägt.

Das Wort Hos 10 11. 13a zielt auf die Feststellung des Tatbestandes von Israels Schuld. Diese Schuld ist angesichts der Verhältnisse der Frühzeit unverständlich. Israel ist Jahwes Eigentum. Wie

---

99 Das geht auch aus Dtn 21 3 hervor, wo ausdrücklich betont wird, daß die עגלה noch nicht an einem Joch gezogen haben soll.

100 Siehe G. Dalman, Arbeit und Sitte in Palästina, VI 1939, 169.

101 Siehe 2 10.

kann es versuchen, der Verfügungsgewalt seines Eigentümers zu entkommen? Die Anspielung auf die Frühzeit zeigt die klaren Rechtsverhältnisse auf, auf deren Hintergrund der Abfall Israels von Jahwe im Kulturland den Charakter der Schuld erhält. Vor dem Hintergrund der Frühzeit hebt sich die Gegenwart Israels in ihrer Verkehrung der ursprünglichen Gemeinschaft mit Jahwe nur um so schrecklicher ab. Das ist die Funktion der Anspielung auf die Frühzeit: Sie soll den Schuldaufweis kontrastierend begründen.

Es geht Hosea auch hier nicht um Tradition der alten Jahweüberlieferungen, ebenso nicht um ihre Aktualisierung und ein neues Verständnis von ihnen. Vielmehr ist sein geschichtlicher Rückblick auf Grund seiner bildlichen Verdichtung derartig eigenständig, daß es schwerfällt, ihm eine Abhängigkeit von der Überlieferung nachzuweisen. Es genügt ja nicht festzustellen, daß Hosea auf die Geschichte Israels, auf seine Erwählung in der Frühzeit anspielt, entscheidend ist immer die Frage, in welchem Sinne er dies tut. Die Rückblicke in 11 1-7 und 13 5-8 haben gezeigt, daß Hosea die Tradition sub contrario heranzieht, ihre gegenwärtige Geltung verneint. Im Gegensatz zu jenen Rückblicken aber beschränkt sich Hosea hier auf den Schuldaufweis, ohne in einem abschließenden Drohwort das Strafmaß, das Israel trifft, festzusetzen. Besteht der Schuldaufweis aber zu Recht, dann kann kein Zweifel darüber aufkommen, welches Geschick Israel treffen wird. So ist es verständlich, daß sich Hosea mit dem Aufweis der Schuld begnügen kann und hier die Kraft seiner sprachlichen Gestaltung wirksam werden läßt.

Auch Hos 10 11. 13a zeigt, daß man dem Verhältnis Hoseas zur Tradition mit den Begriffen »Aktualisierung« und »neues Verständnis«[102] nicht gerecht wird. Diese Begriffe implizieren immer noch die grundsätzliche Geltung des Geschichtsbildes der Tradition für den Propheten. Israels Schuld aber stellt diese Geltung nach Auffassung Hoseas in Frage, ja hebt sie auf.

4. Wie Trauben in der Wüste Hos 9 10

Hosea wird nicht müde, in immer neuen Bildern seinen Hörern ihre Geschichte vor Augen zu halten.

Wie Trauben in der Wüste
fand ich Israel, 2+2
wie eine Frühfeige am Feigenbaum (. . .)[a]
sah ich eure[b] Väter. 2+2

[102] Diese Begriffe verwendet G. v. Rad, Theologie des Alten Testaments, II 1965⁴, 182ff., generell in bezug auf die Prophetie des 8. Jahrhunderts.

Sie kamen nach Baal Peor,
da weihten sie sich der Schande[c] 3+2
und wurden Scheusale wie ihr Liebling[d]. 3

[a] Streiche mit fast allen Auslegern בראשיתה mtr. cs. Sachlich ist es eine Tautologie zu בכורה[103].

[b] Die Parallelität von ישראל und אבותיכם hat Anstoß erregt. So las die LXX πατέρας αὐτῶν; ihr sind H. Guthe[104] und E. Sellin[105] gefolgt. Doch scheint das Suffix der 3. pers. pl. spätere Angleichung zu sein[106].

[c] Die meisten Exegeten[107] nehmen an, daß בשת Ersatzwort für בעל ist. Daß in späterer Zeit בעל durch בשת ersetzt worden ist, ist keine Frage[108]. Auffällig ist jedoch, daß das Wort im Hoseabuch nur einmal vorkommt, während בעל als Bezeichnung des Lokalgottes immerhin fünfmal begegnet[109]. Es ist kaum einzusehen, warum בעל dann nicht auch — um nur von den beiden singularischen Vorkommen zu reden — in 2 10 und 13 1 ersetzt worden ist[110]. H. W. Wolff[111] weist noch darauf hin, daß im Parallelismus zu Baal-Peor Alternation zu erwarten sei. Außerdem könne ja der spätere Brauch, בעל durch בשת zu ersetzen, von Hosea her verstanden werden[112].

[d] Der Spruch kann mit einem einfachen Dreier abgeschlossen haben. Dann ist das erste Wort von v. 11, אפרים, zu der folgenden Zeile zu ziehen und bildet mit כעוף einen Nominalsatz, der eine neue Einheit einleitet. Diese Möglichkeit wird dem Text eher gerecht als die Konjekturen von B. Duhm, der כְּאֹהֲבֵי אפרים liest[113], oder O. Procksch, der den st. cs. von אהבה vorschlägt[114]. Freilich ist die Vokalisierung von MT nicht ohne Schwierigkeiten, doch ist אֳהָבָם als suffigierte Form von *אֹהַב »Liebschaft, Liebling« durchaus möglich[115]. Verzichtet man auf eine Erklärung von אפרים im Zusammenhang mit v. 10, so kann der Sinn der letzten Zeile — ganz gleich, wie man כאהבם vokalisiert — nicht fraglich sein: Sie wurden Scheusale, abscheulich wie ihr Liebling, d. h. Baal[116].

Die Abgrenzung des Spruches ist wieder umstritten, da hier wie auch sonst meist bei Hosea Ein- und Auslautungsformeln fehlen. Eine

---

103 So K. Marti, Dodekapropheton, 75.

104 Hosea 15. 105 Zwölfprophetenbuch 97.

106 Siehe W. Rudolph, Hosea, 181.

107 U. a. J. Wellhausen, Die Kleinen Propheten, 124; K. Marti, Dodekapropheton, 75; W. Nowack, Die kleinen Propheten, 58; E. Sellin, Zwölfprophetenbuch, 98; S. L. Brown, The Book of Hosea, 83.

108 Siehe W. W. Graf Baudissin, Kyrios, II 1929, 63; III 1929, 90f.

109 2 10 13 1 (sing.), 2 15. 19 11 2 (plur.).

110 Die Auskunft E. Sellins, Zwölfprophetenbuch, 98, 13 1 sei vergessen worden, befriedigt kaum. 111 Hosea 214.

112 Ebd.; vgl. noch B. Duhm, Anmerkungen zu den Zwölf Propheten, 30; Th. H. Robinson—F. Horst, Die Zwölf Kleinen Propheten, 36; W. Rudolph, Hosea, 181.

113 Anmerkungen 30.

114 O. Procksch, Die kleinen Prophetischen Schriften vor dem Exil, 1910, 46.

115 Siehe J. Barth, Nominalbildung in den semitischen Sprachen, 1894, § 24b, und GB unter *אֹהַב.

116 K. Marti, Dodekapropheton, 76; W. Nowack, Die kleinen Propheten, 58; H. Guthe, Hosea, 15; W. Rudolph, Hosea, 181, u. a.

Entscheidung kann nur nach stil- und formkritischen Gesichtspunkten getroffen werden. Daß mit 9 10 eine neue Einheit beginnt, wird allgemein zugestanden[117]. Uneinheitlich ist die Abgrenzung nach unten. Im allgemeinen sieht man in 9 10-17 eine Einheit[118]. H. Greßmann macht hinter v. 13 einen Einschnitt[119], E. Sellin[120] hinter v. 14. H. W. Wolff räumt ein, daß die Verknüpfung von v. 10 mit v. 11f. am wenigsten deutlich ist. Doch sei es unwahrscheinlich, »daß 10 von vergangener Schuld berichtet haben soll, ohne daß im Zusammenhang die Folgen für die gegenwärtige Generation zur Sprache kommen«[121]. Nun weist schon J. Wellhausen mit Recht darauf hin, daß die Sünde von Baal-Peor »keine bloss historische« sei, sondern sich bis in die Gegenwart fortsetze[122]. Außerdem müssen die Folgen für die gegenwärtige Situation nicht unbedingt zur Sprache kommen[123]. 9 10 kann also durchaus als eine selbständige Einheit betrachtet werden[124].

Der Aufbau des Verses ist deutlich; er gliedert sich in zwei Teile. In v. 10a ist davon die Rede, daß Jahwe Israel findet, überraschend und als etwas Kostbares findet, v. 10b beklagt den Abfall Israels in Baal-Peor.

In welcher Form trägt Hosea die Geschichtsbetrachtung vor? Der Rückblick ist als Jahwerede stilisiert. Gegenstand der Rede sind die Väter, angeredet sind die Söhne. Dieser Tatbestand ist ein Motiv der Anklagerede. Die »Söhne« fungieren gleichsam als Gerichtshof, vor dem Jahwe seine Anklage vorbringt[125]. Hinzu kommt die Betonung der Wertschätzung Israels in den Augen Jahwes und der Schuldaufweis.

Der geschichtliche Rückblick ist nicht ein Teil der Anklagerede, sondern macht die ganze Rede aus. Es ist demnach hier nicht nach dem Ort und der Funktion des Rückblicks im Ganzen der Rede zu fragen, wie z. B. bei 11 1-7, sondern nach dem Ineinander von Form (Anklagerede) und Inhalt (Geschichtsbetrachtung). Der Prophet scheint nur einen bestimmten Ausschnitt aus Israels Geschichte vor-

---

[117] Siehe nur J. Wellhausen, Kleine Propheten, 123; O. Eißfeldt, Einleitung in das Alte Testament, 1964³, 520; C. Westermann, Grundformen prophetischer Rede, 131.

[118] J. Wellhausen, Kleine Propheten, 123; K. Marti, Dodekapropheton, 75; W. Nowack, Die kleinen Propheten, 57; H. Guthe, Hosea, 15; H. W. Wolff, Hosea, 208ff.

[119] Die älteste Geschichtsschreibung und Prophetie Israels 389.

[120] Zwölfprophetenbuch 97; ebenso J. A. Bewer, The Prophets, 1955, 507.

[121] Hosea 210.

[122] Kleine Propheten 124.

[123] Vgl. die Einheit Jes 1 2-3 und dazu G. Fohrer, Das Buch Jesaja, I 24f.

[124] So auch Th. H. Robinson, Zwölf Propheten, 37, der allerdings in 9 10 ein Fragment eines längeren Spruches sieht, was jedoch nicht notwendig ist, und R. Bach, Die Erwählung Israels in der Wüste, 16.

[125] Beachte das Suffix der 2. pers. pl. in אבותיכם.

zutragen, nämlich die Zeit von der ersten Begegnung zwischen Jahwe und Israel bis zum Übergang ins Kulturland bei Baal-Peor. Dieser faktische Ausschnitt aus der Geschichte Israels ist aber für Hosea schon dessen ganze Geschichte. Denn der Abfall zu Baal-Peor ist nicht ein einmaliges historisches Ereignis, das der Vergangenheit angehört. Der Abfall zu Baal-Peor ist die permanente Situation Israels. Hosea schaut also die gesamte bisherige Geschichte Israels in seiner Anklagerede zusammen, die formal nur die Väter zum Gegenstand hat. In der Anklage gegen die Väter behaftet Hosea die Söhne, denn sie sündigen noch immer in dem, worin die Väter einst gegen Jahwe fehlten. Hoseas Geschichtsschau ist auch hier streng schematisch, was wiederum zeigt, daß er nicht als Historiker an der Geschichte Israels interessiert ist. Zwei Aspekte greift er heraus, unter denen er die Geschichte seines Volkes sieht. Unter dem einen Aspekt betrachtet er die Frühzeit Israels von seinen Anfängen bis zur Landnahme, unter dem anderen Aspekt die Geschichte Israels von der Landnahme bis zur Gegenwart. Die Landnahme ist im Geschichtsbild Hoseas die entscheidende Zäsur. Bis Baal-Peor sieht er Israels Geschichte unter dem Blickwinkel von Jahwes fürsorgendem Handeln an Israel, seit Baal-Peor dagegen ausschließlich unter dem Blickwinkel von Israels Abfall. In der Anklage des Abfalls gipfelt die Geschichtsbetrachtung. Die Anklage der Väter — und mit ihnen der Söhne — wird wirkungsvoll kontrastiert durch v. 10a. Dabei verwendet Hosea ein nahezu groteskes Bild: Wie sich der Wanderer in der Wüste über Trauben freute, wenn er sie dort fände — über Wasser wäre er ja schon heilfroh! —, so freute sich Jahwe über Israel. Diese Freude der Wertschätzung Israels durch Jahwe unterstreicht Hosea noch durch ein zweites Bild: Wie der Bauer die erste Feige am Feigenbaum schätzt[126], so schätzte Jahwe Israel. Angesichts dessen ist es gänzlich unverständlich, daß Israel sich von Jahwe bei der ersten Gelegenheit, die sich bot, abwandte.

Der Rückblick weist die Schuld Israels evident auf. Wer die Anklagerede hört, muß ihr zustimmen. Und weil Gott der Kläger ist, muß das Urteil »schuldig« nicht ausgesprochen bzw. angefügt werden; es versteht sich von selbst. Der Rückblick begründet und legt offen dar die gegenwärtige Schuldverfallenheit Israels, die auf dem Hintergrund von Jahwes Liebe zu Israel besonders schwer wiegt.

Hoseas geschichtliches Denken geht von der gegenwärtigen Situation aus. Dem entspricht, daß er in seinen Geschichtsbetrachtungen zur Gegenwart hinführt. Denn er will seine Hörer in ihrer gegenwärtigen Situation treffen. Dieses Hinführen zur eigenen Situation des

---

[126] Als Leckerbissen galten die im Juni reifenden Frühfeigen, siehe Jes 28 4 Jer 24 2 Mi 7 1 und Eva Oßwald, Art. Feigenbaum, BHH, I 467.

Hörers ist notwendig, um den Hörer in seiner Situation zu überführen. Darum geht Hosea in seiner Anklagerede nicht vom Tatbestand der Anklage aus, sondern von der Frühzeit Israels mit ihrem harmonischen Verhältnis zwischen Israel und Jahwe. Auf diese Weise hat er zunächst den Hörer auf seiner Seite. Ja, noch mehr, er hat die Voraussetzung dafür geschaffen, daß der Hörer nun auch seine Schuld anerkennen muß, denn der Hintergrund von Jahwes Handeln an Israel deckt das Verhalten Israels als unverständliche Undankbarkeit und also als Schuld auf. Hosea platzt nicht mit seiner Anklage in die Situation des Hörers hinein, sondern er bereitet sie vor, begründet sie vorweg.

Es wurde bisher nicht gefragt, wo und wann Hosea in 9 10 die Geschichte Israels beginnen sieht. Er sagt es in diesem Zusammenhang nicht. Vom Auszug aus Ägypten ist nicht die Rede[127]. Daß v. 10a auf die Wüstenzeit anspielt, geht aus ihm selbst nicht hervor, sondern läßt sich nur von v. b her erschließen: Die Zeit vor Baal-Peor ist die Wüstenzeit.

In diesem Zusammenhang ist wieder auf R. Bachs[128] Deutung einzugehen, der in מצאתי den Anfang des Verhältnisses zwischen Jahwe und Israel sieht. Dabei zieht er במדבר zu מצאתי und kommt zu dem Ergebnis, Hosea sei an eine Tradition gebunden, die das Verhältnis zwischen Jahwe und Israel in der Wüste im Unterschied zum Pentateuch positiv sehe und von der Erwählung Israels in der Wüste wisse. Diese positiv wertende Tradition nennt Bach »Fundtradition«[129]. Wie aber steht es mit den Gründen, die für die Hypothese einer Fundtradition sprechen? Zunächst ist vom Stilistischen her zu sagen, daß in v. 10a zwei Vergleiche vorliegen, die parallel gebaut sind:

1. Vergleich: Wie Trauben in der Wüste fand ich Israel.
2. Vergleich: Wie eine Frühfeige am Feigenbaum sah ich eure Väter.

In diesen beiden Vergleichen entspricht jeweils ein Glied dem anderen:

wie Trauben	— wie eine Frühfeige
in der Wüste	— am Feigenbaum
fand ich	— sah ich
Israel	— eure Väter

Aus der Parallelität von v. aα und v. aβ geht ganz deutlich hervor, daß במדבר zu כענבים zu ziehen ist wie בתאנה zu בכורה. Auffällig jedoch bleibt bei der sonst so strengen Parallelität der Teilverse aα und aβ, daß במדבר und בתאנה sich nicht genau entsprechen. Man würde ja

[127] Vgl. dagegen 11 1ff.

[128] Die Erwählung Israels in der Wüste 16ff.

[129] Ebd. 29.46f.

zunächst statt בְּגֶפֶן במדבר oder etwas Ähnliches erwarten. Fällt Hosea hier aus der strengen Parallelität heraus, so kann das zwei Gründe haben. Entweder ist במדבר eine Anspielung auf die Wüstenzeit oder es soll den Wert, den Israel für Jahwe hatte, durch den irrealen Vergleich unterstreichen[130]. Gehört במדבר zu כענבים, dann geht aus v. 10aα nicht hervor, wo und wann Jahwe die Israeliten fand. Gesagt ist lediglich, daß Jahwe Israel fand und daß dieser Fund für ihn so überraschend war und einen solchen Wert hatte wie Trauben in der Wüste, wie die erste Feige am Feigenbaum. Jahwe vergleicht zweimal das Israel der Frühzeit mit etwas Wertvollem. Die Frühfeige galt als Leckerbissen, und was Trauben in der Wüste bedeuten! — der Wanderer wäre froh, Wasser zu finden.

Der Versuch, in Hos 9 10 den Anklang an eine Fundtradition zu sehen, die von der ersten Begegnung Jahwes und Israels in der Wüste erzählt, will nicht recht überzeugen. Denn dieser Versuch überfordert den Vergleich, dessen tertium comparationis nicht das Finden Israels in der Wüste ist, sondern dessen Wertschätzung durch Jahwe[131].

Auch daß Hosea mit dem Beginn der Sünde nicht hinter Israels Wohnen im Kulturland zurückgeht, ist nicht in seiner Traditionsgebundenheit begründet. Die positive Beurteilung der Wüstenzeit entspringt vielmehr seiner eigenständigen Geschichtsbetrachtung. Die Grundsünde Israels sieht Hosea im Abfall von Jahwe zu den Fruchtbarkeitsgöttern der kanaanäischen Ureinwohner. Da Israel während der Wüstenzeit mit den Göttern des Kulturlandes nicht in Berührung kam, also gar keine Gelegenheit zum Abfall hatte, mußte Hosea die Zeit vor Baal-Peor notwendig harmonisch erscheinen[132].

---

[130] E. Sellin, Zwölfprophetenbuch, 97, hat mit seiner Konjektur בְּסְמָדָר für במדבר die Struktur des Doppelgleichnisses erfaßt. סְמָדָר ist jedoch ein sehr spätes Wort, im Alten Testament nur Cant 2 13. 15 7 13 belegt, und daher wahrscheinlich in diesem Zusammenhang nicht ursprünglich.

[131] Zustimmend haben die R. Bach'sche These einer ursprünglich selbständigen Fundtradition aufgegriffen E. Rohland, Die Bedeutung der Erwählungstraditionen für die Eschatologie der alttestamentlichen Propheten, Diss. Heidelberg 1956, 31f.; H. H. Mallau, Die theologische Bedeutung der Wüste im Alten Testament, Diss. Kiel 1963, 107ff.; H. W. Wolff, Hosea, 212f. — Dagegen urteilt W. Zimmerli, Ezechiel, BK XIII 5, 1958, 345f., daß R. Bachs These »nicht ohne Bedenken« sei, hält G. Fohrer, Prophetie und Geschichte, ThLZ 89 (1964), 489 Anm. 21 (= Studien, 1967, 276 Anm. 21), sie für fraglich und W. Rudolph, Hosea, 185 Anm. 5, das Urteil W. Zimmerlis für »noch milde«. Zu H. Gese, Bemerkungen zur Sinaitradition, ZAW 79 (1967), 146—149, siehe unten S. 126 Anm. 347.

[132] Chr. Barth, Zur Bedeutung der Wüstentradition, VTSuppl 15, 1966, 19, warnt davor, aus dem Schweigen Hoseas über ein negatives Verhalten Israels in der Wüste »voreilig auf eine ‚positive' oder gar ‚idealistische' Betrachtungsweise« zu schließen. Nun läßt es sich aber nicht übersehen, daß Hosea gerade hier von einem Wert

Ob Hosea das in den Quellenschichten des Pentateuch wiederholt verarbeitete Motiv des Murrens in der Wüste[133] bekannt war, läßt sich im Rahmen dieser Arbeit nicht mit Sicherheit entscheiden. Doch wird weithin angenommen, daß E im Nordreich Israel entstanden ist und Hosea, der ebenfalls in Israel beheimatet ist, beeinflußt hat[134]. Trifft diese Annahme zu, dann hat Hosea die Tradition vom Murren des Volkes in der Wüste gekannt[135]. Die Tatsache, daß Hosea dieses ihm aus der Tradition vorgegebene Motiv nicht nur nicht aufgreift, sondern in seiner Geschichtsbetrachtung zu einer diesem Motiv widersprechenden Deutung der Wüstenzeit kommt, unterstreicht erneut seine großartige Freiheit gegenüber der Tradition[136].

5. *Ein üppiger Weinstock ist Israel Hos 10 1-2*

In zweifacher Hinsicht unterscheidet sich der geschichtliche Rückblick in 10 1-2 von den anderen, die sich bei Hosea finden: Einmal ist er nicht als Jahwerede stilisiert, und zum anderen geht Hosea hier nicht hinter die Situation des Kulturlandes zurück.

1 Ein üppiger Weinstock[a] ist[b] Israel,
dementsprechend hat er Frucht[c]. 3+2
Je mehr Frucht er hatte[d],
desto mehr verschaffte er den Altären[e], 2+2
je besser es seinem Lande ging[d],
desto schönere Mazzeben verfertigten sie[f]. 2+2
2 (Trügerisch[g] ist ihr Herz,
jetzt sind sie straffällig geworden.)[h] 2+2
Er selbst wird ihren Altären das Genick brechen,
ihre Mazzeben zerstören. 3+2

---

spricht, den Israel für Jahwe hatte. Auch sonst weiß Hosea nicht nur nichts Negatives über Israels Verhalten in der Wüste zu berichten, sondern würdigt dieses sogar positiv, zu 2 16 ff. siehe unten S. 86ff, zu Hoseas Geschichtsbetrachtung S. 125f., bes. Anm. 346.

133 Zum Motiv des Murrens siehe S. J. de Vries, The Origin of the Murmuring Tradition, JBL 87 (1968), 51—58.

134 Siehe hierzu O. Procksch, Geschichtsbetrachtung und geschichtliche Überlieferung bei den vorexilischen Propheten, 1902, 121ff.; J. Rieger, Die Bedeutung der Geschichte für die Verkündigung des Amos und Hosea, 1929, 45—78; G. Fohrer, Einleitung, 172.

135 Die Gestaltung des Murren-Motivs durch E hat in Ex 17 1-7 (mit J) und Num 21 4-9 ihren Niederschlag gefunden.

136 Es wäre nun mehr als mißlich, Hoseas Freiheit gegenüber der Tradition vom Murren des Volkes in der Wüste mit seiner Abhängigkeit von einer Fundtradition begründen zu wollen.

[a] גפן ist hier m.[137] בקק meint hier die üppige Fruchtbarkeit des Weinstocks[138].

[b] Strittig ist das Tempus des Nominalsatzes. Eine Entscheidung läßt sich weniger von den finiten Verben im Kontext als von der Sache her treffen. Eine Aussage über die Vergangenheit Israels findet sich eindeutig erst in v. b. Zur Begründung der präsentischen Auffassung siehe unten.

[c] An ישוה hat man immer wieder Anstoß genommen. Man erwartet einen dem בוקק parallelen Ausdruck. Darum ist die Ableitung von II שוה »hinstellen, ansetzen«[139] zu schwach, ganz abgesehen davon, ob II שוה wirklich die Bedeutung »(Frucht) ansetzen«, »machen, hervorbringen«[140] hat. K. Marti[141] hat im Anschluß an LXX (εὐθηνῶν) נָאוָה vorgeschlagen, was sicher die Sache trifft. Das von B. Duhm[142] vermutete יַשְׂגֶּה ist nur in späten Texten belegt[143]. Doch braucht der Konsonantenbestand nicht geändert zu werden. Vokalisiert man statt pi. qal יִשְׁוֶה »Frucht ist ihm gleich«, nämlich entsprechend dem בוקק, so gibt das einen leidlichen Sinn. Die Vulg. scheint ebenfalls qal gelesen zu haben »fructus adaequatus est ei«.

W. Rudolph stößt sich freilich an der prosaischen Ausdrucksweise, seiner Ableitung von arab. *swy* »reif machen«, »reif werden«[144] kann ich aber auch nur skeptisch begegnen.

[d] In לפריו einen Schreibfehler anzunehmen, geht nicht an, da die entsprechende Form לארצו in v. b wiederkehrt. Es wird daher ein Genitivverhältnis vorliegen[145] »gemäß der Menge in bezug auf seine Frucht«, »gemäß der Güte in bezug auf sein Land«.

[e] Das לְ in למזבחות kann ursprünglich sein[146].

[f] Es ist nicht notwendig, den Singular היטיב zu lesen. Bei kollektiven Größen wechselt der Numerus des Prädikats häufig[147].

[g] חלק kann hier nur »glatt, trügerisch« heißen, doch ist dies nirgends sonst im Alten Testament vom Herzen ausgesagt. Bei Hosea widerspricht der sonstige Gebrauch

---

137 Siehe K. Albrecht, Das Geschlecht der hebräischen Hauptwörter, ZAW 16 (1896), 106f. — H. Torczyner, Dunkle Bibelstellen, BZAW 41, 1925, 278, wird zwar der Kongruenz hinsichtlich Subjekt und Prädikatsnomen gerecht — vorausgesetzt, daß גפן immer f. ist —, nimmt dafür aber die ungewöhnliche Wortstellung in Kauf und versteht den Nominalsatz eigentlich. Es läßt sich aber nicht verkennen, daß Hosea gerade da, wo er auf die Vergangenheit Israels anspielt, meist bildlich redet. Schließlich mag die masculine Form von גפן durch das folgende ישראל veranlaßt sein, vgl. O. Grether, Hebräische Grammatik, § 93f. Das Ineinander von Bild und Sache ist Hosea eigentümlich.

138 Zur Wurzel בקק siehe P. Humbert, En marge du dictionaire hebraique, ZAW 62 (1950), 200, der sie von arab. بَقَّ »in überreichem Maße hervorbringen« her versteht, so jetzt auch KBL³ unter II בקק.

139 So F. Hitzig—H. Steiner, Die zwölf kleinen Propheten, KeH I, 1881⁴, 46; H. Guthe, Hosea, 16.

140 GB unter II שוה. 141 Dodekapropheton 78.

142 Anmerkungen 32; ebenso KBL unter II שוה.

143 Ps 73 12 92 13 Hi 8 7. 11. — Zur Datierung von Ps 92 siehe H.-J. Kraus, Psalmen, II 642: »Vieles spricht für eine späte (nachexilische) Zeit«.

144 Hosea 191 (mit H. S. Nyberg, Studien zum Hoseabuche, 71f.).

145 Siehe KBL unter לְ Nr. 14—19.

146 Vgl. H. W. Wolff, Hosea, 222.

147 Siehe O. Grether, Grammatik, § 93g.

von לב der hiesigen Verwendung. Er kann Israel vorwerfen, daß es ohne Einsicht ist (4 11 7 11; vgl. 2 16), daß es hochmütig ist (13 6). Selbst wenn man mit 'Α Σ Vulg. Targ. חָלַק liest[148], kommt man der Anschauung Hoseas nicht näher. Denn Hosea hat Israel niemals ein Schwanken zwischen Jahwe und Baal vorgeworfen. Er beschuldigt Israel des eindeutigen Abfalls. E. Sellin stellt die Konsonanten um und liest לֶקַח[149]. Damit trifft er zwar eine auch sonst bei Hosea belegte Auffassung[150], aber seine Lesart ist eben eine Konjektur.

h Die Bedenken K. Martis[151] gegen die Ursprünglichkeit von v. a lassen sich nur schwer zerstreuen. Der Halbvers ist eher als Interpolation eines Späteren zu verstehen, der in der Kultpraxis Israels nicht mehr von vornherein Abfall von Jahwe sah und daher eine Begründung in der Art von v. 2a vermißte[152]. Die Erwägungen unter g unterstützen noch die Bedenken gegen v. 2a.

Das Wort ist eine in sich geschlossene Einheit mit einem klaren Aufbau. Die Abgrenzung nach oben ist deutlich. Mit dem Nominalsatz גפן בוקק ישׂראל setzt ein neuer Spruch ein. Die Abgrenzung nach unten ist mit der futurischen Aussage v. 2b gegeben. Mit v. 3 beginnt sachlich etwas Neues. Vom Königtum ist in 10 1-2 nicht die Rede[153].

Im Unterschied zu den anderen Einheiten, die geschichtliche Rückblicke enthalten, ist dieses Wort nicht als Jahwerede stilisiert. Israel wird nicht angeredet, es begegnet ausschließlich in der 3. pers., wenn auch der Numerus wechselt. Jahwe ist wohl mit dem auffälligen הוא in v. 2b gemeint. Es auf Israel zu beziehen[154], ist dadurch erschwert, daß die Nomina pluralische Suffixe haben. Außerdem liegt es der Auffassung Hoseas näher, in der Zerstörung der Altäre und Mazzeben eine erzieherische Maßnahme Jahwes zu sehen[155]. Dieses Reden von Jahwe und Israel in der 3. pers. gibt dem Spruch einen merkwürdig reflektierenden Charakter[156], der den anderen Worten mit geschichtlichen Rückblicken fehlt.

Mit v. 1a ist wieder die Exposition gegeben. Israel wird unter dem Bilde eines üppigen, fruchtbaren Weinstocks gesehen. V. 1b blickt eindeutig in die Vergangenheit zurück, wobei das Bild in v. bα zum Teil, in v. bβ ganz verlassen wird. Das die Vernichtung der Altäre und Mazzeben ankündigende Drohwort v. 2b beschließt den Spruch.

---

148 F. Hitzig—H. Steiner, Kleine Propheten, 46f., u. a.

149 Zwölfprophetenbuch 102.

150 Siehe 4 11.

151 Dodekapropheton 78; ebenso W. Nowack, Die kleinen Propheten, 60.

152 Vgl. noch B. Duhm, Anmerkungen, 32, der v. 2a zwischen v. 6a und 6b stellt.

153 Ebenso grenzen ab u. a. H. Greßmann, Die älteste Geschichtsschreibung und Prophetie Israels, 390; Th. H. Robinson—F. Horst, Die Zwölf Kleinen Propheten, 39; A. Weiser, Das Buch der zwölf Kleinen Propheten I, 77; W. Rudolph, Hosea, 191.

154 So K. Marti, Dodekapropheton, 78; W. Nowack, Die kleinen Propheten, 60.

155 Vgl. 2 8.

156 Vgl. H. W. Wolff, Hosea, 223, der von einer »prophetischen Reflexions- oder Lehrrede« spricht.

Wie ist das Bild vom Weinstock zu verstehen? Ist es vom Kulturland her geprägt oder symbolisiert es Israels Anwesenkeit im Kulturland? Da der Abfall nach v. b stufenweise erfolgt und nicht plötzlich[157], ist Israels Anwesenheit im Kulturland vorausgesetzt. Der fruchtbare Weinstock Israel meint also das im Kulturland seßhaft gewordene Israel, seine Teilhabe an den Gaben des Kulturlandes[158].

Nur so wird der Rückblick verständlich, der etwa folgendermaßen zu paraphrasieren ist: Je mehr Israel an den Gaben des Kulturlandes Anteil hatte, desto mehr opferte es (als Ausdruck der Verehrung der Baale); je besser es seinem Lande ging, desto schönere Mazzeben verfertigte es. Die Funktion des geschichtlichen Rückblicks wird deutlich, wenn man das Ziel von 10 1. 2b ins Auge faßt. Ziel und damit Kern des Wortes ist die Ankündigung eines künftigen Handelns Jahwes (v. 2b): Jahwe wird den Altären des Genick brechen, die Mazzeben zerstören. In den Opfergaben und der kunstfertigen Herstellung der Mazzeben sieht Hosea ein Fehlverhalten, einen Ausdruck der Abkehr von Jahwe. Und diese Abkehr von Jahwe geschah immer wieder gerade in dem Maße, in dem Israel an den Gaben des Kulturlandes teilhatte. Jahwe aber — und niemand sonst — ist der Geber des Kulturlandes und seiner Gaben[159]. Israels Opfer und Mazzeben galten jedoch nicht Jahwe, sondern den Göttern Kanaans. Was Hosea immer wieder zur Sprache bringt, ist Israels permanenter Abfall von Jahwe zu den Fruchtbarkeitsgöttern der Ureinwohner, Israels Undankbarkeit. Diese Schuld wird genauer umrissen, dargelegt und in ihren Wurzeln aufgedeckt durch den geschichtlichen Rückblick. Die Funktion des Rückblicks besteht darin, das Drohwort, auf das der Spruch hinzielt, vorzubereiten und zu begründen. Auch hier zeigt sich wieder, daß Hosea seinen Hörern nicht das nackte Drohwort zumutet. Er will überzeugen, Einsicht wecken. Darum führt er sie zu der Androhung hin, begründet er, was er zu sagen hat, indem er an die Situation seiner Hörer anknüpft, ihr dann aber widerspricht.

Noch eine Frage bedarf der Klärung. Es wurde bisher stillschweigend angenommen, v. 2b sei ein Drohwort. Besteht diese Annahme zu Recht? Was wird angedroht? Jahwe wird ihre Altäre und Mazzeben vernichten. Das ist einmal die Verneinung von Israels bisherigem Existenzverständnis, wonach Israel den Göttern Kanaans und nicht Jahwe das Kulturland verdankt, und daher Gerichtsansage.

[157] Wie z. B. in 9 10 oder 10 11. 13a.

[158] Weil Israel zur Zeit des Hosea noch im Kulturland wohnt, ist der Nominalsatz גפן בוקק ישראל präsentisch zu übersetzen, so auch J. Wellhausen, Kleine Propheten, 17; W. Nowack, Die kleinen Propheten, 60; A. van Hoonacker, Les Douze Petits Prophètes, EB 9, 1908, 95; H. Greßmann a. a. O. (Anm. 153) 390; W. R. Harper, Amos and Hosea, 343; S. L. Brown, Hosea, 88.

[159] So eindeutig 2 10.

Es kann aber zugleich verstanden werden als Ermöglichung und Voraussetzung einer neuen Gemeinschaft mit Jahwe. Indem nämlich Jahwe wegnimmt, was Israel an der Gemeinschaft mit ihm hindert, schafft er mit Israel einen neuen Anfang. Diesen Neuanfang wird der Spruch meinen, denn das Gericht an Israel geschieht nur mittelbar. Während 11 1-7 und 13 5-8 auf die Vernichtung Israels hinauslaufen, gehört 10 1. 2b schon in die Zeit, wo sich Hoseas Erlösungsglaube anbahnt. Da Israel von sich aus nicht umkehrt, will Jahwe ihm die Umkehr ermöglichen, indem er alles das, was Israel zum Abfall verleitet, zertrümmert. Die in 10 2b zum Ausdruck kommende Vorstellung entspricht dabei Hos 2 8, wo Jahwe der untreuen Ehefrau Israel alle Wege zu ihren Liebhabern versperren will, um sie auf diese Weise zu der Einsicht zu bringen, daß sie es bei ihrem ersten Mann, bei Jahwe, besser hatte[160].

6. *Wie in den Tagen ihrer Jugend Hos 2 16ff.*

Klang in der vorigen Geschichtsbetrachtung 10 1-2 die Wende in der Verkündigung Hoseas vom vernichtenden zum erlösenden Strafhandeln Jahwes bereits zaghaft an, so bricht Hoseas Erlösungsgewißheit in 2 16ff. in jubelnden Tönen durch.

16 Darum siehe, ich selbst werde sie betören[a]
und sie in die Wüste führen und auf sie einreden[b]. 4+4
17 Und ich werde ihr von dort[c] ihre Weinberge geben
und das Achor-Tal zur Hoffnungspforte machen. 4+4
Dann wird sie dorthin willig folgen[d] wie in den Tagen
ihrer Jugend,
wie am Tage, als sie aus dem Lande Ägypten heraufzog. 4+4
19 Ich werde die Namen der Baale aus ihrem Munde entfernen,
so daß sie nicht mehr genannt werden bei ihren Namen. 4+3 (4)
21 Ich werde dich mir zur Frau erwerben[e] für immer,
ich werde dich mir zur Frau erwerben um (. . .)[f]
Verbundenheit und Erbarmen. 3+4?
22 Ich werde dich mir zur Frau erwerben um Treue,
so daß du Jahwe[g] erkennst. 3+2

[a] פתה pi. »betören, verleiten« ist im Bundesbuch Ex 22 15 mit dem Objekt בתולה verbunden und meint dort »eine Jungfrau verführen«. Es ist nicht ausgeschlossen, daß diese Bedeutung hier mitschwingt, zumal die Kühnheit Hoseas auch in seinen sonstigen Jahwegleichnissen nicht mehr zu überbieten ist[161]. Die Übersetzung »locken«[162] ist fast

[160] W. Rudolph, Hosea, 192, denkt dagegen »an eine feindliche Invasion als göttliches Strafmittel«.

[161] Siehe hierzu J. Hempel, Jahwegleichnisse der israelitischen Propheten, ZAW 42 (1924), 74—104 (wieder abgedruckt in: J. Hempel, Apoxysmata. Vorarbeiten zu einer Religionsgeschichte und Theologie des Alten Testaments, BZAW 81, 1961,

zu schwach, da sie die Grundbedeutung der Wurzel פתה »unerfahren sein, sich betören lassen«[163] kaum mehr erkennen läßt.

b דבר על לב würde man vielleicht am besten mit »ins Gewissen reden, ermahnen« wiedergeben. לב ist hier wie auch sonst bei Hosea[164] der Sitz der verstandesmäßigen Funktionen[165]. Jahwe wird auf Israel einreden, damit es wieder zu Verstand kommt[166].

c Die Deutung von משם ist sehr umstritten. Der Standort des Redenden ist das Kulturland. שם bezieht sich daher auf die Wüste. Von dort, von der Wüste aus, wird Jahwe Israel seine Weinberge geben. D. h. Israel wird in der Wüste die Zusage erhalten, daß es ein zweites Mal das Kulturland bekommt, dessen Symbol die Weinberge sind. Gegen diese Auffassung, die die Partikel מן in משם zur Geltung bringt und die von W. Nowack u. a.[167] vertreten wurde, hat E. Sellin Einspruch erhoben, ja er hat sie als »ganz unmöglich« zurückgewiesen[168]. Sellin schließt sich K. Buddes Auffassung an, daß dann unbedingt וַהֲשִׁיבוֹתִי »ich gebe zurück« dastehen müsse[169]. Warum? Macht doch das Suffix in כרמיה deutlich, daß es sich faktisch um ein Zurückgeben handelt. Hätten Budde und Sellin recht, würde man doch eher das unbestimmte כרמים erwarten: »Und ich werde ihr dort Weinberge geben«. Man beachtet nicht die Korrelation von משם v.17aα und שמה v.17bα, wenn man beide Bestimmungen mit »dort« wiedergibt. Wenn Hosea hier differenziert, dann muß der Ausleger annehmen, daß er eine bestimmte Absicht verfolgt. משם bezieht sich zurück auf die Wüste, wohin Jahwe Israel »verführt« und wo er »auf es einredet«; שמה bezieht sich zurück auf die Hoffnungs-

1—29), und G. Fohrer, Umkehr und Erlösung beim Propheten Hosea, ThZ 11 (1955), 178f. (= Studien, 1967, 236f.).

162 So H. W. Wolff, Hosea, 36; W. Rudolph, Hosea, 72.

163 Siehe KBL unter I פתה.

164 Vgl. 7 11, wo Ephraim vorwurfsvoll als יונה פותה אין לב bezeichnet wird. לב meint hier eindeutig »Verstand«. Interessant ist, daß auch in diesem Zusammenhang das Verb פתה begegnet; ebenso 4 11: »Wein und Most nehmen den Verstand«.

165 Siehe F. Baumgärtel, Artikel καρδία A. לֵב, לֵבָב im Alten Testament, ThW III, 610, 20ff.

166 Ob man die Wendung דבר על לב auf den Bereich der Liebessprache einengen darf, so H. W. Wolff, Hosea, 51, und W. Rudolph, Hosea, 75, ist nicht sicher. Der Ausdruck begegnet auch in anderen Zusammenhängen als dem der Liebe von Mann und Frau: Gen 50 21 von Joseph und seinen Brüdern, I Sam 1 13 redet Hanna mit sich selbst, II Sam 19 8 soll David zu seinen Knechten sprechen, II Chr 30 22 ist er bezogen auf Hiskia und die Leviten, II Chr 32 6 redet Hiskia auf die Soldaten ein. Auf jeden Fall meint דבר על לב nicht immer ein freundliches, umwerbendes Zureden, sondern, wie Jdc 19 3 zeigt, kann es auch mit »ernsthaft auf jemanden einreden, jemandem ins Gewissen reden« wiedergegeben werden. Immer jedoch ist die Absicht des Redenden gut. In der Abgeschlossenheit der Wüste redet Jahwe auf Israel, seine untreue Frau, zunächst ein, bevor er sie durch freundliches Zureden wieder umwirbt, vgl. 3 3. Diese Bedeutungsnuance scheint sich mir von der Sache und dem Zusammenhang bei Hosea her zu ergeben.

167 W. Nowack, Die kleinen Propheten, 21; C. v. Orelli, Die zwölf kleinen Propheten, 1908[3], 10; vgl. schon F. Hitzig—H. Steiner, Die zwölf kleinen Propheten, 15.

168 Zwölfprophetenbuch 40.

169 K. Budde, Der Abschnitt Hosea 1—3 und seine grundlegende religionsgeschichtliche Bedeutung, ThStKr 96/97 (1925), 47.

pforte des Tales Achor. מן gibt ursprünglich als »Teil von« den Bereich an, aus dem etwas näher ins Auge gefaßt wird[170]. Insofern kann משם die Bedeutung »aus dem dortigen Bereich«, also »dort« haben[171]. Aber der hiesige Zusammenhang, vor allem die Entsprechung zu שמה erschwert diese Deutung. Sellin denkt an eine Verwandlung der Wüste in Kulturland und verweist dabei auf die Parallele bei Deuterojesaja. Nun ist der zwei Jahrhunderte später auftretende Deuterojesaja ein schlechter Gewährsmann für Hosea. Man sollte zunächst einmal das Hoseabuch selbst auf ähnliche Vorstellungen hin befragen. Sellin führt in diesem Zusammenhang 12 10 an, wo in der Tat nicht von einer Heimkehr nach Kanaan die Rede ist. Ob jedoch 12 10 ein in sich geschlossener Spruch ist, muß man angesichts des literarischen Zustandes von Kap. 12 bezweifeln. Doch ist Kap. 3 eine Heimkehr ins Kulturland zu entnehmen. Auch hier ist nicht expressis verbis davon die Rede, aber der zweite Kulturlandaufenthalt ist doch mit Sicherheit zu erschließen; denn die Zeit, da Israel ohne König und ohne Opfer sein wird, ist zwar lang (ימים רבים), aber doch begrenzt. Die Isolierung Israels ist nur eine vorübergehende Maßnahme Jahwes. — Auch v. 17aβ legt diese Deutung nahe, wenn man MT folgt. Es ist bezeichnend, daß Sellin mit לפתח תקוה nichts anzufangen weiß. In Wirklichkeit aber läßt sich dieser Wendung ohne Schwierigkeit ein guter Sinn abgewinnen. Das Tal Achor, durch das die Israeliten einst in das Kulturland einzogen, soll zur Hoffnungspforte werden[172], d. h. Israel wird durch dieses Tal ein zweites Mal in das Kulturland einziehen. Sellin liest פתחי התקוה »Hoffnungspforten«, worunter er unter Berufung auf Jes 28 24 eine Bezeichnung für Ackerfurchen versteht. Aber einmal begegnet das Nomen פֶּתַח in Jes 28 24 gar nicht und zum anderen wird פתח pi. nicht absolut gebraucht, sondern hat als Objekt אדמה bei sich. Dann heißt aber פתח pi. als solches noch nicht »den Mutterleib der Erde öffnen«, geschweige denn das Nomen פֶּתַח »Ackerfurche«. Doch selbst wenn Sellin mit seiner Deutung von Jes 28 24 Recht hätte, könnte diese schmale Basis die ihr zugemutete Beweislast nicht tragen. V. 17a redet also weder von einer Verwandlung der Wüste in Weinberge noch von einer Verwandlung des Achortales in Ackerland. Statt dessen ist hier die Verleihung der Weinberge in der Wüste, d. h. die Zusage, daß Israel ein zweites Mal das Kulturland besetzen wird, gemeint.

d An ענתה hat man mehrfach Anstoß genommen. F. Buhl schlug dafür עָלְתָה vor, »weil dann שָׁמָּה zu seinem Rechte kommt«[173]. K. Marti[174], in letzter Zeit L. Köhler[175] und G. Fohrer[176] sind ihm darin gefolgt. Doch ist es schwierig, wegen עֲלֹתָה in v. 17bβ in v. bα eine finite Form des gleichen Verbs anzunehmen. Aus diesem Grunde würde עָלְתָה sogar mehr Verdacht erregen als ענתה. Aber von welcher Wurzel soll ענתה abgeleitet werden? Die Ableitung von I ענה »antworten, willfahren, willig folgen« fügt sich immer noch am besten dem Zusammenhang ein. Sie entspricht dem

170 C. Brockelmann, Hebräische Syntax, 1956, § 11a.

171 Ebd. § 111d.

172 So u. a. K. Marti, Dodekapropheton, 29; W. Nowack, Die kleinen Propheten, 21; Th. H. Robinson—F. Horst, Die Zwölf Kleinen Propheten, 12; H. W. Wolff, Hosea, 52f; W. Rudolph, Hosea, 73.

173 F. Buhl, Einige textkritische Bemerkungen zu den kleinen Propheten, ZAW 5 (1885), 181f.

174 Dodekapropheton 29.

175 KBL unter I ענה.

176 Umkehr und Erlösung beim Propheten Hosea, 178 Anm. 28 (=Studien, 1967, 236 Anm. 28).

דבר על לב von v. 16b[177]. Die Wurzel II ענה »sich ducken, beugen«[178] paßt dagegen schlecht in das Bild von der »Verführung« eines jungen Mädchens[179]. Trifft die obige Deutung von שמה zu, dann meint v. 17b nicht die Rückkehr in die Wüste, sondern den zweiten Zug ins Kulturland. Dieses Verständnis wird durch das Nacheinander der einzelnen Handlungen und Geschehnisse in v. 16f. nahegelegt: Dem Betören v. 16aα folgt das Führen in die Wüste v. 16aβ. Dort redet Jahwe auf Israel ein v. 16b. V. 17a enthält die Zusage, die Jahwe Israel in der Wüste gibt. Darauf wird Israel antworten v. 17b. Schließlich spricht der Vergleich mit dem Auszug aus Ägypten, der ja als die Heilstat Jahwes schlechthin galt, gegen die Ableitung von II ענה. Der Erlöste »beugt« sich nicht unter die Erlösungstat Jahwes. Die Entscheidung für I ענה bedingt freilich dessen übertragenes Verständnis: Die »Antwort« auf v. 16b bzw. die Zusage von v. 17a ist ein Tun, ein Gehen, und insofern kommt auch שמה zu seinem Recht.

e Das deutsche Wort »verloben« gibt den Sachverhalt nicht zutreffend wieder[180].

f V. 21 ist überfüllt. H. Greßmann[181] streicht darum v. 21a. Doch ist es fraglich, ob diese Streichung im Sinne Hoseas ist, verbürgt doch das לעולם die Unverbrüchlichkeit der neuen Gemeinschaft[182]. Eher scheinen בצדק ובמשפט entbehrlich zu sein. Diese beiden Begriffe spielen gegenüber חסד und רחמים bei Hosea eine weit geringere Rolle. Sie finden sich in solcher Reihung nur an wenigen späteren Stellen[183]. Jahwe als Geber des צדק begegnet, von Hos 2 21 abgesehen, erst von Jer 23 6 an, und da nur vereinzelt[184].

g יהוה in der Jahwerede ist verdächtig. 45 MSS lesen כִּי אֲנִי יהוה, aber es fragt sich, ob da nicht Angleichung an die ezechielische Erkenntnisformel vorliegt[185]. Vielleicht ist את־יהוה eine spätere Auflösung von אותי[186]. Doch ist יהוה als betonter Abschluß auch in einer Jahwerede durchaus möglich, zumal wenn man bedenkt, daß der Prophet ja Übermittler der Jahwerede ist. Zu einer Änderung von וידעת in וּבְדַעַת[187] sehe ich keinen zwingenden Grund. בדעת entspräche zwar formal besser באמונה in v. a, doch hebt die verbale Formulierung stärker heraus: Die דַּעַת יהוה ist nicht eine Gabe neben den drei anderen, sondern ihre Zusammenfassung. Zugleich bringt וידעת zum Ausdruck, daß Israel mit דעת יהוה auf die Brautgeschenke חסד, רחמים und אמונה antwortet. In dieser Antwort Israels kommt das Erlösungshandeln Jahwes ans Ziel.

---

177 So u. a. auch H. W. Wolff, Hosea, 36f., und W. Rudolph, Hosea, 72.74.

178 Vgl. LXX ταπεινωθήσεται.

179 Mit W. Rudolph, Hosea, 74.

180 Siehe E. Kutsch, Salbung als Rechtsakt im Alten Testament und im Alten Orient, BZAW 87, 1963, 29f., auf den sich W. Rudolph, Hosea, 80, bezieht.

181 A. a. O. (Anm. 153) 374, ebenso G. Fohrer a. a. O. (Anm. 176) 180 Anm. 30 (=Studien, 1967, 237 Anm. 30).

182 Vgl. J. Wellhausen, Kleine Propheten, 103.

183 Ps 89 15 97 2 Prov 1 3 2 1; in umgekehrter Reihenfolge Ps 119 121 Koh 5 7. Zur Datierung von Ps 89. 97 siehe H.-J. Kraus, Psalmen, 617. 772.

184 Siehe E. Sellin, Zwölfprophetenbuch, 43; vgl. hierzu noch W. Rudolph, Hosea, 81. — Zur Streichung von בצדק ובמשפט vgl. noch W. Nowack, Die kleinen Propheten, 23; W. R. Harper, Amos and Hosea, 242; E. Sellin, Zwölfprophetenbuch, 1922[1], 32; W. Baumgartner, Kennen Amos und Hosea eine Heilseschatologie ?, Diss. Zürich 1913, 45 Anm. 2.

185 Siehe H. W. Wolff, Hosea, 57, und W. Rudolph, Hosea, 74.

186 Vgl. K. Marti, Dodekapropheton, 31.

187 Mit K. Marti ebd.; W. Nowack, Die kleinen Propheten, 23.

Der Abschnitt Hos 2 16-25 macht nicht den Eindruck einer in sich geschlossenen und selbständigen Einheit. V. 18 »Und an jenem Tage wird es geschehen, Spruch Jahwes, da wirst du mich ,mein Mann' nennen und mich nicht mehr ,mein Baal' rufen« ist nicht ursprünglich. Wo die Formel והיה ביום ההוא Heilsworte einleitet, da handelt es sich ausschließlich um solche der späteren Zeit[188]. Ob der Gegensatz אישי — בעלי von Hosea intendiert ist, kann man fragen[189]. Im Grunde aber wäre v. 19 nach v. 18 überflüssig. Wenn Israel zu Jahwe »mein Mann« sagt, muß Jahwe die Namen der Baale nicht mehr aus Israels Mund entfernen, denn Israel gebraucht diese Namen dann von sich aus nicht mehr. Aber v. 18 würde nicht nur v. 19 vorgreifen, sondern auch v. 21f. Die Reaktion Israels nach v. 18 setzt das erlösende Handeln Jahwes bereits als abgeschlossen voraus. Noch weniger paßt v. 20 »Und ich werde zu ihren Gunsten an jenem Tage die Tiere des Feldes und die Vögel des Himmels und das Gewürm des Ackerbodens verpflichten; Bogen, Schwert und Krieg werde ich von der Erde weg zerbrechen und sie in Sicherheit wohnen lassen«[190] in den Zusammenhang. Der Gedanke einer ברית für die Tierwelt spielt weder in den vorhergehenden noch in den folgenden Versen eine Rolle[191]. Stilistisch weist der Vers keinerlei metrische Gliederung auf. Die Klassifizierung der Tierwelt erinnert an P, wobei רֶמֶשׂ ausschließlich in jüngeren Texten belegt ist[192]. Auch der Gedanke von der Vernichtung der Kriegswaffen hat in späteren Texten seine Parallelen[193]. Ebenso findet sich die Vorstellung vom sicheren Wohnen erst in jüngerer Zeit[194]. Auch die Verse 23-25 lassen sich schwerlich von Hosea her verstehen. Von

---

[188] Jes 11 10. 11 24 21 27 13 Jer 30 8 Joel 4 18 Sach 12 3. 9 14 6. 8. 13. — Zu der Formel ביום ההוא siehe P. A. Munch, The Expression bajjôm hāhū, 1936, bes. 47.

[189] Siehe J. Wellhausen, Kleine Propheten, 102f.

[190] Zur Übersetzung siehe E. Kutsch, Der Begriff בְּרִית in vordeuteronomischer Zeit, Festschrift L. Rost, BZAW 105, 1967, 138f.

[191] Zum Frieden zwischen Mensch und Tier vgl. Jes 11 8.

[192] Gen 1 24. 25. 26 6 20 7 14 8 19 9 3 (sämtliche Stellen P), bei den Vorkommen in 6 7 und 7 23 handelt es sich um spätere Erweiterungen im Sinne von P, siehe H. Gunkel, Genesis, 1964[6], 61.63, außerdem noch I Reg 5 13 Ez 8 10 38 20 Hab 1 14 Ps 104 25 148 10.

[193] Vgl. Jes 2 2-4 (Mi 4 1-3[4]) Ps 46. Siehe dazu jetzt G. Wanke, Die Zionstheologie der Korachiten in ihrem traditionsgeschichtlichen Zusammenhang, BZAW 97, 1966.

[194] Die Vorstellung vom sicheren Wohnen ist seit der deuteronomistischen Zeit im Alten Testament weit verbreitet. Ich führe hier nur die Stellen an, wo das Wohnen in Sicherheit (jeweils לבטח) in die Form einer Zusage gekleidet ist: Lev 25 18. 19 26 5 Dtn 33 12 Jes 14 30 (Zusatz, siehe G. Fohrer, Das Buch Jesaja, I Kapitel 1—23, 1966[2], 201) Jer 23 6 32 37 33 16 Ez 28 26 34 25. 27. 28 Sach 14 11. — Vgl. zu v. 20 im allgemeinen noch H. Greßmann a. a. O. (Anm. 153) 373: »V. 20 scheint nicht von Hosea zu stammen, weil hier alle sittlich-religiösen Gedanken fehlen, die für ihn bezeichnend sind.« Hosea erwartet eine Umwandlung des Menschen, nicht der Verhältnisse.

der Formel והיה ביום ההוא war schon die Rede[195]. ענה in der Bedeutung »gewähren« findet sich nur hier und Koh 10 19[196]. Die Transzendierung Jahwes paßt nicht zu Hoseas Vorstellung von Jahwes unmittelbarem Handeln und weist in ziemlich späte Zeit[197]. Schließlich läßt sich die Art der Aufnahme der Symbolnamen kaum mit Kap. 1 in Einklang bringen. לא רחמה und לא עמי sind Namen der Kinder Hoseas. Was soll es für einen Sinn haben, wenn Jahwe sich nun der לא רחמה erbarmt? Völlig unsinnig aber ist es, wenn er zu לא עמי sagt עמי אתה. Für die Ursprünglichkeit von v. 25 ist nicht die Aufnahme der Symbolnamen von Kap. 1 als solche entscheidend, sondern die Art und Weise, wie sie aufgenommen und neu gedeutet werden. Folgerichtig im Sinne Hoseas wäre die symbolische Umbenennung seiner Kinder. V. 25 spricht aber von einem neuen Handeln Jahwes an ihnen. Der Vers beruht auf einem Mißverständnis der symbolischen Namengebungen in Kap. 1 und ist daher als späterer Zusatz zu verstehen[198].

Schließt das Wort 2 16ff. mit dem Verbalsatz v. 22b wirkungsvoll ab, so bleibt noch, die Abgrenzung nach oben zu klären. Die Folgepartikel לכן setzt formal eine Begründung voraus. Diese Begründung könnte in dem vorhergehenden v. 15b liegen: »Sie hat ihren Nasenring und ihren Schmuck angelegt und lief ihren Liebhabern nach, mich aber hat sie vergessen«. Zwischen v. 15a und 15b liegt ein Bruch. Mit v. a scheint die vorhergehende Urteilsverkündigung mit Strafansage zu ihrem Abschluß gekommen zu sein. V. 15b kann als Teil einer Anklagerede verstanden werden, auf die in v. 16ff. die Strafmaßbestimmung folgt. Nun findet sich das Nacheinander von Schuldaufweis und Strafansage in Kap. 2 noch zweimal: Auf v. 7 folgt v. 8f., auf v. 10 v. 11-15[199]. Dieses wiederholte Nacheinander von Schuldaufweis und Strafansage ist wohl bei einem späteren Sammler, kaum aber bei Hosea vorstellbar. Die verschiedenen Strafankündigungen sind am ehesten verständlich, wenn man annimmt, daß Hosea über eine längere Zeit hinweg im Namen Jahwes dessen Rechtsstreit mit Israel führte. Diese Gerichtsreden, die alle dem Prozeß entstammen,

---

195 Siehe Anm. 188.

196 Die Bedeutung von ענה schwankt hier zwischen »erhören« und »gewähren«. Zu Koh 10 19 siehe G. R. Driver, Problems and Solutions, VT 4 (1954), 232.

197 Was hier umständlich durch die Zwischenschaltung von Himmel und Erde zum Ausdruck gebracht wird, sagt 2 10 viel einfacher und knapper: Jahwe ist der Geber der Gaben des Kulturlandes.

198 So auch K. Budde a. a. O. (Anm. 169) 55. — Zur Abgrenzung nach unten siehe auch P. Humbert, La logique de la perspective nomade chez Osée et l'unité d'Osée 2 4-22, in: Festschrift K. Marti, BZAW 41, 1925, 158—166.

199 Darin ist der Vorschlag begründet, v. 16f. an v. 8f. anzuschließen, so u. a. O. Procksch, Die kleinen Prophetischen Schriften vor dem Exil, 25f.; K. Budde a. a. O. (Anm. 169) 43; A. Weiser, Kleine Propheten, 29f.

den Jahwe gegen Israel wegen ehelicher Untreue anstrengte, hat nun der Sammler aneinandergereiht[200]. Dabei ist von den ursprünglich selbständigen Reden nicht alles erhalten geblieben, sei es, daß einiges der Redaktion zum Opfer fiel, sei es, daß der Sammler schon die eine oder andere Rede nur als Fragment überkommen hat. So scheint von der ersten Gerichtsrede die Einleitung v. 4 unversehrt überliefert zu sein, während man eine solche bei den folgenden Reden vermißt. Daher ist es durchaus denkbar, daß in 2 15b. 16ff. das Fragment einer Gerichtsrede vorliegt. Diese Gerichtsrede dürfte den Prozeß Jahwes gegen Israel abgeschlossen haben, nicht weil sie jetzt am Schluß von Kap. 2 steht — darin wird jedoch der Sammler historisch treu überliefert haben —, sondern weil hier der liebende Wille Jahwes, die zerrüttete Ehe von sich aus zu heilen, über den strafenden gesiegt hat. Auch in den vorhergehenden Reden hatte Jahwe die Absicht, die zerbrochene Ehe zu retten, aber die Umkehr sollte da von Israel ausgehen. Die Strafe sollte bezwecken, daß Israel zur Einsicht kommt[201]. Hier dagegen schenkt Jahwe Israel all das, was es von sich aus nicht aufbringen konnte: Verbundenheit, erbarmende Liebe, Beständigkeit. Darum wird die neue Ehegemeinschaft unverbrüchlich sein.

Die Annahme eines Fragmentes ist immer eine Verlegenheitsauskunft. Aber die Partikel לכן fordert ihr Recht; sie ist im Metrum verankert und daher ursprünglich. In diesem Zusammenhang hat J. Lindblom eine interessante Vermutung geäußert: Er bringt 2 16f. mit 11 8f. in Verbindung und versteht 2 16f. als Folge des 11 8f. zum Ausdruck kommenden Heilswillens Jahwes[202]. In der Tat lassen sich 11 8f. und 2 16f. gut aufeinander beziehen. Unterstützt wird der Zusammenhang der beiden Stücke durch das gleiche Metrum. 11 9 läßt sich nämlich, sofern man das vierfache betonte לא als metrische Hebung wertet, durchaus als zweifacher Doppelvierer verstehen. Doppelvierer liegen aber auch in 2 16f. vor. Diese metrische Entsprechung fällt auf. Hinzu kommt noch, was Lindblom nicht ins Feld führt, daß auch 11 8f. in einem Rechtsverfahren gegen Israel wegen ehelicher Untreue gesprochen worden sein kann: Eigentlich und von Rechts wegen müßte Jahwe Israel preisgeben, aber er vermag aus Mitleid seinen Zorn nicht an Israel zu vollstrecken. Statt dessen will er es noch einmal mit Israel versuchen, es in die Wüste führen und ihm dort

---

[200] H. W. Wolffs Versuch, Hosea, 38, 2 4-17 als kerygmatische Einheit zu verstehen, in der sich durch Variation in Stil und Thema verschiedene rhetorische Einheiten abheben, scheint mir dem Sachverhalt weniger gerecht zu werden. Noch weiter als H. W. Wolff geht P. Humbert a. a. O (Anm. 198) 158—166, bes. 166.

[201] Das Abgeschlossensein von ihren Liebhabern (2 8) und der Entzug der Gaben des Kulturlandes (2 11) soll Israel in die verlorene Treue zu Jahwe wieder einüben und zur Einsicht bringen, daß es allein Jahwe seine Existenz verdankt.

[202] J. Lindblom, Hosea literarisch untersucht, 1928, 64ff.

ins Gewissen reden. Lindblom selbst scheint später den Zusammenhang mit 11 8-9 wieder zurückgenommen zu haben. 2 16f. sei »ein selbständiger Spruch, der vom Sammler der Offenbarungen Hoseas mit Benutzung der bei den Sammlern gewöhnlichen Verbindungspartikel לָכֵן hier placiert worden ist«[203]. Die Deutung von לכן als Verbindungspartikel — Lindblom verzichtet auf jeden parallelen Beleg — hat aber nicht mehr für sich als die Annahme, 2 16f. gehöre mit 11 8f. zusammen. Tatsächlich bleibt die Schwierigkeit zu erklären, wie der ursprüngliche Zusammenhang von 11 8f. und 2 16f. auseinandergerissen wurde. Nicht ausgeschlossen ist schließlich, daß לכן hier als beteuernde Partikel zu verstehen ist — der Zusammenhang mit der deiktischen Partikel הנה könnte dafür angeführt werden[204]. Der fast durchgängige Gebrauch von לכן als Begründungspartikel macht dies jedoch nicht gerade wahrscheinlich.

Die Verlegenheit bleibt. Aber als Teil der letzten Gerichtsrede, mit der Jahwe seinen langwierigen Prozeß gegen Israel beendet, indem er seine untreue Ehefrau Israel begnadigt und mit Verbundenheit und Treue begabt, ist 2 16ff. gut zu verstehen. Dabei ist es nicht ausgeschlossen, wie J. Lindblom früher vermutete, daß 11 8f. ein Bestandteil dieser Rede war. Auf jeden Fall gehört 11 8f. sachlich in diese Zeit.

Von 2 16-25 lassen sich nur die Verse 16f. 19. 21f. mit einiger Wahrscheinlichkeit von Hosea her verstehen. Diese fünf Verse bilden einen ordentlichen Zusammenhang. Die 2. pers. in v. 21f. stört dabei keineswegs; es verwundert nicht, daß der Prophet auf dem Höhepunkt der Ansage von Jahwes erlösendem Handeln Israel direkt anredet. Der Wechsel der Personen entspricht durchaus der Form der Gerichtsrede. Zunächst spricht Jahwe von Israel in der 3. pers., erläutert er gleichsam vor dem Gerichtshof, was er mit Israel zu tun gedenkt. Die Verkündigung der »Strafe« in 2 16f. 19 bringt die offizielle Seite des Rechtsverfahrens zwischen Jahwe und Israel zum Ausdruck. Dann aber — in v. 21f. — wendet sich Jahwe in direkter Anrede an Israel und macht die eigentliche Absicht seines »Strafhandelns« kund: Jahwe will Israel noch einmal als Frau erwerben.

Hos 2 16ff. enthält im Grunde keinen geschlossenen geschichtlichen Rückblick, sondern drei Anspielungen auf den Auszug aus Ägypten, die Wüstenzeit und den Eintritt ins Kulturland durch das Achor-Tal. Das ganze Wort ist Ansage zukünftigen Geschehens. Trotzdem wird es hier den geschichtlichen Rückblicken zugeordnet, weil die Ankündigung der Zukunft ein bestimmtes Bild der Vergangenheit voraussetzt bzw. impliziert. Dieses Bild von der Vergangenheit unterscheidet sich nicht von den Bildern, die Hosea in 11 1-7 13 5-8 10 11.

---

[203] J. Lindblom, Besprechung von H. W. Wolff, Dodekapropheton 1 Hosea, 1961, in: ThLZ 87 (1962), 835.

[204] Vgl. KBL unter לָכֵן Nr. 3.

13a oder 9 10 entwarf. Herausführung aus Ägypten, harmonische Wüstenzeit und Abfall von Jahwe im Kulturland sind auch hier die entscheidenden Daten der Geschichte Israels. Auch das hier vorausgesetzte Bild von der Vergangenheit ist von der Zukunft her entworfen. Aber im Unterschied zu den früheren Geschichtsbetrachtungen ist die Zukunft Israels nicht seine Preisgabe oder seine Vernichtung, sondern die unverbrüchliche Lebensgemeinschaft mit Jahwe. Um Israel diesem Ziel seiner Geschichte zuzuführen, wird Jahwe das Rad der Geschichte zurückdrehen und mit Israel noch einmal in der Wüste einen Anfang machen. Mit dem Übergang ins Kulturland nahm die Geschichte Israels eine verhängnisvolle Wendung. Kaum hatte Israel den Boden des Kulturlandes betreten, da erlag es bereits seinen Einflüssen und wandte sich von Jahwe ab. Die Wüstenzeit, als Israel seine Existenz noch ganz Jahwe verdankte, weil es nur Jahwe kannte, gilt Hosea als die Zeit des innigen Verhältnisses zwischen Jahwe und Israel. Darum soll sie noch einmal heraufgeführt werden. Jahwe wird Israel noch einmal in die Wüste zurückführen und es sich dort ein zweites Mal als Frau erwerben. Das in der künftigen Wüstenzeit neu anhebende ungetrübte Verhältnis soll ebenfalls nicht auf die Wüste beschränkt bleiben und auch dann noch Bestand haben, wenn Israel wiederum das Kulturland verliehen bekommt und erneut den es gefährdenden Mächten ausgesetzt ist[205]. Israel darf noch einmal in der Wüste anfangen, aber seine Voraussetzungen sind dann wesentlich günstiger als beim ersten Mal. Jahwe selbst wird ihm חסד, רחמים und אמונה schenken. Mit diesen Brautgeschenken wird Israel nun all

[205] Ein »nomadisches Ideal« hat Hosea nicht vertreten. Zur Auseinandersetzung mit dieser Auffassung vgl. G. Fohrer a. a. O. (Anm. 176) 161 Anm. 2 und 179 Anm. 29 (= Studien, 1967, 222 Anm. 2 and 237 Anm. 29). Jahwe ist der Geber der Gaben des Kulturlandes 2 10. Nach 3 3 soll die Abgeschlossenheit Israels zwar lange Zeit dauern, aber doch begrenzt sein. Wenn man auch die obige Deutung der einander entsprechenden Partikeln משם und שמה nicht teilt, so macht doch der Vergleich v. bβ כיום עלתה מארץ־מצרים klar, daß v. 17b das Hinaufziehen in das Kulturland meint. Die Wendung עלה מארץ מצרים bezeichnet im Alten Testament den Auszug aus Ägypten mit dem Ziel Palästina, siehe J. Wijngaards, הוציא and העלה a Twofold Approach to the Exodus, VT 15 (1965), 101. Die Begabung Israels mit חסד, רחמים und אמונה hat nur Sinn, wenn diese Gaben im Kulturland bewährt werden müssen. Die Wüstenzeit gilt Hosea deswegen als ideale Zeit, weil Israel damals keine Gelegenheit hatte, von Jahwe abzufallen. In dieser faktischen Begrenzung muß man die »Idealzeit« des Wüstenaufenthaltes sehen. Jahwe verlangte von Israel, daß es ihm im Kulturland dient. Das war das Ideal, das Hosea vorschwebte. Schon die Tatsache, daß Jahwe Israel überhaupt ins Kulturland führte, macht die Rede vom »nomadischen Ideal« bei Hosea unverständlich. — Vgl. noch H. H. Mallau, Die theologische Bedeutung der Wüste im Alten Testament, 114, und W. Wiebe, Die Wüstenzeit als Typus der messianischen Heilszeit, Diss. Göttingen 1939, die ebenfalls im zweiten Wüstenaufenthalt nur ein Übergangsstadium sehen.

das erhalten, woran es bisher in seinem Verhalten zu Jahwe gebrach. Dann wird Israel fähig sein, auch im Kulturland in der דעת יהוה zu bleiben, und nicht noch einmal zu den Baalen abfallen.

Der Vorblick in die Zukunft wird hier wie in 11 5 zu einem Rückblick in die Vergangenheit. Was früher war, geschieht noch einmal. Während aber nach 11 5ff. die ganze Geschichte Israels zunichte werden soll, indem Israel hinter die Herausführung aus Ägypten zurück muß, wird hier nur seine unheilvolle Geschichte im Kulturland rückgängig gemacht. Das künftige Geschehen wird vorgestellt als Wiederholung des vergangenen. Auch der zweite Wüstenaufenthalt ist wie der erste nur ein Durchgangsstadium, dem wiederum die Verleihung des Kulturlandes folgt. In den äußeren Gegebenheiten wird sich nichts ändern. Und doch ist das künftige Geschehen nicht einfach eine Wiederholung des früheren. Vielmehr soll das Vergangene überboten werden. Das wird zum Ausdruck gebracht durch die Brautgeschenke, die die Gemeinschaft zwischen Jahwe und Israel nun unverbrüchlich machen sollen. Die Vergleiche »wie in den Tagen ihrer Jugend, wie an dem Tage, als sie aus dem Lande Ägypten heraufzog« vergegenwärtigen das zukünftige Geschehen mit der ungetrübten Zeit in der Vergangenheit. Diese Zeit braucht nicht überboten zu werden. Sie ist nur Ausgangspunkt für das Neue, das sich dann ereignet, wenn Israel durch das Achor-Tal ein zweites Mal ins Kulturland zieht und das Achor-Tal ihm zur Hoffnungspforte wird. Jahwe wird das Unglücks- und Zornestal, die Stätte, an der Achan Israel ins Unglück brachte und gesteinigt wurde, weil er sich an dem Banngut Jahwes vergriff[206], nun in ein Tor der Hoffnung verwandeln[207].

Die Vergangenheit ist hier mehr als Material zur Veranschaulichung des künftigen Geschehens. Israel wird tatsächlich noch einmal in die Wüste zurückgeführt, um dort wieder mit Jahwe vertraut zu werden und dieses Vertrautsein erstmalig im Kulturland zu bewähren. Und doch kann man auch hier nicht sagen, daß in Hoseas Verhältnis zur Tradition die Kontinuität überwiegt, denn das neue Handeln Jahwes ist nicht in seinem damaligen Handeln begründet und schon gar nicht im Verhalten Israels, sondern allein in Jahwe selbst, in seiner Heiligkeit, die Hosea im Gegensatz zu Jesaja als erbarmende Liebe versteht[208]. Nicht weil Jahwe damals so handelte, wird er wieder so handeln, sondern er wird Israel erlösen, weil er Gott ist[209]. Der *Grund*

206 Siehe Jos 7 24-26 und H. W. Wolff, Hosea, 53.

207 Zur Lokalisierung der Achor-Ebene siehe H. W. Wolff, Hosea, 52.

208 Bei Jesaja dagegen ist es gerade Jahwes Heiligkeit, die sich im Gericht durchsetzen wird.

209 Die Begründung כי אל אנכי zeigt, daß das Gottesverständnis Hoseas nicht aus der Tradition ableitbar ist. Denn in der ersten Periode seiner Wirksamkeit mußte Hosea das Vernichtungsgericht Jahwes ankündigen.

von Jahwes künftigem Handeln liegt allein in ihm selbst, die *Art und Weise* seines künftigen Handelns stellt Hosea sich in Kontinuität mit seinem damaligen Handeln vor. Der unverbrüchliche Heilswille Jahwes war Hosea nicht in der Tradition vorgegeben. Er dachte früher, daß der Mensch, der nicht חסד übt, in seinem Dasein vor Gott scheitert. Daß Gott selbst den Menschen mit חסד begabt, ist eine neue Erkenntnis Hoseas, die er aus keiner Tradition ableiten konnte. Die Tradition hat für Hosea auch hier keinen eigenständigen Wert; sie ist für ihn ein Mittel, das künftige Erlösungshandeln Jahwes sich vorzustellen und seinen Hörern verständlich zu machen[210].

II. Einzelne geschichtliche Motive in der Verkündigung Hoseas

Die Anspielungen auf einzelne Ereignisse der Vergangenheit wurden von den Hörern und Zeitgenossen Hoseas wahrscheinlich unmittelbar verstanden. Für uns heute sind sie vielfach dunkel und ihre Ausdeutungen daher umstritten. Wir können nur in seltenen Fällen sagen, welches Ereignis Hosea meinte. Die Namen Gibea, Gilgal und Jesreel sind für uns je mit verschiedenen Ereignissen verbunden, ja vielfach sogar mit verschiedenen geographischen Orten. Unser Wissen von diesen Ereignissen ist auf uns gekommen in einer komplizierten Überlieferungsgeschichte, an der die verschiedensten Hände gearbeitet haben. Wir können weder sagen, durch welche Überlieferungen Hosea Kunde von dem betreffenden Ereignis hatte, noch

---

[210] Vgl. dazu die etwas unklare Formulierung von H. W. Wolff, Hauptprobleme alttestamentlicher Prophetie, EvTh 15 (1955), 459 (=GSt, ThB 22, 1964, 220), zu Hos 2 16ff.: »So ist der Prophet Herold neuer Gottestaten. Aber auch darin vergißt er nicht die alten Heilstaten Gottes. Die neuen entsprechen den alten. Mit den Farben der Tradition malt er die Zukunft, doch frei, auswahlweise, steigernd, so daß diese Verheißung nicht ohne neue Vollmacht denkbar ist. So wird auch das neue Verlöbnis geschildert 2 21f.: die Morgengaben des Bräutigams Jahwe werden die gleichen sein wie in der Frühzeit, Recht und Gerechtigkeit, Güte und Erbarmen. Aber es wird nun unverbrüchlich sein.« Wenn H. W. Wolff sagt, der Prophet vergesse auch in der Ankündigung der neuen Gottestaten nicht die alten Heilstaten Gottes, wenngleich die Verheißung nicht ohne neue Vollmacht denkbar sei, so legt er zu starkes Gewicht auf die Kontinuität des Propheten mit der Tradition. Es geht Hosea nicht um ein Bewahren der alten Heilstaten, denn diese Heilstaten gehören längst durch Israels Schuld und die Anssage des Gerichtes der Vergangenheit an. Zwischen den damaligen Heilstaten und der jetzigen Zusage liegt der Bruch von Israels Abfall. Und auch darin betont H. W. Wolff die Kontinuität zu stark, wenn er sagt, die Morgengaben des Bräutigams Jahwe würden die gleichen sein wie in der Frühzeit. Es bliebe dann unerfindlich, warum das neue Verlöbnis unverbrüchlich sein soll. Vielmehr wird Jahwe nun selbst Israel all das geben, war er einst von Israel forderte, was Israel aber nicht aufbrachte.

in welchem Stadium ihres geschichtlichen Werdens die Überlieferung auf ihn gekommen ist. Zudem sind gerade die Texte, die geschichtliche Motive enthalten, in besonderem Maße verderbt, was die Bestimmung der Ereignisse mitunter fast aussichtslos erscheinen läßt.

Es zeigte sich schon bei den ausgeführten Rückblicken, daß Hosea nicht am Detail, am einzelnen Ereignis interessiert ist. Er denkt in großen Zeiträumen, in Epochen. Dementsprechend kommt es auch da, wo Hosea auf einzelne Ereignisse anspielt, nicht letztlich auf ihre historisch exakte Bestimmung an — Hosea ist nie an einem Ereignis der Vergangenheit als solchem interessiert —, sondern auf ihren Bezug zur Gegenwart. Diese Einzelbezüge zwischen damaligen Ereignissen und der gegenwärtigen Situation ergänzen das aus den Rückblicken sich ergebende Geschichtsverständnis um einen weiteren Gesichtspunkt. Kommt es Hosea in den Rückblicken darauf an, die Zukunft Israels aus seiner bisherigen Geschichte zu begründen bzw. seine Schuldverfallenheit von der Vergangenheit her aufzuweisen, so wollen die Einzelmotive in erster Linie die Situation der Hörer — zum Teil blitzartig — erhellen.

1. Noch einmal werde ich dich in Zelten wohnen lassen Hos 12 10

Wie immer der Vergleich כימי מועד zu verstehen ist, Hos 12 10b kündigt einen zweiten Wüstenaufenthalt an und enthält damit eine Anspielung auf die Wüstenzeit. Die Partikel עֹד kann in diesem Zusammenhang nur »nochmals, wiederum« heißen[211], und Zelte sind die Behausung des Nomaden[212]. »Noch einmal werde ich dich in Zelten wohnen lassen«, d. h. ich werde dich noch einmal in die Wüste zurückführen. Doch was besagt der Vergleich כימי מועד? Das Nomen מועד gebraucht Hosea an drei weiteren Stellen[213]. Die Parallelen zu מועד[214] zeigen, daß Hosea unter מועד die »festgesetzte Zeit«, den »Termin«, das »Fest« versteht. Dabei scheidet hier die Bedeutung »Zeit«[215] von vornherein aus. Die beiden anderen Parallelen legen die Bedeutung »Fest« nahe. Aber die Deutung dieses Verses auf das Laubhüttenfest ist dadurch erschwert, daß die spätere Überlieferung nur von Hütten aus dichtbelaubten Baumzweigen erzählt[216]. Die historisierende Deu-

[211] Siehe KBL unter עוֹד, ebenso W. Wiebe, Die Wüstenzeit als Typus der messianischen Heilszeit, 9f.; anders W. Rudolph, Hosea, 234 Anm. 35, der עוד ohne Rückbezug auf die Vergangenheit verstehen will.

[212] Siehe K.-H. Bernhardt, Art. Zelt, BHH III, 2230f.

[213] 2 11. 13 9 5.

[214] 2 11 עֵת; 2 13 מְשׂוֹשׂ, חָג, חֹדֶשׁ und שַׁבָּת; 9 5 חַג־יהוה.

[215] מועד ist hier absolut gebraucht.

[216] Siehe Lev 23 42f. und A. Alt, Zelte und Hütten, in: Festschrift F. Nötscher, BBB 1, 1950, 24 bes. Anm. 43 (= Kleine Schriften zur Geschichte des Volkes Israel, III 1959, 242 Anm. 1).

tung des Brauches, während des Laubhüttenfestes in Hütten zu wohnen Lev 23 42f., enthält einen Anachronismus; »denn die israelitische Tradition über jene Zeit setzt sonst einhellig und doch wohl richtig voraus, daß die Stämme unter Moses Führung in ‚Zelten', nicht in ‚Hütten' lebten«[217]. Kann man sich weder mit J. Wellhausen[218], W. Nowack[219], B. Duhm[220] für eine Konjektur entscheiden, noch dem Urteil H. Guthes zustimmen, der כימי מועד als Glosse ausscheidet[221], dann bleibt nur die Möglichkeit, כימי מועד auf die ständige Begegnung Jahwes mit Israel in der Wüste zu beziehen[222], doch wäre dies »ein recht dunkler Hinweis«[223] und es bleibt fraglich, ob die Hörer eine solch knappe Anspielung verstanden hätten[224].

Wie dem auch sei, v. 10b kündigt wohl ein nochmaliges Wohnen in Zelten, einen zweiten Wüstenaufenthalt an[225]. V. 10 ist wahrscheinlich ein Fragment[226], und darin wird es mitbegründet sein, daß der Vergleich כימי מועד sich nicht sicher aufhellen läßt. Der Vers wird einmal in einer Rede gestanden haben, die Jahwes Erlösungshandeln ankündigt. Die Rückführung Israels in die Wüste ist der erste Schritt in dem Bemühen Jahwes, Israel unter seine Herrschaft zurückzugewinnen. Fern von den Göttern des Kulturlandes soll es wieder mit Jahwe vertraut werden, der seit der Herausführung aus Ägypten sein Gott ist[227].

2. *Adma und Zeboim Hos 11 8*

Die Städte Adma und Zeboim werden sonst nur im Zusammenhang mit Sodom und Gomorra erwähnt[228]. Höchstwahrscheinlich sind Adma und Zeboim mit Sodom und Gomorra zerstört worden. Wie sonst Sodom und Gomorra werden Adma und Zeboim als Beispiel einer völligen Vernichtung in der Vergangenheit angeführt. Die Vernichtung der beiden Städte hält Jahwe sich beschwörend vor Augen, um eine Katastrophe solchen Ausmaßes nicht noch einmal heraufzuführen.

---

217 Ebd. 24 (= Kleine Schriften III 241f.).

218 Kleine Propheten 130.

219 Die kleinen Propheten 73.

220 Anmerkungen 38.

221 Hosea 20.

222 Mit E. Sellin, Zwölfprophetenbuch, 124; G. Fohrer, Umkehr und Erlösung . . ., ThZ 11 (1955), 177 (= Studien, 1967, 235); H. W. Wolff, Hosea, 278f.

223 E. Beer, Zu Hosea XII, ZAW 13 (1893), 289.

224 Gegen E. Sellin, Zwölfprophetenbuch, 124, dem »unerklärlich« ist, »daß man über die Worte כִּימֵי מוֹעֵד in diesem Zusammenhange verschiedener Meinung sein kann«.

225 Gegen W. Rudolph, Hosea, 234.

226 Siehe hierzu die Analyse von Kap. 12 unten S. 105ff.

227 Vgl. hierzu 2 16ff. und Kap. 3.

228 Gen 10 19 14 2. 8 Dtn 29 22.

Warum Hosea hier die beiden weniger bekannten Orte Adma und Zeboim erwähnt, statt auf die sprichwörtliche Zerstörung von Sodom und Gomorra anzuspielen, wird man kaum sagen können.

Der Sinn der Anspielung ist klar. Israel hätte eine Katastrophe von dem Ausmaß, wie sie die Städte Adma und Zeboim traf, d. h. die vollkommene Vernichtung, verdient. Statt des Umsturzes der Städte hat sich ein Umsturz in Jahwe selbst ereignet[229], auf Grund dessen Jahwe den gerechten Untergang nicht über Israel bringt[230].

3. Die Tage von Gibea Hos 9 9 10 9

Zweimal spielt Hosea auf die Tage von Gibea an. Wie aus dem Wort »Tage« hervorgeht, meint Hosea damit wahrscheinlich ein eng begrenztes Ereignis der Vergangenheit. An welches Ereignis erinnert er? Der Kontext von 9 9 — die Verfolgung des Propheten — läßt vermuten, daß der Vergleich mit den Tagen von Gibea auf die Schandtat der Benjaminiten an dem Leviten anspielt (Jdc 19—21)[231]. Im Grunde sind die Jdc 19—21 überlieferten Ereignisse »historisch schwer faßbar«[232]. Wir wissen auch nicht, in welchem Stadium der Überlieferungsgeschichte von Jdc 19—21 die Kunde von Gibea auf Hosea gekommen ist. Unwahrscheinlich ist es, daß Hosea hier an die Anfänge des Königtums denkt, an Gibea als die Residenz des Königs Saul[233]. Es ist äußerst fraglich, ob die Hörer eine solche Anspielung verstanden hätten. Sie konnten Hoseas Kritik am Königtum folgen auf Grund der Revolutionen, Königsmorde und Usurpationen der jüngsten Vergangenheit[234], kaum aber in dem grundsätzlichen Sinn, daß das Königtum als solches eine zutiefst mit Schuld behaftete Institution ist[235]. Eine solche grundsätzliche Kritik kann in einer flüchtigen Anspielung nicht zur Geltung kommen.

---

229 Der Stamm הפך drückt häufig die Zerstörung von Sodom und Gomorra aus (mit dem Nomen מַהְפֵּכָה Am 4 11 Dtn 29 22 Jes 13 19 Jer 49 18 50 40) und hat fast technische Bedeutung. Nicht ohne Grund gebraucht Hosea hier הפך in bezug auf die Sinnesänderung Jahwes, vgl. H. W. Wolff, Hosea, 261.

230 Zur Deutung von Hos 11 8-9 als Heilswort siehe S. 60.

231 So H. W. Wolff, Hosea, 204; vgl. noch u. a. K. Marti, Dodekapropheton, 81; E. Sellin, Die geschichtliche Orientierung der Prophetie des Hosea, NKZ 36 (1925), 610f.; ders., Zwölfprophetenbuch, 96f.; W. Rudolph, Hosea, 179f.

232 K. Elliger, Art. Gibea, BHH, I 567.

233 So J. Wellhausen, Kleine Propheten, 125; W. Nowack, Die kleinen Propheten, 63; vgl. O. Procksch, Geschichtsbetrachtung, 26f. 142. Th. H. Robinson—F. Horst, Kleine Propheten, 41, sieht eine Anspielung auf Jdc 19—21 und das Königtum.

234 Diese jüngsten Ereignisse sind wohl in 7 3-7 und 8 4 gemeint. Zu Hoseas Stellung zum Königtum siehe A. Caquot, Osée et la Royauté, RHPhR 41 (1961), 123—146.

235 Es ist fraglich, ob Hosea das Königtum als solches ablehnte; siehe K. Marti, Dodekapropheton, 81.

Wesentlich schwieriger ist die Deutung von 10 9, weil hier der überlieferte Text jeder Erklärung spottet[236]. »‚Seit den Tagen von Gibea hast du gesündigt, Israel (10,9)'. Man wird bei dieser Erinnerung nur an Sauls Königtum denken können.«[237] »Es scheint mir bewiesen zu sein, daß eine Anspielung auf Sauls Krönung in diesen Versen als ausgeschlossen gelten muß, dagegen mochte sich das am Ende des Richterbuches erzählte Ereignis wegen seiner Roheit so eingeprägt haben, daß es als Schulbeispiel gemeinen Handelns von Hosea zweimal als bekannt vorausgesetzt wird.«[238] Diese beiden nahezu apodiktischen und einander ausschließenden Urteile zeigen, wie schwierig es ist, in der Bestimmung der Tage von Gibea zu einer Entscheidung zu kommen. Während außer O. Procksch noch J. Wellhausen und W. Nowack für den Bezug auf die Entstehung des Königtums eintraten[239], neigt man heute immer mehr dazu, auch in Hos 10 9 eine Anspielung auf die in Jdc 19—21 erzählte Schandtat zu sehen. Es ist jedoch fraglich, ob das strenge Entweder-Oder der Absicht Hoseas gerecht wird. Es soll hier nicht einem unklaren Sowohl-als-Auch das Wort geredet werden, aber der Zustand des Textes läßt eine eindeutige Entscheidung nicht zu.

In der Regel wird das מן in מימי temporal gedeutet. Diese Deutung widerspricht aber sachlich der sonst von Hosea vertretenen Auffassung, daß schon mit dem Betreten des Kulturlandes der Abfall von Jahwe begann. Möglich bleibt jedoch, daß Hosea den Beginn des Abfalls während seiner langen Wirksamkeit verschieden datierte, daß die Geschichte Israels sich ihm erst allmählich in die beiden Epochen gliederte, die mit Israels Übergang ins Kulturland einander ablösen. Vielleicht kam Hosea erst später zu der Erkenntnis, daß der Abfall von Jahwe bereits mit dem Betreten des Kulturlandes einsetzte. Man muß damit rechnen, daß Hosea einmal den Beginn des Abfalls in den Tagen von Gibea gesehen hat.

Außer der temporalen Deutung wird noch die komparativische erwogen[240]. מן kann auch bei Verben im Hebräischen durchaus komparativischen Sinn haben[241]: »Mehr als in den Tagen von Gibea hast du gesündigt, Israel.« Diese Auffassung fügt sich in der Tat besser in die Verkündigung Hoseas ein und macht die Konjektur כימי überflüssig[242]. Doch muß man sehen, daß die komparativische Deutung

---

[236] So Th. H. Robinson—F. Horst, Kleine Propheten, 41.

[237] O. Procksch, Geschichtsbetrachtung, 26.

[238] J. Rieger, Die Bedeutung der Geschichte für die Verkündigung des Amos und Hosea, 76. [239] Siehe Anm. 233.

[240] Von A. B. Ehrlich, Randglossen zur Hebräischen Bibel, V 1912, 197; W. Rudolph, Hosea, 199. [241] Siehe C. Brockelmann, Hebräische Syntax, § 111g.

[242] Gegen W. Nowack, Die kleinen Propheten, 62f.; K. Marti, Dodekapropheton, 82; H. Guthe, Hosea, 17.

des מן einer systematisierenden, flächigen Behandlung der Hoseaworte entspringt, was ihren Wert einschränkt[243]. Grammatisch näher liegt auf alle Fälle im Zusammenhang mit der Zeitbestimmung ימי die temporale Deutung.

4. *Vergebliche Strafgerichte Hos 6* 5

Hos 6 5 hat bisher zwei verschiedene Deutungen erfahren. Die einen sehen darin eine Anspielung auf die Sinaigesetzgebung[244], die anderen auf die Strafgerichte, die Jahwe in der Vergangenheit ankündigen ließ[245]. Vom Text her ist keine sichere Entscheidung zu treffen. חצב wird vom Bearbeiten des Steins gebraucht und legt von daher den Bezug zu den Gesetzestafeln nahe. Doch stößt sich damit der Plural נביאים, wie ja auch E. Sellin[246] den Singular liest. Weiter paßt zu der ersten Deutung schwerlich הרגתים, wofür entweder הוֹדַעְתִּי(ם)[247] oder הוֹרֵיתִים[248] vorgeschlagen wird. Doch implizieren diese beiden Konjekturen die Entscheidung, 6 5 spiele auf den Dekalog an. Nun ist es richtig, daß חצב »in Stein hauen« bedeutet[249], aber Hosea könnte ja bei seiner ausgeprägten bildlichen Redeweise חצב übertragen gebrauchen: »Darum habe ich (sie) behauen (wie Stein), d. h. gezüchtigt.«[250] Diese Auffassung paßt auch wesentlich besser zum voraufgehenden v. 4, der die Ratlosigkeit Jahwes darüber zum Ausdruck bringt, daß der חסד Israels so unbeständig ist. V. 5 sagt nun, was Jahwe bisher dagegen unternommen hat. In diesem Zusammenhang gibt es einen besseren Sinn, wenn Jahwe auf die vergangenen Strafgerichte hinweist, die er durch die Propheten ankündigen ließ, denn der Vorwurf, daß Israel keinen חסד hat, liegt ja zeitlich hinter der Gesetzgebung am Sinai, die also nicht eine Reaktion auf den mangelnden חסד sein kann. Diese sachliche Schwierigkeit hat L. Köhler empfunden, wenn er statt חָצַבְתִּי הִצַּבְתִּי vorschlägt[251], doch bleibt dann wieder die instrumentale Partikel בְּ unverständlich, die sich durch ihre

---

[243] Jeder Ausleger gesteht sich selbst im Laufe seines Lebens Wandlungen seines Verständnisses zu. Es ist darum nicht einzusehen, daß Hosea zeit seines Lebens den Beginn des Abfalls wie in 9 10 datiert haben soll.

[244] E. Sellin, Orientierung, 628; H. Schmidt, Hosea 6 1-6, in: Festschrift E. Sellin, 1927, 120; W. Rudolph, Hosea, 139.

[245] So u. a. J. Wellhausen, Kleine Propheten, 116; K. Marti, Dodekapropheton, 56; Th. H. Robinson—F. Horst, Kleine Propheten, 26; H. W. Wolff, Hosea, 152.

[246] E. Sellin, Orientierung, 628; vgl. H. Schmidt, Hosea 6 1-6, 120.

[247] B. Duhm, Anmerkungen zu den Zwölf Propheten, 23; A. Alt, Hosea 5 8—6 6, Kleine Schriften, II 183; H. Guthe, Hosea, 11.

[248] E. Sellin, Orientierung, 629; KBL unter הרג Nr. 9.

[249] H. Schmidt, Hos 6 1-6, 120 und Anm. 5; vgl. auch KBL unter חצב.

[250] So K. Marti, Dodekapropheton, 56; ähnlich W. R. Harper, Amos and Hosea, 285.

[251] KBL unter נצב.

Parallelität in v. aα und v. aβ als ursprünglich erweist. Bleibt man bei der sachlich allein möglichen Deutung, so ist nur הרגתים fraglich. הרג heißt nun einmal »töten« und nicht »schlagen«. Wann und wo hätte Jahwe Israel getötet, denn auf Israel bezieht sich doch das Verbalsuffix? Die Schwierigkeit von הרגתים versuchte I. Zolli durch die Konjektur רגמתים zu beheben[252]. Mag sein, daß רגם mit akkad. *ragāmu* zusammenhängt, für das AT ist die Bedeutung »anschreien, andonnern« nicht belegt. Die textliche Verlegenheit bleibt. Aber von der Sache her paßt der Rückblick auf die vergeblichen Strafgerichte, die Jahwe durch die Propheten ankündigen ließ, ausgezeichnet. Weil diese Strafgerichte vergeblich waren, ist Jahwe jetzt ratlos (v. 4); er weiß nicht, was er von der flüchtigen Bußgesinnung halten soll. Mit v. 6 wird das Ziel dieser Strafgerichte angegeben. Israel hat Jahwes gute Absicht in seinen Schlägen nicht erkannt und nicht beherzigt: Sein חסד ist so unbeständig wie das Morgengewölk, wie der Tau, der früh vergeht.

Trifft diese Deutung zu, dann liegt in der Geschichtsbetrachtung 6 4-6 eine Parallele zu Am 4 6ff. vor. Mit seinen Plagen wollte Jahwe Israel zur Umkehr bewegen; sein Bemühen blieb jedoch vergeblich. Während aber für Amos darum das Vernichtungsgericht unausweichlich ist, scheint Hosea doch beeindruckt zu sein von der wenn auch augenblicklichen Bußgesinnung Israels.

5. *Die Blutschuld zu Jesreel Hos 1 4*[253]

In Hos 1 4 liegt eine der wenigen geschichtlichen Anspielungen im Hoseabuch vor, die mit Sicherheit bestimmt werden können. Obwohl mit dem Namen Jesreel verschiedene Ereignisse aus der Geschichte Israels verbunden sind[254], läßt sich doch von der Strafankündigung v. 4b her eindeutig festlegen, an welches Ereignis Hosea hier denkt: »Und ich werde ahnden die Blutschuld zu Jesreel an der Dynastie Jehu.« Die Blutschuld zu Jesreel fällt also in die Dynastie Jehu. Von daher kommt der Justizmord an Naboth hier nicht in Frage[255], da er noch unter den Omriden geschah. Nur die Beseitigung des letzten

---

[252] I. Zolli, Hosea 6 5, ZAW 57 (1939), 288.

[253] 2 1-3 ist mit den meisten Auslegern als nachhoseanisch zu betrachten, anders H. W. Wolff, Der große Jesreeltag (Hosea 2 1-3), EvTh 12 (1952/53), 78—104 (= GSt, ThB 22, 1964, 151—181); ders., Hosea, 27—33; A. Weiser, Kleine Propheten, 23. W. Rudolph, Hosea, 56, nimmt an, daß in 2 1-3 »echte Hoseaworte verwendet« sind. Ich beschränke mich darum hier auf die Anspielung in 1 4.

[254] In der Jesreelebene fanden die Schlachten der Richterzeit statt (Jdc 4 7 6 33), hier erlag Saul den Philistern (I Sam 29), besiegte Ahab die Syrer (I Reg 20 16), Pharao Necho den Josia (II Reg 23 29). Hier geschahen der Justizmord an Naboth und die Ermordung des letzten Omriden durch Jehu.

[255] Mit W. Rudolph, Hosea, 51.

Omriden durch Jehu kann hier gemeint sein[256]. Wie eigenständig Hosea dieses geschichtliche Ereignis betrachtet, geht daraus hervor, daß er die prophetische Designation Jehus nicht kennt[257] und auch nicht in das Lob des Deuteronomisten für den Eiferer Jehu einstimmt[258]. Für Hosea ist Mord Mord, und eine Dynastie, die in einer Bluttat gründet, kann für ihn keinen Bestand haben. Obgleich der Mord an dem letzten Omriden bereits hundert Jahre zurückliegt, erwartet Hosea noch die Auswirkung dieses Verbrechens. Die Königswirren seiner Tage[259] mochten ihn in seiner Gewißheit bestärkt haben, daß Jahwe in Kürze (עוד מעט) der Dynastie Jehu und damit dem Königtum Israels das Ende setzt.

Die Anspielung auf den Mord Jehus soll nicht veranschaulichen wie die Vergleiche in 9 9 und 11 8; er wird nicht in Parallele gesetzt zu einem Verbrechen der Gegenwart. Hosea erinnert an die Bluttat, weil Israel noch von ihr betroffen ist. Der vor hundert Jahren begangene Mord gehört noch nicht als abgeschlossenes Ereignis der Vergangenheit an, sondern er wirkt noch in die Gegenwart hinein. Ein Verbrechen, das noch nicht geahndet, eine Schuld, die noch nicht gesühnt ist, dauert bis in die Gegenwart an.

6. *Weitere Anspielungen?*

Ob in 9 15 »All ihre Bosheit in Gilgal« eine geschichtliche Anspielung vorliegt, ist nicht sicher. V. a ist ein Nominalsatz, dessen Zeitstufe nur durch das folgende verb. finit. gewonnen werden kann. Das Perfekt שנאתים v. a wird häufig als perf. incohat. gedeutet[260], doch bezeichnet das Perfekt im Hebräischen nicht den Beginn einer Handlung, sondern ihr Abgeschlossensein. Bei Verben der geistigen oder sinnlichen Tätigkeit aber ist das Perfekt häufig präsentisch zu übersetzen[261]: »All ihre Bosheit (häuft sich) in Gilgal, ja dort hasse ich sie.« Es muß offen bleiben, was Hosea mit diesem Satz sagen will. Man hat an den Kultus gedacht[262], der Baalkult war aber nicht auf Gilgal beschränkt. Auf Grund von v. b »all ihre Anführer sind Aufrührer« verband man mit Gilgal ein politisches Ereignis, nämlich die Erhebung

256 Vgl. die Kommentare von J. Wellhausen 97f. bis H. W. Wolff 19 und W. Rudolph 51.

257 Siehe II Reg 9 1.

258 II Reg 10 30.

259 Siehe 7 3-7 8 4.

260 So u. a. K. Marti, Dodekapropheton, 77; W. Nowack, Die kleinen Propheten, 59; W. R. Harper, Amos and Hosea, 339; E. Sellin, Zwölfprophetenbuch, 99; J. Rieger a. a. O. (Anm. 238) 77; H. W. Wolff, Hosea, 217.

261 Siehe O. Grether, Hebräische Grammatik, § 79h.

262 U. a. W. Nowack, Die kleinen Propheten, 59; K. Marti, Dodekapropheton, 77; H. Greßmann, Die älteste Geschichtsschreibung und Prophetie Israels, 390.

Sauls zum König[263]. Aber auch hier fragt es sich, ob eine so flüchtige Anspielung auf ein so weit zurückliegendes Geschehen von den Hörern verstanden werden konnte. Mit ziemlicher Wahrscheinlichkeit läßt sich daher sagen, daß Hosea hier nicht allein und nicht vorrangig die Krönung Sauls im Auge gehabt hat. Daß diese Erinnerung mitschwingt, wird man kaum bestreiten können. Die Anspielung auf Gilgal erscheint mir aber leichter verständlich, wenn sie durch ein Ereignis der jüngsten Vergangenheit ausgelöst wurde[264]. Die Erinnerung an den Beginn des Königtums in Gilgal und der dort geübte Kultus mögen dann miteingeflossen sein in das vernichtende Urteil: »All ihre Bosheit (häuft sich) in Gilgal.« In der Tat sieht Hosea im Kultus und im Königtum — zumindest in dem seiner Tage — die beiden Ausprägungen des Abfalls von Jahwe. So mag für Hosea die ganze Sündengeschichte Israels exemplarisch an dem Ort Gilgal haften und gegenwärtig sein[265].

Vielleicht ist noch das eine oder andere geschichtliche Motiv im Hoseabuch verborgen, das von uns heute nicht mehr als solches erkannt wird. E. Sellin[266] glaubt ja noch mehrere namhaft machen zu können, doch sind seine Argumente weniger überzeugend, zumal sie sich auf weitreichende Emendationen stützen. Auch auf die Anspielungen auf das Königtum brauche ich hier nicht näher einzugehen[267]. Es erscheint mir keineswegs erwiesen, daß 7 3 die gesamte Königsgeschichte meint[268]. Es liegt doch wesentlich näher, bei dem Abschnitt 7 3-7 an die Königsgeschichte seit Jerobeam II. zu denken, in der bis zu Hosea nur Menahem einen natürlichen Tod starb[269].

Fraglich ist auch, ob 6 7-10 auf die Niedermetzelung der Ephraimiten durch die Gileaditer bei der Furt von Adam (Jdc 12 1-6) anspielt[270]. Welches Interesse sollte Hosea gehabt haben, so weit zurückliegende Ereignisse seiner Gegenwart vorzuwerfen? Seine Hörer würden ihn nicht verstanden und ihm ihr Alibi vorgehalten haben.

[263] I Sam 11 14f.; siehe u. a. E. Sellin, Orientierung, 616; J. Rieger a. a. O. (Anm. 238) 77; A. Weiser, Kleine Propheten, 76; R. Hentschke, Die Stellung der vorexilischen Schriftpropheten zum Kultus, BZAW 75 (1957), 53. — E. Jacob, Der Prophet Hosea und die Geschichte, EvTh 24 (1964), 284, denkt an Kultus und Königtum.

[264] So auch W. Rudolph, Hosea, 188; vgl. hierzu noch O. Procksch, Die kleinen Prophetischen Schriften vor dem Exil, 47f.; R. Bach, Die Erwählung Israels in der Wüste, 23, und F. Nötscher, Zwölfprophetenbuch oder Kleine Propheten, HS, 1954, 28, die die Frage nach dem Ereignis offen lassen.

[265] Freilich steht Gilgal dann in einer gewissen Spannung zu Baal-Peor 9 10 und der Ebene Achor 2 17.

[266] Orientierung.

[267] 7 3-7 8 4.

[268] So E. Sellin, Orientierung, 613f.

[269] Vgl. W. Rudolph, Hosea, 148—150; H. W. Wolff, Hosea, 158—160.

[270] E. Sellin, Orientierung, 625.

Auch bei dem Vertragsbruch in Adam[271] wird es sich um ein Ereignis der jüngsten Vergangenheit handeln[272].

Die wenigen, weit in die Vergangenheit zurückreichenden Anspielungen haben bestätigt, daß Hosea ein Ereignis nur insofern interessiert, als es einen Bezug zur Gegenwart hat, als es für die Gegenwart typisch ist. Hosea macht seine Hörer nicht für die Taten der Väter und Vorväter verantwortlich, sondern er zeigt auf, daß ihre Situation derjenigen ihrer Väter entspricht. War es bei den Geschichtsbetrachtungen der Zusammenhang, den Hosea in der Geschichte Israels — einschließlich ihres Endes — nachzuweisen beabsichtigte, so sind es hier Entsprechungen, die er aufzeigen will. Die jetzige Situation Israels läßt sich vergleichen mit der Situation der Bewohner von Adma und Zeboim, das jetzige Volk ist den Frevlern von Gibea gleich. Bei Adma/Zeboim sieht Hosea kein Kausalverhältnis zwischen dem damaligen Geschehen und dem unmittelbar bevorstehenden Ergehen Israels, wohl aber ein Verhältnis der Entsprechung, das es ihm erlaubt, den Ernst der jetzigen Lage dem Volk zu veranschaulichen durch einen Vergleich. Adma und Zeboim sind vernichtet worden, die Schandtat der Frevler von Gibea blieb nicht ungesühnt — so blutig ernst steht es um das Volk. Die damaligen Ereignisse sind ungeheuer aktuell, sie betreffen das heutige Israel, das sich verhält wie die Frevler von Gibea und das die gleiche Strafe verdient hätte wie Adma und Zeboim. Dagegen besteht für Hosea bei der Anspielung auf die Blutschuld zu Jesreel eine klare Abhängigkeit: Die Dynastie Jehu wird in nächster Zukunft die Strafe für den sie begründenden Mord treffen.

III. Der Stammvater Jakob Hos 12

Zu Hos 12 ist in letzter Zeit eine Reihe von Arbeiten erschienen[273], ein Zeichen dafür, daß man noch nicht zu einer einheitlichen Auffassung über dieses schwierige Kapitel gelangt ist. Die Problematik besteht hier weniger in textkritischen als in literarkritischen Fra-

---

[271] Lies mit J. Wellhausen, Kleine Propheten, 116, wegen des folgenden בְּאָדָם שָׁם.

[272] Siehe außer den meisten Kommentaren z. St. noch G. Fohrer, Der Vertrag zwischen König und Volk, ZAW 71 (1959), 16; freilich hat die Auffassung E. Sellins unter den neueren Exegeten noch Anhänger gefunden, so z. B. A. Weiser, Kleine Propheten, 59.

[273] Allein seit 1960 sind folgende Arbeiten zu Hos 12 erschienen: M. Gertner, An Attempt at an Interpretation of Hosea XII, VT 10 (1960), 272—284; H. L. Ginsberg, Hosea's Ephraim, More Fool than Knave: A New Interpretation of Hosea 12 1-14, JBL 80 (1961), 339—347; P. R. Ackroyd, Hosea and Jacob, VT 13 (1963), 245—259; W. L. Holladay, Chiasmus, the key to Hosea XII 3-6, VT 16 (1966), 53—64; E. M. Good, Hosea and the Jacob Tradition, VT 16 (1966), 137—151.

gen. Ist Hos 12 ein zusammenhängendes Ganzes oder sind darin mehrere, ursprünglich selbständige Einheiten verarbeitet?

Da die Anspielungen auf Jakob auseinanderliegen, läßt es sich nicht vermeiden, das ganze Kapitel zu analysieren — so fragwürdig und wenig Erfolg versprechend dieser Versuch auch sein mag —, aber die Erinnerungen an Jakob lassen sich nur verstehen, wenn man sie einordnen kann in ihren ursprünglichen Textzusammenhang. Nur wenn es gelingt, ihnen einen bestimmten Ort in einer Redeeinheit zuzuweisen, läßt sich etwas über ihre Funktion und ihren Zweck sagen.

Das Kapitel beginnt v. 1a als Jahwerede. V. 1b unterbricht die Jahwerede und stellt Juda in positivem Licht dar als Kontrast zu Israel und Ephraim — ein Interesse, das schwerlich auf den Nordisraeliten Hosea zurückgeht. קדושים als Bezeichnung Gottes — sofern man sie als Parallele zu אל v. b versteht — ist erst sehr spät belegt[274]. V. 2 setzt die Jahwerede fort. Innerhalb dieses Verses stört nur כזב ושד ירבה, eine Wendung, die außerhalb der parallelen Versglieder liegt[275]. In v. 3a fällt die Rede von Jahwe in der 3. pers. auf, doch wird hier eine neue Redeeinheit beginnen, eingeleitet durch die Wendung ריב ליהוה[276]. V. 3a wegen der Unterbrechung der Jahwerede und wegen יהודה zu streichen[277], ist nicht notwendig. Zudem ist ריב ליהוה völlig unverdächtig[278]. Für Juda ist höchstwahrscheinlich Israel zu lesen; darauf deuten die beiden Verben עקב und שׂרה v. 4, die als Wortspiele zu den beiden Namen יעקב und ישׂראל zu verstehen sind[279]. Der Name Jakob setzt aus sich die Anspielung auf den Stammvater heraus v. 4. Aus v. 4 eine günstige Beurteilung Jakobs herauszulesen, wie es teilweise geschieht[280], ist unverständlich. V. 5a וישׂר אל־מלאך ist zunächst eine Dublette zu v. 4b und als solche verdächtig. Darüber hinaus aber schwächt dieser Versteil den Vorwurf von v. 4b ובאונו שׂרה את־אלהים ab: Es war nicht Gott selbst, sondern ein Bote Gottes, mit dem der Erzvater kämpfte. Aber auch der Rest von v. 5 paßt schlecht zum Vorhergehenden. Die schroffe Kritik an Jakob, mit der Hosea beginnt,

---

274 Siehe Prov 9 10 30 3.

275 Vgl. W. Nowack, Die kleinen Propheten, 70.

276 So E. Sellin, Zwölfprophetenbuch, 119; Th. H. Robinson—F. Horst, Kleine Propheten, 47; A. Weiser, Kleine Propheten, 89.

277 So K. Marti, Dodekapropheton, 94; W. Nowack, Die kleinen Propheten, 70; H. Guthe, Hosea, 19.

278 Vgl. Hos 4 1.

279 J. Wellhausen, Kleine Propheten, 18; E. Sellin, Zwölfprophetenbuch, 119f.; Th. H. Robinson—F. Horst, Kleine Propheten, 46; A. Weiser, Kleine Propheten, 89; H. W. Wolff, Hosea, 266f.; E. M. Good a. a. O. (Anm. 273) 139.

280 F. Hitzig—H. Steiner, Die zwölf kleinen Propheten, 57; zuletzt P. R. Ackroyd a. a. O. (Anm. 273).

wird gemildert, ja man fragt sich, ob hier überhaupt noch eine Kritik vorliegt. In der Doxologie v. 6 vermag ich ebenfalls mit den meisten Auslegern nur einen sekundären Einschub zu sehen[281]. Weiter ist es schwer vorstellbar, daß der Rückblick auf die Jakobgeschichte, der so vernichtend begann, mit dem Mahnwort v. 7 ausklingen soll. Ein solcher Rückblick wäre dermaßen uneinheitlich, daß man sich vergeblich fragt, was Hosea mit der Erwähnung Jakobs bezweckt haben will. Es erscheint mir daher begründet, in den Versen 5-7 Glossen anzunehmen, die die Kritik Hoseas am Erzvater mildern und schließlich auffangen sollen[282]. Was hat schon die Betelszene mit dem Rechtsstreit zu tun, den Jahwe mit Israel führt? Daß Jahwe einst mit Jakob in Betel redete, kann doch jetzt nicht Israel zur Last gelegt werden. Außerdem redet Hosea sonst von בית־און[283]. Was läge näher, als hier ebenfalls von בית־און zu sprechen, wo doch im Zusammenhang die Wörter און und אָוֶן entscheidende Bedeutung haben. Hosea hätte schwerlich ausgerechnet hier auf die verächtliche Bezeichnung Betels verzichtet. Gegen die Ursprünglichkeit von v. 7 sprechen außerdem noch stilistische Gründe. שׁמר mit den Objekten משפט und חסד findet sich erst vom Deuteronomium an[284]. Weiter begegnet קוה אל auf Jahwe

---

[281] Anders W. Rudolph, Hosea, 229f. Vgl. jedoch F. Horst, Die Doxologien im Amosbuch, ZAW 47 (1929), 45—54. An Stelle des יהוה שׁמו Am 4 13 5 8 9 6 steht hier יהוה זִכְרוֹ, siehe noch W. Schottroff, Gedenken im Alten Orient und im Alten Testament, WMANT 15, 1964, 269f.

[282] So schon K. Marti, Dodekapropheton, 95; W. Nowack, Die kleinen Propheten, 71f.; W. R. Harper, Amos and Hosea, 373, der — m. E. mit Unrecht — auch v. 4 b streicht. Dadurch wird erstens das Wortspiel und zweitens die Entsprechung von בבטן und באונו verkannt; ferner J. Lindblom, Hosea literarisch untersucht, 103f.

B. Duhm, Anmerkungen zu den Zwölf Propheten, 38f., geht zu weit, wenn er auch v. 4 streicht. Daß Jakob in v. 4 als geschichtliche Einzelperson auftritt, ist kein Grund, Hosea v. 4 abzusprechen. Gerade das fortschreitende und für unsere Begriffe etwas sprunghafte Denken ist charakteristisch für Hosea; vgl. 13 5-8, wo aus der Anspielung auf die Wüstenzeit das Bild von Israel als der Herde Jahwes herausentwickelt wird. — Zuletzt hat sich, soviel ich sehe, J. Mauchline, The Book of Hosea, 696f., mit klaren Argumenten gegen die Ursprünglichkeit der v. 5-7 ausgesprochen. — Bei den beiden neuesten Kommentaren von H. W. Wolff 275ff., noch mehr aber bei dem von W. Rudolph 227ff. hat man den Eindruck, daß die Literarkritik am Hoseabuch wieder unmodern wird, siehe besonders die Anmerkung W. Rudolphs 227 Anm. 12: „Auf die viel weiter gehenden Ausscheidungen in dem Jakob betreffenden Text, die frühere Exegeten bis zur völligen Eliminierung der Jakobgeschichte vorgenommen haben, gehe ich nicht ein."

[283] 4 15 5 8 10 5 12 5 LXX; in 10 15 ist wahrscheinlich ursprünglich mit LXX בית־ישׂראל zu lesen, denn der Spruch richtet sich gegen das ganze Volk, so auch H. W. Wolff, Hosea, 235, und W. Rudolph, Hosea, 205.

[284] Mit משפט Dtn 7 11 8 11 11 1 26 17 30 16 I Reg 2 3 8 58 9 4 und später, mit חסד Dtn 7 9. 12 I Reg 3 6 8 23 und später.

gerichtet ausschließlich in Texten, die ebenfalls jünger als Hosea sind[285]. Als letztes Indiz für eine spätere Entstehung von v. 7 — keineswegs das einzige, wie W. Rudolphs Bemerkung[286] gegen C. Westermann[287] vermuten läßt — sei תמיד angeführt[288]. Sprechen der sachliche Zusammenhang und der Stil gegen hoseanische Verfasserschaft, dann ist es ein krampfhaftes Unterfangen, die Verse doch noch für Hosea retten zu wollen. Dabei ist man ja hier in der Lage, die Absicht des Glossators angeben zu können: Er will den scharfen Vorwurf gegen den Erzvater mildern.

Mit v. 8f. fällt wieder das Stichwort des Truges, doch bereitet das einleitende כנען Schwierigkeiten. Daß der Prophet die Israeliten als Kanaanäer bezeichnet, ist unwahrscheinlich. Man muß sich fragen, ob der Hörer dies verstanden hätte. Eine solche Identifizierung müßte expressis verbis erfolgen und sonst noch belegt sein. Einleuchtender ist die Annahme, כנען sei eine mildernde Glosse[289]. Der Vorwurf, der ursprünglich die Israeliten treffen sollte, wird so gegen die Kanaanäer gerichtet. So ist es nicht ausgeschlossen, daß v. 8 unmittelbar an v. 4 anschließt, wenngleich der Übergang ziemlich hart ist. Denn v. 4 redet eindeutig vom Stammvater, v. 8f. von Ephraim und, da Ephraim und Israel häufig parallel sind, von Israel. V. 9b ist wieder schwerlich in Ordnung. Es fällt auf, daß Ephraim trotz seiner trügerischen Praktiken, bei denen es gar nicht wählerisch zu sein scheint, darüber reflektiert, ob es schuldig geworden ist, noch dazu in der subtilen Unterscheidung von עָוֹן und חֵטְא. Die LXX-Lesart πάντες οἱ πόνοι αὐτοῦ οὐχ εὑρεθήσονται αὐτῷ διὰ ἀδικίας, ἃς ἥμαρτεν, wonach in

---

[285] Jes 51 5 Ps 27 14 (2mal) 37 34; vgl. hierzu C. Westermann, Das Hoffen im Alten Testament. Eine Begriffsuntersuchung, ThViat 4 (1952), 57f. Anm. 30 (= C. Westermann, Forschung am Alten Testament, ThB 24, 1964, 253 Anm. 30).

[286] Hosea 230 Anm. 22: »Westermann . . . vermag an der Hinzufügung von ‚dauernd' zu erkennen, daß v. 7 nicht von Hosea stammen kann«. — H. W. Wolff, Hosea, 277, hält die Herleitung von Hosea »wegen der parallelen Einführung eines Zitates in die Tradition in 10 12, wegen der typisch hoseanischen Dreigliedrigkeit der Periode und wegen des, abgesehen von תמיד, nachweislich hoseanischen Sprachgebrauchs« aufrecht. Daß der Sprachgebrauch so hoseanisch nicht ist, wurde oben gezeigt. Zudem bestehen gerade gegen 10 12 schwere Bedenken, siehe oben S. 72f. Es bleibt fraglich, ob das Vorkommen dreigliedriger Perioden bei Hosea allein die Beweiskraft für die Ursprünglichkeit von v. 7 tragen kann.

[287] A. a. O. (Anm. 285) 57f. Anm. 30 (= Forschung, 253 Anm. 30).

[288] Ich beschränke mich auf die Vorkommen in der prophetischen Literatur: Jes 21 8 (um 540 v. Chr., siehe K. Marti, Das Buch Jesaja, KHC X, 1900, 165, und G. Fohrer, Das Buch Jesaja, I Kapitel 1—23, 1966², 238) 49 16 51 13 52 5 58 11 60 11 62 6 65 3 Jer 6 7 52 33. 34 Ez 38 8 39 14 46 14. 15 Ob 16 Nah 3 19 Hab 1 17.

[289] So B. Duhm, Anmerkungen, 37; W. Nowack, Die kleinen Propheten, 72; H. Guthe, Hosea, 19; J. Lindblom, Hosea literarisch untersucht, 104.

v. 9b Jahwe wieder spricht, gibt daher einen besseren Sinn[290]. Dabei könnte in v. 9b das Urteil des ganzen Rechtsstreites vorliegen: Von seinem auf betrügerische Weise erworbenen Reichtum wird Israel nichts haben. Damit wird ihm auch der Gegenstand seines Selbstruhmes genommen, in dem Hosea Abfall von Jahwe sehen mußte. Israel verdankt seinen Reichtum allein Jahwe. Vergißt es in seinem Reichtum den Geber, dann ist es bereits von Jahwe abgefallen. So würde Israel nach dem Urteil v. 9b tatsächlich in dem bestraft, worin es sündigte, in seinem betrügerischen Wesen und in seiner Überhebung gegen Gott. Doch muß diese Auffassung erst durch die weitere Analyse des Kapitels als möglich erwiesen werden.

V. 10 paßt schwerlich in seinen jetzigen Zusammenhang. Wer die obige Auffassung, daß v. 9b das Urteil des Rechtsstreites ist, nicht teilen kann, erwartet nach dem Aufweis der Schuld ein Drohwort, das das Strafmaß enthält. Aber v. 10a ist nicht der Anfang eines Drohwortes, sondern einer Zusage. Die feierliche Selbstvorstellung Jahwes erinnert an die Heilstat des Exodus und kann nur als Einleitung eines Heilswortes verstanden werden[291]. V. 10 erweist sich aber schon dadurch als Fremdkörper in Kap. 12, daß Israel nur hier direkt angeredet wird. Schlösse v. 10 an v. 9b an, so würde man entweder die 3. pers. erwarten oder aber eine Fortsetzung von v. 10 in der Art von 2 16f., aus der deutlich hervorginge, daß die Rückführung in die Wüste Vorstufe von Jahwes Erlösungshandeln ist. Eine solche Fortsetzung fehlt aber. V. 11 blickt vielmehr — wiederum unvermittelt — auf die Wirksamkeit der Propheten zurück und ist schon von daher schlecht bei Hosea denkbar. Die Wortwahl spricht ebenfalls gegen Hosea. חזון als zusammenfassende Bezeichnung der prophetischen Offenbarung begegnet erst viel später[292], und auch בְּיַד mit Angabe der Person, durch die Jahwe spricht, läßt sich erst von der deuteronomischen Zeit an belegen[293]. Schließlich sei noch darauf hingewiesen, daß in v. 11 keinerlei metrische Gliederung festzustellen ist.

---

290 So auch Th. H. Robinson—F. Horst, Kleine Propheten, 46; A. Weiser, Kleine Propheten, 90. H. W. Wolff, Hosea, 268, und W. Rudolph, Hosea, 222f., halten an MT fest, beide mit der Begründung »erst 10 (ואנכי) zeigt einen deutlichen Übergang zur Strafverfügung« (Wolff). Es ist aber fraglich, ob ein Zusammenhang mit v. 10 besteht.

291 Vgl. K. Marti, Dodekapropheton, 96, und W. Nowack, Die kleinen Propheten, 72.

292 So in den Überschriften zu den Prophetenbüchern Jes 1 1 Ob 1 Nah 1 1, dann bei Haggai und vor allem in der Apokalyptik (12 mal im Danielbuch); freilich begegnet חזון auch in älteren Texten, jedoch nicht als zusammenfassende Bezeichnung prophetischer Offenbarungen.

293 Siehe z. B. Jos 14 2 20 2 21 2. 8 22 9 oder I Reg 8 53. 56 12 15 14 18 15 29 16 7. 12. 34 u. ö.; vgl. A. Jepsen, Nabi, 1934, 223.

In v. 12 könnte zur Not die hinter v. 8f. unterbrochene Rede ihre Fortsetzung haben. אָוֶן nimmt das Stichwort און v. 4 und v. 9 wieder auf, was aber auch erst den Sammler bewogen haben kann, v. 12 hier anzuschließen. Denn v. 12 kann durchaus ein ursprünglich selbständiges Wort gewesen sein[294], da das Drohwort v. b sich auf den Gegenstand des Scheltwortes v. a, den Kultus, beschränkt. Es ist daher unwahrscheinlich, daß die Gerichtsrede mit v. 12 schließt.

Die Verse 13 und 14 werden häufig zusammengenommen, da man in ihnen den Gegensatz Frau—Prophet zum Ausdruck gebracht findet[295]. Dagegen spricht aber der verschiedene Gebrauch der Partikel בְּ. Während sie in v. 13 den Zweck angibt, dessetwegen Jakob diente, hat sie in v. 14 instrumentale Funktion. ‚Jakob diente um ein Weib, aber Jahwe führte durch einen Propheten Israel aus Ägypten' ist ein denkbar schlechter Gegensatz. Der Zusammenhang der beiden Verse ist darum unwahrscheinlich. V. 13 schließt unmöglich an v. 12 an. Eher läßt sich vermuten, daß v. 13 auf v. 7 folgt[296]: Der Flucht nach Aram geht die Verheißung der Rückkehr voraus. Ist dieser Zusammenhang richtig, dann muß auch v. 13 Hosea abgesprochen werden. Aber davon ganz abgesehen ist v. 13 reine Prosa und unterliegt schon von seiner Form her schwersten Bedenken. Das gleiche trifft für v. 14 zu[297], wo das zweimalige בנביא stilistisch ebenso befremdet wie das zweimalige באשה in v. 13. Die Annahme fällt schwer, Hosea habe bei seinem sonstigen Sprachreichtum sich derartig wiederholt. Sachlich ist die Auffassung von Mose als Prophet erst vom Deuteronomium an belegt[298].

---

[294] Siehe Th. H. Robinson—F. Horst, Kleine Propheten, 48.

[295] So J. Wellhausen, Kleine Propheten, 130; W. Nowack, Die kleinen Propheten, 74; K. Marti, Dodekapropheton, 98. — O. Procksch, Die kleinen Prophetischen Schriften vor dem Exil, 56f., sieht einen Gegensatz zwischen Jakob und Mose, aber auch dieser Gegensatz erscheint eher konstruiert als glücklich. K. Marti, Dodekapropheton, 98, antwortet darauf mit Recht: »Diesen Gedanken könnte so gewunden nur ein Späterer, nicht Hosea selbst ausdrücken.«

[296] So J. Mauchline, Hosea, 703: »It should be associated with vss. 4-6 (Zählung nach der RSV), and for that reason, in accordance with the conclusions reached above, should be regarded as an addition.«

[297] Weswegen E. Sellin, Zwölfprophetenbuch, 1922, 96, noch v. 14 ausschied. In der 2./3. Aufl., 126, aber hat er dieses Urteil revidiert, wobei er v. 14 als Jahwerede umstilisiert.

[298] Dtn 18 15 34 10. Nach W. Rudolph, Hosea, 231 Anm. 28, haben wir »hier die literarisch älteste Stelle, wo Mose Prophet genannt wird«. Dagegen spricht aber die Selbstverständlichkeit, mit der Mose hier als Prophet bezeichnet wird, während Dtn 18 15 34 10 eher den Anschein erwecken, als würde durch die vergleichende Partikel כְּ die Bezeichnung Moses als Prophet erst eingeführt. Dagegen kann man jedoch einwenden, der Vergleich stelle Mose gerade als den typischen Propheten heraus, vgl. G. v. Rad, Theologie des AltenTestaments, I 1961[3], 292. Aber dem Wort נביא liegt

Liegt in v. 15 der Schluß des Rechtsstreites vor? Dafür spricht zunächst, daß v. 15 wie eine Zusammenfassung klingt. V. a kann als Summarium der Anklage aufgefaßt werden, v. b als Strafbestimmung. Doch würde man dann erwarten, daß Jahwe selbst spricht[299]. Nun könnte aber, wie K. Marti vermutet[300], v. 15 dem eingeschobenen v. 14, in dem auch von Jahwe in der 3. pers. die Rede ist, angeglichen worden sein. Für v. 15 als Schluß der Gerichtsrede spricht noch die Wiederaufnahme der Ankündigung v. 3 כמעלליו ישיב לו in v. 15 וחרפתו ישיב לו. Doch ist im gesamten vorhergehenden Abschnitt von Blutschuld nicht die Rede, was den Zusammenhang wieder fraglich macht. Nun wird aber in Hos 6 8 Gilead Blutschuld vorgeworfen, und zwar parallel zu dem Vorwurf קרית פעלי און. D. h. in 6 8 ist דם die Explikation von און. Damit ist es sehr wahrscheinlich, daß sich v. 15 auf v. 12 zurückbezieht, was durch die als Einschub erkannten Verse 13 und 14 bestätigt wird[301].

Was den Schluß der Gerichtsrede anlangt, so ergeben sich nun zwei Möglichkeiten: a) die Gerichtsrede schließt mit v. 9b LXX. b) Die Gerichtsrede schließt mit v. 15 unter Einschluß von v. 12.

Nach der bisherigen Analyse läßt sich mit einiger Sicherheit zunächst ein negatives Ergebnis festhalten: Die Verse 5-7[302]. 11. 13-14

---

in Hos 12 14 und Dtn 18 15 eine jeweils verschiedene Bedeutung zugrunde. Dort ist mit נביא wohl die geistbegabte Führerfunktion des Mose bezeichnet, während Dtn 18 15 unter נביא den Mittler des Gotteswortes versteht. Insofern gehört Hos 12 14 eher in die Nähe von Num 11, wo der Nabibegriff ausgeweitet wird auf die siebzig Ältesten, die Mose bei der Leitung des Volkes entlasten sollen. Num 11 29 wird sogar die Möglichkeit erwogen, das ganze Volk könnte zu Nabis werden. Eine solche Ausweitung des Nabibegriffes ist aber kaum in der Zeit Hoseas verständlich, vgl. hierzu A. Jepsen, Nabi, 119. 134f. 225.

299 Dementsprechend ändert H. Guthe, Hosea, 20. 300 Dodekapropheton 98.

301 So K. Marti ebd.; W. Nowack, Die kleinen Propheten, 74.

302 Die Streichung der Verse 5-7 ist zwar heute unmodern und fällt unter das Verdikt W. Rudolphs (siehe oben Anm. 282). Dennoch hat rein methodisch gesehen die Literarkritik K. Martis das größere Recht auf ihrer Seite als die Konstruktionen der neueren Ausleger: Daß Hos 12 3-6 ein zehngliedriger Chiasmus sein soll, wie W. L. Holladay a. a. O. (Anm. 273) glauben machen will, ist doch absurd. Diese Hypothese ist ja nur sinnvoll, wenn man annimmt, Hosea habe seine Zeit am Schreibtisch zugebracht mit der Ausarbeitung kunstvoller Stilformen. Meint denn Holladay wirklich, der Hörer habe Hosea folgen können? — Ein ähnlicher Einwand sei gegen E. M. Good a. a. O. (Anm. 273) gerichtet, der in den v. 4f. einen symmetrischen Aufbau findet (148): »We have found allusions to four incidents of the Jacob tradition, which fall into a pattern of two pairs. The first is a one-line reference to the birth story coupled with a two-line reference to the Jabbok incident. The second is a one-line reference to an unknown incident, now retained only in the brief notice of a place name in Gen. xxxv 8, coupled with a two-line reference to the meeting with a deity at Bethel.« Abgesehen davon, daß der Chiasmus Holladays und die

sind nicht ursprünglich. Ebenso erwies sich v. 10 als Fragment und Fremdkörper in Kap. 12, der aber Hosea nicht abgesprochen werden kann[303]. Auf welche Weise v. 10 in seinen jetzigen Zusammenhang ge-

---

Symmetrie Goods sich schon gegenseitig relativieren, so wird der Symmetrie bei Good die vollendete antithetische Struktur von v. 4 geopfert. Man fragt sich doch, was bei dem Gegensatz von בבטן und באונו der nachklappende v. 5a soll, der zudem v. 4b noch die Spitze abbricht. Auch darin wird man, wenn man vom Hörer her denkt, Good nur schwer folgen können, daß die ständige »ambiguity« Hoseas Absicht gewesen sein soll. Daß der Hörer das Ineinander von Jakob und Israel erfaßt hat, ist wahrscheinlich, aber daß er unter בית־אל den Ort *und* die Gottheit verstand und daß er die Suffixe in v. 5b sowohl in der Bedeutung von *eum* als auch von *nos* hörte, erscheint mir mehr als fraglich. Ständige mehrdeutige Redeweise überfordert den Hörer. Aber auch davon abgesehen, vermögen weder Holladay noch Good der Form des ריב gerecht zu werden. Beide beachten nicht den Zusammenhang, in dem die Anspielungen auf Jakob stehen. Während Holladay über die folgenden Verse schweigt — sie fügen sich ja nicht in den zehngliedrigen Chiasmus —, verliert Good kein Wort über den jetzigen Ort von v. 13. Hier erhebt sich der Formwille des Exegeten über den Text! — Aber auch bei der positiven Deutung der Anspielung auf Jakob, wie sie P. R. Ackroyd a. a. O. (Anm. 273) vertritt, kommt der Zusammenhang nicht zur Geltung. Es bleibt unerfindlich, warum die Anspielung Teil eines Rechtsstreites ist, unverständlich, warum »the recall of the past points out the responsibility of the present« (259), wenn Jahwe den Betrüger segnet. Was ist dann der Gegenstand des Rechtsstreites? Zudem ist es äußerst fraglich, Hosea so ausschließlich von der Tradition her zu verstehen: »The tradition itself is quite clear. Success is divinely ordained, and must be seen as the mark of divine favour. Is it likely that Hosea in using the tradition is saying: ‚The story which you love is not one of which you should be proud, for it is a story of deceit. You are condemned because you are one with your father Jacob in your falsity'? Is it not more likely that he is saying: ‚The success of your father Jacob was due to divine favour, and to the closeness of relationship which was his with God'?« (258). W. Rudolph, Hosea, 227, weist darauf hin, daß Hos 12 keineswegs die einzige kritische Beurteilung Jakobs ist, vgl. Jer 9 3 Jes 43 27. — In der Beurteilung der Deutung M. Gertners a. a. O. (Anm. 273) schließe ich mich den Worten W. Rudolphs, Hosea, 229 Anm. 17, an: »Nun liebt Hosea zweifellos Wortspiele und Paronomasien, aber daß er solche Finessen angewandt hätte, bei denen so gut wie alles zwischen den Zeilen gelesen werden muß, ist ausgeschlossen, da er doch von seinen Hörern verstanden werden wollte. . . Bei ihm von ‚aggadic paraphrase' (273) oder von ‚prophetic midrash' (284) zu sprechen und ihn so mit den späteren Haggadisten und Midraschisten auf eine Stufe zu stellen, ist ein starker Anachronismus.« — Im Gegensatz zu all diesen Deutungen ist das relative Recht in der Auffassung Th. C. Vriezens, La tradition de Jacob dans Osée XII, OTS 1, 1942, 64—78, zu betonen, der nur mit der Annahme eines Dialogs zwischen Prophet und Volk größeren Emendationen und Streichungen entgeht. Da sich aber, wie Vriezen selbst zugibt (64), kein einziger formaler Hinweis auf einen Dialog in Hos 12 findet, wird man den Spannungen des Textes am ehesten noch auf literarkritischem Wege gerecht.

[303] Gegen K. Marti, Dodekapropheton, 9f. 96, u. a., die alle Heilsweissagungen im Hoseabuch als sekundär ansehen. Siehe dazu G. Fohrer, Umkehr und Erlösung beim

raten ist, wird wohl offen bleiben müssen. Der Rest von Kap. 12 — v. 1-4. 8-9. 12. 15 — will sich beim besten Willen nicht in einen guten Zusammenhang fügen.

Der Anschluß von v. 8 an v. 4 ist nicht gut; er mag aber angehen, wenn man die Parallelität von Jakob und Israel in v. 3 berücksichtigt. Die beiden Wortspiele v. 3f. haben ja nur dann Sinn, wenn Israel und Jakob beides meinen, sowohl den Stammvater als auch das gegenwärtige Volk, wenn in dem Stammvater das Volk repräsentiert wird und in dem Volk noch der Stammvater gegenwärtig ist. Auf Grund dieses Ineinanders mag der Übergang von v. 4 zu v. 8 gerechtfertigt sein. Trifft die obige Auffassung von v. 9 zu, so könnte hier der Schluß der Gerichtsrede vorliegen. Dagegen kann eingewendet werden, v. 9b sei als Strafmaß zu milde. Hosea droht sonst mit Krieg[304] und Verbannung[305], und hier sollte es damit sein Bewenden haben, daß Israel der betrügerisch erworbene Reichtum nicht zur Verfügung steht? Das wäre in der Tat im Verhältnis zu den anderen Drohworten auffällig. Doch würde dem die Ankündigung des Rechtsstreites v. 3 entsprechen. Die vergleichende Partikel כְּ in כמעלליו ישיב לו v. 3bβ meint eine der Schuld äquivalente Strafe, wie sie v. 9b ankündigt. Dabei ist noch zu berücksichtigen, daß nicht gesagt wird, auf welche Weise Ephraim seinen Reichtum verliert.

Wie sind dann die Verse 12 und 15 zu verstehen? Wieder steht der Ausleger vor zwei Möglichkeiten: Entweder geht die Anklagerede auf einen neuen Bereich über, in dem Israel ebenfalls schuldig geworden ist, den Kultus, oder es beginnt mit v. 12 eine neue Redeeinheit. Die Frage ist schwer zu entscheiden, kann aber auf sich beruhen, da die Funktion der Anspielung auf Jakob von ihr unabhängig ist.

Die Analyse hat versuchsweise folgenden Text ergeben:

3 Einen Rechtsstreit[a] hat Jahwe mit Israel[b],
zu strafen[c] Jakob nach seinem Wandel,
seinen Taten entsprechend wird er ihm vergelten.
4 Im Mutterleib betrog er seinen Bruder
und in seiner Manneskraft rang er mit Gott.
8 (. . .)[d] In seiner Hand hält er falsche Waage,
zu bedrücken liebt er.
9 Aber Ephraim spricht: „Ja, ich bin reich,
ich habe mir ein Vermögen gewonnen".
All sein Erwerb wird nicht auffindbar sein für ihn
wegen der Schuld, die er begangen hat[e].

Propheten Hosea, ThZ 11 (1955), 161—185, bes. 173f. (=Studien, 1967, 222—241, bes. 232f.).

304 5 6-7 9 11-13 10 9-10. 13b-15 14 1.

305 9 1-6. 16-17.

[a] Das überleitende וְ in וריב ist wahrscheinlich sekundär. Mit der Ankündigung des Rechtsstreites beginnt eine neue Einheit.

[b] Ich lese mit den meisten Auslegern statt יהודה ישׂראל. Das Wortspiel mit dem Verb שׂרה v. 4b fordert Israel ebenso[306] wie es gegen die Streichung von v. 3a spricht.

[c] Streiche וְ vor לפקד[307].

[d] Streiche כנען.

[e] Nach LXX.

Trotz der Ungesichertheit der Analyse von Kap. 12 läßt sich doch etwas über die Funktion der Anspielung auf Jakob sagen. Die Anspielung ist Teil einer Gerichtsrede, in der Israel betrügerisches Verhalten und Selbstruhm vorgeworfen werden. Diese Anklage untermauert Hosea, indem er auf den Stammvater des Volkes weist und an ihm das gleiche schuldige Verhalten aufzeigt. Israel ist in der Tat eine seinem Stammvater Jakob, auf den es, wie die Überlieferungen der Genesis zeigen, mit Stolz geblickt hat, würdige Nachkommenschaft[308]: genauso listig und verschlagen, genauso überheblich und rebellisch gegen Gott. In der Verherrlichung des Erzvaters verherrlichte Israel sich selbst. Daß diese Selbstverherrlichung unbegründet ist, zeigt Hosea, indem er die Gestalt Jakobs kritisch beurteilt. Was nach solch einer kritischen Beurteilung übrigbleibt, ist ein Betrüger und Rebell gegen Gott, gewiß keine Gestalt, auf die man stolz sein könnte, mit der man sich gerne identifizierte. Aber in dem Anspruch, ihrem Stammvater gleich zu sein, stimmt Hosea seinen Hörern zu; er behaftet sie bei dieser Identität. Er überführt sie ihrer Schuld, indem er ihnen die Schuld des gefeierten Stammvaters vorhält. Es gibt für sie nunmehr keine Flucht aus ihrer Identität mit Jakob, sie können sich jetzt nicht mehr von ihrem Stammvater distanzieren. Mit der Anspielung auf Jakob wird Israels Schuld unwiderlegbar.

Wieder erweist sich Hosea als geschickter Führer von Jahwes Rechtsstreit, der es versteht, seine Hörer ihrer Schuld zu überführen, statt ihr Schuldigsein einfach zu behaupten. Auf diese Weise bereitet er die Anerkennung der Schuld und damit die Möglichkeit der Umkehr vor.

Hosea sieht Jakob nicht als Träger des Segens wie die Überlieferungen der Genesis, sondern als Betrüger und sich gegen Gott Auflehnenden. Er stimmt nicht ein in die Verherrlichung Jakobs, in dessen listigem und betrügerischem Verhalten man noch den von Gott Gesegneten feierte. Hosea wertet den Streit Jakobs mit Gott als Abfall von Gott, den er in Israel überall gegenwärtig sieht, und den Betrug

[306] Siehe z. B. E. M. Good a. a. O. (Anm. 273) 139.

[307] Mit Th. H. Robinson—F. Horst, Kleine Propheten, 46; A. Weiser, Kleine Propheten, 89, u. a.

[308] Siehe G. Fohrer, Prophetie und Geschichte, ThLZ 89 (1964), 489 (=Studien, 1967, 277).

an seinem Bruder stellt er auf die gleiche Stufe wie das betrügerische Geschäftsgebaren des Volkes.

In seiner kritischen Beurteilung Jakobs hat Hosea keinen Vorläufer, wohl aber Nachfolger gefunden[309]. Es besteht eine Analogie zwischen der Sünde des Volkes und der Sünde seines Stammvaters. Diese Analogie war Hosea in der Überlieferung nicht vorgegeben. Sie entspringt seinem eigenständigen Verständnis und seiner freien Verwertung der Tradition.

IV. Hoseas Geschichtsbetrachtung und sein Verhältnis zur Tradition

Hosea zeichnet verschiedene Bilder von der Geschichte Israels und stellt sie seinen Hörern vor Augen. Aber so sehr sich die Bilder nach ihren Motiven und ihrer Ausgestaltung unterscheiden, so einheitlich sind sie in der Intention ihrer Aussage. Hoseas geschichtliche Rückblicke sind Variationen seiner Geschichtsbetrachtung, die durch seine ganze Verkündigung hindurch in ihren wesentlichen Strukturen dieselbe bleibt. Hosea setzt jeweils mit der Frühzeit Israels ein, um dann im Kontrast dazu scheltend oder klagend auf das gegenwärtige Israel einzugehen. Diese schematische Geschichtsbetrachtung mit ihrer Gegenüberstellung von Einst und Jetzt ist typisch für Hosea. Der Bruch zwischen Einst und Jetzt liegt auf der Grenze von Wüste und Kulturland. Sobald Israel das Kulturland betreten hatte, fiel es von Jahwe ab und lief den Baalen nach. Die Geschichte Israels gliedert sich nach der Auffassung Hoseas streng in zwei Epochen: die Zeit bis zur Landnahme und die Zeit des Aufenthalts im Kulturland. Die erste Epoche kann Hosea entweder so beschreiben, daß er sie ganz im Zeichen von Jahwes heilvollem Handeln an Israel darstellt[310], oder so, daß er im Bild von einem Wert spricht, den Israel für Jahwe hatte[311]. Immer aber charakterisiert er die erste Epoche als die Zeit des ungetrübten Verhältnisses zwischen Jahwe und Israel. Die zweite Epoche dagegen ist vom ersten Augenblick an bestimmt durch Israels Abtrünnigkeit. Israel hat sich sofort dem kanaanäischen Baalkult ausgeliefert. Der Gegensatz dieser beiden Epochen ist für die Geschichtsbetrachtung Hoseas konstitutiv, ist das eine Thema, das er in immer neuen Bildern verdichtet[312].

---

[309] Zu Jer 9 3 siehe W. Rudolph, Jeremia, HAT I/12, 1968³, 66; zu Jes 43 27 G. Fohrer, Das Buch Jesaja, III Kapitel 40—66, 1964, 71, und C. Westermann, Das Buch Jesaja. Kapitel 40—66, ATD 19, 1966, 108.

[310] 11 1. 3f. 13 5.

[311] 9 10 10 11.

[312] Eine scheinbare Ausnahme bildet 10 1-2, wo Hosea nicht hinter die Zeit des Kulturlandes zurückgeht und den Abfall nicht als ein einmaliges Ereignis versteht, das freilich bis in die Gegenwart andauert (so besonders deutlich 9 10), sondern als ein Verhalten, in dem Israel sich immer mehr von Jahwe abgekehrt hat, je mehr es ihm

Das Ziel der geschichtlichen Rückblicke ist der Aufweis von Israels Schuld[313]. Durch das Kontrastmotiv von Jahwes fürsorgendem Handeln in Israels Frühzeit bzw. dem Wert, den Israel für Jahwe hatte, wird der Abfall Israels als besonders unverständliche Undankbarkeit bewertet und als schwere Schuld aufgedeckt. Diesem Ziel entspricht auch die literarische Gattung, in der die geschichtlichen Rückblicke vorgetragen werden. Hosea bedient sich fast durchweg der Redeformen des Gerichts, von denen die Anklagerede im Vordergrund steht. Die Rückblicke sind als Jahwereden stilisiert, Jahwe tritt als Kläger gegen Israel auf. Dabei kehren die für die Anklagerede charakteristischen Elemente häufig wieder: Jahwe redet vom Angeklagten in der 3. pers., er klagt vor dem Gerichtshof an, er weist auf das ursprünglich gute Verhältnis mit Israel hin, er betont, daß er alles in seiner Möglichkeit Stehende getan hat, damit dieses Verhältnis erhalten bleibt, er bringt zum Ausdruck, daß die Schuld Israels für ihn völlig unerwartet und unverständlich kam. Hosea begnügt sich nicht mit der Feststellung von Israels Schuld, er will sie beweisen. Darum holt er so weit aus, darum argumentiert er, darum spricht er über Israel nicht einfach das Schuldurteil. Er appelliert an seine Einsicht. Durch den Kontrast zu der harmonischen Frühzeit wird Israels Schuld nicht nur unentschuldbar, sondern auch unwiderlegbar. Hosea greift gelegentlich bis auf die Anfänge zurück[314], um den Angeklagten bei seiner Schuld zu behaften. Ganz deutlich wird dies in 11 1-4. Mit v. 2 stellt Hosea den Tatbestand der Schuld bereits fest. Aber, als wollte er sich scheinbar korrigieren, als käme der Vorwurf zu früh, setzt er in v. 3f. noch einmal neu ein und veranschaulicht in zwei Bildern Jahwes Liebe zu Israel, damit es für den Angeklagten auch wirklich kein Entrinnen vor seiner Schuld mehr gibt. Die Erweiterung der Schuldanklage geschieht also nicht aus historischem Interesse, sondern um Israels willen. Hosea ist nicht Historiker, der an der Vergangenheit um ihrer selbst willen interessiert ist oder der die Gegenwart von der Vergangenheit her verstehen will[315]. Er will Israel seiner Schuld überführen. Der

---

zu verdanken gehabt hätte. Die grundsätzliche Gegenüberstellung der beiden Epochen ist aber auch hier nicht verlassen, sondern vorausgesetzt.

[313] Von dieser Absicht her lassen sich auch die Einzelanspielungen verstehen, wonach Israels Schuld in besonderen Ereignissen seiner Geschichte in erhöhtem Maße manifest geworden ist, so in der Entstehung des Königtums 9 9 10 9 und in der Blutschuld zu Jesreel 1 4.

[314] Grundsätzlich ist Hosea nicht am Urdatum der Geschichte Israels interessiert. Den Auszug erwähnt er nur 11 1 2 17 12 10 (13 4). In den Gesamtrückblicken spielt er nur 11 1 auf den Exodus an, sonst geht er von der harmonischen Frühzeit Israels aus, ohne ihren Beginn zu datieren.

[315] Am ehesten könnte man historisches Interesse bei Hos 12 und den Einzelmotiven vermuten. Doch geht aus den Vergleichen deutlich hervor, daß es nicht das ver-

Rückblick in die Geschichte soll auf der Ebene der rationalen Argumentation die Schuldverfallenheit Israels aufdecken und es mit seiner Schuld konfrontieren.

Die sreng schematischen geschichtlichen Rückblicke bei Hosea sind nun zum Teil verknüpft mit einer Aussage über Israels Zukunft, über Jahwes Kommen, das unmittelbar bevorsteht. An 11 1-4 und 13 5f. schließt Hosea eine Aussage über Israels Zukunft an. Die Zukunft, die er ansagt, ist bestimmt durch Jahwes Kommen zum Gericht. Die Ankündigung des Gerichts ist das Ziel der Geschichtsbetrachtungen 11 1-7 und 13 5-8. Daraus folgt, daß der geschichtliche Rückblick im Dienst der Ansage von Jahwes künftigem Gerichtshandeln steht. Wie ist nun dieses Verhältnis von Gerichtsankündigung und geschichtlichem Rückblick näher zu bestimmen? Wie stellt sich Hosea das Gericht Jahwes vor?

Hoseas Gerichtsanschauung ist nicht einheitlich. Allein in 11 5f. sind es drei verschiedene Vorstellungen, die er aneinanderreiht: Rückkehr nach Ägypten, Deportation nach Assur und Krieg. Da Assur zur Zeit Hoseas der weitaus mächtigere politische Faktor ist, hat die Androhung der Rückkehr nach Ägypten weniger reale Bedeutung, obwohl Israel in seiner schwankenden Außenpolitik sich mehrmals nach Ägypten wandte. Die Rückkehr nach Ägypten ist vielmehr sinnbildhafter Ausdruck für die realpolitisch viel näher liegende Deportation nach Assur: Die einst mit der Herausführung aus Ägypten so hoffnungsvoll begonnene Geschichte zwischen Jahwe und Israel wird Jahwe zu ihrem Ende bringen. Wie Jahwe einst Israel aus der Knechtschaft in Ägypten befreite, so liefert er jetzt Israel den fremden politischen Mächten aus. Anfang und Ende der Geschichte Israels entsprechen sich negativ. Die gleiche negative Entsprechung von Anfang und Ende der Geschichte Israels findet sich in der bildlichen Geschichtsbetrachtung 13 5-8: Jahwe, ursprünglich der Hirte, der die

gangene Ereignis ist, das Hosea interessiert, sondern er zieht das vergangene Geschehen heran, um eine Aussage über die Gegenwart zu machen. Freilich ist das Interesse des Historikers an der Vergangenheit wohl immer ein abgeleitetes, auch dann, wenn er auf Bezüge zur Gegenwart ausdrücklich verzichtet und sich ausschließlich der toten, der ganz vergangenen Vergangenheit zuwendet; siehe hierzu R. Wittram, Das Interesse an der Geschichte, 1968[3], 16: »Das Interesse an der Geschichte kann daran haften, daß alles Vergangene ebenso wie alles Künftige, der heutige Tag wie die nächste Nacht unsere Welt sind, ‚daß mich Gott geschaffen hat samt allen Kreaturen‘, daß unter dem altertümlichen Helm, in der fremden Perücke der Mensch mich anblickt — ich selbst mich anblicke.« Solches »historische« Interesse hat in Kap. 12 seinen Niederschlag gefunden, wo Hosea keine Lehre für die Gegenwart zieht und auch nicht expressis verbis eine Entsprechung konstatiert, sondern die Gestalt des Jakob so zeichnet, daß sich seine Hörer in ihr anblicken müssen. Aber auch da ist die Intention des Rückgriffs auf die Vergangenheit keine andere als bei den Überblicken über Israels Geschichte.

Herde Israels weidete und vor Raubwild schützte, wird selbst zum Raubwild für Israel.

Die Rückblicke in 11 1-7 und 13 5-8 haben die Funktion, das Ende, das Jahwe der Geschichte Israels setzt, zu motivieren. Aber diese Motivation besteht nur für den Hörer. Weil Israel der fürsorgenden Liebe Jahwes zum Trotz von ihm abgefallen ist, wird Jahwe das schuldverfallene Dasein Israels vernichten[316]. Hosea leitet aber die Vernichtung Israels nicht aus der Geschichte ab. Mit dem Auftrag seiner ersten Ehe und den Symbolnamen, die er seinen Kindern zu geben hatte, besonders dem Namen seines dritten Kindes, war es Hosea unwiderruflich klar, daß Jahwe mit Israel gebrochen hatte und daß es ihm aufgebürdet war, seinem Volk den Untergang anzusagen. Dieses die Zukunft Israels betreffende Wort Jahwes ist für Hosea das erste; davon geht er aus. Von diesem Wort wendet er sich zur Gegenwart und zur Vergangenheit, d. h. sein geschichtlicher Rückblick ist veranlaßt und bestimmt durch das, was unmittelbar bevorsteht. Die Betrachtung der Geschichte geschieht von ihrem Ende her, das »Interesse« an der Vergangenheit ist bewegt durch die Zukunft[317]. Die geschichtlichen Rückblicke sind eine sekundäre Begründung für das Ende Israels. Daß auch die Rückblicke als Jahwerede stilisiert sind, widerspricht dem nicht, sondern zeigt nur, wie sehr Hosea von seinem Auftrag durchdrungen ist.

Die Disposition der Geschichtsbetrachtungen entspricht also nicht ihrer Entstehung. Vielmehr ist das, worauf die Geschichtsbetrachtungen zielen, die Ankündigung des Gerichts, das Ursprüngliche. Um aber die Gerichtsansage vor den Hörern zu begründen, geht Hosea den umgekehrten Weg: In seinem Abriß der Geschichte Israels führt er sie bis zu Jahwes unmittelbar bevorstehendem Gerichtshandeln. Damit soll das Volk erkennen, daß Jahwes Gericht aus seiner bisherigen Geschichte folgt. Um das zu zeigen, braucht Hosea nur die beiden Epochen in ihrem Kontrast klar herauszustellen: Jahwes fürsorgendes Handeln in der Frühzeit und Israels Abfall mit dem Betreten des Kulturlandes.

Hosea sagt die Vernichtung Israels an und begründet sie. Ist das nicht ein Widerspruch? Bedarf es noch der Begründung, wenn das

---

316 Auch die Anklagereden, die nicht mit einem Urteil und der Ankündigung von Israels geschichtlichem Ende schließen, 9 10 und 10 11. 13a, werden in diesem Sinne zu verstehen sein. Jahwe tritt beide Male als Kläger auf. Daß seine Klage zu Recht besteht und wie das Urteil ausfallen wird, versteht sich darum von selbst; vgl. G. Fohrer, Das Buch Jesaja, I 26f.

317 Vgl. H. W. Wolff, Das Geschichtsverständnis der alttestamentlichen Prophetie, EvTh 20 (1960), 219ff. (=GSt, ThB 22, 1964, 290ff.), und E. Jacob, Der Prophet Hosea und die Geschichte, EvTh 24 (1964), 282: »Die Geschichte, die der Prophet erlebt, steht unter dem Zeichen des Endes des israelitischen Reiches.«

Ende bereits feststeht? Die Begründung des Gerichts vor Israel ist nur sinnvoll, wenn Israel noch eine Möglichkeit hat, dem Gericht zu entkommen. Diese Möglichkeit sieht Hosea in der Tat: Nur wenn Israel seine Schuld einsieht und sich zu Herzen nimmt und zu Jahwe umkehrt, wird Jahwe das Gericht nicht vollstrecken. Die in Form einer Geschichtsbetrachtung erweiterte Schuldanklage und Gerichtsdrohung will Hosea als letzte, unwiderruflich letzte Mahnung vor dem Ende verstanden wissen. Der letzte Zweck der geschichtlich begründeten Gerichtsankündigung ist die Mahnung zur Umkehr.

Welche Folgerungen lassen sich nun aus den Geschichtsbetrachtungen ziehen für das Verhältnis Hoseas zur Tradition? Die Aufnahme der Traditionen aus Israels Frühzeit an sich sagt noch gar nichts; sie erlaubt noch keineswegs, das Verhältnis Hoseas zur Tradition als Traditionsgebundenheit zu charakterisieren. Entscheidend ist allein, in welchem Sinne Hosea die altisraelitischen Überlieferungen heranzieht[318].

In dem Bericht über die erste Ehe Hoseas, der wohl die Stelle einer Berufungserzählung einnimmt, geht aus der Begründung des Symbolnamens לא עמי klar hervor, daß die »Erwählungstradition« für Hosea grundsätzlich keine Gültigkeit mehr hat. Schroffer läßt es sich nicht sagen, daß Jahwe mit Israel nichts mehr zu tun hat. Hos 1 9 geht hierin über Am 3 2 hinaus, wo die Erwählungstradition nicht bestritten, sondern vorausgesetzt wird, wo Amos aber aus dieser Voraussetzung für Israel andere Folgerungen zieht[319]. Hier dagegen wird die Geltung der Erwählungstradition bestritten: »Ihr seid nicht mein Volk«. Von dieser Absage Jahwes an Israel her ist das Verhältnis Hoseas zur Tradition zunächst zu sehen. Die zahlreiche Verwendung der Tradition widerspricht dem nicht, denn die Verwendung sagt noch nichts über die Funktion[320]. Der grundsätzlichen Absage an die Tradition, wie sie 1 9 laut wird, entsprechen zumindest die beiden Drohworte 11 1-7 und 13 5-8, die jedes auf seine Weise die Außerkraftsetzung der Tradition zum Ausdruck bringen. Die Androhung der Rückkehr nach Ägypten 11 5 macht die Herausführung aus Ägypten, durch die Jahwe Israel als sein Volk schuf, rückgängig[321]. Ebenso negativ entsprechen sich Anfang und Ende der Geschichtsbetrachtung 13 5-8. Das durch die ursprüngliche Tat Jahwes gesetzte Verhältnis Jahwes zu Israel wird durch Jahwes künftiges Handeln negiert. Das

---

318 Vgl. G. Fohrer, Tradition und Interpretation im Alten Testament, ZAW 73 (1961), 2f. 24—30.

319 Zu Am 3 2 siehe oben S. 29ff.

320 Man kann auf diesen Unterschied nicht nachdrücklich genug hinweisen.

321 Die Androhung der Rückkehr nach Ägypten findet sich noch 9 3. 6, beide Male in Parallele mit der Deportation nach Assur (lies 9 6a הֹלְכִים אַשּׁוּר, siehe BHK und die Kommentare).

künftige Tun Jahwes ist seinem früheren genau entgegengesetzt. Das Verhältnis zur Tradition ist rein negativ. Man könnte fast sagen, Hosea erinnere nur deswegen an das frühere Handeln Jahwes, um zum Ausdruck zu bringen, daß Jahwe jetzt genau entgegengesetzt handeln wird und das frühere Geschehen daher keine Geltung mehr hat. Hosea mußte sich mit dem Volksglauben auseinandersetzen. Das geschah am besten, wenn er von der Voraussetzung seiner Hörer her argumentierte. Hätte er das Vernichtungsgericht, das Ende der Geschichte Israels, nur angesagt, so hätte er sich kein Gehör verschafft, denn man hätte ihm sofort die Erwählung entgegengehalten. Auf diese Weise aber entkräftet er den Einwand, bevor er überhaupt laut wird. Vom ersten Wort seiner Rede an hat er so die Hörer auf seiner Seite, denn sie können noch nicht wissen, worauf er hinaus will. Sie fühlen sich zunächst nur bestätigt. Die Verwendung der Tradition ist ein scheinbares Zugeständnis an die Hörer. Hosea gewinnt so zunächst ihre Zustimmung. Um so vernichtender für sie mußte darum seine Absage an die Tradition mit allen ihren Konsequenzen sein. Hoseas Verhältnis zur Tradition ist während der ersten Periode seiner Wirksamkeit, in der er Israel das Vernichtungsgericht anzusagen hatte, bestimmt durch schroffe Diskontinuität: Jahwe setzt der Geschichte Israels ein Ende; er widerruft sein früheres heilvolles Handeln an Israel; Israel muß zurück nach Ägypten, Assur wird sein König sein; Jahwe selbst wird sich als Raubwild auf die Herde Israel stürzen, die er einst geweidet hat. Alle diese Vorstellungen kündigen den Abbruch der Gemeinschaft zwischen Jahwe und Israel an, die mit der Herausführung aus Ägypten so hoffnungsvoll begonnen hatte.

Diese Sicht des Verhältnisses Hoseas zur Tradition unterscheidet sich in mehrfacher Hinsicht von der durch G. v. Rad[322] ausgelösten und von seinen Schülern weiter entwickelten. Für die Auffassung G. v. Rads ist folgender Satz charakteristisch: »Wir sahen, wie tief sie (sc. die Propheten des 8. Jahrhunderts) in den religiösen Überlieferungen ihres Volkes wurzeln, wahrscheinlich viel tiefer als irgend einer ihrer Zeitgenossen; man könnte ja fast das Ganze ihrer Verkündigung als ein einziges aktualisierendes Gespräch mit der Überlieferung bezeichnen. Aber gerade damit, wie sie diese verstanden und erneuerten, gerade damit sind sie aus dem bisherigen glaubensmäßigen Besitzstand ihres Volkes herausgetreten.«[323] v. Rad sieht die Propheten des 8. Jahrhunderts in grundsätzlicher Kontinuität zur Tradition. Sie modifizieren lediglich das bisherige Verstehen der Tradition. Davon kann nun — zumindest bei Hosea — keine Rede sein. Hosea modifiziert nicht die Tradition, er hebt sie auf, negiert sie, bestreitet grundsätzlich ihre Geltung für das jetzige Israel. Es trifft auch nicht zu, daß »Hoseas ganze Verkündigung . . . heilsgeschichtlich verwurzelt« ist[324]. Von einer heilsgeschichtlichen Ver-

---

[322] G. v. Rad, Theologie des Alten Testaments, II 1965[4], bes. 182—194.

[323] Ebd. 183.

[324] Ebd. 147. Vgl. auch H. Donner, Israel unter den Völkern, VTSuppl 11, 1964, zu 11 1-7, 87—91, und oben S. 64f.

wurzelung Hoseas kann man allenfalls vor seiner Berufung reden. Doch darüber wissen wir nichts. Mit seiner Berufung wurde er aus dem heilsgeschichtlichen Boden seines Volkes herausgerissen (Hos 1). Es ist bezeichnend, daß v. Rad seine Auffassung als erstes belegt mit 12 10 und 13 4 »Ich bin Jahwe, dein Gott von Ägypten her«[325]. Doch wird solche flächige Behandlung der Texte Hosea nicht gerecht. In der Wirksamkeit Hoseas muß man zwei Perioden unterscheiden, die durch eine unterschiedliche Gerichtsauffassung gekennzeichnet sind. Die erste Periode ist bestimmt durch die Ankündigung des Vernichtungsgerichts; in seiner zweiten Periode sieht Hosea Israel durch ein Läuterungsgericht hindurchgehen. Diese verschiedenen Gerichtsauffassungen lassen sich unmöglich aus der gleichen Zeit verstehen, denn sie schließen sich gegenseitig aus. Die Deportation nach Assur bzw. die Rückkehr nach Ägypten meint etwas anderes als die vorübergehende Rückführung in die Wüste[326]. Von daher verbietet es sich, Hoseas Verhältnis zur Tradition von den beiden Fragmenten 12 10 und 13 4 her zu entwickeln.

E. Rohland[327] geht zwar nicht von 12 10 und 13 4 aus, versteht aber die Verkündigung Hoseas »als Ankündigung jenes zukünftigen Geschehens«, »in dem Jahwe sein Handeln an Israel zunächst aufhebt, um dann in einer Erneuerung der Heilsgeschichte und damit des Volkes selbst dessen Erwählung zu ihrer Erfüllung zu bringen«[328]. Daß Jahwe die Erwählung Israels aufhebt und erfüllt, entnimmt Rohland u. a. Hos 11, das er als einheitliches Kapitel versteht. Hier wird deutlich, welche Konsequenzen die Vernachlässigung literarkritischer und formkritischer Analyse zeitigt und wie notwendig es ist, nach der Abgrenzung der einzelnen Einheiten zu fragen und die Geschichtsbetrachtungen allein im Rahmen der jeweiligen Einheiten zu würdigen. Wenn Sachkritik irgendeine Rolle spielen soll, dann ist es undenkbar, daß Hosea zu gleicher Zeit und in demselben Wort Nein und Ja sagt[329].

Die gleiche, grundsätzlich einlinige Behandlung der Texte findet sich bei H. W. Wolff[330]. Darin ist es begründet, daß auch bei ihm die Kontinuität zur Tradition überwiegt, wenngleich er die Traditionsgebundenheit der Propheten nicht so einseitig sieht wie G. v. Rad. Hoseas Verhältnis zur Tradition kann Wolff in folgendem Satz zusammenfassen: »Der Prophet (sc. Hosea) zeigt sich in der Verarbeitung der Tradition nicht als Revolutionär, sondern als Reformator; nicht als Tradent, sondern als aktueller Wortführer des Rechtsstreits Gottes; nicht als Reaktionär, sondern als Herold neuer Gottestaten des alten Gottes Israels.«[331] Man steht den drei Gegensatzpaaren etwas ratlos gegenüber. Inwiefern kann Hosea als Reformator der Tradition angesprochen werden? Wolff antwortet selbst unter Hinweis auf 11 1ff.: »Eben der bevorzugte Rückgriff auf die Anfänge der Geschichte Israels in Jahwes Ruf und Tat gibt ihm reformatorische

---

325 Ebd.

326 Zu den beiden Perioden der Wirksamkeit Hoseas siehe G. Fohrer, Umkehr und Erlösung beim Propheten Hosea, ThZ 11 (1955), 161—185 (= Studien, 1967, 222 bis 241).

327 E. Rohland, Die Bedeutung der Erwählungstraditionen Israels für die Eschatologie der alttestamentlichen Propheten, Diss. Heidelberg 1956, 34—55.

328 Ebd. 54.

329 Zur Abgrenzung von 11 1-7 siehe oben S. 60f.

330 H. W. Wolff, Hauptprobleme alttestamentlicher Prophetie, EvTh 15 (1955), 456 bis 458 (= GSt, ThB 22, 217—220), und Hosea, bes. 249—253, wo H. W. Wolff sich für die Einheit von Kap. 11 einsetzt.

331 Hauptprobleme 458 (= ThB 22, 220).

Züge.«[332] Entscheidend ist aber nicht, wie schon mehrfach betont wurde, der »Rückgriff auf die Anfänge der Geschichte Israels« als solcher, sondern seine Funktion, die nur in dem Zusammenhang 11 1-7 erhoben werden kann. Was heißt »reformatorische Züge« ? Das zweite Gegensatzpaar »nicht als Tradent, sondern als aktueller Wortführer des Rechtsstreits Gottes« berücksichtigt im Unterschied zum ersten die Funktion der geschichtlichen Rückblicke im Rechtsstreit, den Hosea im Namen Jahwes führt. Aber hier beschränkt er die Funktion der Tradition auf den Schuldaufweis, während das Urteil ja einen radikalen Bruch mit der Tradition bedeutet. Auch das dritte Gegensatzpaar betont noch zu stark die Kontinuität, doch komme ich darauf weiter unten noch einmal zurück.

Auch R. Rendtorff[333] bestimmt von 12 10 und 13 4 her Hoseas Verhältnis zur Tradition. Auch er vermengt die beiden Perioden der Wirksamkeit Hoseas: »Auch bei Hosea läßt sich also beobachten, daß er gerade die Tradition aufruft gegen das Treiben seiner Zeit- und Volksgenossen. Aber bei ihm ist zugleich deutlich, daß er die Tradition auch umwandelt. Er verkündigt ein neues Handeln Jahwes an Israel. Es wird an das alte anknüpfen; ja, es wird das alte gleichsam noch einmal wiederholen.«[334] »Auch Hosea sieht das unabwendbare Gericht Jahwes an Israel bevorstehen; aber er sieht *zugleich* einen Weg, der durch das Gericht hindurch zu einem neuen Anfang des Handelns Jahwes mit Israel führt.«[335] Dieses »zugleich« ist charakteristisch für die hier vorgetragenen Deutungen von Hoseas Verhältnis zur Tradition. Es nivelliert die verschiedenen Gerichtsauffassungen und versteht die ganze Verkündigung Hoseas einseitig von seinem Erlösungsglauben her.

Hosea hat nicht von Anfang an einen Erlösungsglauben vertreten. Erst später hat sich seine Gerichtsauffassung gewandelt vom Vernichtungsgericht zum Läuterungsgericht und damit auch seine Geschichtsbetrachtung. In dem Heilswort 2 16ff. liegt kein geschichtlicher Gesamtaufriß vor. Hier ist — falls das Wort nicht als Fragment anzusprechen ist — direkt nur von der Zukunft und der Frühzeit Israels die Rede: Die Gegenwart, d. h. der gesamte Kulturlandaufenthalt wird übersprungen. Frühzeit und Zukunft Israels entsprechen sich jetzt positiv. Die Zukunft erscheint als Wiederholung der Frühzeit. Das ganze Augenmerk Hoseas richtet sich nun auf das bevorstehende Erlösungshandeln Jahwes. Israel soll zunächst wieder von allen Einflüssen des Kulturlandes, die es von Jahwe fortzogen, ferngehalten werden[336]. Dies geschieht bezeichnenderweise nicht durch Vernichtung der Baale — davon ist im ganzen Hoseabuch nirgends die Rede —, sondern durch die Rückführung Israels in die Wüste.

---

[332] Ebd. 457 (= ThB 22, 218).

[333] Tradition und Prophetie 222f.

[334] Ebd. 222.

[335] Ebd., Hervorhebung von mir.

[336] Siehe in diesem Zusammenhang auch 3 4, wo die Rückführung in vorpalästinische Verhältnisse ebenfalls Jahwes Erlösungshandeln einleitet; dazu H. W. Wolff, Hosea, 78: »Es wird politisch und kultisch der Wüste preisgegeben.« Auch das Fragment 12 10 gehört in diese Zeit, dazu siehe oben S. 97f.

Hier ist Israel mit Jahwe allein. Die Wüste ist darum der Ort, wo das ungetrübte Verhältnis zwischen Jahwe und Israel wiederhergestellt wird. Aber die Entsprechung von Zukunft und Vergangenheit bezieht sich nicht nur auf den zweiten Wüstenaufenthalt. Auch die zweite Wüstenzeit ist nur ein Durchgangsstadium. Wenn Israel aber ein zweites Mal das Kulturland betritt, wird seine Geschichte einen anderen Verlauf nehmen als bisher. Israel wird nicht wieder von Jahwe abfallen. Die gefährlichen Einflüsse des Kulturlandes, die Baale, werden bleiben, aber Israel wird ihnen nicht erliegen, denn Jahwe selbst wird es mit חֶסֶד, רַחֲמִים und אֱמוּנָה begaben.

Dieses neue Geschichtsbild ist von seinem Ende her dem früheren entgegengesetzt. Dem entspricht die geringe Bedeutung, die der erste Kulturlandaufenthalt mit dem Abfall Israels nun hat. Jahwes Erlösungshandeln geht über Israels Schuld hinweg. Israels Schuld wird nur insofern berücksichtigt, als Jahwe durch seine Verlobungsgeschenke einer Wiederholung des Abfalls vorbeugt.

Hat sich mit dem neuen Geschichtsbild auch Hoseas Verhältnis zur Tradition geändert? Auch das neue Handeln Jahwes konnte Hosea nicht aus der Tradition ableiten. Es steht in einem radikalen Gegensatz zu dem, was Hosea bisher seinem Volk sagen mußte. Ein solcher Bruch ist nur zu verstehen von einem neu an ihn ergangenen Jahwewort her[337]. Dieses Jahwewort bestimmt sein Geschichtsbild und sein Verhältnis zur Tradition. Während das neue Jahwewort sein Geschichtsbild verändert hat, ist sein Verhältnis zur Tradition grundsätzlich das gleiche geblieben. Die Tradition wird dem Jahwewort untergeordnet. Hosea lebt nicht aus der Tradition, sondern aus dem an ihn ergehenden Jahwewort, auch dann, wenn das neue Handeln Jahwes mit seinem früheren übereinstimmt. Die Tradition hat auch hier nur eine sekundäre Funktion. Der Rang der Tradition ist der gleiche, die Art und Weise ihrer Verwendung ändert sich. In den Anklagereden, in denen Hosea den Rechtsstreit Jahwes führte, diente die Tradition der Begründung von Jahwes Strafhandeln; bei der Ankündigung von Jahwes Erlösungshandeln dient die Tradition der Veranschaulichung[338].

Am ehesten scheint noch die Wendung אנכי יהוה אלהיך מארץ מצרים (12 10 13 4) für eine Kontinuität der Tradition zu sprechen, denn das מן in מארץ מצרים ist sicher zeitlich zu verstehen: »Ich, Jahwe, bin dein

[337] So grundsätzlich auch H. W. Wolff, Hauptprobleme, 458 (= ThB 22, 220): ». . . so daß diese neue Verheißung nicht ohne neue Vollmacht denkbar ist«. Dennoch betont H. W. Wolff noch zu stark die Kontinuität mit der Tradition, siehe oben das Zitat S. 121f. Anm. 332. Denn erst von dem neuen Jahwewort her kann Hosea das neue Handeln Jahwes mit seinem früheren vergleichen.

[338] Vgl. H. W. Wolff, Hauptprobleme, ebd.: »Mit den Farben der Tradition malt er die Zukunft.«

Gott vom Lande Ägypten her.« Aber es ist zu unsicher, aus 12 10 und 13 4 weitreichende Folgerungen über das Verhältnis des Propheten zur Tradition zu ziehen. 12 10 und 13 4 scheinen dem Traditionsverständnis Hoseas zu widersprechen. Nirgends wird die Kontinuität mit der Tradition so stark betont. Sollte sich Hosea am Ende seiner Wirksamkeit dazu durchgerungen haben, daß er in Jahwe durch alle Zeiten hindurch Israels Gott sah ungeachtet der Prozesse, die er früher im Namen Jahwes führte? Das ist nicht ausgeschlossen; 11 8f. scheint in diese Richtung zu weisen. Von seinem neuen Verständnis der Heiligkeit Jahwes als erbarmender Liebe her sieht er Jahwe von Ägypten an für Israel wirksam. Dieses neue Gottesverständnis aber, wiewohl es die Kontinuität mit der Tradition herstellt, ist doch nicht aus der Tradition gewonnen, sondern aus einer neuen Anrede Jahwes.

Etwas überspitzt läßt sich Hoseas Verhältnis zur Tradition so zusammenfassen: Insofern als Hosea allein das an ihn ergehende Jahwewort zu verkündigen hat, steht er immer und grundsätzlich in Diskontinuität zur Tradition, selbst wenn das neue Handeln Jahwes an sein früheres anknüpft. Denn er lebt nicht aus der Vergangenheit und nicht aus irgendeiner Tradition, sondern in Erwartung des unmittelbar bevorstehenden Gotteshandelns, das er jetzt ankündigt. Hosea denkt allein von dem an ihn ergehenden Jahwewort her und beurteilt die Tradition danach kritisch. Darin unterscheidet er sich von seinen Hörern, die in der Kontinuität der Tradition stehen. Dem trägt er nur insofern Rechnung, als er die Tradition nicht einfach ignoriert, sondern sie bei der Verkündigung des Jahwewortes zu dessen Begründung, zum Vergleich und zur Veranschaulichung mit heranzieht. Hosea will sich seinen Hörern verständlich machen. Darum »holt« er sie, die sich von der Tradition her verstehen, bei ihren Voraussetzungen »ab«.

R. Bach[339] hat 1951 die These aufgestellt, Hosea sei noch von einer Tradition abhängig, auf die seine positive Deutung der Wüstenzeit zurückzuführen sei. Während sich in den Pentateuchquellen das Motiv vom Murren des Volkes finde, erscheine bei Hosea die Wüstenzeit als die Zeit des ungetrübten Verhältnisses zwischen Jahwe und Israel. Die positive Beurteilung des Verhaltens des Volkes sei »nicht charakteristisch prophetisches Gedankengut; sie beruht vielmehr auf gängiger Tradition«[340]. Die Tradition, von der Hosea abhängig sei, wisse von einer Erwählung Israels in der Wüste, d. h., die erste Begegnung zwischen Jahwe und Israel habe sich in der Wüste ereignet, Jahwe habe Israel in der Wüste »gefunden«. Bach beruft sich bei seiner Hypothese vor allem auf 9 10[341] 13 5 10 11 2 5. Zu ihrer Stützung führt er noch zwei andere Stellen im Alten

---

[339] Die Erwählung Israels in der Wüste, Diss. Bonn 1951.

[340] Ebd. 14.

[341] Hier findet sich das Stichwort מצא, das der »Tradition« den Namen gab; vgl. aber daneben noch die anderen »Verhaltensweisen« Jahwes. Zu 9 10 siehe oben S. 76ff.

Testament an, in denen ebenfalls noch ein Anklang an die »Fundtradition« zu erkennen sei: Ez 16[342] und Dtn 32 10[343].

Die Analysen von 9 10 10 11 13 5 haben gezeigt, wie unsicher die Hypothese einer Fundtradition ist. Diese Analysen sollen hier nicht wiederholt werden[344]. Hier ist folgende grundsätzliche Frage zu stellen: Erklärt die Annahme einer Fundtradition tatsächlich den im Unterschied zur Überlieferung des Pentateuch auffallenden Tatbestand, daß Hosea von einem harmonischen Verhältnis zwischen Jahwe und Israel in der Wüste weiß? Was ist letzten Endes für das Verständnis der Propheten gewonnen, wenn man jede von der allgemeinen Überlieferung abweichende Äußerung sogleich auf irgendeine Sondertradition zurückführt, deren Existenz man postuliert? Nichts zeigt die gegenwärtige Auffassung vom Verhältnis der Propheten zur Tradition besser als die Hypothese neuer Traditionen. Die Propheten werden in einem solchen Maße traditionsgebunden gesehen, daß man zur Erklärung einer eigenständigen Auffassung lieber eine Tradition postuliert, aus der man sie ableiten könnte, als daß man versucht, diese Auffassung zunächst aus der Verkündigung des Propheten selbst zu erklären. Man distanziert sich heute von der früheren Propheteninterpretation, die »die Propheten als die großen schöpferischen Anfänger feierte, denen die Geburt eines ‚ethischen Monotheismus' gelungen sei«[345], verfällt aber in das andere Extrem, in dem die Traditionsgebundenheit der Propheten zum Axiom wird.

Wie kommt Hosea zur positiven Beurteilung der Wüstenzeit? Der entscheidende Einschnitt in der Geschichte Israels war die Landnahme. Mit dem Betreten des Kulturlandes kam Israel mit den Baalen in Berührung und fiel prompt zu ihnen ab. Darum mußte Hosea die Wüstenzeit, wo Israel keine Gelegenheit zum Abfall hatte, als die Zeit des ungetrübten Verhältnisses zwischen Jahwe und Israel erscheinen[346].

---

342 Zu Ez 16 siehe W. Zimmerli, Ezechiel, BK XIII 5, 1958, 345f.: »... Einen Anklang an dieses Reden der Vorgänger von den ‚Anfängen' möchte man in Ez 16 im Auftauchen des ‚Fund-Motives' sehen. Bach ist der auffallenden Redeform, nach welcher Jahwe Israel in der Wüste ‚gefunden' hat (מצא), im Zusammenhang nachgegangen und hat in ihr, was allerdings nicht ohne Bedenken ist, gar die eigenständige Urtradition einer Israelgruppe finden wollen.«

343 Auf Grund des verbalen Anklangs — Dtn 32 10 stimmt mit Hos 9 10 »in der überraschenden Aussage überein, Jahwe habe Israel gefunden«. Daher »legt sich der Gedanke nahe, beide Stellen als Zeugen einer und derselben Überlieferung zu betrachten«, R. Bach, Erwählung, 28.

344 Zu Hos 9 10 siehe oben S. 76ff, 10 11 S. 72ff, 13 5 S. 66ff.

345 H. W. Wolff, Hauptprobleme, 456 (= ThB 22, 217); vgl. auch R. Rendtorff, Tradition und Prophetie, 218.

346 Chr. Barth, Zur Bedeutung der Wüstentradition, VTSuppl 15, 1966, 19, dem S. J. de Vries, The Origin of the Murmuring Tradition, JBL 87 (1968), 51 Anm. 1, zustimmt, scheint mir dagegen die Bedeutung der Wüstenzeit bei Hosea doch etwas zu unterschätzen, wenn er meint, Hosea sehe »die Wüstenzeit in perspektivischer Verkürzung als Anfang und Auftakt zur Geschichte Israels«, »als deren *Voraussetzung* und *nicht* als deren glanzvolle, erste Episode« (Hervorhebungen von Barth). Es ist kein Zufall, »daß von einem Abfall immer erst im Zusammenhang mit der Landnahme die Rede ist«. Israel aber hatte gar keine Möglichkeit zum Abfall vor

Die positive Beurteilung der Wüstenzeit hat Hosea nicht einer Tradition entnommen, sie ergab sich für ihn zwangsläufig aus seiner kritischen Beurteilung von Israels Verhalten im Kulturland. Weil Israel vor der Landnahme mit Jahwe allein war, mußte die Wüstenzeit notwendig harmonisch sein. Dieses Verständnis der Wüstenzeit ergibt sich aus der Verkündigung Hoseas selbst und ist nicht durch die Annahme einer weiteren Hypothese belastet, die das Problem nur komplizierter macht[347].

---

der Landnahme und war ganz auf Jahwe bezogen. Darum wertet Hosea sein Verhalten positiv. Wie wenig diese ‚positive Wertung' sich den Texten »nur *e silentio* entnehmen« läßt (Hervorhebung von Barth), geht doch aus den Bildern 9 10 und 10 11 hervor, wonach Israel für Jahwe einen Wert hatte.

[347] H. Gese, Bemerkungen zur Sinaitradition, ZAW 79 (1967), 146—149, hat die Existenz einer ursprünglich selbständigen »Fundtradition« bestritten. Die Entstehung dieser Tradition setze schon eine lange Existenz im Kulturland voraus: »aus weitem Abstand und nach Erfahrungen, die das Gegenteil dieses Ideals bedeuten, wird hier auf eine Urzeit zurückgeblickt« (148). Gese sieht daher in der sog. Fundtradition eine »Uminterpretation, die die Sinaitradition in einem erstaunlichen Maße erneuert«. Diese Uminterpretation »ist in dem festumrissenen theologiegeschichtlichen Raum zu Hause, der durch die Größen Hosea, Jeremia, Moselied markiert wird« (149). Gese gesteht zu, daß neben der Andeutung irgendeines Abfalls von Jahwe in der Wüste auch ein klarer Hinweis auf die Theophanie und den Bundesschluß am Sinai fehlt. Dadurch verliert seine These von der uminterpretierten Sinaitradition an Gewicht. Denn von Uminterpretation einer Tradition sollte man doch nur sprechen, solange feststeht, daß die entscheidenden Elemente dieser Tradition tatsächlich — freilich unter Modifikationen — weitergegeben werden. Das ist aber bei Hosea nicht sicher. Eine Klärung dieses Sachverhalts ist zudem durch den Bildgehalt der Sprache Hoseas gerade in 9 10 und 10 11 erschwert. Wie dem auch sei, die Beantwortung der Frage, ob nun Hosea die Sinaitradition bis zu ihrer Unkenntlichkeit uminterpretiert (Gese: »in einem erstaunlichen Maße erneuert«, 149) oder ob er sie gar nicht verwendet hat, ist innerhalb des Rahmens dieser Arbeit nicht sehr erheblich. Hosea hat die Wüstenzeit eigenständig verstanden von seiner kritischen Beurteilung der Existenz Israels im Kulturland her.

3. KAPITEL: JESAJA

Von Jesaja ist uns wie von Amos ein großes Kehrversgedicht überliefert, dessen erste vier Strophen einen breit angelegten geschichtlichen Rückblick enthalten, worauf in der fünften Strophe die Ankündigung von Jahwes Gerichtshandeln folgt: Jes 9 7-20 + 5 25-29. Es empfiehlt sich, die Darstellung der geschichtlichen Rückblicke und Motive bei Jesaja mit der Interpretation dieses Gedichtes zu beginnen, da hier wie bei Amos 4 6-12 exemplarisch deutlich wird, wie und in welchem Sinne Jesaja die Vergangenheit in seine Verkündigung einbezieht.

Außer dem Kehrversgedicht, das sich nur auf einen Ausschnitt der Geschichte Israels zurückbezieht, sind noch drei Rückblicke auf die Gesamtgeschichte Israels bzw. Jerusalems überliefert, die Anklagerede 1 2-3, das Weinberglied 5 1-7 und das »Leichenlied« 1 21-26. Aus diesen drei Texten wird grundsätzlich deutlich, wie Jesaja die Geschichte Israels sieht, in welchem Sinne er sich ihr verpflichtet weiß, welches Erbe er von der Vergangenheit übernimmt.

Neben diesen vier Rückblicken, die sich entweder auf die ganze bisherige Geschichte Israels erstrecken oder doch einen größeren Zeitraum umfassen, finden sich in Jes 1—35 zahlreiche geschichtliche Einzelmotive. Im Unterschied zu Hosea besteht hier die Hauptschwierigkeit nicht in der Bestimmung der Einzelereignisse, sondern in der Frage, ob die Texte, die geschichtliche Anspielungen enthalten, von Jesaja stammen oder nachjesajanisch[1] sind. Die Unterscheidung von jesajanischen und nachjesajanischen Texten ist unerläßlich, da sich die vorliegende Arbeit auf die Prophetie von Amos, Hosea und Jesaja beschränkt und dieses Kapitel die Geschichtsbetrachtung Jesajas — nicht irgendwelcher anonymen Propheten, deren Worte in das Buch Jesaja Eingang gefunden haben — zum Gegenstand hat. Wo die Verfasserschaft Jesajas umstritten ist[2], da wird die Frage der Authentizität auf breiterem Raum erörtert, als man es im Rahmen dieser Arbeit vielleicht erwarten würde[3]. Dies ist notwendig, weil die Zuweisung des einen oder anderen Textes, den die Tradition Jesaja zuschreibt, in die nachjesajanische Zeit gerechtfertigt werden muß, will man dem Vorwurf entgehen, wichtige Texte blieben für die Darstel-

[1] Die Bezeichnung »nachjesajanisch« bei G. v. Rad, Theologie des Alten Testaments, II 1965[4], 172.

[2] Am deutlichsten und schwerwiegendsten ist dies der Fall bei 9 1-6 und 11 1ff.

[3] Zu den methodischen Bemerkungen siehe auch die Einleitung S. 4f.

lung von Jesajas Geschichtsbetrachtung unberücksichtigt. Gerade bei Jesaja ist die sog. »Echtheitsfrage«[4] von großer Bedeutung, weil die unterschiedlichsten Texte im Laufe ihrer Überlieferung in die Sammlungen der Worte Jesajas aufgenommen wurden. Auf der anderen Seite ist das Verständnis Jesajas von Hypothesen belastet, die in einer unreflektierten Inanspruchnahme fraglicher Texte für Jesaja begründet sind[5].

Im Unterschied zu den beiden ersten Kapiteln, wo die Arbeit sich streng auf die ursprünglichen Texte beschränkt, sollen hier auch die wichtigsten geschichtlichen Anspielungen in den nachjesajanischen Texten behandelt werden, da das umfangreichere Material die Möglichkeit bietet, die Geschichtsbetrachtung Jesajas mit der der nachjesajanischen Zeit zu vergleichen und schärfer zu erfassen[6].

Jesajas Verhältnis zur Tradition wird grundsätzlich deutlich in dem Berufungsbericht Jes 6. Das in diesem Bericht zum Ausdruck kommende Verhältnis zur Tradition soll darum ganz zu Anfang noch vor dem großen geschichtlichen Rückblick erhoben werden. Wer nach Jesajas Geschichtsbetrachtung und seinem Verhältnis zu Vergangenheit und Tradition fragt, geht nicht fehl, wenn er den Ausgangspunkt der Verkündigung und damit auch der Geschichtsbetrachtung Jesajas zum Ausgangspunkt seiner Darstellung dieser Geschichtsbetrachtung wählt.

Im Anschluß an den Berufungsbericht und die vier geschichtlichen Rückblicke sollen die Einzelmotive erörtert werden. Dabei ist es wohl am zweckmäßigsten, die Anspielungen in chronologischer Folge der erwähnten Ereignisse darzulegen, da diese Anordnung durch keine Vorentscheidung belastet ist, zugleich der grundsätzlichen Methode

---

[4] Der Begriff »Echtheit« ist unglücklich und sollte möglichst vermieden werden, da die Frage nach der Verfasserschaft eine Sachfrage und keine Wertfrage ist. Ein sachgemäßerer Terminus, der das Problem jesajanischer Verfasserschaft begreift, fehlt aber, da es zunächst immer um die Frage geht, ob die in Jes 1—35 gesammelten Worte von Jesaja stammen, wie die Tradition behauptet, oder nicht.

[5] Die Abhängigkeit Jesajas von der Ziontradition begründet G. v. Rad, Theologie, II 163f., entscheidend mit Jes 17 12-14, ohne die Bedenken, die gegen die Verfasserschaft Jesajas vorgebracht wurden, zu erwähnen, geschweige denn zu entkräften, siehe u. a. K. Marti, Das Buch Jesaja, KHC X, 1900, 147; H. Guthe, Das Buch Jesaia Kap. 1—35, HSAT, I 1922[4], 619; E. Balla, Die Botschaft der Propheten, 1958, 471; G. Fohrer, Das Buch Jesaja, I Kapitel 1—23, 1966[2], 218. Neuerdings hat G. Wanke, Die Zionstheologie der Korachiten in ihrem traditionsgeschichtlichen Zusammenhang, BZAW 97, 1966, 117, auf Grund seiner eingehenden Analyse der Zionspsalmen und ihrer Motive die Folgerung gezogen, daß Jes 17 12-14 in die nachexilische Zeit gehört. Damit hat G. v. Rads These, Jesaja sei von der Ziontradition abhängig, eine wichtige Stütze verloren.

[6] Auf Vollständigkeit kann darum bei Erwähnung und Erörterung geschichtlicher Motive in den nachjesajanischen Texten verzichtet werden.

dieser Arbeit, von der Einzelanalyse zu den systematischen Folgerungen zu gelangen, am besten gerecht wird.

Jeder einzelne Rückblick, jedes einzelne geschichtliche Motiv ist ein Niederschlag der Geschichtsbetrachtung Jesajas und seines Verhältnisses zur Tradition. Diese aus den Einzelanalysen gewonnenen Niederschläge sollen zum Schluß wieder systematisch verwertet werden.

I. Jesajas Berufung Jes 6

Obwohl der Berufungsbericht Jes 6 kein geschichtliches Motiv enthält, soll auf ihn doch zu Anfang hingewiesen werden, da Jesajas Geschichts- und Traditionsverständnis durch sein Berufungserlebnis und seinen Berufungsauftrag entscheidend geprägt worden ist. Bis zu seiner Berufung stand er auf dem Boden des Überkommenen: Jahwe konnte zwar schlagen und strafen, aber er tat es vorübergehend, begrenzt und letztlich in heilvoller Absicht. Aus diesem Glauben heraus ist Jesajas Frage entsprungen: »Wie lange?« (6 11). Zu seinem Entsetzen muß er hören, daß Jahwe ohne Ende strafen will:

»Bis daß öde liegen
die Städte ohne Bewohner 3+3
und die Häuser menschenleer sind
und das Kulturland zum Ödland geworden ist. 3+3

Diese Antwort entläßt Jesaja aus dem Überkommenen, stellt ihn heraus aus der Glaubens- und Traditionsgemeinschaft mit seinem Volk: Er soll die endgültige Vernichtung Israels ankündigen. Die Verbindung zur Vergangenheit ist abgebrochen. Von seiner Berufung her ist es Jesaja verwehrt, die an ihn ergangene Gottesrede in Kontinuität mit den Überlieferungen der Frühzeit Israels und im Einverständnis mit dem Glauben seines Volkes zu verstehen. Seine Berufung bedeutet für ihn Bruch mit der Tradition, Auszug aus althergebrachten Vorstellungen und Anschauungen[7].

Die ausschließliche Blickrichtung von Jes 6 ist nach vorn in die Zukunft. Was früher war, hat angesichts des Bevorstehenden keine Gültigkeit mehr. Die Vergangenheit ist durch die anzukündigende Vernichtung Israels abgetan.

Auf die Problematik des Verstockungsauftrages braucht in diesem Zusammenhang nicht eingegangen zu werden[8]. Entscheidend ist, daß Jesaja die Verkündigung des Vernichtungsgerichtes aufgetragen ist[9]. Hat Jahwe bisher immer wieder durch begrenzte Ge-

[7] Vgl. dazu G. Fohrer, Jesaja, I 102f., und unten S. 196ff.

[8] Siehe hierzu besonders F. Hesse, Das Verstockungsproblem im Alten Testament, BZAW 74, 1955, 59f. 83—86.

[9] Wenn es auch wahrscheinlich ist, daß Jesaja erst nach einer längeren Erfahrung seinen Berufungsauftrag als Verstockungsauftrag verstand und diese Erfahrung in

richte eingegriffen — in diesem Sinne versteht auch Jesaja zunächst seinen Auftrag, darum fragt er »wie lange?« — so scheint seine Geduld jetzt erschöpft. Das bevorstehende totale Vernichten Jahwes steht in keiner Kontinuität mit seinem früheren Handeln.

Die Verkündigung Jesajas ist ganz und gar bestimmt von dem Ende Israels. Das Ende der Geschichte Israels, das Jahwe beschlossen hat, ist Ausgangspunkt und Mitte der Verkündigung Jesajas, auf die alle seine Worte bezogen, von der her sie zu verstehen sind. Diese Bezogenheit auf das Ende begrenzt sein Interesse an der Vergangenheit, zumal das Ende in schroffer Diskontinuität zur Vergangenheit steht.

Diese Mitte der Verkündigung Jesajas muß im Auge behalten werden bei der Analyse der geschichtlichen Rückblicke. Welche Funktion haben die geschichtlichen Rückblicke und Motive angesichts des Endes der Geschichte Israels?

II. Jes 9 7-20 und 5 25. 26-29: eine exemplarische Geschichtsbetrachtung

Ähnlich wie bei Amos soll als erster geschichtlicher Rückblick das Kehrversgedicht 9 7-20 + 5 25. 26-29 behandelt werden. Das breit angelegte, in mehrere Strophen gegliederte Gedicht zeigt exemplarisch,

---

die spätere Fixierung seiner Berufungsaudition zurückprojizierte — so G. Hölscher, Die Profeten. Untersuchungen zur Religionsgeschichte Israels, 1914, 231; B. Duhm, Israels Propheten, 1922^2, 147; F. Hesse, Verstockungsproblem, 84; G. Fohrer, Jesaja, I 94 — so kann doch kein Zweifel darüber bestehen, daß Jesaja von Anfang an den Auftrag erhalten hat, »diesem Volk da«, wie er Israel in v. 9 und auch sonst verächtlich bezeichnet, das Vernichtungsgericht anzukündigen, siehe auch W. Cossmann, Die Entwicklung des Gerichtsgedankens bei den alttestamentlichen Propheten, BZAW 29, 1915, 54. — Die Gottesrede endet mit v. 11. Von v. 12 an ist von Jahwe in der 3. pers. die Rede. Es hieße wichtige Kriterien der literarkritischen Methode außer acht lassen, wollte man dem Wechsel der Personen nicht Rechnung tragen bei der Abgrenzung der einzelnen Einheiten, gegen O. Kaiser, Der Prophet Jesaja/Kap. 1—12, ATD 17, 1960, 61 (anders 1963^2, 66). Hinzu kommt, daß v. 12 auch sachlich nicht die Fortsetzung von v. 11 sein kann, da Jahwe aus dem menschenleeren Gebiet niemanden mehr fortführen kann, so K. Marti, Jesaja, 68. Im Grunde ist v. 12 eine Wiederholung von v. 11, vielleicht liegt in dem ורחק auch eine Anspielung auf das Exil, vgl. B. Duhm, Das Buch Jesaia, HK III/1, 1922^4, 69. — Die letzten drei Wörter von v. 13 entspringen dem Mißverständnis von מצבת. Das Zehntel, das zunächst übrigbleibt, dann aber niedergebrannt wird, wird einem Baumstumpf verglichen. Der Satz זרע קדש מצבתה ist eine tröstliche Umdeutung des ursprünglichen Verständnisses von מצבת, vgl. das Urteil von W. E. Müller, Die Vorstellung vom Rest im Alten Testament, Diss. Leipzig 1939, 55 Anm. 3: »V. 13b ist wieder dogmatische Umdeutung zu Gunsten der Resthoffnung einer späteren Zeit.« Zu v. 12f. siehe noch E. Jenni, Jesajas Berufung in der neueren Forschung, ThZ 15 (1959), 330.

in welchem Sinne Jesaja die Vergangenheit in seine Verkündigung einbezieht.

7 Ein Wort sandte der Herr gegen Jakob,
und es fiel nieder in Israel[a]. 4+2?
8 Das ganze Volk hat es erfahren[b],
Ephraim und die Bewohner Samariens, 3+3
die da sprechen[c] im Stolz
und im Hochmut des Herzens: 3+3?
9 »Ziegel sind eingefallen, Quadern werden wir aufbauen,
Maulbeerfeigenbäume sind umgehauen worden, doch
Zedern setzen wir an ihre Stelle«. 4+4
10 Jahwe aber hat groß gemacht
seine Bedränger[d] gegen es,
seine Feinde aufgestachelt. 2+2+2
11 Aram von Osten und die Philister von Westen[e],
die fraßen Israel mit vollem Maul. 4+3
Bei all dem hat sich sein Zorn nicht gelegt,
und noch ist seine Hand ausgestreckt. 3+3

12 Aber das Volk kehrte nicht um zu dem, der es schlug[f],
und Jahwe[g] suchten sie nicht. 3+3
13 Da rottete Jahwe aus (. . .)[h] Kopf und Schwanz,
Stocksprosse[i] und Binse an einem Tag. 4+4
14 (Den Ältesten und den Angesehenen — das ist der Kopf;
den Propheten, der Lüge lehrt — das ist der Schwanz)[j]
15 Und die Führer dieses Volkes wurden Verführer
und die Geführten Verwirrte[k]. 4+2?
16 (. . .)[l] Ihre Jungmannschaft verschonte[m] er[n] nicht
und ihrer Waisen (. . .)[o] erbarmte er sich nicht. 3+3
Denn sie alle waren Gottlose und Übeltäter,
und jeder Mund redete Törichtes. 3+3
Bei all dem hat sich sein Zorn nicht gelegt,
und noch ist seine Hand ausgestreckt. 3+3

17 Ja, wie Feuer brannte das Unrecht,
Dorngestrüpp und Unkraut fraß es. 3+3
Es zündete an das Gestrüpp des Waldes,
so daß es dahingetragen wurde in hochwirbelndem Rauch. 3+3
18 Durch den Zorn Jahwes[p] brannte[q] das Land,
und das Volk war wie ein Fraß des Feuers[r]. 4+4
Keiner schonte den anderen,
19b ein jeder fraß das Fleisch seines Nächsten[s]. 4+3
19a Man fraß nach rechts und hungerte,
man fraß nach links und wurde nicht satt[t], 3+3
20 Manasse Ephraim und Ephraim Manasse,
beide zusammen gegen Juda. 4+3
Bei all dem hat sich sein Zorn nicht gelegt,
und noch ist seine Hand ausgestreckt. 3+3

. . . .
. . . .
. . . .
. . . .
. . . .
. . . .
. . . .
. . . .

5 25 Darum entbrannte der Zorn Jahwes gegen sein Volk,
und er streckte seine Hand gegen es aus und schlug es, 4+3
so daß die Berge erbebten und ihre Leichen lagen
wie Unrat mitten auf den Gassen. 4+3
Bei all dem hat sich sein Zorn nicht gelegt,
und noch ist seine Hand ausgestreckt. 3+3

26 Er wird aufpflanzen ein Panier für ein Volk[u] in der Ferne,
er pfeift es herbei vom Ende der Erde. 3+3
Und siehe, es kommt eilends herbei,
27a kein Müder und kein Strauchelnder ist darunter (. . .)[v]. 4+3
Nicht öffnet sich der Gurt ihrer Lenden,
nicht reißt der Riemen ihrer Sandalen. 4+4
28 Ihre Pfeile sind geschärft
und all ihre Bogen gespannt. 3+2
Die Hufe ihrer Rosse sind wie Kiesel[w] (. . .)[x]
und ihre Wagen wie der Sturmwind. 3+2
29 Ihr Gebrüll ist wie das eines Löwen,
wie Junglöwen brüllen sie. 3+2
Es knurrt und packt den Raub,
bringt (ihn) in Sicherheit und niemand rettet. 3+2 (3)

a Der Text des Verses ist so vermutlich nicht in Ordnung. Die beiden Stichen sind ungleichmäßig lang. Der erste Stichos hat vier Hebungen, der zweite zwei. Aber auch die Dreigliederung 2+2+2[10] ist unwahrscheinlich, da die einzelnen Glieder keine Sinneinheiten darstellen und die parallele Struktur des Verses die Zäsur eindeutig hinter ביעקב fordert. Weitaus der Hauptteil der LXX-Handschriften liest θάνατον, hat also vielleicht דֶּבֶר vorgefunden. Dem trägt H. Guthe[11] Rechnung, indem er zudem im zweiten Stichos ein ähnliches Wort, etwa קֶטֶב = Sünde, ergänzt und dadurch v. b auffüllt. — Sachlich ist immerhin fraglich, ob die »Hypostasierung« des דָּבָר-Begriffes zur Zeit Jesajas schon so weit fortgeschritten sein kann[12]. Doch vermag ich mich trotz der formalen — durch die LXX nicht aufgehobenen — und sachlichen Schwierigkeiten nicht gegen die Überlieferung des Textes zu stellen.

[10] So H. Donner, Israel unter den Völkern, VTSuppl 11, 1964, 178.

[11] Jesaia 605.

[12] Die Verbindung שלח דבר findet sich noch Jes 55 10f. Ps 107 20 147 18, sämtliche Stellen wesentlich jünger als Jesaja, zu Ps 107 147 siehe H.-J. Kraus, Psalmen, BK XV/2, 1960, 737. 955f., außerdem G. Fohrer, Einleitung in das Alte Testament, 1969[11], 316. 318; vgl. außerdem noch O. Grether, Name und Wort Gottes im Alten Testament, BZAW 64, 1934, 135. 155f.

b Bezieht sich וידעו auf die Vergangenheit oder auf die Zukunft? Wenn der דבר schon in Israel niedergefallen ist (v. 7b), dann liegt es nahe, daß v. 8 von seiner Auswirkung in der Vergangenheit redet, zumal das Zitat v. 9 eine zweite eingetroffene Katastrophe voraussetzt. Die ersten drei Strophen des Gedichtes beziehen sich auf die Vergangenheit, was unten noch näher zu begründen ist. Das Volk hat den דבר schon zu spüren bekommen — daran erinnert der Prophet jetzt. Anders erscheint mir das impf. cons. v. 10 nicht verständlich. Wenn es sich um eine futurische Erkenntnisaussage handelte, würde man da nicht einen Objektsatz erwarten?[13]

c Am Anfang von v. 8b ist wahrscheinlich ein verbum dicendi zu ergänzen. Ich lese mit H. Donner[14] הָאֹמְרִים.

d את־צרי רצין gibt keinen Sinn, da Rezin selbst der Feind Israels ist. Entweder muß צרי oder רצין gestrichen werden. Um des par. membr. willen, und weil die Feinde erst v. 11 näher bestimmt werden, streiche ich רצין und lese צָרָיו[15].

e Zur Bedeutung von מאחור siehe KBL[16].

f Die doppelte Determination von המכהו ist vielleicht zurückzuführen auf Dittographie des folgenden ו. Doch liest 1QJes[a] ohne Artikel.

g צבאות fehlt in der LXX. Da die LXX es in der Regel wiedergibt, wird es hier und in v. 18 nachträglich zugefügt worden sein. LXX[h] hat es aus Σ und Θ übernommen[17].

h Der Vers ist zu lang. Ob man durch Streichung von יהוה מישראל den ursprünglichen Text gewinnt[18], ist fraglich, denn man erwartet die Einführung des neuen Subjekts. O. Procksch[19] teilt den Langvers durch Einfügung eines ויכרת parallelen verb. finit. am Anfang des zweiten Stichos in zwei Fünfer. Dadurch erhält er auch für die zweite Strophe sieben Zeilen, da er v. 15 als Glosse ausscheidet, und entgeht so der Verlegenheitsauskunft B. Duhms[20] und K. Martis[21], v. 14f. seien ein späterer Ersatz für vier unleserlich gewordene Verse. Doch wird durch ein zweites verb. finit. der Fluß der Rede gehemmt. Streicht man מישׂראל als Glosse[22], so erhält man einen Doppelvierer.

i כִּפָּה ist nach I. Löw wiedergegeben[23].

---

13 Vgl. W. Zimmerli, Erkenntnis Gottes nach dem Buche Ezechiel, 1954, 57ff. — Die präteritale Deutung vertreten u. a. H. Guthe, Jesaia, 605; H. Donner a. a. O. (Anm. 10) 66.

14 A. a. O. (Anm. 10) 68. — H. Wildberger, Jesaja, BK X/3, 1968, 205, hält הָאֹמְרִים für zu blaß und vermutet, daß ein Verbum mit der Bedeutung »sich rühmen« verloren gegangen ist. Doch kommt diese Nuance durch die folgenden Ausdrücke בגאוה und בגדל לבב deutlich genug heraus.

15 Ebenso u. a. B. Duhm, Jesaia, 93; A. B. Ehrlich, Randglossen zur Hebräischen Bibel, IV 1912, 38; vgl. K. Marti, Jesaja, 97, der den sing. צָרוֹ vorschlägt, und H. Wildberger, Jesaja, 205, der aber noch lieber mit O. Kaiser, Jesaja 1—12, 104 Anm. 3, der sich auf K. Budde beruft, צֹרְרָיו lesen möchte.

16 Unter אָחוֹר.

17 Siehe F. Field, Origines Hexaplorum quae supersunt sive veterum interpretum graecorum in totum vetus testamentum fragmenta, II 1964, 449.

18 So B. Duhm, Jesaia, 94; G. Fohrer, Jesaja, I 144; H. Wildberger, Jesaja, 205.

19 O. Procksch, Jesaia I, KAT IX/1, 1930, 104.

20 Jesaia 94.

21 Jesaja 98.

22 So H. Donner a. a. O. (Anm. 10) 68.

23 Die Flora der Juden, I/2 1928, 666f.

[j] V. 14 ist Glosse, die das Sprichwort erklären will[24].

[k] Ob man v. 15 auch als Glosse ausscheiden muß[25], erscheint mir nicht sicher. V. 13 bringt nicht die vollständige Ausrottung zum Ausdruck, denn dann wäre nicht nur v. 15 überflüssig, sondern alle folgenden Verse. ראש וזנב kann hier darum nur Hoch und Nieder meinen, nicht aber die Gesamtheit des Volkes[26]. Die Folge dieser Säuberungsaktion ist Anarchie, von der die dritte Strophe redet. Daß v. 15 nahezu wörtlich sich in 3 12b wiederfindet, ist auch kein Grund gegen seine Ursprünglichkeit hier[27]. Die Zäsur müßte dem Sinn nach hinter מתעים liegen, doch ergäbe sich dann das ungewöhnliche Metrum 4+2.

[l] Die zweifache Begründung in v. 16 על־כן v. a und כי v. b ist schwerlich ursprünglich. Vielleicht wollte ein späterer Leser v. a als Folgerung von v. 15 verstanden wissen, dabei ist aber v. 15 bereits Folge von Jahwes Strafhandeln v. 13. Selbst wenn man על־כן streicht[28], ist der Vers immer noch zu lang.

[m] Seit P. de Lagarde[29] wird immer wieder und wohl mit Recht ישמח als zu schwach neben ירחם beanstandet und dafür יפשח = יפסח »er wird nicht vorüberhinken an, verschonen« gelesen. יחמול 1QJes[a] ist wahrscheinlich aus v. 18 eingedrungen[30]. Die Lesart ישמח von arab. سَمُحَ »er war großmütig«[31] ist ebenfalls nicht von der Hand zu weisen, doch findet sich die Wurzel sonst nicht im Alten Testament.

[n] אדני kann — auch aus metrischen Gründen — entbehrt werden[32].

[o] Der zweite Stichos ist überladen. ואת־אלמנתיו, dem eine Entsprechung im ersten Stichos fehlt, wird später nachgetragen worden sein[33].

[p] צבאות ist zu streichen, vgl. v. 12.

[q] Das verb. finit. נעתם und das Subj. ארץ sind hinsichtlich des Genus inkongruent. Die Wurzel עתם ist sonst im Alten Testament nicht belegt. Die LXX liest συγκέκαυται (συγκαυθήσεται A 130), was נִצְּתָה entspräche, die Vulgata conturbata est, was Äquivalent für נִתְעֲתָה wäre. Um der Parallelität zu v. bα willen ist am besten נִצְּתָה zu lesen[34].

---

[24] T. K. Cheyne, The Prophecies of Isaiah, I 1882, 66; K. Marti, Jesaja, 98; B. Duhm, Jesaia, 94; R. Fey, Amos und Jesaja. Abhängigkeit und Eigenständigkeit des Jesaja, WMANT 12, 1963, 86.

[25] So K. Marti, Jesaja, 98; B. Duhm, Jesaia, 94; H. Schmidt, Die großen Propheten, SAT II/2, 1923[2], 59; O. Procksch, Jesaia I, 105; H. Donner a. a. O. (Anm. 10) 68.

[26] Vgl. B. Duhm, Jesaia, 94. Zu den Gegensatzpaaren vgl. noch טוֹב וָרָע Gen 3 5 und G. v. Rad, Das erste Buch Mose, ATD 2—4, 1967[8], 71f.; ders., Theologie des Alten Testaments, I 1966[5], 168.

[27] V. 15 behalten bei u. a. H. Guthe, Jesaia, 606; T. K. Cheyne, Isaiah, I 66; R. Fey a. a. O. (Anm. 24) 86.

[28] U. a. K. Marti, Jesaja, 98; B. Duhm, Jesaia, 94.

[29] Nach K. Marti, Jesaja, 98.

[30] Vgl. H. Wildberger, Jesaja, 206.

[31] So KBL unter שׁמח und שׂמח; G. Fohrer, Jesaja, I 144.

[32] Mit K. Marti, Jesaja, 98; G. B. Gray, A Critical and Exegetical Commentary on the Book of Isaiah I—XXXIX, Vol. I I—XXVII, ICC, 1949[3], 178, u. a.

[33] יָתוֹם und אַלְמָנָה sind häufig im Alten Testament parallel gebraucht, besonders im Deuteronomium, aber auch bei Jesaja (1 17. 23 10 2). Ein späterer Leser wird אלמנתיו neben יתמיו vermißt haben, mit H. Guthe, Jesaia, 606; K. Marti, Jesaja, 98.

[34] Mit T. K. Cheyne, Isaiah, I 67.

r Eine Notwendigkeit, statt כְּמוֹ אֹכְלֵי אִישׁ כמאכלת אש zu lesen[35], sehe ich nicht, da in v. 17 die Schuld auch mit dem Feuer verglichen wird. Gemäß dem Tun-Ergehen-Zusammenhang ist es nur folgerichtig, wenn in der Strafe Jahwes das Bild vom Feuer wieder aufgegriffen wird.

s Im Anschluß an v. 18bβ ist v. 19b zu setzen. Die beiden Halbverse sind parallel, sofern man mit LXX^{A1} Targ רְעוֹ statt זְרֹעוֹ liest.

t Auffällig ist der Plural שׂבעו neben drei Singularformen; vielleicht ist שָׂבֵעַ ursprünglich[36].

u Lies wegen des parallelen לוֹ in v. a לַגּוֹי מִמֶּרְחָק; der Plural entstand durch falsche Wortabtrennung[37].

v V. 27aβ לא ינום ולא יישן wird in Ps 121 4 von Gott ausgesagt und kann auch nur von Gott ausgesagt werden, nicht von Menschen. Jedenfalls wäre solche Idealisierung bei Jesaja schwerlich denkbar. Durch Streichung von v. 27aβ wird v. 26b aufgefüllt, und die letzte Strophe v. 26-29 erhält wieder sieben Zeilen[38].

w Lies כַּצֹּר[39].

x נחשבו ist überflüssig und überfüllt zudem das Metrum, das in v. 28-29 durchgängig 3+2 ist[40].

Während die Zugehörigkeit von 5 25-29 zu 9 7-20 auf Grund des gleichen Kehrverses (5 25b) und der Unabgeschlossenheit von 9 7-20 fast allgemein anerkannt wird[41], ist die Frage umstritten, ob 10 1-4 ebenfalls Bestandteil des Gedichtes ist. Die Frage möchte man zunächst bejahen auf Grund des Kehrverses 10 4b. Doch erheben sich

---

35 So B. Duhm, Jesaia, 95; K. Marti, Jesaja, 99.

36 Vgl. H. Wildberger, Jesaja, 206.

37 So T. Roorda (nach A. Dillmann, Der Prophet Jesaia, KeH V, 1890[5], 92); K. Marti, Jesaja, 61; H. Guthe, Jesaia, 598, u. a.

38 B. Duhm, Jesaia, 62f.; K. Marti, Jesaja, 61, u. a.

39 KBL unter III צַר; doch braucht die Punktation vielleicht auch nicht geändert zu werden, siehe A. Dillmann, Jesaia, 52; K. Marti, Jesaja, 61.

40 So auch u. a. K. Marti, Jesaja, 62; H. Guthe, Jesaia, 598.

41 O. Procksch, Jesaia I, 98, sieht lediglich in 5 25. 30 den Schluß von 9 7—10 4, während v. 26-29 Kap. 5 abschließen soll. V. 26-29 bringe ein anderes Bild, nämlich die Assyrer als Gottesgeißel, v. 25a. 30 dagegen rede von Naturereignissen. Nun zwingt diese Alternative keineswegs zu der Auffassung von 5 25a. 30 als Schluß von 9 7—10 4. Auch das formale Argument, daß es sich in v. 26-29 um Doppeldreier, in 9 7—10 4 dagegen um Siebener handelt — ganz abgesehen davon, daß das Metrum gar nicht durchgängig 4+3 ist —, reicht nicht aus, die beiden Stücke zu trennen. Und warum sollte das Metrum in der Schlußstrophe, auf die das ganze Gedicht zielt, nicht ein anderes sein? Gegen 5 30 erheben sich aber sachliche Bedenken. Auch Procksch kann ohne partielle Streichungen und Änderungen den Vers nicht für Jesaja in Anspruch nehmen. Dabei liegt der Verdacht nahe, daß Procksch seinem Formzwang erliegt — v. 30 muß auch ein Siebener sein —, da seine Streichungen und Änderungen an der Textüberlieferung keinen Anhalt haben. — Viel unproblematischer ist die allgemeine Auffassung, wonach in 5 29 mit ואין מציל der wirkungsvolle Abschluß des Gedichtes vorliegt, 5 30 aber von einem Späteren stammt, der eine Drohung gegen die Assyrer ausspricht, siehe K. Marti, Jesaja, 62; O. Kaiser, Jesaja 1—12, 111.

gegen die Zugehörigkeit von 10 1-4 zu 9 7-20 + 5 25-29 große Bedenken. Der Kehrvers paßt nicht zu der mit הוי eingeleiteten Strophe. Während der Kehrvers 4b eine Aussage über die Vergangenheit macht, schilt v. 1-2 das gegenwärtige Verhalten der Angeredeten, worauf in v. 3-4a eine Drohung folgt. Gehört der Kehrvers aber nicht ursprünglich zu 10 1-4a, so verliert das Hauptargument für den Zusammenhang mit 9 7-20 + 5 25-29 seine Beweiskraft. Der Wehespruch 10 1-4a steht vielmehr im Zusammenhang mit der Sammlung der Wehesprüche 5 8-24, mit denen ihn die unmittelbare Anrede, der Partizipialstil und der Inhalt verbinden[42].

Das Gedicht besteht demnach aus den beiden Stücken 9 7-20 und 5 25-29, die bei der Komposition der einzelnen Sammlungen auseinandergerissen und durch die Sammlung 6 1—9 6 getrennt wurden. Durch den viermal auftretenden Kehrvers »Bei all dem hat sich sein Zorn nicht gelegt und noch ist seine Hand ausgestreckt« (9 11b. 16b. 20b 5 25b) und die Schlußstrophe 5 26-29 gliedert sich das Gedicht in fünf Strophen, die wahrscheinlich ursprünglich einmal die gleiche Zeilenzahl aufwiesen. Doch ist in Strophe II vermutlich ein Vers ausgefallen[43]. Am stärksten hat die vierte Strophe gelitten; hier sind im Laufe der Überlieferungsgeschichte des Textes vier Verse verlorengegangen. Hinsichtlich ihres Umfangs intakt erhalten sind wohl die Strophen I, III und V mit je sieben Versen. Die ersten drei Strophen sind grundsätzlich nach dem gleichen Schema aufgebaut: Die Sünde des Volkes (9 8b-9. 12. 17) begründet jeweils das darauf folgende strafende Eingreifen Jahwes (9 10-11a. 13-16aβ. 18-20a), das in dem Kehrvers als noch andauernd beschworen wird. Von der vierten Strophe ist der erste Teil, der von der Sünde des Volkes redet, verlorengegangen. Der fünften Strophe fehlt der Kehrvers. Während die Strophen I—IV von begrenzten Strafmaßnahmen berichten, kündigt Strophe V die Vernichtung des Volkes durch die Assyrer an. Nach dem ואין מציל, das die Totalität der Vernichtung in lapidarer Kürze ansagt[44], ist der Kehrvers gegenstandslos geworden.

---

[42] 10 1-4 betrachten ebenfalls als nicht in den Zusammenhang mit 9 7-20 und 5 25-29 gehörig u. a. H. Guthe, Jesaia, 605; H. Schmidt, Die großen Propheten, 60; O. Eißfeldt, Einleitung in das Alte Testament, 1964³, 419; O. Kaiser, Jesaja 1—12, 105f.; W. Eichrodt, Der Heilige in Israel, Jesaja 1—12, BA 17, I, 1960, 112; G. Fohrer, The Origin, Composition and Tradition of Isaiah I—XXXIX, The Annual of Leeds University Oriental Society 3 (1961/1962), 11. 15 (deutsch: Entstehung, Komposition und Überlieferung von Jesaja 1—39, in: G. Fohrer, Studien zur alttestamentlichen Prophetie, 1949—1965, BZAW 99, 1967, 123. 126). — Schwankend K. Marti, Jesaja, 101; J. Fischer, Das Buch Isaias, HS VII 1/1, 1937, 91f.

[43] V. 14 ist Glosse, siehe oben S. 134 Anm. 24.

[44] Zu der fast formelhaften Wendung אֵין מַצִּיל vgl. noch Dtn 32 39 Jdc 18 28 Jes 42 22 43 13 Hos 5 14 Mi 5 7 Ps 7 3 50 22 71 11 Hi 5 4 10 7 Dan 8 4.

Das im Rahmen dieser Arbeit wichtigste Problem ist die Frage, ob es sich bei dem ersten Teil des Gedichtes 9 7-20 + 5 25 um einen Rückblick auf Ereignisse der Vergangenheit oder eine Ankündigung von zukünftigem Geschehen handelt. Über diese Frage haben sich die Exegeten in zwei Lager gespalten, doch scheint sich in der letzten Zeit die Waage immer mehr auf die Seite der Befürworter des Rückblickes zu neigen[45]. Ihren Grund hat die Frage — Rückblick oder Ankündigung? — in der Uneinheitlichkeit der Tempora. Neben reinen Perfekten[46] finden sich Imperfekte mit ו-cons.[47] und reine Imperfekte[48]. Doch sind die Tempora der Vergangenheit weit in der Überzahl. Das allein jedoch kann, wie der Hinweis auf 9 1-6 zeigt, die Deutung auf die Vergangenheit nicht rechtfertigen[49]. Umgekehrt ist die futurische Deutung erst dann vorzuziehen, wenn zwingend sachliche Gründe gegen den eigentlichen Gebrauch der präteritalen Tempora sprechen. Thema der ersten vier Strophen ist der Kehrvers, der wörtlich wie folgt wiederzugeben ist: »Bei all dem hat sich sein Zorn nicht gelegt und noch bleibt (blieb) seine Hand ausgestreckt«. Ist der Kehrvers auf die Vergangenheit zu beziehen, dann aber auch die einzelnen Strophen, die er jeweils abschließt. Daraus ergibt sich die Frage: Auf welche Ereignisse spielen die einzelnen Strophen an? Die Identifizierung des in 9 7-20 Ausgesagten mit bestimmten Ereignissen der Vergangenheit ist sehr schwierig, und diese Schwierigkeit hat K. Marti zu dem Urteil veranlaßt: »Daß Jes nicht Geschichte schreibt, ergibt sich schon daraus, daß in wichtigsten Einzelheiten es eben anders gekommen ist, als wie Jes sagt: Aram und Ephraim sind Freunde geworden vgl. dazu 9 10f., und Ephraim ist nicht allein über Juda hergefallen, s. zu 9 20. Der Prophet sieht vielmehr ‚in eine furchtbare Entwicklung hinein. Schlag wird auf Schlag, aber zugleich auch Verstockung auf Verstockung folgen. Aus der Züchtigung wird das Volk nichts lernen, darum wird sie immer herber werden. Diesen Weg nach dem Ende hin in den einzelnen Phasen zu malen, nur dazu ist die Weissagung da‘ (Hackmann).«[50] Nun könnte es ja sein, daß die Einzelheiten, in denen Jesaja vom wirklichen Ablauf des Geschehens

---

[45] Die Deutung auf die Vergangeheit wird u. a. vertreten von T. K. Cheyne, Isaiah I, 64; A. Dillmann, Jesaia, 95; F. Wilke, Jesaja und Assur. Eine exegetisch-historische Untersuchung zur Politik des Propheten Jesaja, 1905, 24f.; G. Fohrer, Jesaja, I 164; R. Fey a. a. O. (Anm. 24) 84; H. Donner a. a. O. (Anm. 10) 70; H. Wildberger, Jesaja, 210f.

[46] Jeweils am Anfang der einzelnen Strophen v. 7. 12 (2mal) 17 und in dem Kehrvers 11b. 16b. 20b. 5 25b außerdem noch v. 18. 19 5 25.

[47] V. 10. 11. 13. 15. 17 (2mal) 18. 19 (2mal) 5 25 (4mal).

[48] V. 10. 16 (2mal) 17. 18. 19.

[49] Darin ist B. Duhm, Jesaia, 92, zuzustimmen.

[50] Jesaja 101.

abweichen soll, für Jesaja gar nicht so wichtig sind wie für K. Marti. Wir dürfen jedenfalls nicht die Propheten am Maßstab unseres historisch-kritischen Bewußtseins messen, denn sie wollten nicht Historiker sein. In einem Punkt wird K. Marti Jesaja offensichtlich nicht gerecht: Daß Aram und Ephraim Freunde geworden sind, setzt doch voraus, daß sie Feinde waren, gerade diese Zeit faßt Jesaja in der ersten Strophe ins Auge. Das Gedicht zielt eindeutig auf die Ansage der Vernichtung Israels durch Assur 5 26-29. Es wäre nun — und hier besteht eine strenge Parallele zu Am 4 6-12 — nicht einzusehen, warum Jahwe vor der endgültigen Vernichtung Israels partielle Gerichte sendet, obwohl er von vornherein weiß, daß diese Schläge Israel nicht zur Umkehr bewegen werden (9 12). Weder B. Duhm[51] noch K. Marti[52] denken bei Am 4 6-12 daran, die ganze Plagenreihe als Ankündigung zu verstehen, obwohl die zeitliche Bestimmung der einzelnen Plagen bei Amos weit größere Schwierigkeiten bereiten dürfte[53].

Doch bevor auf die Ereignisse näher eingegangen wird, muß die Bedeutung der Imperfekte in v. 10 und 16 geklärt werden. G. B. Gray hat recht, wenn er die Schwierigkeit einer präteritalen Deutung in den v. 10 und 16 sieht[54]. Bei der streng chiastischen Struktur von v. 10 ist im zweiten Stichos ebenfalls ein Tempus historicum zu erwarten. F. Giesebrecht behauptet, in poetischen Texten sei die Möglichkeit zu beachten, daß das Imperfekt von seinem ו-cons. getrennt werden könne, doch belegt er diese Möglichkeit nicht[55]. Nicht ausgeschlossen ist aber, daß das ו vor יסכסך durch Haplographie ausgefallen ist. Die Imperfekte in 9 16 können als impf. durativa verstanden werden[56]. Daß Jahwe die Jungmannschaft nicht verschonte und sich der Waisen nicht erbarmte, erstreckte sich über einen längeren Zeitraum hin, ja wirkt sich in der Gegenwart noch aus. Von daher liegt der Gebrauch

---

[51] B. Duhm, Anmerkungen zu den Zwölf Propheten, ZAW 31 (1911), 6: »Androhung völligen Unterganges, nachdem frühere Züchtigungen nichts gefruchtet haben.«

[52] K. Marti, Das Dodekapropheton, KHC XIII, 1904, 180.

[53] »Nach mehreren Exegeten würde allerdings das Stück der Hauptsache nach auf die Vergangenheit zielen und Jes. eine Art Schulaufsatz liefern, vielleicht weil er gerade nichts Besseres zu tun hatte und sich auf wirkliche prophetische Reden üben wollte. Der Aufsatz oder die Ballade wäre ziemlich mißlungen, weil die angeblichen Rückblicke nichts weniger als historischen Sinn verraten.« Dieses Urteil B. Duhms, Jesaia, 92, würde, falls es zu Recht bestünde, ebenso Amos als Propheten disqualifizieren. B. Duhms Vorurteil ist eine ganz bestimmte Auffassung vom Wesen der Prophetie — Prophetie als Weissagung —, die es aber gerade zu prüfen gilt.

[54] Isaiah 181: »If 9 10-20 be narrative, the most difficult imperfects to explain are those in 10 and 16.«

[55] F. Giesebrecht, Beiträge zur Jesaiakritik. Nebst einer Studie über Prophetische Schriftstellerei, 1890, 16. Das gleiche Argument gebraucht O. Procksch, Jesaia I, 103, ebenfalls jedoch ohne Begründung.

[56] GK § 107a.

des Imperfektes näher als der des Perfektes, das ja in der Regel einmalige und abgeschlossene Handlungen wiedergibt[57]. Schließlich haben die Tempora im Hebräischen relativen Charakter. Folgt ein Imperfekt auf ein Perfekt, so beschreibt es grundsätzlich eine Handlung, die mit der des Perfektes gleichzeitig ist[58].

Bestehen demnach auch von den Tempora her keine grundsätzlichen Schwierigkeiten, 9 7-20 + 5 25 als Rückblick zu verstehen, so stellt sich uns erneut die Frage, auf welche Ereignisse Jesaja anspielt.

Der Rückblick umspannt die Zeit von den Philister- und Aramäerkriegen im frühen 9. Jh. (Strophe I, v. 10f.) bis zum syrisch-ephraimitischen Krieg der Jahre 734/33 (Strophe III, v. 20). Die einzelnen Anspielungen historisch exakt auszuwerten, ist für uns schwierig, da Jesaja nur andeutend und dazu noch bildlich redet. Doch läßt sich mit einiger Wahrscheinlichkeit sagen, daß die zweite Strophe die Revolution Jehus meint. Das יום אחד v. 13 hat ein ganz konkretes Ereignis im Auge[59]. Die anarchischen Zustände, von denen Strophe III weiß, lassen sich am ehesten beziehen auf die Thronwirren nach dem Tode Jerobeams II. und den syrisch-ephraimitischen Krieg[60]. Wenn das Erdbeben, auf das sich 5 25 bezieht, wie viele Ausleger annehmen[61], mit dem Erdbeben, nach dem das Auftreten des Amos in Am 1 1 datiert wird, identisch ist, ergibt sich eine Schwierigkeit in der chronologischen Abfolge der Ereignisse, sofern 5 25 Fragment der letzten Strophe ist. Jesaja würde dann mit der letzten Strophe des Rückblicks noch einmal hinter die Thronwirren nach Sacharjas Ermordung und dem syrisch-ephraimitischen Krieg zurückgehen — das aber ist nicht gerade wahrscheinlich. Dem sucht R. Fey gerecht zu werden, indem er 5 25a zwischen v. 16aγδ und v. 16b einschiebt. Um die Siebenzahl der Verse wieder zu erhalten, ist er gezwungen, außer v. 14 noch v. 16aαβ für einen Zusatz zu halten[62]. In der Tat würde v. 16aγδ gut an v. 15 anschließen, daß aber Jahwe sich der Waisen

---

[57] Die Verneinung scheint das Imperfekt geradezu zu fordern. Das Erbarmen Jahwes wird nicht als ein Geschehen der Vergangenheit verneint — das müßte heißen לֹא רִחַם —, sondern gerade als ein noch andauerndes Geschehen. Entsprechend wird im Kehrvers mit לֹא־שָׁב die Abgeschlossenheit von Jahwes Zorn verneint.

[58] Vgl. hierzu O. Grether, Hebräische Grammatik, 1951, § 80e. f.

[59] Zu dieser Auswertung von v. 13 siehe O. Kaiser, Jesaja 1—12, 108; R. Fey a. a. O. (Anm. 24) 98.

[60] Mit R. Fey a. a. O. (Anm. 24) 98; vgl. O. Kaiser, Jesaja 1—12, 109. — J. Bright, A History of Israel, 1960, 254 Anm. 6, bezieht 9 7-20 auf den Zeitraum nach dem Tode Jerobeams II., doch beruht dies auf seiner fraglosen Übernahme von v. 10, in den רצין erst später hineingeraten ist.

[61] Z. B. G. Fohrer, Jesaja, I 150; O. Kaiser, Jesaja 1—12, 109 Anm. 24; W. Eichrodt, Jesaja 1—12, 115; R. Fey a. a. O. (Anm. 24) 97f.

[62] A. a. O. (Anm. 24) 84ff.

nicht erbarmt hat, ist ein bei Jesaja durchaus möglicher Gedanke, zumal hier die Auswirkungen der anarchischen Verhältnisse gemeint sein werden. Zu seiner Umstellung ist Fey in erster Linie dadurch veranlaßt worden, daß er 10 1-4 für die vierte Strophe des Gedichtes hält und 5 25a nach der Überleitung von 10 3f. nochmals in präteritale Tempora zurückfällt. H. Donner betrachtet 5 25a wegen der in ihm enthaltenen Spannung zum Kehrvers als Zusatz[63], W. Eichrodt stellt ihn hinter v. 9[64]. Die Annahme, daß 5 25 Fragment einer weiteren Strophe ist, von der vier Verse der Redaktion zum Opfer fielen, hat — so groß ihre Verlegenheit auch ist — immer noch am meisten für sich, da jeder Versuch, den Vers in einer der drei ersten Strophen 9 7-20 unterzubringen, durch erhebliche Eingriffe in den Text erschwert ist. Eine endgültige Entscheidung über den ursprünglichen Ort von 5 25 ist wegen seines fragmentarischen Charakters, der auch ein abschließendes Wort über das Ereignis, auf das der Vers anspielt, verbietet, nicht mehr möglich. Da keine wirklich zwingenden Gründe vorliegen, den jetzigen Zusammenhang von 5 25 mit 5 26-29 zu zerreißen, wird man 5 25 hinter 9 20 stellen, freilich nicht als dessen direkte Fortsetzung[65].

Wichtiger noch als die historische Auswertung der einzelnen Anspielungen ist ihre Funktion innerhalb des ganzen Gedichtes. Doch bevor die Funktion des Rückblicks herausgearbeitet werden soll, muß die Form näher bestimmt werden.

Im Unterschied zu Am 4 4-12 ist Jes 9 7-20 + 5 25. 26-29 nicht als Jahwerede stilisiert. Der Prophet redet von Jahwe in der 3. pers. Ebenso fehlt die direkte Anrede. In 9 8b-9. 12. 16a. 17 wird jeweils eine Straftat Israels festgestellt, wobei von Israel in der 3. pers. die Rede ist. Dieser Feststellung des Tatbestandes folgt in 9 10-11a. 13-16a. 18-20a jeweils ein strafendes Eingreifen Jahwes, wobei wieder von Jahwe in der 3. pers. die Rede ist. Die Rede vom Straffälligen in der 3. pers. ist ein wichtiges Element der Anklagerede[66], während beim Scheltwort die Direktheit des Redens entscheidend ist[67]. Weitere Motive der Anklagerede lassen sich nicht feststellen. Das ganze Gedicht ist Prophetenrede, die dadurch, daß kein Adressat genannt ist, etwas Lehrhaftes erhält. Es fehlt auch jeder Anhaltspunkt für die Situation, bei der Jesaja dieses Gedicht vorgetragen hat. Man könnte den ersten Teil 9 7-20 + 5 25 als Geschichtsbelehrung auffassen. Doch haftet

[63] A. a. O. (Anm. 10) 69.

[64] Jesaja 1—12 114.

[65] Das Problem des ursprünglichen Ortes von 5 25 kann auf sich beruhen, da das Gesamtverständnis von 9 7-20 + 5 25. 26-29 nicht davon abhängt.

[66] Siehe H. J. Boecker, Redeformen des Rechtslebens im Alten Testament, WMANT 14, 1964, 90.

[67] Siehe hierzu C. Westermann, Grundformen prophetischer Rede, BEvTh 31, 1964², 48.

Jesajas Interesse, wie der Schluß 5 26-29, auf den das ganze Gedicht hinzielt, zeigt, nicht unmittelbar an der Geschichte. Die Schlußstrophe droht die vollständige Vernichtung Israels an. In die Androhung mischt sich der Ton der Klage; v. 28f. ist vorgetragen im Qina-Metrum 3+2. Da das Drohwort 5 26-29 Ziel des ganzen Gedichtes ist, handelt es sich bei Jes 9 7-20 + 5 25. 26-29 der Form nach um ein Drohwort mit ausführlicher Begründung in Gestalt einer Geschichtsbelehrung[68].

Mit dem letzten Satz ist bereits etwas gesagt über die Funktion der Geschichtsbelehrung: Sie soll das Drohwort vorbereiten und begründen. Israels Hochmut und Verweigerung der Umkehr auf der einen Seite und Jahwes Strafhandeln auf der anderen Seite sind die beiden Komponenten, die den Verlauf der bisherigen Geschichte Israels bestimmten. Da aber Jahwes begrenztes Strafhandeln nichts fruchtete, da Israel nach wie vor ungehorsam ist, würde Jahwe auch durch weitere begrenzte Gerichte Israel nicht zur Umkehr bewegen können. Das totale Vernichtungsgericht ist darum unausweichlich. Die Geschichtsbelehrung geschieht um des Hörers willen. Jesaja hätte die Drohung auch ohne den langen Rückblick aussprechen können — die Frage ist nur, ob die Hörer darüber nicht achselzuckend zur Tagesordnung übergegangen wären. Vielleicht hätten sie sich auf irgendeine Überlieferung berufen, die den Bestand Israels durch Jahwe in ihren Augen unverbrüchlich garantieren soll. Ob Jesaja je seine Hörer erreicht hätte, wäre von vornherein sehr zweifelhaft gewesen. Nun schickt aber Jesaja eine Belehrung über die Geschichte vorweg und weist darin nach, daß die bisherige Geschichte nach ganz bestimmten Gesetzmäßigkeiten verlaufen ist. Auf Israels Ungehorsam folgte jeweils ein Schlag Jahwes. Dabei hatte sich der Zorn Jahwes nicht gelegt und noch blieb seine Hand ausgestreckt — bereit, falls das Volk nicht daraufhin umkehrte, zu einem weiteren Schlag. Hat Jesaja so die Zwangsläufigkeit des bisherigen Geschichtsverlaufs herausgestellt, dann muß der Hörer erkennen, daß das bevorstehende Vernichtungsgericht ganz im Gefälle der bisherigen Ereignisse liegt, die ja in ihrer chronologischen Abfolge immer zerstörerischer wurden. Die Geschichtsbelehrung dient der Anknüpfung; Jesaja geht von der allen bekannten Geschichte aus und führt hin zu dem, was er jetzt und eigentlich zu sagen hat. Besteht ein Einverständnis zwischen ihm und seinen Hörern hinsichtlich der Vergangenheit, dann muß auch ein Einverständnis bestehen hinsichtlich Jahwes unmittelbar bevorstehendem Handeln,

---

[68] Die augenscheinliche Distanz des Gedichtes, besonders des Drohwortes, die in der durchgängigen Rede in der 3. pers. Jahwes zum Ausdruck kommt, hängt vielleicht mit der Einleitung zusammen. »Das ‚Wort' wirkt nicht durch Vermittlung von Personen, nicht einmal durch Jahwe selbst, sondern in großartiger Objektivität allein durch die ihm inhärente Kraft, die ihm Jahwe gegeben hat«, H. Donner a. a. O. (Anm. 10) 71.

das ja nahezu zwangsläufig aus der Vergangenheit folgt. Um dieses Einverständnis geht es Jesaja. Die ausführliche Begründung des Endes, die an die Einsicht der Hörer appelliert, ist nur zu verstehen, wenn die Hörer noch die Möglichkeit zur Umkehr haben. Das durch eine Geschichtsbelehrung ausführlich begründete Drohwort will verstanden werden als letzte Mahnung zur Umkehr.

Die Funktion der Begründung des Drohwortes hat die Art der Geschichtsbetrachtung bestimmt. Jesaja gibt hier nicht einen Überblick über die Gesamtgeschichte Israels, sein Rückblick umspannt die letzten zwei Jahrhunderte. Er setzt ein mit den Philister- und Aramäerkämpfen nach der Reichsteilung, erinnert an die Revolution Jehus in der Mitte des 9. Jh. und die anarchischen Zustände nach dem Untergang der Dynastie Jehus ein Jahrhundert später und erwähnt das Erdbeben, nach dem das Auftreten des Amos datiert sein dürfte. So hebt Jesaja markante Ereignisse der Geschichte Israels heraus, die Jahwe in seinem Zorn gesetzt hat, um das Volk zur Umkehr zu mahnen. Jahwes Zorn, der sich immer wieder in einzelnen Ereignissen geäußert hat, und Israels permanenter Ungehorsam waren die geschichtsmächtigen Faktoren von der Reichsteilung bis zur Gegenwart des Propheten. Geschichte wird nicht nach einem vorgefaßten Plan Jahwes, den er unabhängig vom menschlichen Verhalten durchsetzt, sondern Jahwe handelt ständig in Korrelation zum Verhalten der Menschen. Wäre das Volk nach den Aramäer- und Philisterkriegen umgekehrt (v. 12), so wäre die ganze weitere Geschichte Israels anders verlaufen. Genau wie bei Amos handelten in der Vergangenheit und in der jeweiligen Gegenwart zwei Subjekte: Jahwe und das Volk. So sehr Jesaja das gesamte bisherige Geschehen auf Jahwe zurückführt — und zwar in einem weit höheren Maße als z. B. Hosea — so betont er doch die Entscheidung des Menschen, auf Grund deren Jahwe gerade so und nicht anders handelte. Während Hosea die Blutschuld Jehus Israel zur Last legt[69], sieht Jesaja darin bereits Jahwes Strafhandeln, und während Hosea die eigenmächtige Königsmacherei des Nordreichs tadelt[70], sind die Thronwirren nach der Ermordung von Sacharja in den Augen Jesajas schon Auswirkung von Jahwes Zorn. Die menschliche Komponente im Verlauf der Geschichte reduziert Jesaja gleichsam auf das punktum mathematicum der menschlichen Entscheidung[71]. Diese Entscheidung ist gegen Jahwe gerichtet und äußert

---

[69] 1 4.

[70] 8 4a: »Sie setzen Könige ein, doch ohne meinen Willen. Sie bestellen Beamte, doch ohne mein Wissen.« Übersetzung nach H. W. Wolff, Hosea, 1965², 168.

[71] Die gleiche Reduktion der menschlichen Komponente findet sich auch bei Amos. Die Verweigerung der Umkehr ist das einzige menschliche »Tun«, aber dieses »Tun« bestimmt entscheidend den Verlauf der Geschichte mit. Denn Jahwe handelt in Reaktion auf die Entscheidung des Menschen, vgl. bei Amos z. B. den Kehrvers

sich in Hochmut, Verweigerung der Umkehr, törichtem, gottlosem Gerede. Jahwe bestimmte den ganzen Verlauf der Geschichte, aber er bestimmte ihn in Reaktion auf die menschliche Entscheidung[72]. Geschichte ist die Folge der von Jahwe gewirkten Antworten auf die jeweilige menschliche Entscheidung[73].

Über das Verhältnis Jesajas zur Tradition läßt sich diesem Gedicht unmittelbar nichts entnehmen, wohl aber können mittelbar einige Folgerungen gezogen werden. Sieht man zunächst einmal von der Frage ab, ob Jesaja das Kehrversgedicht des Amos gekannt hat, so muß man feststellen, daß Jesaja hier die gängigen Überlieferungen von der Frühzeit Israels ignoriert. Er redet nicht von der Erwählung Israels durch Jahwe, weder vom Auszug aus Ägypten, noch von der Davidszeit. Er faßt lediglich die letzten zwei Jahrhunderte ins Auge

---

»Doch ihr seid nicht umgekehrt bis zu mir« mit 3 6b: »Oder geschieht Unheil in der Stadt, und Jahwe hätte es nicht getan?«

72 Diese Korrelation von Jahwes Handeln und der Entscheidung des Volkes wird von J. Fichtner, Jahves Plan in der Botschaft Jesajas, ZAW 63 (1951), 27, ausdrücklich bestritten. Dort heißt es: »... daß es sich für den Propheten bei dem ‚Plan Jahves' nicht um ein starres, sachlich bis in alle Einzelheiten festgelegtes ‚Programm', bei dem planvollen Handeln Jahves nicht um ein mechanisches, fast möchte man sagen ‚automatenhaftes' Agieren und Reagieren handeln kann, sondern daß das Wesen dieses Planes tiefer zu fassen ist. Damit soll einerseits nicht bestritten werden, daß Jesaja ganz konkrete Zukunftskündungen getan hat im Blick auf des eigenen Volkes und anderer Völker Geschick ... und andererseits darf nicht der Eindruck entstehen, als ob Jesaja dem Plan Jahves als Reaktion auf das Handeln der Völker (oder des Gottesvolkes) seine Eigenständigkeit und Unabhängigkeit genommen hätte.« — Gerade darum geht es aber Jesaja wenigstens in 9 7-20 + 5 25. 26-29, nämlich ausführlich darzulegen, daß die Geschichte einen anderen Verlauf genommen hätte, wenn Israel nicht hochmütig gewesen wäre und Jahwe die Umkehr verweigert hätte (9 8b-9. 12), und daß das Ende unausweichlich ist, wenn Israel nicht doch noch in letzter Minute umkehrt. Jahwes Plan »besteht in der radikalen Durchsetzung der Heiligkeit ... Jahves in seinem Volk« (Fichtner ebd.), darin ist Fichtner zuzustimmen, aber die konkrete Durchsetzung des »Planes« ist abhängig von der jeweiligen menschlichen Entscheidung. Das »Planen« Jahwes ist bei Jesaja veränderlich, wie die verschiedene Beurteilung der Assyrer zeigt (zunächst Gerichtswerkzeug Gottes 5 26-29, danach selbst zur Vernichtung bestimmt 10 5-15). Zur Auseinandersetzung mit Fichtner siehe G. Fohrer, Zehn Jahre Literatur zur alttestamentlichen Prophetie (1951—1960), ThR 28 (1962), 66. Vgl. ebenfalls H. Wildberger, Jesajas Verständnis der Geschichte, VTSuppl 9, 1963, 103: »Mit all dem ist der Satz, daß die Geschichte nach Jahwes Plan abläuft und ‚Werk seiner Hände' ist, nicht angetastet. Aber was Gottes Ratschluß und sein Tun sein wird, ist mit von der Haltung Israels und der Völker abhängig gemacht. Der menschlichen Entscheidung ist damit eine unerhörte Bedeutung, dem menschlichen Handeln eine so nie gesehene Verantwortungsschwere zugemessen.« (letzter Satz bei H. Wildberger kursiv).

73 Vgl. G. Fohrer, Jesaja, I 30: »Gegenwart ist immer Entscheidungszeit und Geschichte die Folge getroffener Entscheidungen.«

und wählt die Ereignisse unter einem ganz bestimmten Gesichtspunkt aus. Er sieht die Geschichte Israels seit der Reichsteilung unter dem Zorn Jahwes. Was sich diesem Aspekt nicht einordnen läßt — z. B. die glückhafte Regierungszeit Jerobeams II. —, wird nicht berücksichtigt. Jesaja wählt aus. Sein Auswahlprinzip ist diktiert vom bevorstehenden Ende Israels, das er anzukündigen hat und das aus keiner Tradition ableitbar ist. Jesaja entwirft eine Unheilsgeschichte, die nach ehernem Gesetz auf ihr Ende zueilt. Das Verhältnis zur Tradition scheint rein negativ zu sein. Das bevorstehende Vernichtungsgericht ist gegenüber den bisherigen Läuterungsgerichten Jahwes etwas völlig Neues.

Mehr läßt sich über Jesajas Verhältnis zur Tradition auf Grund dieses Gedichtes kaum sagen. Eine andere Frage ist es, ob Jesaja hier in der Tradition des Amos steht. Diese Frage wird von R. Fey bejaht[74]. Ob man allerdings so weit gehen kann, daß man unter dem דָּבָר von Jes 9 7 das Kehrversgedicht des Amos versteht[75], erscheint mir zweifelhaft. Möglich ist freilich, daß Jesaja Am 4 6ff. gekannt hat. Die Unterschiede, die Fey selbst darlegt[76], sind meines Erachtens aber zu groß, als daß man von einer »Vorlage«[77] sprechen könnte. Beide Texte sind Drohworte mit ausführlicher geschichtlicher Begründung in Form von Kehrversgedichten. Beiden Texten ist die gleiche Geschichtsauffassung gemeinsam: Geschichte ist die Folge der von Jahwe gewirkten Antworten auf die jeweilige menschliche Entscheidung. In der Struktur gleichen sich beide Texte, aber die Füllung ist so verschieden, daß der Nachweis der Abhängigkeit Jesajas von Amos schwer fällt. Gerade der Kehrvers zeigt, wie eigenständig Jesaja gegenüber Amos ist. Der Kehrvers des Amos schilt den permanenten Ungehorsam der Israeliten, der bei Jesaja beschwört den anhaltenden Zorn Jahwes. Jesaja hat konkrete Einzelereignisse im Blick, die er in ihrer chronologischen Folge darlegt, Amos bringt eine Reihe typischer »Ereignisse«, die immer wiederkehren können und deren Folge daher vertauschbar ist. Jesaja hätte seine »Vorlage« gänzlich umgearbeitet und gerade darin seine Eigenständigkeit bewiesen. Man kann lediglich sagen, daß er durch Amos ebenfalls zu einem geschichtlichen Rückblick in Gestalt eines Kehrversgedichtes angeregt worden ist — aber vielleicht ist das schon nicht sicher[78].

---

[74] A. a. O. (Anm. 24) 88ff.

[75] Ebd. 104.

[76] Ebd. 99ff.

[77] Ebd. 103.

[78] Zur Kritik an R. Fey siehe H. Graf Reventlow in ThLZ 89 (1964), 595: »Die Entsprechung der miteinander verglichenen Abschnitte ist jeweils so gebrochen, soviel Schritte bewußter Umformung, Auswahl, Ausgestaltung müssen jeweils angenommen werden, daß sich dem Leser oft die Frage aufdrängt, ob nicht allein der Scharfsinn

III. Rückblicke auf Israels Geschichte

Im Anschluß an das große Kehrversgedicht 9 7-20 + 5 25. 26-29 sollen nun drei Überblicke über die israelitische Geschichte von ihrer Frühzeit bis zur Gegenwart Jesajas und darüber hinaus ins Auge gefaßt werden. Zeigt das mehrstrophige Gedicht Strukturen und Funktion der Geschichtsbetrachtung Jesajas bereits exemplarisch, so tritt mit dem Blick auf Israels Frühzeit ein weiterer entscheidender Gesichtspunkt hinzu.

1. *Ein geschichtlicher Rückblick in nuce Jes 1 2-3*

2 Höret ihr Himmel,
horch auf, du Erde,
denn Jahwe redet: 2+2+2
Söhne habe ich durchgebracht[a] und aufgezogen[b]
aber sie haben sich gegen mich aufgelehnt. 3+3
3 Ein Stier kennt seinen Besitzer,
ein Esel die Krippe seines Herrn[c]. 3+3
Israel weiß es[d] nicht,
mein Volk hat keine Einsicht. 3+3

a גדל im pi. meint »vor der Kindersterblichkeit davonbringen«[79].

b Der jetzigen Reihenfolge entsprechend bedeutet רום pol. das Aufziehen des Kindes, nachdem es vor der Kindersterblichkeit davongebracht worden ist[80].

c בעליו ist plur. maiest.[81].

d Der objektlose Gebrauch von ידע in v. 3b erscheint zunächst ungewöhnlich; man erwartet ein קֹנֵהוּ und בעליו v. 3a paralleles Objekt, etwa אֹתִי, so die LXX Ισραηλ δέ με οὐκ ἔγνω und die Vulgata Israel autem me non cognovit[82]. Doch zeigt das parallele התבונן, daß der absolute Gebrauch den Vergleich von v. 3a noch ins Grundsätzliche ausweitet: Israel weiß nicht, daß es der Fürsorge Jahwes seine ganze Existenz verdankt.

Die Abgrenzung des Spruches dürfte nicht zweifelhaft sein. Nach der Überschrift 1 1 beginnt mit v. 2 die erste Einheit der Sammlung Kap. 1[83]. Der Neueinsatz mit הוי von v. 4 weist die folgenden Verse als neue Einheit aus. Die Abgrenzung nach unten ist zwar umstritten,

des Vergleichenden hier noch eine Beziehung zu sehen vermag.« Während Graf Reventlow — meines Erachtens zu Recht — eine direkte Abhängigkeit Jesajas von Amos in Frage stellt, vermutet er, daß die Geschichtsrückblicke in den Kehrversgedichten vorgegebenen Schemata folgen und weder Amos noch Jesaja hier originale Leistungen vollbringen (ebd.) — eine Vermutung, die zu verifizieren fast schwerer sein dürfte als die These Feys. Zu Am 4 6ff. siehe oben S. 9ff.

79 Siehe KBL unter גדל pi. Nr. 1.

80 Siehe KBL unter רום pil. Nr. 1.

81 Siehe C. Brockelmann, Hebräische Syntax, § 19c; siehe auch G. Fohrer, Jesaja, I 24, und H. Wildberger, Jesaja, 8.

82 Vgl. E. König, Das Buch Jesaja, 1926, 37: »Israel hat ihn nicht erkannt«.

83 Zu Jes 1 siehe besonders G. Fohrer, Jesaja 1 als Zusammenfassung der Verkündigung Jesajas, ZAW 74 (1962), 251—268 (= Studien, 1967, 148—166).

wird aber auch durch die Abgeschlossenheit von 1 2-3 nahegelegt. Der Tatbestand der Anklage v. 3b bedarf keiner Ergänzung. Da Jahwe der Kläger ist, besteht die Anklage zu Recht; das Urteil braucht also nicht expressis verbis ausgesprochen zu werden[84].

Das Wort ist einer Gerichtsverhandlung nachgebildet[85]. Der Prophet fungiert gleichsam als Gerichtsdiener, der die beiden Zeugen Himmel und Erde zur Aufmerksamkeit auffordert und die Gerichtsrede Jahwes ankündigt[86]. Der Aufruf ist dreigegliedert[87] und hebt sich dadurch schon formal von der folgenden Jahwerede ab[88]. Gegenstand der Jahwerede sind die Söhne Jahwes. Jahwe betont, daß er Söhne durchgebracht und großgezogen hat (v. 2b). Diese Söhne haben sich gegen ihn aufgelehnt. V. 2b ist beherrscht von dem Kontrast zwischen dem Verhalten Jahwes gegenüber seinen Söhnen und der Auflehnung der Söhne gegen Jahwe. Das Kontrastmotiv findet sich immer wieder in Anklagereden. Der Kläger weist darauf hin, daß er alles in seiner Möglichkeit Stehende getan hat, um das Gemeinschaftsverhältnis mit dem Angeklagten zu fördern, daß aber der Angeklagte dennoch und völlig unverständlich dieses Gemeinschaftsverhältnis zerstört hat. Die Rede vom Angeklagten in der 3. pers. rundet das Bild in formkritischer Hinsicht ab[89].

[84] Daß 1 2-3 eine selbständige Einheit ist, wird u. a. angenommen von J. Begrich, Studien zu Deuterojesaja, BWANT 77, 1938, 20; G. Fohrer, Jesaja, I 24f.; ders., Jesaja 1, 254f. (= Studien, 1967, 150f.); H. J. Boecker a. a. O. (Anm. 66) 83 Anm. 6; H. Wildberger, Jesaja, 9. — O. Kaiser, Jesaja 1—12, 5f., versteht 1 2-9 als Einheit. Doch ist die Annahme einer kultischen Klagefeier als Sitz im Leben reines Postulat.

[85] Siehe hierzu G. Fohrer, Jesaja 1, 255 (= Studien, 1967, 152).

[86] L. Köhler, Deuterojesaja stilkritisch untersucht, BZAW 37, 1923, 111f., spricht vom Zweizeugenruf. Auf die von H. Wildberger, Jesaja, 9, vertretene Auffassung G. E. Mendenhalls, Recht und Bund in Israel und dem alten Vordern Orient, BA 17 (1954), 37 (nach H. Wildberger), die Anrufung von Himmel und Erde erkläre sich aus der Erwähnung der Götter als Zeugen in altorientalischen Staatsverträgen vornehmlich aus dem hethitischen Bereich, muß kurz eingegangen werden, da H. Wildberger daraus weitreichende Schlüsse für Jesajas Verhältnis zur Tradition zieht: »Dieses ‚profane' Vertragsformular hat zweifellos die Formsprache des alttestamentlichen Jahwebundes beeinflußt« (9). Die bei den Staatsverträgen »üblichen Götterlisten umfassen auch die deifizierten Naturmächte: Berge, Flüsse, Quellen, Meer, Himmel und Erde, Wind und Wolken«. Die Anrufung von Himmel und Erde allein in Jes 1 2 wäre nur schwer zu verstehen, wenn Jesaja von dem Formular hethitischer Staatsverträge abhängig wäre, siehe G. Fohrer, Jesaja, I 24f. Näher als die Hypothese einer so weitreichenden Abhängigkeit liegt die Vermutung, daß es sich bei der Parallelität von Himmel und Erde um die einzig mögliche sprachliche Umschreibung des Weltganzen handelt, das hier als Zeuge angerufen wird, so G. Fohrer, Prophetie und Geschichte, ThLZ 89 (1964), 488 Anm. 16 (= Studien, 1967, 274 Anm. 16).

[87] Das Metrum beträgt 2+2+2.

[88] Dreimal 3+3, so auch H. Wildberger, Jesaja, 9.

[89] Vgl. hierzu H. J. Boecker a. a. O. (Anm. 66) 83f.

Im Grunde hat der Kläger mit v. 2b bereits alles gesagt. Mit v. 3 erweitert er seine Anklage durch einen Vergleich, der durch ein zweites Kontrastmotiv die Berechtigung seiner Anklage unterstreichen soll. Die Söhne sind schlimmer als das Vieh. Das Vieh kennt seinen Besitzer, aber Israel anerkennt seinen Herrn nicht.

Bevor der Kläger Jahwe den Tatbestand der Anklage vorbringt (v. 2bβ), weist er das Recht seiner Anklage nach (v. 2bα); bestünde nämlich kein verpflichtendes Gemeinschaftsverhältnis zwischen ihm und dem Angeklagten, wäre seine Anklage gegenstandslos.

Sieht man von der Erweiterung der Anklage in v. 3 ab, so besteht die eigentliche Anklagerede lediglich aus v. 2b. Sachlich handelt es sich dabei um einen geschichtlichen Rückblick, um einen kurzen Abriß der Geschichte des Gemeinschaftsverhältnisses zwischen Jahwe und Israel. Der Abriß ist streng schematisch, zweigeteilt; er beschränkt sich auf das, was im Zusammenhang der Anklage unbedingt notwendig ist. Wann und bei welcher Gelegenheit Jahwe die Israeliten als seine Söhne adoptiert hat[90], wird nicht gesagt, ebenso bleibt der Zeitpunkt unerwähnt, von dem an die Söhne sich gegen ihren Vater aufgelehnt haben. Jesaja interessieren hier die beiden Tatbestände, daß Jahwe das Gemeinschaftsverhältnis mit Israel geschaffen hat und daß Israel dieses Gemeinschaftsverhältnis verletzt hat. Alle näheren Umstände bleiben außer Betracht. Lediglich v. 3 veranschaulicht durch den Vergleich den Tatbestand der Anklage v. 2bβ: Das פשע von v. 2bβ besteht in dem לא ידע von v. 3bα.

Die Art des Rückblickes ist ganz bestimmt von seiner Funktion innerhalb der Anklagerede. Auf alle Einzelheiten wird verzichtet. Aber gerade in dieser Beschränkung auf das Wesentliche wird deutlich, in welchem Sinne Jesaja die Vergangenheit heranzieht und welches Bild er von der Geschichte Israels hat. Auch hier dient der geschichtliche Rückblick der Begründung der Anklage. Es liegt in der Natur der Anklagerede, daß sie einen vergangenen Tatbestand zur Sprache bringt und ihn um seiner Motivierung willen in einen größeren geschichtlichen Zusammenhang einordnet.

Dieser notwendige geschichtliche Zusammenhang wird hier zu einem Überblick über die Gesamtgeschichte Israels. Die Geschichte Israels gliedert sich streng in zwei Epochen. Die erste Epoche ist gekennzeichnet durch die Fürsorge Jahwes gegenüber seinen Söhnen. Jahwe hat Israel an Sohnes Statt angenommen, durchgebracht und großgezogen. Sobald die Söhne selbständig waren, haben sie sich gegen ihren Vater aufgelehnt. Durch diese Auflehnung der Söhne ist die zweite Epoche der Geschichte Israels bestimmt. Sie dauert bis zur

[90] Die Annahme Israels an Sohnes Statt geschah in der freien erwählenden Tat Jahwes, vgl. Hos 11 1 und O. Kaiser, Jesaja 1—12, 6.

Gegenwart Jesajas an. Ähnlich wie Hosea stellt Jesaja Einst und Jetzt in der Geschichte Israels einander gegenüber. Jahwes Fürsorge für Israel und Israels Auflehnung gegen Jahwe sind die beiden Grundmotive, die in der Geschichte Israels wirksam sind. Wie Hosea entwirft Jesaja ein sehr schematisches Bild von der Geschichte Israels. In der Struktur, im zeitlichen Nacheinander der beiden Epochen gleichen sich die beiden Schemata. Während aber bei Hosea der entscheidende Einschnitt in der Geschichte Israels deutlich hervortritt — er ereignete sich für ihn im Übergang ins Kulturland —, läßt Jesaja diese Frage völlig unberührt. Ihn interessiert das reine Daß der Auflehnung, die Tatsache, daß Israel keine Einsicht hat. Der Stier kennt seinen Besitzer, der Esel die Krippe seines Herrn, aber Israel weiß nicht, daß es sich der Fürsorge Jahwes verdankt[91].

Ist Jesaja in dieser schematischen Darstellung der Geschichte Israels von irgendeiner geschichtlichen Überlieferung abhängig? In der Bezeichnung der Israeliten als Söhne wird eine Jesaja vorgegebene Tradition durchschimmern[92]. Doch ist diese Tradition nicht als historische anzusprechen, da jede Angabe über den Ursprung der Sohnschaft Israels fehlt. Entscheidend ist in unserem Zusammenhang nicht die Herkunft des Motivs aus der Königsideologie der altorientalischen Umwelt[93] oder aus der Weisheit[94], entscheidend wäre seine Verknüpfung mit einem bestimmten Ereignis der Geschichte Israels, in dem Jahwe Israel als Sohn adoptierte. Eine solche Verknüpfung liegt z. B. Hos 11 1 vor. Hier aber ist die Rede von den Söhnen Bild, das die enge Gemeinschaft zwischen Jahwe und Israel veranschaulichen soll, wie Jesaja ja in 5 1-7 ein anderes Bild verwenden kann, um ebenfalls das Gemeinschaftsverhältnis zwischen Jahwe und Israel darzustellen. Weder dort noch hier reflektiert er über den Beginn dieser Gemeinschaft. Jesaja kommt es auf das reine Daß an.

Auf Grund des Verbums פשׁע und der umstrittenen Ableitung von v. 2a[95] hält H. Wildberger es für ausgemacht, daß die Anklagerede sich im Bereich der Bundestradition bewegt[96]. Mag sein, daß פשׁע von

---

[91] Zum Verständnis von ידע siehe E. Baumann, ידע und seine Derivate, ZAW 28 (1908), 129.

[92] Vor Jesaja wird Israel als Sohn Jahwes bezeichnet in Ex 4 22 Hos 11 1. Jesaja redet aber nie singularisch von Israel als dem Sohn Jahwes, sondern von den Söhnen, außer 1 2 noch 1 4 30 1. 9. בנים begegnet nur 1 2 absolut, sonst immer mit einem Attribut, das Israels Ungehorsam brandmarkt. Zur Umschreibung der Beziehung zwischen Jahwe und Israel mit dem Vater-Sohn-Verhältnis siehe G. Fohrer, Art. υἱός B. Altes Testament, ThWb VIII 6, 1967, 352—354.

[93] So G. Fohrer, υἱός, 353f.

[94] So H. Wildberger, Jesaja, 14.

[95] Siehe dazu oben Anm. 86.

[96] Jesaja 14.

Haus aus ein politischer Begriff ist[97], entscheidend ist nicht die Herkunft eines Begriffes, sondern die Art der Verwendung, die er im jeweiligen Textzusammenhang erfährt. Hier wiegt nun die Bezeichnung Söhne wesentlich schwerer als das Verbum פשע. Mit Söhnen schließt man keinen »Bund« bzw. Vertrag, Söhne werden gezeugt bzw. adoptiert. Das aus dem Bereich der Verwandtschaftsverhältnisse gewählte Bild bringt ja gerade zum Ausdruck, daß es sich bei der Gemeinschaft zwischen Jahwe und Israel um ein innigeres Verhältnis handelt als ein bloßes Rechtsverhältnis[98].

Die Abhängigkeit Jesajas von einer geschichtlichen Tradition läßt sich auch hier nicht stringent nachweisen. Das Zwei-Epochen-Schema der Geschichte Israels hat er mit Hosea gemeinsam, mit dem ihn auch die Vorstellung vom Vater-Sohn-Verhältnis und der Gebrauch des Verbums ידע hier verbindet. Vielleicht hat Jesaja nicht nur Amos gekannt, sondern auch Hosea. Die Periodisierung der Geschichte Israels in zwei Epochen scheint diese Annahme ebenso nahezulegen wie das Bild von der Sohnschaft und die Bedeutung des ידע. Diese drei Parallelen zusammengenommen sind jedenfalls nicht zu übersehen[99].

2. *Das Weinberglied Jes 5 1-7*

Die gleiche schematische Geschichtsbetrachtung wie in der Anklagerede 1 2-3 findet sich auch in dem Weinberglied 5 1-7. Die Gemeinschaft zwischen Jahwe und Israel ist hier nicht als Verwandtschaftsverhältnis von Vater und Sohn gesehen, sondern als Liebe eines jungen Mannes zu seinem »Weinberg« dargestellt, wobei »Weinberg« Deckname für die Geliebte ist[100]. Ein weiterer Unterschied zu 1 2-3 besteht darin, daß hier die Hörer zum Urteilsspruch aufgefordert

---

[97] Es ist jedoch fraglich, ob die Belege, die H. Wildberger, Jesaja, 14, anführt, das ausreichend begründen. Siehe dagegen das Urteil R. Knierims, Die Hauptbegriffe für Sünde im Alten Testament, 1965, 179: »Er (der Begriff פֶּשַׁע) ist somit ebenfalls ein formaler Oberbegriff für eine vielseitige Art von Delikten und kann in verschiedenen Sitzen im Leben verwendet werden ... Dieser Charakter der Wurzel *pš*ʿ macht auch ihren Gebrauch in der prophetischen Anklage noch einmal von sich aus — und nicht nur etwa vom Bundesrecht her — verständlich.«

[98] Zur Problematik der Bundesvorstellung bei Jesaja siehe G. Fohrer, Prophetie und Geschichte, 487—489 (= Studien, 1967, 274—276); ders., Altes Testament — »Amphiktyonie« und »Bund«?, ThLZ 91 (1966), 801—816. 893—904, bes. 900; zum Begriff »Bund« E. Kutsch, Gesetz und Gnade. Probleme des alttestamentlichen Bundesbegriffs, ZAW 79 (1967), 18—35.

[99] Vgl. hierzu W. Zimmerli, Das Gesetz und die Propheten, 1963, 115.

[100] Siehe hierzu W. Rudolph, Das Buch Ruth. Das Hohe Lied. Die Klagelieder, KAT² XVII 1-3, 1962, 124; G. Gerleman, Ruth/Das Hohelied, BK XVIII, 1965, 100f.; H. Wildberger, Jesaja, 165. 169.

werden und daß im Anschluß an die Anklagerede Jahwe als Richter das Wort ergreift und die Israel treffende Strafe androht.

1 Ich will singen von meinem liebsten Freund,
das Lied meines Geliebten von seinem Weinberg. 3+3

Mein Freund hatte einen Weinberg
auf fetter Berghalde[a]. 3+2
2 Er grub ihn um[b] und entsteinte ihn
und bepflanzte ihn mit Edelreben[c]. 3+2
Er errichtete einen Wachtturm in seiner Mitte
und hieb eine Kelter in ihm aus. 3+3
Dann wartete er, daß er Trauben brächte,
aber er trug faulende Beeren. 3+2

3 Nun, Bewohner von Jerusalem
und Mann von Juda, 3+2
schlichtet doch zwischen mir
und meinem Weinberg. 2+2
4 Was wäre noch zu tun gewesen für meinen Weinberg,
das ich nicht getan hätte? 3+3
Warum habe ich gehofft,
daß er Trauben brächte,
wo er doch faulende Beeren trug? 2+2+2

5 Nun, ich will euch sagen,
was ich meinem Weinberg tun werde. 4+4
Seine Dornenhecke entfernen, damit er verwüstet[d] wird,
seinen Steinwall einreißen, damit er zertreten wird.
2+2 + 2+2
6 (. . .)[e] Er wird nicht mehr geschneitelt und nicht mehr gejätet.
Dornen und Disteln werden aufgehen. 4+3
Und den Wolken werde ich befehlen,
nicht (mehr) zu regnen auf ihn. 3+3

7 Denn der Weinberg Jahwes der Heerscharen
ist das Haus Israel, 3+2
und der Mann von Juda
ist die Pflanzung seiner Lust. 2+2
Er wartete auf Rechtsspruch, doch da war Rechtsbruch,
auf Gerechtigkeit, doch da war Schlechtigkeit[f]. 4+3

[a] Übersetzung nach L. Köhler[101].

[b] Das Hapaxlegomenon עזק ist durch die arabische Wurzel عَزَقَ und den Zusammenhang im Text — das Umgraben geht aller anderen Tätigkeit voraus — in der Bedeutung »umgraben« einigermaßen gesichert[102].

[c] Übersetzung nach K. Marti[103].

[101] KBL unter קֶרֶן Nr. 5.

[102] Siehe K. Marti, Jesaja, 53; ebenso O. Kaiser, Jesaja 1—12, 45.

[103] Jesaja 53; ebenso O. Kaiser, Jesaja 1—12, 45; vgl. noch KBL unter שֹׂרֵק.

d Die richtige Wiedergabe von לבער bereitet Schwierigkeiten. בער im pi. heißt nach L. Köhler[104] »anzünden, niederbrennen«, dann »mit Feuer säubern, roden > säubern, fegen, wegschaffen«, doch gibt das keinen guten Sinn. Die Absicht beim Entfernen der Dornenhecke kann ja nicht das Niederbrennen des Weinbergs sein. Der Weinberg wurde mit einer Hecke oder Mauer umgeben, um das Eindringen von Tieren zu verhindern[105]. Daher wird לבער in sachlicher Parallele zu למרמס v. bβ stehen wie auch הסר משוכתו und פרץ גדרו streng parallel zueinander sind. Subjekt von למרמס ist aber das Vieh, das nach dem Niederreißen des Steinwalles Zugang zu dem Weinberg hat[106]. Nach diesen Überlegungen vom Kontext her ist zwar die Bedeutung »verwüsten« für בער noch nicht gesichert, wohl aber ziemlich wahrscheinlich[107].

e Das Wort בָּתָה ist noch nicht befriedigend erklärt. L. Köhler verzichtet auf jede Erklärung[108], W. Gesenius' Vorschlag »ich will ihm den Garaus machen«[109] will aber auch nicht recht überzeugen[110]. Wahrscheinlich ist ואשיתהו בתה ein Zusatz. Die allgemeine Wendung »ich will ihn vernichten« — wie immer jetzt das zu verstehen ist — nimmt sich neben den sehr konkreten Einzelakten zur Verwüstung des Weinbergs in v. 5b. 6 fremd aus. Außer אשיתהו begegnet die einzige finite Verbform der 1. pers. sg. erst in v. 6b, mit der dann schlagartig deutlich wird, daß Jahwe der Redende ist. Auch formal wirkt אשיתהו zwischen den inf. abs. v. 5b und den verb. finit. der 3. m. sg. impf. nif. v. 6a wie ein Fremdkörper, der die Pointe von v. 6b vorwegzunehmen scheint. Metrisch ist die Wendung ebenfalls überschüssig[111].

f Das Wortspiel v. 7b ist nach G. Fohrer wiedergegeben[112].

Die Abgrenzung des Weinbergliedes versteht sich durch seine Einheitlichkeit und Abgeschlossenheit von selbst und ist daher auch unumstritten.

Das Lied gliedert sich in vier Strophen, denen in v. 1a eine Einleitung vorangestellt ist, in der Jesaja das Thema seines Liedes an-

104 KBL unter בער pi.

105 Siehe G. Fohrer, Art. Weinberg, BHH, III 2150f.

106 Siehe hierzu O. Procksch, Jesaia I, 89: »Subjekt von לְבָעֵר und לְמִרְמָס ist jedenfalls das Vieh und Wild.«

107 Siehe GB unter II בער pi. Nr. 2; ähnlich auch E. König, Jesaja, 83; O. Procksch, Jesaia I, 89; O. Kaiser, Jesaja 1—12, 45. Die Bedeutung »abweiden« — so die meisten Ausleger — läßt sich für בער nicht belegen, ist aber auch sachlich nicht ohne Schwierigkeiten.

108 KBL unter בָּתָה.

109 GB unter בָּתָה und die meisten Ausleger.

110 G. R. Driver, Linguistic and Textual Problems: Isaiah I—XXXIX, JTS 38 (1937), 38, leitet בָּתָה von akkad. I *batū* ‚to reduce to ruins', II ‚to race utterly' ab und versteht בָּתָה als Abstraktnomen von der Wurzel בתה (wie die Nomina מָנָה und קָצָה) mit der Bedeutung »Ruine« oder etwas ähnliches.

111 Das zweimalige לא ist zu betonen. Damit ergäben sich in v. 6a 9 Hebungen. Selbst wenn man eine Dreigliederung der Periode annimmt, wäre das Metrum 2+4+3 mehr als ungewöhnlich; streicht man aber die ersten beiden Wörter, bleibt ein schöner Siebener übrig. Auch G. Fohrer, Jesaja, I 74, sieht in den ersten beiden Wörtern von v. 6 einen Zusatz.

112 Jesaja I 75.

kündigt: Es handelt von seinem Freund und dessen »Weinberg«. Die erste Strophe v. 1b-2 erzählt von der vergeblichen Mühe, die der Freund an seinen »Weinberg« gewandt hat. In der zweiten Strophe v. 3-4 — der Redende ist jetzt der Freund selbst — fordert der Freund die Bewohner von Jerusalem und die Männer von Juda auf, zwischen ihm und seinem Weinberg das Urteil zu sprechen. Das Urteil ist eindeutig. Nach der Anlage des Gedichtes muß man es sich von den Hörern gesprochen denken, die, ohne zu wissen, daß es um ihre Sache geht, sich selbst das Urteil sprechen. Darauf sagt der Freund nun in der dritten Strophe v. 5-6, was er zu tun gedenkt. In der vierten und letzten Strophe v. 7 läßt der Prophet die bildliche Einkleidung seiner Rede fallen und sagt den Hörern auf den Kopf zu, daß sie gemeint sind. Die Einleitung v. 1a und die Schlußstrophe v. 7 bilden den Rahmen und entsprechen sich negativ. Mit der Einleitung setzt Jesaja eine Maske auf: Er will die Liebesgeschichte zwischen seinem Freund und dessen Weinberg erzählen; in der Schlußstrophe läßt er die Maske fallen. Die Strophen sind nicht ganz gleichmäßig gebaut. Die ersten drei haben je vier Zeilen, die letzte besteht aus drei Zeilen. Auch das Metrum ist nicht einheitlich, was aber mit dem Wechsel der Situation in Zusammenhang stehen kann. In der Regel herrscht das Metrum 3+3 bzw. 3+2 vor. V. 4b ist dreigliedrig 2+2+2, v. 5a besteht aus einem Doppelvierer, v. 5b aus zwei Doppelzweiern[113].

In dem Weinberglied sind die Elemente verschiedenster literarischer Gattungen verarbeitet. Jesaja bezeichnet Jahwe als seinen liebsten Freund und gebraucht damit einen feststehenden Terminus, der den alttestamentlichen Hochzeitssitten entlehnt ist[114]. Umgekehrt ist er der liebste Freund des Bräutigams. Er tritt auf in der Rolle dessen, der Joh 3 29 als ὁ φίλος τοῦ νυμφίου bezeichnet wird. Der Bräutigam wählte unter seinen Freunden den ihm liebsten als Vermittler zwischen sich und seiner Braut aus. Jesaja spricht als Freund des Bräutigams. Er verfolgt mit dieser Rolle und seiner Parabel nicht bloß den Zweck anschaulicher Darstellung. Vielmehr soll der Sinn der Parabel den Hörern zunächst verborgen bleiben. Die Hörer sollen zunächst den Eindruck gewinnen, als unterhalte Jesaja sie mit einem Liebeslied. Mit v. 3 aber werden sie plötzlich direkt angesprochen. Mit der Aufforderung zum Urteilsspruch werden die Hörer inne, daß sie in Wahrheit gar kein Liebeslied, sondern eine Gerichtsrede gehört haben, in der ein Kläger seine Rechtssache gegen einen Beklagten vorbringt. Die Hörer fungieren als Gerichtshof, an den sich der Kläger wendet. Um wen es sich bei Kläger und Beklagtem handelt, ist noch

[113] Die einzelnen Entscheidungen mit ihren Intentionen folgen Schlag auf Schlag, was durch die kurzen Perioden treffend zum Ausdruck gebracht wird.

[114] Hierzu und zum folgenden siehe H. Junker, Die literarische Art von Is 5 1-7, Bibl 40 (1959), 259—266.

offen. Motive der Anklagerede in v. 1b-4 sind die Darlegung des verpflichtenden Gemeinschaftsverhältnisses zwischen dem Kläger und dem Beklagten, die Betonung des Klägers, daß er alles in seiner Kraft Stehende für den Beklagten getan hat, die Klage über mangelnde Pflichterfüllung des Beklagten und schließlich in v. 3 die Anrufung der Rechtsgemeinde zum Schiedsspruch[115]. Der Urteilsspruch ist nach diesem Stand der Dinge eindeutig. Ob er tatsächlich ausgesprochen wird oder ob der Gerichtshof schweigt, ist dabei unerheblich, da das Schweigen nur als Bejahung der Anklage verstanden werden kann[116]. V. 5 geht zur Strafandrohung über. Der Weingärtner — eben noch Kläger, der dem Gerichtshof seine Rechtssache vorträgt und ihn zum Schiedsspruch auffordert — bestimmt nun als Richter das Strafmaß. Der aufmerksame Zuhörer könnte hier schon ahnen, daß Jahwe der Weinbergbesitzer ist, weil nur Jahwe Kläger und Richter in einem sein kann[117]. Der Weingärtner wird all die Fürsorge, die er seinem Weinberg angedeihen ließ, rückgängig machen. Er wird die ihn schützende Dornenhecke entfernen und den ihn umgebenden Steinwall niederreißen, er wird die Reben nicht mehr schneiteln und den Boden nicht mehr jäten, mit einem Wort: Er wird den Weinberg sich selbst überlassen, damit er zu zertretenem Weideland wird und Dornen und Disteln in ihm aufgehen. Der Weinberg wird vernichtet. Mit v. 6b aber muß jedem Hörer klar geworden sein, daß Jahwe redet, denn allein Jahwe vermag den Wolken zu gebieten. In v. 7 läßt der Prophet die Maske endgültig fallen. Jetzt werden die Hörer auf das tua res agitur gleichsam mit der Nase gestoßen, jetzt ist unwiderruflich deutlich, daß die Liebesgeschichte eine Parabel ist, daß Jesaja mit seinem Lied nicht zur Unterhaltung beitragen wollte, sondern die Maske bewußt aufgesetzt hat, um seine Hörer auf diese Weise ihrer blutig ernsten Situation zu überführen. Jesaja erzählt mit Absicht eine Parabel, weil nur so die Hörer in der Lage sind, ihre Situation, die sie noch gar nicht als die ihrige erkennen, unbefangen zu beurteilen. Nachdem sie sich das Urteil gesprochen haben, spricht er — immer noch nicht die Parabelrede verlassend — die Strafandrohung aus, in deren Verlauf allmählich immer deutlicher wird, daß Jahwe von seinem Weinberg redet, bis Jesaja in v. 7 seinen Hörern auf den Kopf zusagt, daß sie gemeint sind.

Es liegt in der Natur der Anklagerede, daß sie auf Vergangenes zurückblickt. Der Rückblick ist ganz als Bildrede gestaltet, bei der es völlig verfehlt wäre, einzelne Züge allegorisch-historisch auswerten

[115] Zu den Motiven der Anklagerede siehe G. Fohrer, Jesaja, I 75 Anm. 34.

[116] Vgl. hierzu K. Budde, Zu Jesaja 1—5, ZAW 50 (1932), 56: »In v. 5 entnimmt denn auch der Besitzer eben aus dem Stillschweigen das Zugeständnis der Schuld des Weinbergs, so daß nur die Strafe noch zu bestimmen bleibt.«

[117] Mit H. Wildberger, Jesaja, 166.

zu wollen. V. 2a zeigt in vier Einzelbildern die umfassende Fürsorge, die Jahwe seinem Weinberg angedeihen ließ. Es wird nicht gesagt, seit wann Jahwe seinen Weinberg hat, auch nicht, seit wann er faulende Beeren trägt. Solche Fragen gehen an dem Lied vorbei. In der Bildrede beschränkt sich Jesaja auf die beiden wesentlichen Züge seines Geschichtsbildes: Es ist geprägt von Jahwes fürsorgendem Handeln an Israel und Israels Undankbarkeit gegenüber Jahwe. Es liegt hier der gleiche schematische, zweigeteilte Aufriß der Geschichte Israels vor wie in 1 2-3 und bei Hosea. Hier wie dort kann die Geschichte schematisch betrachtet werden, weil ihre Betrachtung nicht Selbstzweck ist, sondern eine bestimmte Funktion erfüllt innerhalb der betreffenden Redeeinheit. Diese Funktion kommt gerade in der Beschränkung auf das Wesentliche zur Geltung, das Wesentliche an der Vergangenheit kann aber am besten in einer Bildrede herausgestellt werden. So greifen die Form der Bildrede, die schematische Geschichtsbetrachtung und ihre Funktion in der Gerichtsrede ineinander und erweisen das Weinberglied als ein kunstvolles Ganzes. Die Art der Funktion der Geschichtsbetrachtung wird aber erst vom Ziel des Gedichtes her deutlich. Ziel ist die Strafandrohung: Jahwe wird das undankbare Israel sich selbst überlassen und es der Vernichtung preisgeben. Diese Strafandrohung wird begründet durch den geschichtlichen Rückblick. Weil Jahwe von Anfang an alles in seiner Möglichkeit und in seinen Kräften Stehende für Israel getan hat und weil Israel dennoch und völlig unverständlich undankbar war, die Liebe Jahwes nicht mit Gegenliebe beantwortete, hat Jahwe gar keine andere Wahl als die Erfolglosigkeit seines Bemühens einzusehen und daraus die Konsequenz zu ziehen. Der Weinberg Israel, obwohl die denkbar besten Voraussetzungen gegeben waren, trägt keinen Wein. Jede weitere Mühe ist darum sinnlos. Wiederum fällt Jesaja nicht mit der Tür ins Haus, sondern er bereitet das Ziel seiner Rede vor, schickt die Begründung vorweg, und erreicht dadurch, daß die Hörer sich selbst überführen. Darüber hinaus wirft er ihnen hier absichtlich einen Köder hin, tarnt er sich absichtlich in der Maske des Sängers, um das tua res agitur der Gerichtsandrohung möglichst lange zu verbergen. Die ausführliche Begründung und Vorbereitung der Strafandrohung wäre aber gegenstandslos, wenn die Hörer nicht noch in letzter Minute die Möglichkeit hätten umzukehren. Als letzte Mahnung zur Umkehr will diese Strafandrohung mit geschichtlicher Begründung verstanden werden.

Es kommt Jesaja allein auf die Geschichte des Gemeinschaftsverhältnisses zwischen Jahwe und Israel an. Dieses Gemeinschaftsverhältnis kann er einmal als Vater-Sohn-Verhältnis sehen, ein anderes Mal als Liebesgeschichte darstellen. Beiden Bildern ist gemeinsam, daß die Gemeinschaft von Jahwe begründet wurde und daß Israel sich der liebenden Fürsorge Jahwes unwürdig erwies. Dabei ist die Begründung der Gemeinschaft durch Jahwe Jesaja aus der Tradition vorgegeben. Neu ist die Erkenntnis, daß Jahwe der Gemeinschaft mit Israel ein Ende setzen wird, weil Israel von sich aus die Gemeinschaft mit Jahwe zerstört hat. Der von Jahwe gesetzte Anfang der Geschichte Israels, die Pflanzung und Hegung des Weinbergs, meint die Erwählung durch Jahwe. Die Erwählung ist Jesaja aus der Tradition vorgegeben. Das Ende der Geschichte Israels und die Schwere der es begründenden Schuld konnte er aus keiner Tradition ableiten. Mit der Ankündigung des Endes stellt sich Jesaja bewußt gegen die Tradition, die ja in dem von Jahwe gesetzten Anfang, dei Erwählung, den Garanten des nationalen Bestandes Israels sah. Dieses Motiv der Tradition kehrt Jesaja in sein Gegenteil um. Statt Garant des nationalen Bestandes zu sein, kann Jesaja Jahwes vergebliche Fürsorge an Israel umgekehrt zur Begründung von Israels Ende heranziehen, da die Schuld Israels auf dem Hintergrund von Jahwes Fürsorge noch schwerer wiegt. Die Erwählung garantiert nicht automatisch das Heil, sondern die in der Erwählung intendierte Gemeinschaft Jahwes mit Israel ist Israel aufgegeben und muß in der Entscheidung für Jahwe bewährt werden[118].

Daß Jesaja traditionelle Motive verwertet, ist unumstritten. Entscheidend aber ist seine Verwendung dieser Motive. Die Tradition kann bei Jesaja die paradoxe Funktion erhalten, das Ende der Tradition zu begründen.

3. Jerusalem — einst und jetzt Jes 1 21-26

Betrafen die beiden Geschichtsbetrachtungen 1 2-3 und 5 1-7 Gesamtisrael, so stellt Jesaja in 1 21-26 das jetzige Jerusalem dem einstigen gegenüber.

21 Wie ist zur Dirne geworden
die treue Stadt, 3+2
erfüllt von Recht,
Gerechtigkeit nächtigte in ihr (. . .)[a]. 2+2
22 Dein Silber ist geworden zu Bleiglätte[b],
dein Bier gepanscht (. . .)[c]. 3+2
23 Deine Führer sind Aufrührer[d]
und Diebesgesellen. 2+2
Ein jeder liebt Bestechung
und ist aus auf Geschenke (. . .)[e]. 3+2

24 Darum lautet der Spruch des Herrn
Jahwe Zebaot,
des Starken Israels: 2+2+2

---

118 Vgl. hierzu F. Baumgärtel, Gerhard von Rad's »Theologie des Alten Testaments«, ThLZ 86 (1961), 808.

Auf[f], ich will mir Trost verschaffen an meinen Gegnern
und mich rächen an meinen Feinden! 3+2
25 (. . .)[g] Ich werde mit[h] Pottasche deine Bleiglätte schmelzen
und alle deine Schlacken ausscheiden. 3+2
26 Ich werde deine Richter zurückbringen wie früher
und deine Ratgeber wie im Anfang. 3+2
Danach wird man dich nennen
Stadt der Gerechtigkeit,
treue Stadt. 2+2+2

[a] ועתה מרצחים ist als Zusatz zu streichen[119].

[b] סִיג »Bleiglätte« ist ein Nebenprodukt, das bei der Gewinnung von Silber aus silberhaltigem Bleiglanz abfällt[120].

[c] Daß Bier und Wein mit Wasser gepanscht werden, versteht sich von selbst. במים ist daher zu streichen[121].

[d] Übersetzung nach K. Marti[122] und H. Wildberger[123].

[e] Siehe unter [g].

[f] הוי ist hier mit G. Wanke als Partikel der Aufforderung verstanden[124].

[g] Geht man vom Aufbau des Wortes aus und von der Annahme, daß das Gedicht aus zwei gleichlangen Strophen besteht, so ist entweder hinter ואשיבה ידי עליך ein Halbvers ausgefallen[125] oder v. 25aα ist mit v. 23b zu streichen[126]. Dem Inhalt nach ist v. 23b gut jesajanisch, die Form bereitet jedoch Schwierigkeiten. Es liegt eher Prosa als gebundene Rede vor; das Metrum 2+4 wäre mehr als ungewöhnlich[127]. Es ist daher durchaus möglich, daß ein Leser den jesajanischen Gedanken nachgetragen hat. V. 23b ist im Grunde bereits in v. a enthalten: Wer auf Bestechungsgeschenke aus ist, kümmert sich nicht um die sozial Schwachen, die von Haus aus gar nicht die Mittel haben, um bestechen zu können. V. 23b ist also entbehrlich. Daraus folgt — obige Annahme vorausgesetzt —, daß v. 25aα zu streichen ist. Die unschöne Wiederholung von ואשיבה wird so aufgehoben.

[h] Das כ in כבר gibt schwerlich einen Sinn, denn »man läutert nicht ,wie mit Laugensalz' כַּבֹּר, sondern man bedient sich wirklich des Laugensalzes zur Beförderung der Läuterung beim Schmelzen«[128]. Der einfachste Eingriff in den Text ist darum die Änderung des כ in ein ב[129].

Ganz von dem Kontrast einst und jetzt ist das Wort beherrscht, das die innere Verderbtheit Jerusalems geißelt. Dieser Kontrast wird

119 Mit G. Fohrer, Jesaja, I 41; O. Kaiser, Jesaja 1—12, 14; H. Wildberger, Jesaja, 55f.

120 Siehe L. Köhler, Alttestamentliche Wortforschung. Sīg, sīgīm = Bleiglätte, ThZ 3 (1947), 232—234.

121 Ebenso W. Eichrodt, Jesaja 1—12, 35; G. Fohrer, Jesaja, I 41; O. Kaiser, Jesaja 1—12, 14; H. Wildberger, Jesaja, 55f.

122 Jesaja 18.

123 Jesaja 55f.

124 G. Wanke, אוי und הוי, ZAW 78 (1966), 217.

125 Vgl. K. Marti, Jesaja, 19.

126 So G. Fohrer, Jesaja, I 41.

127 Der parallele Aufbau des Verses läßt sich freilich nicht verkennen.

128 K. Marti, Jesaja, 19.

129 Mit K. Marti ebd.

bereits in der ersten Zeile als Thema angeschlagen — die einst treue Stadt ist zur Dirne geworden — und bleibt durch das ganze Gedicht hindurch bis zur letzten Zeile bestimmend, die ankündigt, daß Jerusalem nach Jahwes Läuterungsgericht wieder eine treue Stadt sein wird[130].

Formal greifen Elemente und Motive verschiedener Gattungen ineinander. Vorherrschend ist das Qina-Metrum 3+2[131]. Elemente des Leichenliedes sind weiter das einleitende איכה, die Klage v. 21a, der Preis der früheren Eigenschaften im Kontrast zum jetzigen Verfall v. 21b-22, die Rache an den »Mördern« v. 24 und das Trösten v. 26[132]. Faktisch aber beklagt Jesaja ja nicht den Tod Jerusalems, sondern seine Verderbtheit, d. h. er klagt an, schilt[133]. Das »Leichenlied« gliedert sich in zwei Teile: das Scheltwort v. 21-23 und das durch לכן eingeleitete Drohwort v. 24-26.

Mit der Ehrenbezeichnung קריה נאמנה blickt Jesaja gleichsam auf die Idealzeit Jerusalems zurück und hält sie dem jetzigen Jerusalem anklagend vor Augen. Die Zusage knüpft bewußt an die ideale Vergangenheit an. Durch Jahwes läuterndes Eingreifen soll die Idealzeit Jerusalems wiederhergestellt werden.

Läßt sich die Zeit, da Jerusalem קריה נאמנה war, historisch fixieren? Einen Anhaltspunkt geben בראשנה und בתחלה in v. 26. Jerusalem war also in seiner Frühzeit treu. Die Frühzeit Jerusalems — das geht nun nicht aus diesem Text, sondern aus anderen Stellen hervor — war die Zeit Davids[134]. David hat das jebusitische Jerusalem erobert und zu seiner Stadt gemacht. Unter David war Jerusalem erfüllt von Recht, nächtigte Gerechtigkeit in ihm.

Bevor auf die Frage nach der Tradition, von der Jesaja hier abhängig sein könnte, eingegangen wird, muß das in 1 21-26 zum Ausdruck kommende Geschichtsbild herausgestellt werden. Jerusalem war in seiner ersten Zeit eine treue Stadt, jetzt ist es verderbt; durch

---

130 Die Abgrenzung von v. 21-26 bedarf keiner ausführlichen Rechtfertigung. Sie ist gegeben durch das zweimalige קריה נאמנה in v. 21 und v. 26, das den Rahmen der Betrachtung Jesajas absteckt: Die einst treue, jetzt aber verkommene Stadt soll wieder zur treuen Stadt werden. Auch in der Auslegung ist diese Abgrenzung so gut wie unumstritten, siehe nur die neuesten Kommentare von W. Eichrodt, Jesaja 1—12, 35. 37; G. Fohrer, Jesaja, I 41f.; O. Kaiser, Jesaja 1—12, 15; H. Wildberger, Jesaja, 57; bes. noch G. Fohrer, Jesaja 1, 265 (= Studien, 1967, 163).

131 V. 21a. 22. 23aγδ. 24b. 26a. Liest man mit der LXX in v. 21b + ציון, so ergibt sich damit ein weiterer Qina-Vers, so E. Rohland, Die Bedeutung der Erwählungstraditionen für die Eschatologie der alttestamentlichen Propheten, Diss. Heidelberg 1956, 157.

132 Vgl. hierzu Hedwig Jahnow, Das hebräische Leichenlied im Rahmen der Völkerdichtung, BZAW 36, 1923, 254f., und G. Fohrer, Jesaja, I 42 Anm. 13.

133 Die 2. pers. der Anrede herrscht hier eindeutig vor.

134 Dazu siehe unten S. 163ff.

ein Läuterungsgericht Jahwes soll es von seiner korrupten Oberschicht befreit und wieder treu werden. Von den verderbten Zuständen der Gegenwart blickt Jesaja zurück auf die Anfänge, wo Recht und Gerechtigkeit herrschten, und voraus auf das geläuterte Jerusalem, in dem ebenfalls wieder Recht und Gerechtigkeit herrschen sollen. Dabei entsprechen sich Vergangenheit und Zukunft Jerusalems, genauer: Die durch Jahwes Läuterungsgericht heraufgeführte Zukunft ist nichts anderes als die Wiederherstellung der geordneten Zustände der Vergangenheit, »restitutio in integrum«[135]. Für das Geschichtsbild Jesajas ist hier das Moment der Wiederholung konstitutiv. Wie Jahwe einst durch Davids Siege die Voraussetzung für das treue Jerusalem schuf, so wird er auch jetzt durch ein partielles Gericht, die Beseitigung der Oberschicht, die Voraussetzung dafür schaffen, daß Jerusalem wieder eine treue Stadt wird.

Die Gerichtsvorstellung Jesajas hat sich gewandelt[136] und damit auch das Bild von der Geschichte, sofern es Vergangenheit und Zukunft umschließt. Jesaja hat später erkannt, daß die Verderbtheit Israels sich so verfestigt hat, daß die früheren geordneten Zustände nicht mehr durch ein Läuterungs- oder partielles Gericht heraufgeführt werden können, sondern daß Jahwe sich in einem totalen Vernichtungsgericht durchsetzen wird. An dem Kontrast von Einst und Jetzt, der idealen Davidszeit und der korrupten Gegenwart hat er jedoch auch später festgehalten.

Wie kommt Jesaja zu der positiven Beurteilung der Davidszeit? Darauf antwortet H. Wildberger: »Es müssen bereits zu Jesajas Zeiten Überlieferungen über die erste Königszeit existiert haben, die ein ideales Gemälde jener Frühzeit, das als Leitbild für Gegenwart und Zukunft dienen konnte, zeichneten (vgl. Ps 122 5). Diese Traditionen konnten an das anknüpfen, was historische Wirklichkeit gewesen war.«[137] An anderer Stelle präzisiert er diese Überlieferungen als »Ziontradition«[138], die er auf Grund verbaler Entsprechungen zu Zionsliedern festzustellen meint[139]. Ganz abgesehen von der lexiko-

---

[135] K. Budde, Zu Jesaja 1—5, ZAW 49 (1931), 34.

[136] Siehe hierzu besonders G. Fohrer, Wandlungen Jesajas, in: Festschrift W. Eilers, 1967, 58—71.

[137] Jesaja 65. [138] Ebd. 59.

[139] Der verbale Anklang besteht lediglich in dem Wort קִרְיָה, das bei Jesaja verhältnismäßig häufig begegnet und sich auch noch in dem Zionslied Ps 48 3 findet. H. Wildberger gesteht zu, daß sich das Attribut נאמנה als Attribut der Gottesstadt in den Zionspsalmen nicht nachweisen läßt, wohl aber das der Wurzel אמן synonyme כון; »Ableitungen von dieser Wurzel gehören zum Lobpreis der Gottesstadt (Ps 48 9 87 5).« »Jesaja verwendet dafür das Synonym נאמן um der Doppelbedeutung dieser Wurzel willen: ‚fest gegründet‘ und ‚zuverlässig, treu‘ zugleich. Damit interpretiert er die alte Tradition neu« (59).

graphischen Frage, ob die Wurzel אמן wirklich auch »fest gegründet sein« bedeutet, können die beiden verbalen Stützen קריה und נאמנה die Beweislast für Jesajas Abhängigkeit von der Ziontradition nicht tragen. Die Ziontradition hat in den Zionsliedern ihren literarischen Niederschlag gefunden. Wildberger räumt zwar ein, daß einzelne Zionspsalmen erst nachexilisch sein mögen, der vorexilische Ursprung der Ziontradition und die weitgehende Abhängigkeit Jesajas von der Ziontradition steht aber für ihn außer Frage[140]. Diese Gewißheit wurde neuerdings von G. Wanke erschüttert[141]. Von einer vorjesajanischen Ziontradition kann nach Wanke keine Rede sein. Mit der Hypothese der Abhängigkeit Jesajas von der Ziontradition begibt man sich auf derart schwankenden Boden, daß sie im Hinblick auf ein auch nur halbwegs zuverlässiges Verständnis der Verkündigung Jesajas fallen gelassen werden muß. Die Frage, durch welche Tradition Jesaja seine Anschauung von der idealen Davidszeit gewonnen hat, ist mit dem Hinweis auf die Ziontradition nicht beantwortet. Es muß aber mit der Möglichkeit gerechnet werden, daß Jesaja die Anfänge Jerusalems aus eigener Anschauung so positiv beurteilt. Diese Möglichkeit hat mehr Wahrscheinlichkeit für sich als jede unbegründete Traditionshypothese. Wildberger betont selbst, daß die Überlieferungen über die erste Königszeit, deren Existenz er zu Jesajas Zeiten postuliert, an das anknüpfen konnten, »was historische Wirklichkeit gewesen war«[142]. Nun ist es selbstverständlich, daß Jesaja nur durch Überlieferungen Kenntnis von der Zeit Davids erhalten konnte, fraglich aber ist die Art dieser Überlieferungen; es muß sich dabei keineswegs um sakrale oder Kultüberlieferungen handeln; von derartigen Traditionen wissen wir nichts Sicheres. Jahwe hat durch David siegreich für Israel gekämpft (vgl. 28 21). Jahwe hat das großdavidische Reich geschaffen. Diese nationale Blütezeit mag Jesaja auch innenpolitisch als eine Zeit der geordneten Zustände und Verhältnisse gegolten haben. Auf welchem Wege jedoch Jesaja von Jerusalem als der treuen Stadt Kenntnis hatte, können wir nicht sagen. Vielleicht schließt er von der außenpolitischen Situation auf die innenpolitischen Verhältnisse, vielleicht galt ihm die »Urzeit« ohnehin als ideal, einmal weil ja Jahwe es war, der sie schuf, zum anderen stellt sich die Vergangenheit ja meist verklärt dar, noch dazu, wenn man sie von den korrupten Zuständen der Gegenwart aus betrachtet. Eine sog. Idealzeit kennt auch Hosea, nur läßt sie sich bei ihm leichter motivieren:

---

[140] Jesaja 79: »Daß diese Tradition vorexilischen Ursprungs ist, wenn auch einzelne Zionspsalmen des Psalters erst nachexilisch sein mögen, ist heute unbestritten, wie es andererseits keine Frage mehr sein kann, daß Jesaja die Ziontradition kennt und weitgehend von ihr her zu verstehen ist.«

[141] G. Wanke, Zionstheologie, 106ff.

[142] Jesaja 65.

In der Wüstenzeit hatte Israel gar keine Gelegenheit, von Jahwe abzufallen. Wie immer Jesaja zu seiner positiven Beurteilung der Davidszeit gekommen sein mag, die Annahme irgendwelcher auf Jerusalem oder David bezogener Erwählungstraditionen bleibt rein hypothetisch.

IV. Einzelne geschichtliche Motive in der Verkündigung Jesajas

Neben der exemplarischen Geschichtsbetrachtung 9 7-20 + 5 25. 26-29, den beiden schematischen Rückblicken 1 2-3 und 5 1-7, die die ganze Geschichte Israels von ihrem durch Jahwe gesetzten Anfang bis zur Gegenwart Jesajas bzw. ihrem unmittelbar bevorstehenden Ende umspannen, und der Gegenüberstellung des einstigen und des jetzigen Jerusalem in 1 21-26 findet sich in der Verkündigung Jesajas eine Reihe von Anspielungen, die nun in chronologischer Abfolge der erwähnten Ereignisse behandelt werden sollen. Diese Anordnung ist bei Jesaja um so eher möglich, als im Gegensatz zu Hosea die Identifizierung der Anspielungen kaum ein Problem ist. Entscheidend ist auch hier wieder die Frage nach der Funktion der geschichtlichen Motive. Daneben wirft die Auswahl der Ereignisse, die Jesaja in seinen Anspielungen trifft, ein Licht auf sein Geschichtsbild.

1. Sodom und Gomorra

Die Erwähnung von Sodom und Gomorra bzw. Sodom allein findet sich in Jes 1—35 viermal: 1 9. 10 3 9 13 19[143]. Von den vier Belegen stammen nur die Anspielungen in 1 9 und 1 10 von Jesaja. Hier wird deutlich, wie Jesaja das weitverbreitete historische Motiv in den Dienst seiner Verkündigung nimmt. Die beiden anderen Erinnerungen sind nachjesajanisch[144].

Die Worte 1 4-9 und 1 10-17 entstammen verschiedenen Perioden der Wirksamkeit Jesajas. 1 10-17 dürfte im ersten Zeitraum seiner Verkündigung gesprochen sein, 1 4-9 gehört zu den jüngsten uns von

---

[143] Hinzu kommt noch 1 7, wo die meisten Ausleger statt זרים סְדֹם lesen, so einstimmig W. Eichrodt, Jesaja 1—12, 25; G. Fohrer, Jesaja, I 27; O. Kaiser, Jesaja 1—12, 5; H. Wildberger, Jesaja, 18. מהפכה ist term. techn. für die Zerstörung von Sodom und Gomorra, siehe Dtn 29 22 Jes 13 19 Jer 49 18 50 40. Aber ebenso einig wie in der Konjektur von סדם sind sich die Exegeten darin, daß v. 7b als Glosse zu streichen ist. Der Satz hinkt nach, wiederholt das Stichwort שממה und nimmt ungeschickt den Vergleich von v. 9, in dem das Wort v. 4-9 gipfelt, vorweg. Außerdem findet sich in v. 4-9 kein einziger dreigliedriger Vers. V. bγ dürfte als Randbemerkung eines Lesers in den Text geraten sein.

[144] Zu 3 9 und 13 19 siehe unten S. 170.

Jesaja überlieferten Worten[145]. Dieser Unterschied spiegelt sich auch in der Verwendung des Sodom-Gomorra-Motivs in 1 10 und 1 9 wider.

a) Jes 1 10

Seine Kritik am kultischen Gottesdienst und seine Mahnung zum Gottesdienst im Alltag der Welt 1 10-17 leitet Jesaja ein mit einem streng parallel aufgebauten Aufruf zum Hören, der schockieren mußte: Er bezeichnet die Angeredeten als Sodomsführer und Gomorravolk. Zwei Deutungen dieser Anrede sind immer wieder vertreten worden. Die einen sehen das tertium comparationis dieses abgekürzten Vergleiches in der Sünde: Die Verderbtheit der Jerusalemer ist so groß wie die der Bewohner von Sodom und Gomorra[146]. Die anderen verstehen die Anrede als eine Anspielung auf die Vernichtung der beiden Städte — ein Geschick, dem auch Jerusalem geweiht ist[147]. Es fragt sich aber, ob das strenge Entweder-Oder der Deutung Jes 1 10 gerecht wird. Auf keinen Fall darf der Zusammenhang von v. 10-17 außer acht gelassen werden. Die Tora schließt mit den positiven Mahnungen v. 16f., in deren Befolgung Jesaja die einzige Möglichkeit sieht, daß das Sodom-Gomorra-Geschick, das bereits über Jerusalem schwebt, noch einmal abgewendet wird. Die Mahnungen wären sinnlos, wenn Jerusalem bereits der Vernichtung unausweichlich geweiht wäre und die Anrede allein auf die Vernichtung von Sodom und Gomorra anspielte[148]. Daß der Hörer mit den Namen von Sodom und Gomorra das Geschick dieser Städte immer mitgehört hat, ist sicher, nur hat Jesaja darüber hinaus auch die Sündhaftigkeit der Jerusalemer

---

145 Siehe hierzu G. Fohrer, Jesaja 1, 257 (= Studien, 1967, 153); ders., Einleitung, 400; H. Wildberger, Jesaja, 20. 37.

146 K. Marti, Jesaja, 9; O. Procksch, Geschichtsbetrachtung und geschichtliche Überlieferung bei den vorexilischen Propheten, 1902, 107; ders., Jesaia I, 37; W. Eichrodt, Jesaja 1—12, 31.

147 So z. B. G. Fohrer, Jesaja 1, 260f. (= Studien, 1967, 156f.); E. Würthwein, Kultpolemik oder Kultbescheid?, in: Festschrift A. Weiser, 1963, 122.

148 G. Fohrer, Jesaja 1, 260f. (= Studien, 1967, 156f.)., weist darauf hin, daß erst mehr als ein Jahrhundert nach Jesaja Sodom und Gomorra als Beispiele für besonders schwere Sünde angeführt werden, während in der älteren Zeit Sodom und Gomorra als Beispiele für ein vollständiges Vernichtungsgericht gelten. Das ist grundsätzlich richtig; dennoch fragt es sich, ob die Alternative durch diese Beobachtung allein entschieden werden darf. Die Art der Verwendung dieses geschichtlichen Motivs ist hier derartig eigenständig — nirgendwo sonst wird es in die Anrede hineingenommen —, daß man zögern möchte, Jes 1 10 von den älteren Belegen her zu verstehen. Wichtiger als die älteren Belege ist der Zusammenhang von 1 10-17.

Bevölkerung im Auge gehabt[149]. Jesaja läßt bewußt in der Schwebe, ohne dadurch zu entschärfen.

Die Anrede geißelt wirkungsvoller, als lange Lasterkataloge es vermögen, die Sündhaftigkeit und Verderbtheit der Jerusalemer Bevölkerung. Eine derartige Vergegenwärtigung der Schuld von Sodom und Gomorra, dergestalt, daß die Angeredeten sich als gleichzeitig mit den Sodomitern verstehen müssen, ist einmalig in der alttestamentlichen Literatur[150]. Jesaja wendet sich gleichsam an die Bevölkerung von Sodom und Gomorra vor ihrer Vernichtung. Es geht jetzt nur noch um die Frage: Gibt es für die Sodomsführer und das Gomorravolk von Jerusalem noch eine Rettung[151]? Diese Rettung gibt es in der Tat. Sie besteht im Vollzug der Umkehr zu Jahwe, die sich in einer inneren Hingabe an Jahwe im Alltag auswirken muß — und das heißt für Jesaja: im Eintreten für die sozial Schwachen.

Die Anrede macht den Todesernst und die Dringlichkeit der noch verbleibenden Minuten der Rettung unüberhörbar deutlich. Wenn sie verstreichen, wird das Geschick von Sodom und Gomorra auch über Jerusalem hereinbrechen.

Jes 1 10 zeigt, wie Jesaja ein geschichtliches Motiv seiner jetzigen Verkündigung dienstbar macht. Die Geschichte wird ganz auf die Gegenwart bezogen, der Hörer mit einer längst vergangenen Situation gleichzeitig. Nicht historisches Interesse leitet Jesaja bei der Aufnahme des Sodom-Gomorra-Motivs, sondern der leidenschaftliche Wille, die Jerusalemer doch noch zur Umkehr zu bewegen, die die einzige Möglichkeit ist, dem Geschick von Sodom und Gomorra zu entrinnen.

b) Jes 1 9

Die Bevölkerung von Jerusalem hat die innere Umkehr zu Jahwe nicht vollzogen, und doch ist die von Jesaja angekündigte vollständige Vernichtung der Hauptstadt ausgeblieben. Dies hält Jesaja nicht davon ab, in einem seiner letzten Worte noch einmal auf Sodom und Gomorra anzuspielen und damit die todernste Lage von Jerusalem und Juda zu beschwören.

Nach der Aufhebung der Belagerung Jerusalems durch Sanherib und dem Abzug der assyrischen Truppen wendet sich Jesaja in einem

---

149 So auch H. Wildberger, Jesaja, 37. — O. Kaiser, Jesaja 1—12, 11, geht jedoch mit seiner Annahme »So wie sich die Einwohner von Sodom an Gottes Boten vergreifen wollten, stellt sich jetzt die Gemeinde Jesaja entgegen« weit über das hinaus, was mit Sicherheit gesagt werden kann.

150 Die ausgeführten Vergleiche in Jes 3 9 Jer 23 14 Ez 16 49 Thr 4 6 wirken demgegenüber geradezu blaß.

151 Siehe die Überschrift »Gibt es Rettung?« von G. Fohrer, Jesaja, I 30.

geschichtlichen Rückblick an Jerusalem. All die zurückliegenden Züchtigungen, die den Volkskörper so verwundet haben, daß keine heile Stelle mehr an ihm ist, konnte die Bevölkerung von Jerusalem nicht dazu bewegen, von ihrer chronischen Widerspenstigkeit gegen Jahwe abzulassen. Jerusalem und Juda haben darum das Geschick von Sodom und Gomorra längst verdient. Daß Jahwe das Strafgericht von Sodom und Gomorra, von dessen schrecklichem Ausmaß jeder Hörer eine Vorstellung hatte, nicht an Jerusalem vollstreckte, ist allein in Jahwes kontingenter Entscheidung begründet. Das Geschick von Sodom und Gomorra ist aber darum nicht ein für allemal von Jerusalem abgewendet. Es ist nur um eine Gnadenfrist aufgeschoben, die verstreicht, wenn die Jerusalemer und Judäer nicht endlich anfangen, ihr dem Tode geweihtes Geschick zu begreifen, vor dem nur die Auslieferung an Jahwe mit Leib und Leben sie retten kann.

2. Davids Siege Jes 28 21

Jes 28 21 ist ein Teil des begründeten Drohwortes 28 14-22[152]. Das geschichtliche Motiv findet sich in der letzten Strophe, in der Jesaja Jahwes künftiges vernichtendes Handeln mit seinem früheren Handeln vergleicht.

»Denn wie am Berge Perazim wird Jahwe aufstehen,
wie im Tal von Gibeon sich ereifern,
zu tun sein Werk — fremd ist sein Werk,
zu wirken seine Tat — fremdartig ist seine Tat.«

Die zweimalige Verwendung der Partikel כְּ zeigt eindeutig, daß es sich um einen Vergleich handelt. Was geschah am Berge Perazim und im Tal Gibeon? Der Berg Perazim ist der Ort, an dem David die Philister geschlagen hat und damit eine der Voraussetzungen für die Entstehung seines Großreiches schuf[153].

Ist das geschichtliche Ereignis am Berge Perazim mit ziemlicher Sicherheit zu bestimmen, so ist Gibeon Schauplatz verschiedener Ereignisse aus der Geschichte Israels gewesen. Auf Grund der streng parallelen Gliederung von v. 21a ist es wahrscheinlich, daß Jesaja zwei Ereignisse meint, die zeitlich nahe beieinanderliegen bzw. zu einem Geschehenskomplex gehören. Dann spielt auch v. 21aβ auf einen Sieg Davids über die Philister an: »Und er (sc. David) schlug die Philister von Gibeon bis in die Richtung nach Geser.«[154] Für den Bezug auf Davids zweiten Philistersieg spricht auch die Reihenfolge der Ortsangaben bei Jesaja, die der Ereignisfolge nach II Sam 5 17-25

[152] Zu Abgrenzung und Aufbau des Gedichtes siehe G. Fohrer, Das Buch Jesaja, II Kapitel 24—39, 1967², 56—58.

[153] Siehe hierzu II Sam 5 17-25.

[154] II Sam 5 25. Für גבע wird allgemein mit LXX und I Chr 14 16 גִּבְעוֹן gelesen.

genau entspricht. Daher ist es unwahrscheinlich, daß Jesaja Josuas Sieg über die feindliche Koalition bei Gibeon im Auge hat[155]. Der Kontext spricht gegen diese Bezugnahme.

Was ist das tertium comparationis des Vergleiches? Subjekt von v. 21 ist Jahwe. Wie Jahwe damals am Berge Perazim sich erhob, wie er damals im Tal von Gibeon sich ereiferte, so wird er sich wieder erheben. Die Siege Davids waren von Jahwe gewirkt. Damals stand Jahwe auf der Seite der Israeliten. Das Handeln Jahwes, das Jesaja jetzt ankündigt, ist aber gegen Israel gerichtet, ist Vollzug der über Israel beschlossenen Vernichtung. Das tertium comparationis des Vergleiches ist also nicht die Gerichtetheit von Jahwes Handeln zugunsten Israels, sondern einmal das Daß des Eingreifens Jahwes, zum anderen aber die Intensität und Durchschlagskraft seines Handeln. Wie Jahwe damals sich *für* Israel erhob, so wird er sich jetzt *gegen* Israel erheben.

Jesaja kann die Überlieferung von den glänzenden Siegen Davids in ihr Gegenteil umkehren. Er zerschlägt die Kontinuität der Tradition, die ja das Künftige mit dem Früheren begründen will: Weil Jahwe damals für Israel handelte, muß er jetzt wieder für Israel handeln. Nein, die Tradition hat für Jesaja hier nicht eine Zukünftiges begründende Funktion. Sie ist lediglich Hintergrund, Folie, Material, das künftiges Geschehen in Einzelzügen veranschaulicht. Die Veranschaulichung, der Vergleich, kann sich dabei tatsächlich auf Einzelzüge beschränken, denn daß Jahwe der Handelnde ist, ist für Jesaja selbstverständlich. Nicht einmal auf die Gerichtetheit von Jahwes Handeln kommt es Jesaja hier an, sondern allein auf dessen Intensität und Durchschlagskraft. Tertium comparationis ist der Erfolg von Jahwes Eingreifen. Wie damals die Philister entscheidend geschlagen wurden, so wird sich auch Jahwe jetzt gegen Israel zum entscheidenden Vernichtungsschlage erheben.

Dieser Bruch mit der Kontinuität der Tradition im Entscheidenden ist charakteristisch für Jesaja. Er ist nicht an die Tradition gebunden. Der Kontext des Vergleiches läßt daran keinen Zweifel. Dennoch sieht G. v. Rad gerade auch hier die Traditionsgebundenheit Jesajas: »Noch einmal wird sich Jahwe erheben. Das Kommende steht also in einem typologischen Bezug zu jener Tat, die damals Davids Reich begründete. So wird wohl auch diese Tat im letzten die Errettung der Gottesstadt wirken.«[156] Dieses Urteil ist angesichts von v. 22b: »Denn beschlossene Vernichtung habe ich gehört« völlig unverständlich. Unerklärlich bliebe auch, warum Jesaja in diesem einen Vers

[155] Gegen H. Ewald, Die Propheten des Alten Bundes, I 1840, 261; E. König, Jesaja, 259; H. Wildberger, Jesajas Verständnis der Geschichte, 91f.; J. Maier, Das altisraelitische Ladeheiligtum, BZAW 93, 1965, 8f.

[156] Theologie II 171.

gleich zweimal betont, daß Jahwes Werk fremd ist. Befremdlich ist doch Jahwes Werk gerade deswegen, weil Jahwe nun nicht wie damals auf der Seite Israels steht. Das Vorurteil von der Traditionsgebundenheit der Propheten stellt sich hier gegen den Text, statt sich vom Text korrigieren zu lassen. H. Wildberger begnügt sich damit, vom Vokabular her Jesaja eine Abhängigkeit von der Ladetradition nachzuweisen, ohne nach der Verwendung dieser Tradition durch Jesaja zu fragen[157]. קום mit Jahwe als Subjekt läßt sich keineswegs einlinig nur von der Ladetradition her verstehen. Die Vorstellung vom Sicherheben Jahwes begegnet auch in Klageliedern, wo Jahwe als Richter angerufen wird[158]. Jahwes »Sicherheben« erscheint in Jes 28 21 in einer Überlieferung, die nicht mit der Lade verbunden ist, da die Lade sich zur Zeit des Philistersieges Davids noch nicht in seiner Hand befand[159]. Mag sein, daß II Sam 5 19f. und Jos 10 »nach dem Muster eines heiligen Krieges dargestellt« sind[160], über Jesajas Verhältnis zur Tradition des Heiligen Krieges sagt dies gar nichts, denn wer will schon beurteilen, aus welcher Überlieferung Jesaja die Kenntnis von Davids Philistersiegen gewonnen hat[161]?

So kann Jesaja die Überlieferung geradezu auf den Kopf stellen, weil die Kontinuität der Tradition durch das bevorstehende Gerichtshandeln Jahwes aufgehoben ist.

3. Die Stadt, wo David Lager schlug Jes 29 1

Eine ähnliche völlige Umdeutung der Überlieferung wie in 28 21 findet sich auch in dem Drohwort 29 1ff. Die Abgrenzung nach unten ist umstritten[162]. Weithin einig ist man sich aber darüber, daß das Drohwort Jesajas später in einem heilvollen Sinne umgedeutet wurde. Es läßt sich einfach nicht übersehen, daß v. 1-4 die Bedrohung Jerusalems durch Jahwe zum Gegenstand hat, während v. 5abα. 7f. die Vernichtung der Feinde ankündigen. In ein und demselben Wort ist ein solcher Widerspruch unerträglich[163]. Die Frage ist dann, ob der

---

157 Jesajas Verständnis der Geschichte 91.

158 Siehe besonders Ps 3 8 7 7 10 12 12 6 17 13 35 2 74 22 102 14.

159 So mit Recht J. Maier, Ladeheiligtum, 9 und Anm. 46.

160 H. Wildberger, Jesajas Verständnis der Geschichte, 91f.

161 Man darf ja nicht vergessen, daß nur ein geringer Bruchteil der geschichtlichen Überlieferungen der vorstaatlichen und frühköniglichen Zeit auf uns gekommen ist.

162 B. Duhm, Jesaia, 207, und H. Guthe, Jesaia, 637, sehen den ursprünglichen Bestand nur bis v. 4a reichend, während K. Marti, Jesaja, 213f., noch v. 5bβ. 6 hinzunimmt. Dagegen spricht aber, daß in v. 6 von Jahwe in der 3. pers. die Rede, Jahwe selbst aber der Redende in v. 1-4a ist. Das Wort wäre dann freilich ohne Abschluß, wogegen v. 5bβ. 6 einen solchen enthalten würde.

163 Freilich gibt es auch Ausleger, die Jesaja eine solche Widersprüchlichkeit zumuten: u. a. O. Procksch, Jesaia I, 369f., mit einigen Umstellungen, und G. v. Rad, Theolo-

ursprüngliche Bestand eine in sich geschlossene Einheit oder Fragment ist. Rechnet man v. 4b dazu, zu dessen Streichung mir die Gründe nicht auszureichen scheinen[164], dann ist ein wirkungsvoller Abschluß gegeben: Jahwe wird Jerusalem so bedrängen, daß es nur noch wie ein Totengeist zu flüstern vermag, d. h. er wird es so gut wie vernichten. V. 4a wäre aber auch ein möglicher Abschluß: Jerusalem würde dann durch Jahwe so gedemütigt, daß es nur noch im Staube gebeugt redet[165].

Wie dem auch sei, der Charakter von v. 1-4 als Drohwort liegt klar zutage. Was soll in diesem Drohwort die geschichtliche Anspielung in Form eines verkürzten Relativsatzes? Einmal ist קרית חנה דוד Explikation des zweimaligen אריאל. Aber damit ist die Funktion von v. 1aβ noch nicht erschöpft. Welches Ereignis meint Jesaja? Jesaja spielt an auf die Eroberung der Jebusiterstadt Jerusalem durch David[166]. Jerusalem, das David einst belagert und erobert hat, wird nun wieder belagert und erobert. Jahwe wird wieder siegreich auf der Seite der Belagerer stehen, aber diesmal wird sich die Belagerung *gegen* Jerusalem richten.

Jesaja kehrt hier die Überlieferung ähnlich um wie in 28 21. Auch hier ist ihm die Überlieferung nur Material, mit dem er Jahwes bevorstehendes Handeln veranschaulicht, *negativ* veranschaulicht. Jesaja entnimmt der Überlieferung gleichsam nur den Inhalt der Klammer, das negative Vorzeichen hat er nicht aus der Tradition gewonnen.

4. Von Schlägen verwundet Jes 1 4-9

Das Scheltwort Jes 1 4-9 blickt zurück auf Jahwes Gerichtshandeln, das Israel vergeblich zur Umkehr gemahnt hat. Mit harten Worten geißelt Jesaja das Volk: Volk schwer von Sünde, Brut von

---

gie, II 165. — G. Fohrer, Jesaja, II 70ff., schreibt zwar auch v. 1-7 Jesaja zu, entgeht aber dem Widerspruch, indem er v. 4 als Bedingung möglicher Rettung versteht. Aber die perf. cons. in v. 4 drücken eher die notwendige Folge der Bedrängung der Stadt aus, als daß sie imperativisch oder jussivisch als Bedingung für mögliche Rettung zu verstehen sind. Die Bewohner Jerusalems haben dann gar keine andere Wahl mehr als nur noch ein einem Totengeist ähnliches Dasein zu fristen, d. h. ihre Existenz ist so gut wie zunichte. Eine Umkehrforderung kann v. 4 schwerlich entnommen werden, da die Folge der perf. cons. einen künftigen Geschehensablauf wiedergibt. Außerdem hat ein perf. cons. nur dann imperativische oder jussivische Funktion, wenn ein Imperativ oder Jussiv vorausgeht, siehe GK § 112q-r und C. Brockelmann, Hebräische Syntax, § 41f. — Zu 29 1-7 vgl. noch S. Mowinckel, Prophecy and Tradition, 1946, 75f.

[164] Die Parallelität der Halbverse muß nicht auf eine Erklärung eines Glossators zurückzuführen sein, gegen K. Marti, Jesaja, 213; B. Duhm, Jesaia, 207, u. a.

[165] Siehe B. Duhm, Jesaia, 207.

[166] Siehe II Sam 5 6-9.

Übeltätern, verderbte Söhne (v. 4). Auf dreifache Weise holt er in v. 5-9 die Begründung für diese ungeheuerlichen Aussagen nach. In v. 5-6 vergleicht er Israel mit einem von seinem Herrn ausgepeitschten Sklaven, dessen Körper über und über mit Wunden bedeckt ist[167]. V. 7 redet unbildlich von der Verwüstung des Landes, v. 8-9 wieder bildlich von der Einwohnerschaft Jerusalems, die wie ein »Laubdach im Weinberg«, wie ein »Wächtergestell im Gurkenfeld«[168] übriggeblieben ist. Seiner jetzigen Situation zum Trotz, die Jahwe als Strafe für Israels Verderbtheit heraufgeführt hat, ist es noch immer nicht umgekehrt zu Jahwe.

Die Verse 7-9 geben einen klaren Anhaltspunkt für die Datierung des Wortes. Es bezieht sich auf Sanheribs Feldzug gegen Juda und Jerusalem im Jahre 701 v. Chr.[169]. Jesaja meint hier nicht eine zeitliche Folge von verschiedenen Straftaten Jahwes — ähnlich wie in 9 7-20 —, sondern das einmalige Ereignis der Verwüstung Judas und der Belagerung Jerusalems durch Sanherib.

Obwohl dieses Ereignis unmittelbar zurückliegt, soll es doch die Reihe der Einzelanspielungen abschließen, weil es zeigt, auf wie vielfältige Weise Jesaja geschichtliche Motive in den Dienst gegenwärtiger Anrede stellt. Während Jesaja sonst meist die Begründung vorwegschickt und das, was er zu sagen hat, nachholt, kann er hier, weil die Angeredeten noch unmittelbar unter dem Eindruck des Geschehens stehen, sogleich die hartnäckige Verderbtheit des Volkes schelten und zur Begründung auf das jüngst Geschehene hinweisen. Nicht einmal dieses Eingreifen Jahwes konnte die Judäer zur Buße bewegen. In seiner Ratlosigkeit fragt Jesaja, wohin das Volk denn noch geschlagen werden will (v. 5). Die Intention des Scheltwortes — dringliche Mahnung zur Buße — wäre bereits mit v. 4 erfüllt. Das Schelten der Sünde ist nur sinnvoll als Mahnung zur Umkehr. Für die immer noch Unverbesserlichen begründet Jesaja die Schuld mit dem Hinweis auf Jahwes Strafhandeln, das ja sonst nicht notwendig gewesen wäre. Die Erinnerung an Sodom und Gomorra zeigt noch ein letztes Mal den bitteren Ernst der Lage Jerusalems und Judas: Wenn nicht Jahwe Entronnene übriggelassen hätte, wie Sodom und wie Gomorra wären sie geworden[170].

Auch hier geht es Jesaja mit dem »Rückblick« um Verstehen und Einsicht auf seiten der Hörer, weil Einsicht in die eigene Schuld die conditio sine qua non für Umkehr ist.

---

[167] So G. Fohrer, Jesaja, I 29.

[168] Übersetzung nach G. Fohrer, Jesaja, I 27.

[169] So u. a. B. Duhm, Jesaia, 27; O. Procksch, Jesaia I, 35; G. Fohrer, Jesaja 1, 257 (= Studien, 1967, 153).

[170] Zur Deutung der Anspielung siehe oben S. 162f.

V. Geschichtliche Motive in nachjesajanischen Texten

Außer den mit ziemlicher Sicherheit von Jesaja verwendeten geschichtlichen Motiven begegnet in Jes 1—35 eine große Zahl von Anspielungen in Texten, die nicht von Jesaja stammen, die aber im Laufe ihrer Überlieferungsgeschichte von Jesaja her verstanden und in die Sammlungen seiner Worte aufgenommen wurden. Die Art und Weise, wie in der Zeit nach Jesaja geschichtliche Motive verwendet und verarbeitet wurden, wirft ein Licht auf Jesajas Geschichtsbetrachtung und befähigt uns, ihre Konturen noch schärfer zu erfassen. Zugleich soll hier die Zuordnung des einen oder anderen Textes, für den noch immer oder wieder jesajanische Verfasserschaft in Anspruch genommen wird, in die nachjesajanische Zeit gerechtfertigt und dadurch dem Einwand begegnet werden, wichtige Motive jesajanischer Texte seien unberücksichtigt geblieben[171].

Ein grober Überblick über die Motive in den nachjesajanischen Texten zeigt bereits, wie eigenständig Jesaja schon bei der Auswahl des historischen Materials verfuhr. Während bei ihm von den traditionellen Motiven lediglich die Anspielung auf Sodom und Gomorra zu finden ist, wobei gerade die Verwendung auch dieses traditionellen Motivs sein ganz persönliches Gepräge trägt[172], begegnen in den nachjesajanischen Texten Erinnerungen an Abraham (29 22), die Unterdrückung in Ägypten (9 3), den Auszug (10 24-27a 11 16), das Passa (31 5), die Wüstenzeit (4 5), an den Sieg über die Midianiter (9 3 10 26), an David (9 1-6 11 1-5 11 10) und die Reichsteilung (7 17)[173].

Die chronologische Anordnung der einzelnen geschichtlichen Motive ist hier dadurch erschwert, daß einerseits in manchen Texten mehrere Anspielungen aus verschiedenen Zeiten begegnen, andererseits gleiche Motive in verschiedenen Texten verwendet wurden. Da es sich aber nicht empfiehlt, um der Chronologie der Motive willen bestehende Texteinheiten außer acht zu lassen, zumal die Funktion eines Einzelmotivs meist nur als Element des Textganzen zu erkennen ist, soll bei den Texten mit mehreren Motiven zwischen Haupt- und Nebenmotiven unterschieden und der betreffende Text da behandelt

[171] Solche Rechtfertigung ist heute bitter notwendig, da weithin Texte fraglos für Jesaja in Anspruch genommen werden, ohne daß man auf die Argumente gegen jesajanische Verfasserschaft ernsthaft hört, geschweige denn sie widerlegt, siehe oben die Einleitung S. 3ff.

[172] Siehe oben S. 161ff.

[173] Auf vollständige Erwähnung und Behandlung sämtlicher geschichtlicher Motive in den nachjesajanischen Texten in Jes 1—35 wurde verzichtet, weil dieses Kapitel die Geschichtsbetrachtung *Jesajas* zum Gegenstand hat und die angeführten Beispiele genügen, um das Besondere seiner Geschichtsbetrachtung und seines Verhältnisses zur Tradition zu erfassen.

werden, wo es dem geschichtlichen Ort des dominierenden Motivs entspricht. Lediglich die beiden Anspielungen auf den Sieg über die Midianiter in 9 3 und 10 26 finden noch gesonderte Erwähnung, da sie beispielhaft für die Veranschaulichung von Jahwes zukünftigem Handeln in nachexilischer Zeit sind.

1. Erinnerungen an die Patriarchenzeit

a) Die Erlösung Abrahams Jes 29 22

Die Anspielung auf die Erlösung Abrahams begegnet in der von Deuterojesaja abhängigen Verheißung 29 17-24, die die große Umkehrung aller Dinge und Verhältnisse schildert[174]. Das Motiv selbst ist kein notwendiger Bestandteil der Verheißung; es findet sich in einem Relativsatz, der eine Aussage über Jahwe macht. Der Relativsatz hinkt merkwürdig nach und ist von seinem Bezugswort Jahwe durch die Wendung אל־בית יעקב getrennt, was von vornherein nicht allzu großes Vertrauen in ihn setzen läßt. Nun lesen aber K. Marti[175], H. Guthe[176], G. Fohrer[177] u. a. statt ־אל אֵל (Gott), was den Verdacht gegen den Relativsatz aufhöbe. Tatsächlich scheint mehr für die Lesart אֵל zu sprechen, da von Jakob in v. b in der 3. pers. die Rede ist. Doch kommt der Frage, ob der Relativsatz »der Abraham erlöst hat« Glosse ist oder nicht, keine entscheidende Bedeutung zu, da das ganze Verheißungswort jünger als Deuterojesaja ist.

Wichtig in unserem Zusammenhang ist wieder die Frage nach der Funktion der Erweiterung der Einleitungsformel »So spricht Jahwe, der Gott des Hauses Jakob« durch den Relativsatz. Doch zunächst gilt es zu klären, welches Ereignis der Prophet mit der Erlösung Abrahams meint. Die Vorstellung von der Erlösung Abrahams ist singulär im AT. Wahrscheinlich ist in später Zeit die Herausführung Abrahams aus Ur in Chaldäa analog der Herausführung Israels aus Ägypten als Erlösung, als Loskauf verstanden worden[178]. Möglicherweise ist an die jüdische Legende von der Errettung Abrahams aus der Knechtschaft des Götzendienstes und vor der Verfolgung durch seine götzendienerischen Verwandten gedacht, die in Jub 12 ihren

---

174 Zur Datierung von v. 17-24 siehe u. a. H. Schmidt, Die großen Propheten, 88 Anm. 1; G. Fohrer, Jesaja, II 85. W. Eichrodt, Der Herr der Geschichte. Jesaja 13—23/28—39, BA 17, II, 1967, 156ff., unterscheidet den ursprünglichen Bestand v. 17-21 von dem Anhang v. 22-24, doch ist seine Begründung »kann nicht als unvereinbar mit den Drohungen gelten, die Jesaja sonst . . . ausstößt« (ebd. 156) zu allgemein, um zu überzeugen.

175 Jesaja 218.

176 Jesaia 639.

177 Jesaja II 85.

178 פדה ist in Dtn 7 8 von der Befreiung aus Ägypten gebraucht.

Niederschlag gefunden hat[179]. Andere denken an jene spätjüdische Sage, die erzählt, daß Abraham aus dem »Feuer der Chaldäer« gerettet worden ist[180], vielleicht handelt es sich um zwei Ableger der gleichen Tradition. Nicht ausgeschlossen ist schließlich, daß hier die Bewahrungen des Verheißungsträgers gemeint sind, die in der Genesis überliefert sind: Die Verheißung war immer wieder in Frage gestellt durch die Gefährdungen Abrahams[181].

Wenn auch der Bezug der Anspielung nicht eindeutig ist, ihre Funktion ist klar. Der Gott Jakobs, der Abraham erlöst hat, wird auch die schmachvolle Lage der jetzigen Nachkommen Jakobs wenden und sie erlösen. Mit dem Hinweis auf die Erlösung Abrahams soll die Hoffnung auf die künftige Erlösung begründet werden. Wie und weil Jahwe damals so handelte, wird er wieder so handeln. Die erwartete Endzeit wird in Entsprechung zur Urzeit, die hier als durch die Erlösung Abrahams eingeleitet verstanden wird, gesehen, wobei die Entsprechung von Endzeit und Urzeit in dem sich selbst treu bleibenden Handeln Jahwes ihren Grund hat.

b) Sodom und Gomorra

Die Anspielung auf Sodom in 3 9 ist erst sekundär in den Text geraten. Ein Leser wurde durch den verbalen Umstandssatz לא כחדו[182] an Sodom erinnert, dessen Bewohner aus ihrer Sünde ebenfalls keinen Hehl machten. כסדם ist außerdem metrisch überschüssig, da לא כחדו noch zur vorhergehenden Zeile gehört[183]. כסדם soll v. 9aβ וחטאתם הגידו לא כחדו veranschaulichen.

Ebenso veranschaulicht das aus dem 6. Jh. stammende, uneinheitliche Drohwort gegen Babylon 13 2-22[184] in v. 19 die bevorstehende Vernichtung Babylons durch den Vergleich mit der Zerstörung von Sodom und Gomorra, die als das exemplarische Strafgericht Jahwes galt[185].

2. Anspielungen auf Auszug und Wüstenzeit

a) In der Weise Ägyptens Jes 10 24-27a

Zweimal begegnet in dieser Heilszusage Jahwes »an mein Volk, das in Zion wohnt«, die Wendung בדרך מצרים, die an die Knecht-

[179] So O. Procksch, Jesaia I, 382. [180] B. Duhm, Jesaia, 214; K. Marti, Jesaja, 218.

[181] Siehe Gen 12 18 20 22 und G. Fohrer, Jesaja, II 87.

[182] Siehe GK § 156g.

[183] Anders O. Kaiser, Jesaja 1—12, 31; W. Eichrodt, Jesaja 1—12, 54.

[184] Zu Jes 13 siehe K. Budde, Jesaja 13, in: Festschrift W. W. Graf Baudissin, BZAW 33, 1918, 55—70.

[185] Die Wendung כמהפכת אלהים את סדם ואת עמרה ist wörtlich Am 4 11 und Jer 50 40, ohne die zweimalige nota acc. noch Jer 49 18 belegt.

schaft in Ägypten und den Exodus erinnert. Außerdem findet sich in v. 26 noch eine Anspielung auf den Sieg über die Midianiter[186]. Das Wort stammt trotz der Erwähnung Assurs v. 24 nicht von Jesaja[187].

»In der Weise Ägyptens« wird das Volk von »Assur« bedroht. Wie damals in Ägypten hat es unter dem Stock des Fremdherrschers zu leiden. Die Knechtschaft in Ägypten ist für Israel und selbst noch das Frühjudentum die exemplarische Knechtschaft in seiner Geschichte. Es ist darum nicht verwunderlich, wenn der Autor dieser Verse seine jetzige Situation mit dem Zwangsaufenthalt in Ägypten vergleicht. Aber die Wendung »in der Weise Ägyptens« soll nicht nur die gegenwärtige Bedrückung veranschaulichen; sie begegnet noch ein zweites Mal in v. 26 und erinnert hier an die Vernichtung der Ägypter im Schilfmeer. Mit der zweifachen Erinnerung an Ägypten ist der Trost und die Hoffnung ausgesprochen, daß wie die damalige Drangsal so auch die jetzige zeitlich begrenzt ist. Noch eine kurze Zeit[188], dann wird Jahwe gegen den Bedrücker die Peitsche schwingen, dann wird er seinen Stab erheben wie Mose ihn in seinem Auftrag erhob über dem Schilfmeer, um sein Volk trockenen Fußes aus der Knechtschaft zu führen, die Ägypter aber unter den einstürzenden Wassermauern zu begraben.

Jahwes unmittelbar bevorstehendes Handeln für sein bedrücktes Volk ist eine Wiederholung seines ein für allemal typischen und exemplarischen Handelns beim Auszug aus Ägypten. Der Rückbezug auf Ägypten will mehr sein als bloße Veranschaulichung von Jahwes künftigem Handeln. Beim Auszug aus Ägypten hat das Volk ein für allemal erfahren, daß Jahwe heilvoll an ihm handelt. Jahwe führt zwar immer wieder sein Volk in Not, aber diese Not ist nur vorübergehend, sie hebt das grundsätzliche Ja Jahwes zu seinem Volk nicht auf. Die geschichtliche Erinnerung an die Bedrückung in Ägypten, an den Auszug aus Ägypten und den Durchzug durchs Schilfmeer hat über die bloße Veranschaulichung hinaus die Funktion, das אל תירא der Heilszusage zu begründen. Der Trost, den der Autor seinen Hörern in ihrer Not zuspricht, hat seinen Grund in Jahwes früherem Heilshandeln an seinem Volk. Jahwe kann zwar vorübergehend strafen,

---

186 Hierzu siehe unten S. 177f.

187 Assur ist Deckname, wahrscheinlich für die Seleukidenherrschaft, vgl. 19 23 30 31 und B. Duhm, Jesaia, 102; A. Bentzen, Jesaja, I Jes. 1—39, 1944, 93; O. Kaiser, Jesaja 1—12, 119; KBL³ unter אַשּׁוּר zu Jes 19 23 27 13. — In der Bestreitung jesajanischer Verfasserschaft sind sich auch die neueren Kommentare weithin einig, siehe W. Eichrodt 131; G. Fohrer, I 161; O. Kaiser 119; anders O. Procksch, Jesaia I, 173; J. Steinmann, Le Prophète Isaïe, Lectio Divina 5, 1950, 252.

188 Die Wendung עוד מעט מזער findet sich wörtlich noch 29 17; vgl. ἔτι μικρόν in den johanneischen Abschiedsreden Joh 13 33 14 19.

aber, wie sein früheres Handeln gezeigt hat, nicht endgültig vernichten.

Das Verhältnis des Autors von 10 24-27a zur Tradition ist grundsätzlich bestimmt durch Kontinuität. Jahwes Handeln bleibt sich im Grunde gleich, es wiederholt sich immer wieder. Die Tradition steht ungebrochen in Geltung. Weil Jahwe damals so handelte, wird er wieder so handeln. Sein anfängliches Handeln begründet sein je neues Handeln an Israel und also auch sein unmittelbar bevorstehendes.

b) Die Sammlung der Diaspora und der zweite Exodus Jes 11 11-16

Eine Erinnerung an den Auszug aus Ägypten schließt das aus spätnachexilischer Zeit stammende Heilswort von der Sammlung der jüdischen Diaspora ab[189]. Der Vergleich der Heimkehr der Zerstreuten nach Palästina mit dem Exodus war dem Autor bereits vorgegeben. Ezechiel und Deuterojesaja haben ihre Heilsankündigung mit dem Motiv vom neuen Exodus gestaltet[190]. Doch unterscheidet sich die Situation des Autors von Jes 11 11-16 erheblich von der Knechtschaft in Ägypten. Während nach der alttestamentlichen Überlieferung damals ganz Israel in Ägypten festgehalten wurde[191], ist es jetzt in alle vier Himmelsrichtungen zerstreut (v. 12). Dabei ist Diaspora grundsätzlich von Exil zu unterscheiden. Diaspora »findet sich dort, wo Juden in größerer oder kleinerer Zahl außerhalb des Hl. Landes wohnen, obgleich ihnen die Staatsgewalt die Abwanderung nicht verbieten würde«[192]. Das sind zwei grundsätzliche Unterschiede gegenüber der am Anfang der Geschichte Israels stehenden Knechtschaft in Ägypten. Das tertium comparationis ist die Rückkehr nach Palästina, wie ja das Verbum עלה in ביום עלתו מארץ מצרים im Gegensatz zu יצא den Akzent auf das Hinaufziehen nach Palästina, nicht auf die Herausführung

[189] Die Auffassung, daß das Wort das Exil voraussetzt und also nicht von Jesaja stammen kann, hat sich seit B. Stade, Weitere Bemerkungen zu Micha 4. 5, ZAW 3 (1883), 16, so gut wie durchgesetzt, siehe auch O. Procksch, Jesaia I, 157; H. W. Hertzberg, Der Erste Jesaja. Jesaja Kap. 1—39, Bibelhilfe für die Gemeinde, 1936, 59. 61; G. v. Rad, Theologie, II 172.

[190] Siehe dazu W. Zimmerli, Le nouvel »exode« dans le message de deux grands prophètes de l'exil, in: Hommage à W. Vischer, 1960, 216—227 (deutsch: Der »neue Exodus« in der Verkündigung der beiden großen Exilspropheten, in: W. Zimmerli, Gottes Offenbarung. Gesammelte Aufsätze zum Alten Testament, ThB 19, 1963, 192—204); vgl. auch G. Fohrer, Die Struktur der alttestamentlichen Eschatologie, ThLZ 85 (1960), 416 (= Studien, 1967, 53).

[191] Es braucht nicht eigens betont zu werden, daß diese Überlieferung der historischen Kritik nicht standhält.

[192] A. van Selms, Art. Diaspora I. Jüdische Diaspora, RGG³ II, 175.

aus Ägypten legt[193]. Aus Ägypten und Assur werden die Zerstreuten nach Palästina heimkehren. Jahwe wird noch einmal die Meereszunge Ägyptens austrocknen[194] und den Euphrat in sieben Bäche zerteilen, so daß sie mit Sandalen hindurchgehen können. Auf einer מסלה, einer künstlich aufgeschütteten Prozessionsstraße, werden sie dann von Assur zurückkehren[195].

Der erste Exodus steht im Hintergrund des Heilswortes, das die Sammlung der Diaspora ankündigt. Dieser Hintergrund will mehr sein als ein bloßer Vergleich, er will als begründeter Anhalt für den in 11 11-16 ausgesprochenen Trost verstanden werden. Jahwe wird noch einmal seine Hand erheben[196], um den Rest seines Volkes loszukaufen[197]. Durch das קנה bringt der Autor zum Ausdruck, daß Jahwe einen Rechtsanspruch auf Israel hat. Israel ist sein Eigentum. Er wird es sich zurückerwerben, weil er Israel schon einmal von Ägypten losgekauft hat. Jahwe wird sein Eigentum nicht preisgeben, sondern es von allen vier Winden nach Palästina zurückholen.

Das künftige Handeln Jahwes entspricht seinem damaligen. Jahwes Handeln für Israel hat etwas Typisches, es wiederholt sich, sobald Israel in eine ähnliche Situation gerät wie früher, sobald es wieder in die Verfügungsgewalt anderer Mächte zu gelangen scheint. Weil Jahwe sich selbst treu bleibt, begründet sein damaliges Handeln sein zukünftiges. Von der Voraussetzung der Treue Jahwes her ist der Gesichtspunkt der Wiederholung für das hier zum Ausdruck kommende Geschichtsverständnis konstitutiv.

Der Verfasser dieser Weissagung steht in grundsätzlicher Kontinuität mit der Tradition, die dadurch gekennzeichnet ist, daß Jahwe sein Besitzrecht an Israel immer wieder geltend macht, sobald es durch andere Mächte, die sein Volk bedrücken, oder durch dessen Zerstreuung unter die Heidenvölker in Frage gestellt ist.

---

193 Siehe J. Wijngaards, הציא and העלה a Twofold Approach to the Exodus, VT 15 (1965), 91—102.

194 Lies in v. 15 mit LXX (ἐρημώσει) Targ. Syr. und fast allen Auslegern וְהֶחֱרִיב, zur Verschreibung von מ in ב siehe Friedr. Delitzsch, Die Lese- und Schreibfehler im Alten Testament, 1920, Randziffer 114a, der auch diese Stelle anführt.

195 Diese Vorstellung knüpft an Deuterojesaja an. Zu מסלה in Jes 40 3 siehe F. Stummer, Einige keilschriftliche Parallelen zu Jes. 40—66, JBL 45 (1926), 172f., und C. Westermann, Das Buch Jesaja. Kapitel 40—66, ATD 19, 1966, 34f.

196 In v. 11a ist höchstwahrscheinlich שְׂאֵת statt שֵׁנִית zu lesen, da שֵׁנִית — die LXX gibt es nicht wieder — der Sache nach in יוסיף bereits enthalten ist, יוסיף aber einen inf. verlangt, von dem ידו seinerseits abhängig ist, so u. a. K. Marti, Jesaja, 114; W. Eichrodt, Jesaja 1—12, 144; O. Kaiser, Jesaja 1—12, 130.

197 קנה wird sich hier stark der Bedeutung von גאל nähern, mit dem es in Ps 74 2 parallel steht; zur Bedeutung »loskaufen« siehe KBL unter I קנה Nr. 4. Aus dem ganzen Zusammenhang geht klar hervor, daß es sich um ein zweites Erwerben handelt.

c) Jes 31 5: eine Anspielung auf das Passa?

In dem Verbum פסח vermuten die meisten Exegeten eine Anspielung auf das schonende Vorübergehen Jahwes an den Israeliten in Ägypten. Diese Vermutung hat viel für sich, da פסח in der Bedeutung »vorübergehen, verschonen« im AT nur hier und Ex 12 vorkommt. Dennoch läßt sich auf Grund des lediglich verbalen Anklangs keine Sicherheit darüber gewinnen, ob der Autor von v. 5 bewußt die Passanacht im Auge gehabt hat[198], zumal v. 4-5 einen sehr uneinheitlichen Eindruck macht. In den beiden Versen sind zwei verschiedene Bilder verarbeitet. Zunächst wird Jahwe mit einem Löwen verglichen: Wie ein Löwe, der sich seine Beute nicht entreißen läßt, so wird Jahwe zur Heerfahrt auf den Berg Zion herabfahren. Der Vergleich zielt darauf ab, daß Jahwe sich den Zion so wenig streitig machen wie ein Löwe sich seine Beute entreißen läßt. Interpretiert man das Löwengleichnis aus sich selbst heraus und nicht von dem ziemlich unklaren Bild v. 5 her, so ist sein drohender Charakter für Zion unverkennbar: Jahwe läßt sich seine Beute[199] nicht streitig machen, auch nicht durch eine noch so große Menge herbeigerufener Hirten. Daß die Hirten Zions Feinde seien, vor denen Jahwe ihn schützt, ist doch ein von v. 5 eingetragener Gedanke[200]. Näher liegt es — immer noch unter der Voraussetzung isolierter Betrachtung von v. 4 — anzunehmen, daß Jahwe entschlossen ist, den Zion trotz der herbeigerufenen Mächte zu vernichten. Damit schließt das Wort sachlich eng an 31 1-3 an: Die Ägypter können nicht helfen[201].

Mit v. 5 setzt ein zweiter Vergleich ein: Wie fliegende Vögel wird Jahwe Jerusalem schützen. Bei diesem Vergleich ist zunächst nicht klar, ob Jerusalem oder Jahwe mit den fliegenden Vögeln gemeint ist. Daß Jahwe mit einer Mehrzahl von Vögeln verglichen werden soll, ist schon schwierig[202]. Doch davon abgesehen wäre ein fliegender Vogel ein schlechtes Bild für Schutz. Die Annahme liegt daher näher, daß die Bewohner Jerusalems bei der Heerfahrt Jahwes auf den Zion mit

---

[198] B. Duhm, Jesaia, 232, hält dies keineswegs für sicher.

[199] Es ist ja zu beachten, daß Jesaja hier wie in 5 29 das Nomen טֶרֶף gebraucht, das ja das Gerissene des Raubwilds meint, siehe KBL unter טֶרֶף.

[200] Nirgends sonst symbolisiert der Löwe Schutz und Schirm. Wo Jahwe mit einem Löwen verglichen wird, geschieht es immer im drohenden Sinn Hos 5 14 13 7f. Jer 49 19 Thr 3 10 Hi 10 13ff., vgl. noch Am 3 12 und J. Hempel, Jahwegleichnisse der israelitischen Propheten, ZAW 42 (1924), 98f.

[201] Gegen die heute überwiegende Auffassung von J. Hempel a. a. O. (Anm. 200) 99; O. Procksch, Jesaia I, 406; A. Bentzen, Jesaja I, 259; G. Fohrer, Jesaja, II 121; Marie-Louise Henry, Art. Löwe, BHH, II 1107; W. Eichrodt, Jesaja 13—23/28-39, 195.

[202] Von einem »Muttervogel« ist hier eben nicht die Rede, gegen T. K. Cheyne, The Prophecies of Isaiah, I 1882[2], 179 zu v. 5.

gescheuchten, auffliegenden Vögeln verglichen werden[203]. Was dann auf כצפרים עפות ursprünglich folgte, ist nicht mehr erhalten. Ein späterer Bearbeiter hat das fragmentarische Drohwort v. 4 bis עפות v. 5 in eine Heilszusage uminterpretiert und ausmünden lassen[204]. Was der Bearbeiter mit der Verwendung der Wurzel פסח im Sinne gehabt hat, entzieht sich unserem sicheren Urteil. Über die Vermutung, daß er auf Jahwes schonendes Vorübergehen an den Israeliten in Ägypten angespielt haben mag, kommt der Exeget nicht hinaus. Der sprachliche Anklang könnte dann mit höherer Wahrscheinlichkeit als historisches Motiv gewertet werden, wenn aus dem Zusammenhang hervorginge, daß Jahwe wie bei der Verschonung in Ägypten an seinem Volk vorübergeht und die übrigen Völker richtet. Das aber läßt sich bei der jetzigen Textgestalt von Jes 31 nicht sicher ausmachen. Vielleicht liegt in v. 8a die Fortsetzung von v. 5 vor[205]. Wenn dies zutrifft, denkt der Bearbeiter an das Weltgericht in der Nähe Jerusalems, bei dem der Zion verschont und die Heiden vernichtet werden.

Die Funktion des hier verarbeiteten Motivs wäre unter jener hypothetischen Voraussetzung deutlich: Jahwes Handeln eignete auch hier etwas Typisches, immer Wiederkehrendes. Wie und weil Jahwe damals in Ägypten schonend an den Israeliten vorübergegangen ist, wird er auch bei der künftigen Wende Jerusalem schützen und scho-

---

[203] So u. a. O. Procksch, Jesaia I, 407.

[204] Zur literarkritischen Sondierung in Kap. 31 siehe besonders K. Marti, Jesaja, 230. 233, der von v. 4-9 lediglich v. 4 (von כאשׁר an) und die ersten beiden Wörter von v. 5 Jesaja zuschreibt. Alle Versuche, einen größeren Bestand auf Jesaja zurückzuführen, überzeugen nicht, da das Ergebnis meist durch Umstellungen und Eingriffe in den Text erkauft ist, so bei O. Procksch, Jesaia I, 406; H. Greßmann, Der Messias, FRLANT 43, 1929, 99. — Es erhebt sich hier die grundsätzliche methodische Frage: Was ist gerechtfertigter, einen in seinem Kontext unverständlichen Satz zu ändern oder ihn als Glosse auszuscheiden? Wenn eine Textänderung an der Textüberlieferung keinen Anhalt hat, der in seinem Kontext unverständliche Satz aber aus einer späteren Situation heraus verständlich wird, dann liegt die Annahme einer Glosse näher, zumal es unbestritten ist, daß spätere Leser und Bearbeiter auf sie überkommene Texte häufig durch Zusätze aktualisierten. — G. Fohrer, Jesaja, II 119f., versteht v. 4-9 (der Anfang von v. 4 und v. 7 werden als Glossen ausgeschieden) als ein mahnendes und bedingt verheißendes Wort. Zu dieser Deutung kommt G. Fohrer durch modale Übersetzung der reinen impf. in v. 4f. »so kann der Herr Zebaot herabfahren«, »wie flatternde Vögel kann der Herr Zebaot Jerusalem beschirmen". Im Zusammenhang mit der keineswegs sicheren modalen Deutung der impf. erscheint G. Fohrer die Mahnung zur Umkehr v. 6 als Schlüsselvers. Die 3. pers. in v. 6 nach den imp. m. pl. ist aber verdächtig. Die Mahnung wirkt so in ihrer fehlenden Unmittelbarkeit blaß. Außer K. Marti sind es u. a. noch B. Duhm, Jesaia, 232; H. Guthe, Jesaia, 643; W. Eichrodt, Jesaja 13—23/28—39, 194, die v. 6 Jesaja absprechen.

[205] So mit guten Gründen B. Duhm, Jesaia, 232; K. Marti, Jesaja, 232.

nen. Anfang und Ziel der Geschichte Israels entsprechen sich. Wie Jahwe damals durch sein Vernichtungsgericht an Ägypten und sein schonendes Vorübergehen an Israel die Geschichte Israels begründete, so wird er jetzt durch sein Gericht an den Heidenvölkern und sein schonendes Vorübergehen an Zion-Jerusalem die immerwährende Heilszeit einleiten.

Das Verhältnis zur Tradition ist auch hier grundsätzlich als Kontinuität zu bestimmen.

d) Wolke und Feuerglanz Jes 4 5

Das Motiv von Wolke und Feuerglanz als Symbol der Gegenwart Jahwes über dem Zion erinnert an die Wolken- und Feuersäule, in der Jahwe den Zug der Israeliten aus Ägypten und durch die Wüste begleitete. In der Wolken- und Feuersäule war Jahwe seinem Volk präsent. Sie galt als deutliches Zeichen seiner ständigen Gegenwart, schützte die Israeliten vor den sie verfolgenden Ägyptern und wies ihnen den Weg durch die Wüste.

Das Motiv der Wolken- und Feuersäule ist hier uminterpretiert: Jahwe schafft[206] über der ganzen Stätte des Berges Zion und über seinen Versammlungen Gewölk am Tage und rauchenden Feuerglanz bei Nacht. Symbolisierten damals Wolken- und Feuersäule unmittelbar Jahwes schützende Gegenwart, so werden Gewölk und Feuerglanz jetzt von Jahwe geschaffen: Jahwe ist in Zion nur mehr in seinem Schöpfungswerk präsent.

Ungeachtet der beiden Unterschiede, die auf die veränderte Situation zurückzuführen sind — das Volk Jahwes hat seinen festen Wohnsitz in Zion, Jahwe ist nur mittelbar in seinem Schöpfungswerk gegenwärtig —, impliziert die Anspielung auf die Wüstenzeit einen Vergleich, dessen tertium comparationis Jahwes schützende Gegenwart ist. Wie Jahwe damals die Israeliten tagsüber in einer Wolkensäule und nachts in einer Feuersäule schützend begleitete, so wird er auch jetzt den Zion schützen durch Gewölk und Feuerglanz. Der Prophet veranschaulicht den Schutz Jahwes durch die Überlieferung von Jahwes Führung durch die Wüste. Die Aussage, daß Jahwe den Bestand des Zion garantiert, gewinnt durch das geschichtliche Motiv von Jahwes Präsenz in der Wolken- und Feuersäule während des Aus- und Wüstenzuges an Dichte und Anschaulichkeit. Zugleich ist die

---

[206] Obwohl die Vorstellung, daß Jahwe Gewölk und Feuerglanz schafft, im Alten Testament singulär ist, braucht an MT kein Anstoß genommen zu werden. Die LXX-Lesart καὶ ἥξει ist vermutlich Angleichung an die traditionelle Theophanievorstellung, wie sie etwa Ex 13 21 f. 14 19 f. und anderswo belegt ist. Wäre die Lesart וּבָא ursprünglich, würde man vor עָנָן und עָשָׁן die Partikel בְּ erwarten, siehe H. Wildberger, Jesaja, 152.

Erinnerung, daß Jahwes Gegenwart die Israeliten damals tatsächlich geschützt hat, mit Grund zur Hoffnung, daß Jahwe den Zion ebenfalls schützen wird.

Noch ein weiterer Unterschied zwischen Einst und Dann ist anzumerken. Das Erscheinen Jahwes in Wolken- und Feuersäule damals war zeitlich begrenzt; es erstreckte sich nur auf die Zeit des Auszugs und der Wüstenwanderung. Die Endzeit aber unterscheidet sich von der Urzeit gerade dadurch, daß sie kein Ende hat. Urzeit und Endzeit sind darum nicht gleich, sondern entsprechen sich. Die Endzeit wird vorgestellt als endlose Urzeit. In der Urzeit war das Volk unterwegs; ihr Ende lag also begründet in der Wanderschaft des Volkes. Nun aber ist der Zion die dauernde Stätte des Volkes, und Jahwe garantiert den Bestand des Zion. Die Urzeit kann — ungeachtet der durch die veränderte Situation sich ergebenden Unterschiede — das Material zur Veranschaulichung der Endzeit liefern. Mit den Farben der Tradition malt der Prophet sein Bild von der Endzeit. Daß Urzeit und Endzeit sich derartig entsprechen, impliziert eine bewußte Kontinuität zur Tradition, wie sie gerade in der exilisch-nachexilischen Zeit auflebte, als die Hoffnung an Früheres anknüpfte[207].

Ein späterer Glossator hat noch die v. 5b. 6 angefügt und damit dem geschichtlichen Motiv ein Verständnis untergelegt, das der Verfasser von v. 3-5a schwerlich intendiert hatte. Daß Gewölk und rauchender Feuerglanz den Zion nur vor Unbill des Wetters schützen sollen, wirkt reichlich seltsam[208].

3. Erinnerungen an die vorstaatliche Zeit

Als auffälliges Ereignis der vorstaatlichen Zeit wird der Sieg über die Midianiter erwähnt, und zwar in 9 3[209] und 10 26[210]. Beide Male ist dieses Motiv verbunden mit der Erinnerung an die Knechtschaft in Ägypten. Die Funktion der Erinnerung an die Midianiterschlacht ist die gleiche wie die der Anspielung auf die Knechtschaft in Ägypten. Die Erfahrung, daß Jahwe sein Volk nicht im Stich läßt, hat Israel nicht nur in Ägypten gemacht, sondern auch in Palästina, als die Midianiter — wahrscheinlich auf der Suche nach Sommerweide[211] — in das Kulturland eindrangen. Die Erinnerung an die

---

207 Daß das Wort nicht von Jesaja stammt, wird weithin angenommen, siehe zuletzt H. Wildberger, Jesaja, 153f.

208 Siehe O. Procksch, Jesaia I, 86; H. Wildberger, Jesaja, 153. — G. Fohrer, Jesaja, I 70f., streicht in v. 5f. die Zeile von ועשן bis יומם, was nicht recht überzeugen will, da יומם die Entsprechung לילה fordert und eher das zweite יומם, dem eine solche Entsprechung fehlt, von der Hand eines Glossators stammt.

209 Zu 9 1-6 siehe unten S. 178ff.

210 Zu 10 24-27a siehe oben S. 170ff.

211 Siehe R. Bach, Art. Midian, BHH, II 1214.

Niederlage der Midianiter am Rabenfelsen[212] bzw. am »Midianitertag«[213] soll wie der Hinweis auf den zeitlich begrenzten Aufenthalt in Ägypten die Hoffnung, daß Jahwe auch der jetzigen Not ein Ende setzt, als nicht aus der Luft gegriffen, sondern als durchaus begründet hinstellen. Weil Jahwe durch die Geschichte hindurch derselbe ist, d. h. sich selbst und seinem Volk treu bleibt, können die Verfasser von 10 24-27a und 9 1-6 ihren Hörern Mut zur Hoffnung auf Jahwe machen.

Das Vertrauen auf Jahwe in seiner Selbigkeit impliziert grundsätzlich die Geltung der Tradition. Hier — bei den Unbekannten der nachexilischen Zeit — trifft das Urteil G. v. Rads zu, daß die »Propheten« die geschichtliche Überlieferung aktualisierten[214].

4. Erinnerungen an die Königszeit

a) Jes 9 1-6[215]

In Jes 9 1-6 sind möglicherweise drei geschichtliche Motive verarbeitet: die Erinnerung an den Midianitertag v. 3, die Anspielung auf den Thron Davids v. 6 und das Stichwort נֹגֵשׂ v. 3. Während die ersten beiden Motive klar zutage liegen, wird das Stichwort נֹגֵשׂ in der Regel nicht als Anspielung verstanden. Doch ist es immerhin auffällig, daß das pt. נֹגֵשׂ in der Bedeutung »Dränger, Gewalthaber« noch 5 mal in Ex 3 und 5 begegnet[216], allerdings im Plural, was jedoch nicht gegen die Analogie sprechen muß, sondern für die typisierende Betrachtung einer späteren Zeit angeführt werden kann. Bei der Bildhaftigkeit von v. 3 — das Volk wird unter dem Bild eines im Joch gehenden und mit dem Stock angetriebenen Zugtieres gesehen — ist letzte Sicherheit nicht zu gewinnen. Die Anspielung wäre sehr flüchtig, könnte aber durchaus verstanden worden sein, da die Erinnerung an die Knechtschaft in Ägypten gerade in der nachexilischen Zeit sehr lebendig war[217]. Hinzu kommt, daß die Sprechenden tatsächlich unter einer Fremdherrschaft leiden, die Parallelität der Situation von 9 1-6 mit der Knechtschaft in Ägypten sich also von vornherein anbietet.

---

212 Jes 10 26 vgl. Jdc 7 25. 213 Jes 9 3.

214 Eine ähnliche Verwendung findet das Motiv vom Sieg über die Midianiter in Ps 83 10-12, wo es den Appell an Jahwe unterstreichen soll. »Der Psalmsänger erbittet für die gegenwärtige Stunde ein Analogiegeschehen. Jahwe ist derselbe. Wie damals, so kann er auch heute eingreifen«, H.-J. Kraus, Psalmen, II 1960, 579.

215 Die Rechtfertigung der Einordnung von Jes 9 1-6 unter die nachjesajanischen Texte habe ich an anderer Stelle versucht. Ich darf darum hier auf meinen Aufsatz: Zur Sprache von Jesaja 9 1-6, ZAW 80 (1968), 343—350, verweisen.

216 3 7 5 6. 10. 13. 14.

217 Siehe nur Jes 10 24-27a und G. Fohrer, Die Struktur der alttestamentlichen Eschatologie, ThLZ 85 (1960), 416 (=Studien, 1967, 53); ders., Jesaja, I 140.

Da das Wort ganz auf den Anbruch der Heilszeit in der Geburt des Kindes konzentriert ist[218], haben die Anspielungen auf die Vergangenheit sekundäre Bedeutung. Sie dienen als »Entsprechungsmotive«[219] zur Veranschaulichung der gegenwärtigen Situation und von Jahwes bevorstehendem Handeln. Weil das Volk im eigenen Land bedrückt wird, bot sich dem Dichter der Vergleich mit dem Sieg über die Midianiter an, dem Jahwe nach mehrmaliger Reduktion des israelitischen Heeres auf schließlich 300 Mann gegen die midianitische Übermacht erfochten hat. Wie Jahwe damals an einem Tag die Israeliten von der Bedrängnis durch die midianitischen Eindringlinge befreite, so wird er bald den Stock des Treibers, die Fremdherrschaft über das bedrückte Israel, zerbrechen. Das Gesetz der Geschichtsbetrachtung ist hier das Gesetz der Analogie. Die jetzige Situation ist analog der Knechtschaft in Ägypten, das erwartete Handeln Jahwes ist analog seinem damaligen gegen Midian. Daß das Frühere ungebrochen Material zur Veranschaulichung des Kommenden sein kann, impliziert ein bestimmtes Traditionsverständnis. Jahwes künftiges Handeln wird in grundsätzlicher Kontinuität mit seinem früheren Handeln für Israel gesehen. Im Unterschied zu Jesaja ist für den Verfasser dieser messianischen Weissagung die Tradition von Jahwes Heilshandeln an Israel ungebrochen in Geltung. Das Handeln Jahwes am Tage von Midian ist typisch für ihn. So wie er damals für Israel einschritt, wird er es jetzt wieder tun. Für Jesaja dagegen ist die Geltung der Tradition erloschen. Sie ist nur noch e contrario von Belang, als Hintergrund, vor dem sich Jahwes neues Handeln um so schrecklicher abhebt[220]. Während Jesaja das Vorzeichen vor der Klammer ändert, bleibt hier das Vorzeichen erhalten.

Es entspricht ganz der Geschichtsbetrachtung der nachexilischen Zeit, daß sie eine Wiederholung des früheren Schalom-Zustandes für die Zukunft erwartet, freilich noch übersteigert und überhöht. In dem Wort כסא דוד ist die Geschichte der davidischen Dynastie von ihrem glanzvollen Anfang bis zu ihrem Untergang beschlossen. An die Geburt eines Nachkommen aus dem davidischen Geschlecht knüpft der Dichter die Hoffnung, daß Jahwe noch einmal ein Großreich schaffen wird, das aber im Unterschied zum davidischen Großreich nicht mehr

---

[218] Die Frage, ob es sich tatsächlich um ein Geburtsmotiv handelt, kann hier auf sich beruhen. Siehe dazu Th. Lescow, Das Geburtsmotiv in den messianischen Weissagungen bei Jesaja und Micha, ZAW 79 (1967), 184—186, der in Jes 9 5a das »Auftreten des Messias in der Geschlechterfolge der Davididen« zum Ausdruck gebracht findet (185).

[219] Der Ausdruck »Entsprechungsmotiv« bei G. Fohrer, Struktur der alttestamentlichen Eschatologie, 415ff. (= Studien, 1967, 51ff.).

[220] Erinnert sei hier lediglich noch einmal an die Verwerfung der Tradition durch Jesaja in 28 21 und 29 1-4, siehe oben S. 163ff.

durch äußere Feinde bedroht wird, in dem Recht und Gerechtigkeit herrschen und der Friede kein Ende hat.

Jesaja dagegen sieht eine Korrelation zwischen dem Handeln Jahwes und dem Gehorsam oder Ungehorsam des Volkes. Ob Jahwes Handeln in Kontinuität mit seinem früheren steht, ist abhängig von der jeweiligen Entscheidung des Volkes. Eine bedingungslose Heilszusage, die in Kontinuität mit früheren heilvollen Zuständen steht, kennt Jesaja nicht.

b) Die Erwartung des zweiten David in Jes 11 1-5 11 10 und 16 5

1. 11 1-5. Die Frage, ob die Erwartung des Naturfriedens 11 6-8 mit der Erwartung des messianischen Heilskönigs ursprünglich eine Einheit bildete, kann hier auf sich beruhen. V. 1-5 ist thematisch geschlossen, so daß dieser Abschnitt durchaus für sich betrachtet werden kann. Die Auswirkung der Herrschaft des Heilskönigs bis in die Natur hinein mag vom Verfasser intendiert oder erst später angefügt worden sein — für das geschichtliche Motiv מגזע ישי in v. 1 ist diese Alternative nicht von Belang.

Doch bedarf die Behandlung von 11 1-5 unter den nachjesajanischen Texten der Rechtfertigung. Eigentlich müßte ein Verweis auf 9 1-6 zur Begründung ausreichen, zumal die jesajanische Verfasserschaft von 11 1-5 nicht so einhellig behauptet wird wie bei 9 1-6[221]. Für die immer noch weitverbreitete Herleitung von 11 1-9 von Jesaja ist folgendes Urteil O. Procksch bezeichnend: »Die Gegengründe ... sprachlicher ... wie sachlicher Art sind so fadenscheinig, daß sie neuerdings auch bei den Skeptikern ihr Gewicht verlieren.«[222] Kaum einer derer, die an der jesajanischen Verfasserschaft festhalten, macht sich aber ernsthaft die Mühe, sich mit den von der literarkritischen Schule vorgebrachten Argumenten auseinanderzusetzen[223].

V. 1 setzt bereits voraus, daß die davidische Dynastie nicht mehr an der Regierung ist. Wohl sind Nachkommen Davids noch am Leben, aber das Bild vom גֶּזַע sagt aus,

[221] Seit dem zweiten Weltkrieg wird Jes 11 1-5 als nachjesajanisch betrachtet u. a. von G. B. Gray, Isaiah, I 214; S. Mowinckel, He that cometh, 1956, 17; E. Balla, Die Botschaft der Propheten, 1958, 475; Sh. H. Blank, Prophetic Faith in Isaiah, 1958, 160ff.; G. Fohrer, Jesaja, I 166; J. Lindblom, Prophecy in Ancient Israel, 1962, 368; O. Eißfeldt, Einleitung in das Alte Testament, 1964^3, 429, wenn auch mit Vorbehalt; Th. Lescow, Geburtsmotiv, 190f. — Dagegen halten an jesajanischer Verfasserschaft fest u. a. A. Weiser, Einleitung in das Alte Testament, 1966^6, 172; R. B. Y. Scott, The Book of Isaiah. Chapters 1—39, IntB 5, 1956, 247; O. Kaiser, Jesaja 1—12, 124; B. Vawter, Mahner und Künder. Die Propheten Israels vor dem Exil, 1963, 261; S. Amsler, David, Roi et Messie, 1963, 51; S. Herrmann, Die prophetischen Heilserwartungen im Alten Testament. Ursprung und Gestaltwandel, BWANT 85, 1965, 137f.; H. D. Preuß, Jahweglaube und Zukunftserwartung, BWANT 87, 1968, 143f.

[222] Jesaia I 151.

[223] Bis heute sind die Argumente K. Martis, Jesaja, 113f., noch nicht widerlegt.

daß die Dynastie gefällt und nur ein Stumpf übriggeblieben ist[224]. Allgemein zugestanden ist, daß v. 1 mit einem perf. cons. beginnt. Die Zukünftigkeit der Aussage bezieht sich aber auf das Aufgehen des Reises, nicht auf den Stumpf Isais. Zudem widerspricht es der grundsätzlichen Gegenwartsbezogenheit der prophetischen Verkündigung, wenn hier über das noch ausstehende Gericht an der Dynastie Davids hinausgeblickt wird auf einen Heilskönig, der aus dem Geschlecht Davids stammen soll. Jesaja hat das Gericht angekündigt, den Ernst des Gerichts nicht aber dadurch aufgehoben, daß er hinter dem Gericht bereits eine Heilszeit anbrechen sah. Das Motto per aspera ad astra, das man so gern an den Anfang der Botschaft Jesajas stellen möchte[225], würde nur verständlich, wenn man Jesaja aus der aspera heraus versteht, das Gericht, das er als zukünftiges ankündigt, als bereits geschehen voraussetzt. Das bereits geschehene Gericht ist aber gerade in 11 1 mit מגזע ישי vorausgesetzt. Stünde der Sturz des davidischen Königshauses erst noch bevor, könnte der Dichter ihn nicht einfach durch das Bild גזע ישי wie etwas Selbstverständliches einführen.

Der messianische König wird als bevorzugter Geistträger geschildert. Die Wirkung des Geistes erscheint bei ihm nicht in einzelnen Taten, sondern als dauernder Besitz. Jes 11 2 ist in einer Reihe zu sehen mit dem Ebed Jahwe, der ebenfalls nicht nur vorübergehend, sondern dauernd mit dem Geist Gottes begabt wird[226], und Jes 61 1-3, wo der Prophet seine Berufung dadurch legitimiert, daß der Geist des Herrn auf ihm ist[227]. Weiter deutet die Aufgliederung der רוח Jahwes in sittliche und religiöse Tugenden auf ein spätes Stadium in der Geschichte der Geistvorstellung[228].

Jesaja hat das Heil nicht von der dauernden Geistbegabung des Königs und dessen Befähigung, sein Herrscheramt in Gerechtigkeit auszuüben, abhängig gesehen. Jes 7 9 zeigt deutlich, daß Jesaja das Bleiben nur unter der Voraussetzung des Glaubens verheißen hat. Das zeitliche Nacheinander — erst Gericht und dann unbedingtes Heil — widerspricht dem Entweder-Oder von Gericht oder Umkehr in den Texten, die mit Sicherheit von Jesaja verfaßt wurden. Gegen 11 1ff. erhebt sich daher der gleiche Ein-

---

224 Dieses Verständnis von גזע wird auch von O. Procksch, Jesaia I, 152, u. a. geteilt. Daß גזע Jes 40 24 »Setzling« bedeutet, ändert nichts daran, daß dasselbe Wort hier und Hi 14 8 mit »Stumpf« wiederzugeben ist, mit S. Mowinckel, He that cometh, 17 Anm. 2, gegen J. Pedersen, Israel. Its Life and Culture, III—IV 1947, 678; zu Hi 14 8 siehe F. Horst, Hiob, BK XVI 3, 1962, 178, und G. Fohrer, Das Buch Hiob, KAT[2] XVI, 1963, 235. Das »Bild vom Wurzelstock (גֶּזַע) und von den Wurzeln (שָׁרָשִׁים) läßt sich schwerlich anders deuten, als daß ,die davidische Dynastie nach menschlichem Ermessen vernichtet' ist«, Th. Lescow, Geburtsmotiv, 190, mit G. Fohrer, Jesaja, I 166. Anders O. Kaiser, Jesaja 1—12, 124, der in v. 1 die vollständige Vernichtung der davidischen Dynastie, die sich später nicht ereignet hat, vorausgesetzt sieht. Doch läßt sich dem Wort גזע eine vollständige Vernichtung gerade nicht entnehmen.

225 So O. Procksch, Jesaia I, 151; H. W. Hertzberg, Besprechung von G. Fohrer, Das Buch Jesaja, I Kapitel 1—23, 1960[1], in: ThLZ 86 (1961), 665: »Die Linie per aspera ad astra ist ja auch in 9 1 11 1 4 2ff. erkennbar und stellt gewiß eine entscheidende Grundlinie der jesajanischen Botschaft dar.«

226 Jes 42 1-4.

227 Siehe hierzu L. Köhler, Theologie des Alten Testaments, 1966[4], 104.

228 So überzeugend P. Volz, Der Geist Gottes und die verwandten Erscheinungen im Alten Testament und im anschließenden Judentum, 1910, 63 Anm. 1.

wand wie gegen 9 1-6 : 11 1ff. steht in keinem sachlichen Zusammenhang mit den sicher jesajanischen Texten[229].

Das Bild des messianischen Heilskönigs ist mit solch phantastischen Farben gemalt, daß man hier nur einen Widerspruch zu dem sonst so realistisch denkenden Jesaja konstatieren kann. Der Heilskönig wird nicht mehr als Mensch vorgestellt, sondern er transzendiert durch seine außerordentliche Geistbegabung die Bindungen und Grenzen wirklichen Menschseins; er hat göttliche Eigenschaften und Fähigkeiten. Es genügt dem Dichter nicht, daß der König gerecht richten wird, sondern er betont, daß der Messias bei seinem Richteramt nicht mehr angewiesen ist auf das, was er sieht und durch Zeugen vernimmt. Der Messias wird wie Gott den Menschen ins Herz sehen und sie danach beurteilen. Der Frevler wird nicht durch Henkershand fallen, sondern durch den Hauch seiner Lippen wird der Messias ihn töten. Eine solche Messiasgestalt ist bei Jesaja, der wie kaum ein anderer den Gegensatz von בָּשָׂר und רוּחַ betont, schlechterdings nicht vorstellbar[230], zumal Jesaja nirgends das Heil vom König, sondern immer durch Umkehr des Volkes erwartet.

Schließlich sei noch die Wortwahl ins Auge gefaßt, die die oben dargelegten Gründe gegen jesajanische Verfasserschaft bestätigt. Das Wort חֹטֶר v. 1 findet sich nur noch Prov 14 3, גֶּזַע nur noch Jes 40 24 und Hi 14 8, נֵצֶר Jes 14 19 60 21 Dan 11 7 Sir 40 15. Diese Häufung eindeutig nachjesajanischer Wortwahl allein in v. 1 ist mehr als auffällig. Der Ausdruck יראת יהוה findet sich allein in Prov 15mal, außerdem noch Jes 33 6[231] Ps 19 10 34 12 111 10[232] II Chr 19 9[233]. Von den ענוי (ה)ארץ ist noch Zeph 2 3 und Ps 76 10 die Rede[234]. Allein in 11 1-5 finden sich fünf Wörter bzw. Ausdrücke, die

[229] Daß Jes 11 in Verbindung steht mit Jes 2 2-4 4 2-6 9 1-6, zeigt ja nur, daß in Jes 1—35 die verschiedensten Texte Eingang gefunden haben, die unter sich sehr wohl verwandt sein können, die aber nicht schon deswegen Bestandteil der Verkündigung Jesajas gewesen sein mußten. Es findet sich bei Jesaja im Gegensatz zu Hosea schlechterdings kein Text, der die Wandlung Jesajas vom Unheilspropheten zum unbedingten Heilspropheten verständlich machte. Es ist ja nicht zufällig, daß der sonst so kritische B. Duhm in das »Greisenalter« Jesajas flüchten muß, weil er anders jesajanische Verfasserschaft nicht begründen kann (Jesaia 104). Aber auch der Text 1 21-26, auf den H. W. Hertzberg in seiner Besprechung des Kommentars von G. Fohrer hinweist (ThLZ 86, 1961, 665), leistet diesen Dienst des Brückenschlags nicht. Das Läuterungsgericht von 1 21-26 ist in Verbindung zu sehen mit 9 7-20 + 5 25. 26-29, wonach die Zeit der Läuterungsgerichte endgültig vorbei ist.

[230] Auch H. Greßmann, Der Messias, 247, nimmt Anstoß an der Verherrlichung des Königs über alles menschliche Maß, die sich mit der Autorschaft Jesajas schlecht reime.

[231] Jes 33 1-6 stammt nicht von Jesaja, so auch O. Procksch, Jesaia I, 417; hier erscheinen ebenfalls חכמה und דעת im Zusammenhang mit der יראת יהוה.

[232] Sämtliche Psalmen sind exilisch-nachexilisch, siehe H.-J. Kraus, Psalmen, 154. 268. 767.

[233] Zum Begriff יראת יהוה siehe S. Plath, Furcht Gottes. Der Begriff ירא im Alten Testament, AzTh II/2, 1963, 54—84.

[234] Bei Ps 76 hält H.-J. Kraus, Psalmen, 525, vorexilische Entstehung für möglich; A. Weiser, Die Psalmen, ATD 14/15, 1966[7], spricht von späterer Entstehung des Psalms; G. Fohrer, Einleitung, 313, setzt ihn in nachexilischer Zeit an.

eindeutig und ausschließlich nachjesajanisch sind. Dieser Befund ergänzt und bestätigt auffallend die sachlichen Argumente gegen jesajanische Verfasserschaft[235].

Der messianische Heilskönig wird nach der Erwartung von Jes 11 1-5 Davidide sein. Als Ahnherr des davidischen Geschlechts wird aber nicht, wie es zunächst zu erwarten wäre, David genannt, sondern dessen Vater Isai. Damit bringt der Dichter die Hoffnung zum Ausdruck, daß das erwartete Reis aus dem Stumpf Isais ein zweiter David sein wird. So unbedeutend wie damals der Vater Davids ist das gegenwärtige davidische Geschlecht, d. h. der Dichter sieht den jetzigen Nachkommen des davidischen Geschlechts parallel mit dessen Ahnherrn. Aus dieser Parallelisierung leitet er die Hoffnung ab, daß der jüngste Sproß des Hauses ein zweiter David sein wird. Der Verfasser von Jes 11 1-5 sieht die Geschichte im wesentlichen unter dem Gesichtspunkt der Wiederholung. Da er seine jetzige Situation analog der Situation Isais versteht, besteht für ihn begründete Hoffnung, daß der in Kürze auf die Welt kommende Davidide[236] ein zweiter David sein wird. Zugleich aber wird das Zukünftige das Vergangene überhöhen: Der zweite David wird ein Reich des Friedens und der Gerechtigkeit schaffen, in dem er selbst das Herrscher- und Richteramt als mit der רוח יהוה Beauftragter in übermenschlicher Weise ausüben wird. Er muß den Frieden des Reiches nicht durch militärische Macht sichern, sondern er tötet den Frevler allein durch den Hauch seines Mundes. Sofern v. 6-8 noch zu dem Geburtsorakel hinzugehört, dehnt sich der Friede des messianischen Reiches auch auf die Tierwelt aus. So verschmelzen in der Erwartung von Jes 11 1ff. das historische Motiv vom zweiten David mit dem Schöpfungsmotiv von der wiederhergestellten Urzeit zu einer Einheit[237]. Das Motiv der Wieder-

---

[235] Dasselbe trifft für v. 6-8 zu: II שעשׁ pilp. »patschen, spielen, zärtlich behandeln« noch Ps 94 19 (nachexilisch, siehe H.-J. Kraus, Psalmen, 654) 119 70; פֶּתֶן noch Dtn 32 33 Ps 58 5 (H.-J. Kraus, Psalmen, 416, unentschieden; G. Fohrer, Einleitung, 312, »nachexilisch«) 91 13 (H.-J. Kraus, Psalmen, 636, unentschieden; G. Fohrer, Einleitung, 315, »nachexilisch ?«) Hi 20 14. 16 Sir 39 30; צִפְעוֹנִי noch Jes 59 5 Jer 8 17 Prov 23 32. — Außerdem begegnet v. 7b noch einmal wörtlich in Kap. 65 25aβ, v. 9a wörtlich in 65 25b. Es hat den Anschein, daß Jes 65 25 in 11 6-9 vorausgesetzt wird, da 65 25 wesentlich kürzer formuliert ist, siehe G. Fohrer, Das Buch Jesaja, III 1964, 270; anders C. Westermann, Jesaja 40—66, 326.

[236] Th. Lescow, Geburtsmotiv, 192, hält es auf Grund des mit der Wahl der Verben intendierten Bildgehaltes für ausgeschlossen, »daß in Jes 11 1 an ‚Geburt' im engeren Sinne gedacht ist«. Eine solch eindeutige Ausdeutung des Bildes ist zumindest umstritten, da objektive Kriterien für die Interpretation von Bildern sehr schwer zu bestimmen sein dürften.

[237] Auch das Ineinander von Schöpfung und Geschichte ist ein typisches Merkmal der späteren Zeit, siehe besonders Deuterojesaja und dazu R. Rendtorff, Die theologische Stellung des Schöpfungsglaubens bei Deuterojesaja, ZThK 51 (1954), 3—13.

holung gilt streng genommen nur für den Satz Urzeit = Endzeit. Sofern in die Darstellung der Endzeit historische Motive aufgenommen werden, müssen diese notgedrungen überhöht werden.

Die Rede vom Stumpf Isais soll die gegenwärtige Situation der Hörer durch Parallelisierung mit einer Situation der Vergangenheit veranschaulichen und zugleich den Trost begründen, den der Dichter seinen Hörern zuspricht: Wie damals aus dem unbedeutenden Geschlecht Isais der Mann hervorging, der das israelitische Großreich schuf, so wird auch der bald zur Welt kommende Nachkomme des wieder bedeutungslos gewordenen Geschlechtes Isais ein Reich des Friedens und der Gerechtigkeit schaffen.

Der Verfasser von 11 1-5 kann grundsätzlich an die Tradition anknüpfen. Die Tradition ist für ihn nicht nur Mittel zur Veranschaulichung, sondern steht noch in Geltung. Was damals war, wird wieder sein — dann aber unverbrüchlich und ohne Ende[238]; die Zeit dazwischen war nur eine Episode.

2. 11 10. Das Verständnis des messianischen Heilskönigs als des zweiten David von 11 1-5 ist in dem redaktionellen Zusatz[239] v. 10 vorausgesetzt. Die Erwartung des zweiten David hat aber hier gegenüber 11 1-5 eine entscheidende Umdeutung erfahren. Während dort der zweite David gedacht ist als Herrscher über das wiedererstandene israelitisch-jüdische Volk, wird er hier zum Panier, um das sich die Heidenvölker scharen. V. 10 setzt neben 11 1-5 noch 2 2-4, die Völkerwallfahrt zum Zion, voraus, welches Wort er nun messianisch deutet[240].

Das geschichtliche Motiv des Wurzelsprosses[241] Isais ist hier seiner geschichtlichen Züge entkleidet. Es dient lediglich als Anknüpfungspunkt für eine Erwartung, die sich nicht begnügt mit der Hoffnung auf einen zweiten David, sondern die historische Gestalt Davids transzendiert. Hatte die Erwartung von 11 1-5 an David noch Anhalt insofern, als David oberster Gerichtsherr war, so ist die Erinnerung an David in v. 10 nur mehr blasser Hintergrund, der durch die Hoffnungen von 11 1-5 und 2 2-4 nahezu gänzlich überlagert ist. Daß die geschichtliche Erinnerung die Hoffnung begründet, kann man hier nicht mehr sagen. Die messianische Hoffnung auf den zweiten David

[238] Daß das Reich des Messias ohne Ende sein wird, steht zwar nicht expressis verbis in 11 1ff., dieser Gedanke ist aber notwendig in der Weissagung enthalten.

[239] So K. Marti, Jesaja, 114; B. Duhm, Jesaia, 108; W. Eichrodt, Jesaja 1—12, 136; G. Fohrer, Jesaja, I 170; O. Kaiser, Jesaja 1—12, 131. H. Greßmann, Der Messias, 87 Anm. 8, scheint an eine selbständige Verheißung zu denken.

[240] In Jes 2 2-4 ist es Jahwe selbst, den die Völker befragen, vgl. G. Fohrer, Jesaja, I 170.

[241] שֹׁרֶשׁ bedeutet hier nicht »Wurzel«, sondern wie Jes 53 2 »Wurzelsproß«, siehe A. Bertholet, Die Stellung der Israeliten und Juden zu den Fremden, 1896, 164 Anm. 3. und KBL unter שֹׁרֶשׁ.

war dem Autor vorgegeben; er lebte so stark in ihr, daß die geschichtliche Erinnerung an David dahinter fast völlig zurücktrat. Der Verfasser von v. 10 verarbeitet darum auch nicht ein geschichtliches Motiv, sondern das geschichtliche Motiv schimmert nur mehr in der ihm vorgegebenen Tradition messianischer Erwartung durch, die er selbst noch einmal uminterpretiert hat.

3. 16 5. Erwähnt sei noch kurz die messianische Weissagung 16 4b-5 mit der Anspielung »im Zelt Davids«. Ob nun diese Anspielung als Glosse zu betrachten ist, wofür zumindest die metrische Gliederung, aber auch der Wunsch eines Späteren nach Eindeutigkeit sprechen[242], oder ob sie ursprünglich zu dieser Weissagung gehört[243], ist für unsere Frage unerheblich, da der Zusatz באהל דוד v. 5 richtig verstanden hätte. Das Wort steht in der Tradition von 9 6 und 11 3f. Die geschichtliche Erinnerung an David ist nur mehr implizite gegenwärtig.

c) Die Reichsteilung Jes 7 17

Jes 7 17 spielt eindeutig auf die Reichsteilung nach dem Tode Salomos an. Der Vers bildete einen wichtigen Mosaikstein im Geschichtsbild Jesajas und würfe ein helles Licht auf die Beurteilung der Davidszeit durch den Propheten. Doch ist die Ursprünglichkeit von 7 17 mehrfach angezweifelt worden[244]. In der Tat stoßen sich der Relativsatz v. 16bβ und v. 17 sachlich. Während v. 16b die Verwüstung des Kulturlandes von Ephraim und Damaskus ankündigt, also der beiden Feinde des Ahas, wendet sich die Drohung von v. 17 gegen Ahas selbst. V. 16 kann nach seinem jetzigen Wortlaut nur als indirekte Heilszusage an Ahas verstanden werden, an die die Drohung v. 17 völlig unvermittelt anschließt. Gegen den Relativsatz v. 16bβ erheben sich schwere Bedenken. Der Relativsatz versteht אדמה als politische Größe, aber אדמה ist kein politischer Begriff[245]. Die אדמה hat darum auch keinen König, schon gar nicht zwei Könige[246]. Während Jesaja die Unheilsankündigung v. 16a.bα auf das Kulturland, konkret auf Juda, bezogen wissen will, deutet der Relativsatz die Unheilsankündigung um und bezieht sie auf die beiden Juda feindlichen Länder Ephraim und Damaskus. Die Spannung zwischen v. 16bβ und v. 17

242 Siehe BHK³ und G. Fohrer, Jesaja, I 208.

243 So B. Duhm, Jesaia, 127; K. Marti, Jesaja, 137; H. Guthe, Jesaia, 616; G. B. Gray, Isaiah, I 289, u. a.

244 U. a. von K. Marti, Jesaja, 79: »Der Vers ist redaktionelle Klammer«; B. Duhm, Jesaia, 76: »Produkt des Redaktors«; H. Greßmann, Der Ursprung der israelitisch-jüdischen Eschatologie, FRLANT 6, 1905, 274f.

245 Siehe hierzu besonders L. Rost, Die Bezeichnungen für Land und Volk im Alten Testament, in: Festschrift O. Procksch, 1934, 125—130.

246 Vgl. O. Procksch, Jesaia I, 124.

löst sich am einfachsten, wenn man v. 16bβ einem Glossator zuschreibt, der der Unheilsankündigung von v. 16a.bα eine andere Richtung geben wollte[247]. Doch schließt v. 17 auch dann noch nicht gut an v. 16a.bα an. Freilich würde v. 17 die allgemeine Unheilsankündigung konkret auf Ahas zuspitzen, aber es läßt sich nicht verkennen, daß v. 17 die lapidare Drohung von v. 16bα תעזב האדמה entscheidend mildert. Denn das Unheil, das durch die Reichsteilung über Israel und Juda gekommen ist, steht in keinem Verhältnis zur Verödung des Kulturlandes, die ja nur denkbar ist, wenn keine Menschen mehr da sind, es zu bebauen. Auffällig ist weiter, daß Jesaja hier »Tage« ankündigt, während er sonst von dem Tag redet, an dem Jahwe das Gericht an Israel vollstreckt[248]. Die folgenden Worte haben alle einen Tag im Blick, veranschaulichen jedoch Jahwes Handeln an jenem Tag durch verschiedene Bilder. Es ist darum wahrscheinlich, daß v. 17 auf die Hand eines Redaktors zurückgeht, der eine Überleitung zu v. 18ff. schaffen wollte und nicht mehr verstand, daß die Worte v. 18f. 20. 21f. 23-25, die mit Ausnahme von v. 20 mit der Wendung והיה ביום ההוא beginnen, in verschiedenen Bildern das eine Handeln Jahwes zum Ausdruck bringen[249].

Der Redaktor sieht in der Reichsteilung das bisher größte Unglück, das sich in der Geschichte Israels ereignete. Er hat darin wohl Jesaja richtig verstanden, daß er die Ära Davids und Salomos als die Blütezeit Israels ansah, die durch die getrennte Entwicklung der Reiche nach Salomos Tod ihr jähes Ende fand. Doch läßt sich ein schwerwiegender Unterschied zu Jesaja nicht übersehen: Jesaja hat — mit der einzigen Ausnahme der Verwendung des Sodom-Gomorra-Motivs — das kommende Gericht nicht veranschaulicht durch bisher Geschehenes, denn das, was Israel bevorsteht, sprengt den Rahmen seiner bisherigen Geschichte. Das תעזב האדמה ist ohne Analogie in der Vergangenheit.

VI. Jesajas Geschichtsbetrachtung und sein Verhältnis zur Tradition

Die Untersuchung der einzelnen Texte auf die in ihnen verarbeiteten geschichtlichen Rückblicke und Motive hin hat das in dem Berufungsbericht Jes 6 bereits sich abzeichnende Verhältnis Jesajas zur Tradition bestätigt[250]. Das Geschichtsbild, das Jesaja in den be-

---

[247] Den fraglichen Relativsatz scheiden ebenfalls aus O. Procksch, Jesaia I, 124; G. B. Gray, Isaiah, I 132; G. Fohrer, Jesaja, I 111.

[248] Siehe 2 11. 12. 17. 20 10 3 17 4.

[249] Vgl. G. Fohrer, Jesaja, I 117ff.

[250] Zu Jes 6 siehe oben S. 129f. Im Unterschied zu der hier vorgetragenen Auffassung sieht R. Knierim, The vocation of Isaiah, VT 18 (1968), 64—68, in Jes 6 nicht den

treffenden Texten entwirft, ist geprägt von dem Ende der Geschichte Israels, das anzukündigen Jesaja in seiner Berufung aufgetragen wurde. Das bevorstehende Ende der Geschichte Israels ist die Mitte auch der Verkündigung Jesajas.

Steht das Ende bereits fest, dann ist es nur folgerichtig, daß Jesaja nicht mehr am Einzelablauf der Geschichte interessiert ist. Es kommt jetzt alles darauf an, die bisherige Geschichte in Relation zu ihrem bevorstehenden, von Jahwe gesetzten Ende zu sehen. Jesaja ist darum darauf aus, die Geschichte Israels in ihren wesentlichen Strukturen zu erfassen. Sein Geschichtsbild ist bestimmt durch Reduktion und bewußte Hinführung auf das Ende. Relevant an der Vergangenheit ist nur, was das Ende begründet und verständlich macht.

So kann Jesaja in dem großen Kehrversgedicht 9 7-20 + 5 25. 26-29 ähnlich Amos das Bild einer Unheilsgeschichte entwerfen, deren Kontinuität in dem anhaltenden Zorn Jahwes besteht. Der Zorn Jahwes hat sich in der Vergangenheit immer wieder in verheerenden Schlägen geäußert, ohne daß Israel daraus eine Lehre gezogen hätte und umgekehrt wäre. Da Israel all das Unheil, das Jahwe ihm im Laufe seiner Geschichte gesandt hat, nicht als Mahnungen zur vorbehaltlosen Hingabe an Jahwe verstanden hat, würde auch weiteres Unheil Israel nicht zur Umkehr bewegen. Da alle Maßnahmen Jahwes, die von Israel schuldhaft zerrüttete Gemeinschaft mit ihm zu heilen, fehlschlugen, bleibt Jahwe nur noch der eine Weg, das Ende der Gemeinschaft mit Israel von sich aus wahrzumachen.

Geschichte Israels nach dem Verständnis Jesajas ist die Geschichte des Gemeinschaftsverhältnisses zwischen Jahwe und Israel, das Jahwe einst gesetzt, das Israel schuldhaft zerstört hat und das Jahwe demnächst von sich aus beenden wird. Anfang und Ende der Geschichte Israels sind Setzungen Jahwes. Diese Setzungen stehen zueinander in schroffer Diskontinuität. Das Ja am Anfang der Geschichte Israels nimmt Jahwe zurück. Um das Nein Jahwes verständlich zu machen, bezieht sich Jesaja immer wieder auf die Vergangenheit. Seine geschichtlichen Rückblicke dienen in erster Linie dem Auf-

---

radikalen Bruch mit der Tradition zum Ausdruck gebracht: »Thus the actual experience mediates the insight to him that God will breake with tradition, except in one respect. The temple and Mount Zion itself will be preserved and protected, but the legitimacy of the actual experience that God will do something new is founded on the old theology and on the traditional way of experiencing God« (68). In seiner Berufungsvision im Tempel ist es begründet, daß »Isaiah has actualized to a great extent and in its purest form the old tradition of the Holy War, saying that Yahwe would ascend to Zion in a great expedition to protect it« (66). Es bleibt unklar, wie Knierim zu seiner These kommt angesichts der Tatsache, daß Jesajas Frage ‚wie lange' zurückgewiesen wird, und angesichts des Auftrages Jesajas, die totale Vernichtung anzukündigen.

weis der Schuld Israels und damit der Begründung des Endes der Geschichte Israels. Die funktionale Bestimmtheit der geschichtlichen Rückblicke erklärt die Eigenart auch des jesajanischen Geschichtsbildes. Weil die Darstellung der Geschichte Israels nicht Ziel der Verkündigung Jesajas ist, werden in seinem Geschichtsbild nur die Konturen und Züge sichtbar, die auf das Ende hinweisen und hinauslaufen. In seiner einseitigen Blickrichtung auf das Ende hin kann Jesaja auf alle Daten des Gemeinschaftsverhältnisses zwischen Jahwe und Israel verzichten. Er erwähnt nicht, wann Jahwe Israel an Sohnes Statt angenommen hat, auch nicht, in welcher Tat Jahwe seine Geschichte mit Israel begründete. Jesaja kommt es lediglich darauf an, das Daß des verpflichtenden Gemeinschaftsverhältnisses zwischen Jahwe und Israel zu betonen, die Substanz der Geschichte Israels herauszustellen. Alle näheren Umstände können außer acht bleiben, weil sie für das, was Israel nun bevorsteht, unerheblich sind.

Drei Komponenten sind es, die in der Geschichte Israels zusammenwirkten: Jahwes Setzung der Gemeinschaft mit Israel am Anfang, Israels Ungehorsam und der mehrmalige, schließlich aber doch vergebliche Versuch Jahwes, Israel durch Züchtigung von seinem Ungehorsam abzubringen. Dabei ist die zweite Komponente, die menschliche Entscheidung gegen Jahwe, für den faktischen Verlauf der Geschichte genauso bedeutsam wie der Satz von Jahwe als dem Herrn der Geschichte[251]. Wohl hat Jahwe das gesamte Geschehen gewirkt, aber dennoch kann er nicht als das alleinige Subjekt der Geschichte bezeichnet werden[252]. Das menschliche Verhalten ist ein aus Jesajas Geschichtsverständnis nicht wegzudenkender Faktor, da Jahwe in Reaktion auf den Ungehorsam und Abfall Israels das Geschick Israels gerade so und nicht anders lenkt. Israels Geschichte hätte einen ganz anderen Verlauf genommen und Jahwe hätte nie das Ende über sein Volk beschlossen, wenn Israel in seiner Geschichte der Gemeinschaft mit Jahwe entsprochen hätte, dem allein es seine Existenz verdankt. Geschichte ist — wenigstens nach Jes 9 7-20 + 5 25. 26-29

---

[251] Dieser Satz soll hier keineswegs bestritten, wohl aber in seiner Korrelation mit dem menschlichen Verhalten bedacht werden.

[252] Auch H. Wildberger, Jesajas Verständnis der Geschichte, 103, betont beide Aspekte: »Da ist die Geschichte gesehen als Folge menschlichen Tuns, wobei aber dieser Satz nur gelten kann im dialektischen Gegenüber zum andern, daß die Geschichte Gottes Werk ist. Gott bleibt Herr der Geschichte. Aber er bleibt es in der Begegnung mit dem Menschen, aus der heraus sich sein Ratschluß formt.« Doch hat man den Eindruck, daß H. Wildberger dies nicht so konsequent tut wie Jesaja. An anderer Stelle heißt es (89): »Die Geschichte ist das Werk des einen Jahwe der Heere, der auf dem Zion thront und sie vollzieht sich nach dem Plan, der von ihm beschlossen ist.« Es ist auffällig, daß H. Wildberger das eine Mal von »Ratschluß«, das andere Mal von »Plan« spricht.

1 2-3 5 1-7 — die von Jahwe jeweils gewirkte Folge aus seinem früheren Handeln *und* der darauf antwortenden menschlichen Entscheidung. Die Scheu, den Aspekt des göttlichen Handelns *und* den der menschlichen Entscheidung in gleicher Weise zu betonen, mag in zwei Vorurteilen begründet sein. Das erste Vorurteil lautet: Jahwe handelt nach einem festgesetzten Plan[253], auf keinen Fall aber in Reaktion auf menschliches Verhalten. Man ahnt dahinter einen wie auch immer gearteten Synergismus. Das zweite Vorurteil hängt damit eng zusammen. Jahwe wird — ungeachtet des menschlichen Ungehorsams — sein Volk durch Gericht hindurch einer Heilszeit zuführen. Die Gerichtspredigt Jesajas ist nicht Jahwes letztes Wort, weil Jahwe sich selbst treubleibt[254]. Die Mächtigkeit dieser Vorurteile greift so weit um sich, daß selbst das Wort von der Verstockung »heilsgeschichtlich« gesehen wird[255]. Gegenüber jeder an Jesaja herangetragenen Konzeption von Heilsgeschichte ist mit allem Nachdruck zu betonen, daß die Texte, in denen Jesaja die Vergangenheit zitiert, keinerlei heilsgeschichtliches Denken erkennen lassen — im Gegenteil: Mit unerbittlicher Härte kündigt Jesaja das Ende der Geschichte Israels an, wobei er den von Jahwe gesetzten heilvollen Anfang nur als Kontrast zu Israels Untreue in die Begründung des Endes hineinnimmt. Wie sehr jene Vorurteile den einzelnen Text überfremden, ja auf den Kopf stellen, soll das Beispiel von Jes 28 21 noch einmal deutlich machen[256]. Es kann gar keine Frage sein, daß Jahwe sich zum Kampf gegen Israel erheben wird, daß das geschichtliche Motiv nur die Intensität von Jahwes Aufstehen veranschaulichen soll, nicht aber dessen Einsatz für Israel. Nur eine an den Einzeltext herangetragene systematisierende Konzeption von der Verkündigung Jesajas, die vorher schon weiß, was der einzelne Text zu sagen hat, kann zu dem Urteil kommen: »Das Kommende steht also in einem typologischen Bezug zu jener Tat, die damals Davids Reich begründete. So wird wohl auch diese Tat im letzten die Errettung der Gottesstadt wirken.«[257]

Sind die geschichtlichen Rückblicke streng von der Ansage des Endes der Geschichte Israels her zu verstehen, dann wird damit nicht nur Heilsgeschichte in bezug auf Jesaja hinfällig, dann ergeben sich auch neue Konsequenzen für Jesajas Verhältnis zur Tradition. Es hat sich seit G. v. Rads Theologie auch im deutschsprachigen Raum fast allgemein durchgesetzt, die Propheten als von bestimmten Traditionen

---

253 Zur Auseinandersetzung mit J. Fichtner, Jahves Plan in der Botschaft Jesajas, ZAW 63 (1951), 16—33, siehe oben S. 143 Anm. 72.

254 Vgl. O. Procksch, Jesaia I, 13, und oben S. 181 Anm. 225.

255 So ausdrücklich G. v. Rad, Theologie, II 162.

256 Zu Jes 28 21 siehe oben S. 163ff.

257 G. v. Rad, Theologie, II 171.

abhängig zu verstehen. Die traditionsgeschichtliche Arbeitsweise[258] entspricht aber eher einer rhetorischen als einer methodisch sauberen Fragestellung, da es sich heute von selbst versteht, daß die Propheten von Traditionen abhängig sind. Bezeichnend dafür ist das faktische Übergewicht der Traditionsgeschichte über die Literarkritik. Wer sich aber »die Frage nach den ‚ipsissima verba' der Propheten nicht methodisch verbieten« läßt[259], der ist zunächst gehalten, nach diesen ipsissima verba zu fragen. Erst wenn diese Frage geklärt ist, ist die traditionsgeschichtliche berechtigt und sinnvoll[260].

Unbestritten ist, daß Jesaja Traditionen gekannt hat, fraglich aber, welche Traditionen dies sind, wie er sie verwendet und welche Geltung sie noch für ihn haben. Übereinstimmung besteht auch darin, daß der Exodus, die Wüstenzeit und die Landnahme in der Verkündigung Jesajas keine Rolle spielen[261]. Die wenigen Anspielungen auf die Herausführung aus Ägypten und die Wüstenzeit sind nachjesajanisch. Eine Erinnerung an die Landnahme findet sich gar nicht im Jesajabuch. Dagegen bezieht sich Jesaja mehrmals auf die Zeit Davids. Hier ist die Frage umstritten, wie Jesaja zum Verständnis der Davidszeit als der »Idealzeit« in der Geschichte Israels kommt. Für G. v. Rad ist diese Frage mit der These beantwortet, daß die gesamte Verkündigung Jesajas auf zwei Überlieferungen steht, der Zion- und der Davidüberlieferung[262].

Der Beweis für diese These ist aber bislang nicht erbracht worden. Vielmehr kranken alle Untersuchungen, die Jesaja von jenen beiden Traditionen her verstehen, an der fraglosen Inanspruchnahme fraglicher Texte für Jesaja. Es ist für G. v. Rad keine Frage, daß 17 12-14 von Jesaja stammt[263], für E. Rohland über jeden Zweifel erhaben, daß Jesaja der Verfasser von 9 1-6 und 11 1-9 ist[264]. Dabei wird überhaupt nicht der Versuch gemacht, die Einwände von K. Marti, H. Guthe u. a. zu widerlegen. Daß es darauf auch gar nicht ankommt, zeigt das in der Einleitung bereits zitierte Urteil G. v. Rads in bezug auf den Amosschluß[265]. Die methodische Notwendigkeit solcher »Ansicht« wird gerade nicht gezeigt. Es scheint vielmehr so, als sei sie nicht von

---

[258] Ich ziehe den vageren Begriff ‚Arbeitsweise' dem exakteren ‚Methode' vor, da die gegenwärtige Anwendung der traditionsgeschichtlichen Fragestellung kaum als methodisch zu bezeichnen ist.

[259] R. Rendtorff, Literarkritik und Traditionsgeschichte, EvTh 27 (1967), 145.

[260] Zum Verhältnis von Literarkritik und Traditionsgeschichte siehe oben die Einleitung S. 4f.

[261] Siehe E. Rohland, Die Bedeutung der Erwählungstraditionen, 112—116; G.v.Rad, Theologie, II 154—181; H. Wildberger, Jesajas Verständnis der Geschichte, 90.

[262] Theologie II 180. [263] Ebd. 163.

[264] Die Bedeutung der Erwählungstraditionen 234—242.

[265] Theologie II 144, siehe oben S. 3.

den Texten her gefordert, sondern in das Belieben des Exegeten gestellt, der sie von außen an die Texte heranträgt. Die so angewendete traditionsgeschichtliche Arbeitsweise unterliegt von vornherein dem Verdacht, hypothetisch Vorausgesetztes nur bestätigen zu sollen.

Die Frage, wie Jesaja zu der positiven Beurteilung der Davidszeit kommt, wird durch die Hypothese der Abhängigkeit Jesajas von der »Tradition von der Erwählung Davids und seiner Dynastie«[266] nicht beantwortet. Daß es eine solche Erwählungstradition gegeben hat, kann nicht bestritten werden. Ihr ältester Beleg liegt nach L. Rost in der ältesten Schicht von II Sam 7 vor[267], und die messianischen Gedichte 9 1-6 11 1-9 stehen in dieser Tradition. Fraglich ist nur, ob Jesaja in dieser Tradition wurzelt und sie rezipiert hat. Es ist immerhin auffallend, daß er nirgends von der gegenwärtigen Geltung dieser Tradition spricht. Wo er auf die Davidszeit anspielt, da geschieht es in dem Bewußtsein der Distanz von dieser Zeit: sie gehört der Vergangenheit an. Nirgends deutet Jesaja an, daß Jahwe nochmals eine solche Zeit heraufführen werde. Jahwe war es, der auf der Seite Davids kämpfte und der das politische Großreich schuf (28 21); Jerusalem war einst eine treue Stadt (1 21-26). In solcher Rückschau erscheint Jesaja die Davidszeit als die Blütezeit in der Geschichte Israels. Wenn er gelegentlich die Davidtradition erwähnt und nicht die Exodustradition, so tut er dies um seiner Hörer willen, denen als Bewohner von Jerusalem die Zeit Davids naturgemäß näher liegt als der Exodus. Während aber seine Hörer in der Davidtradition stehen und ihre Geltung für unverbrüchlich halten, verkehrt Jesaja sie in ihr Gegenteil und verneint sie. Wie Jahwe damals mit David für Israel kämpfte, so heute gegen Israel. Konstant ist lediglich der Eifer, die Intensität, mit der Jahwe kämpft, Richtung und Ziel seines Einsatzes können sich ändern. Aus dieser Erkenntnis heraus, die Jesaja in seiner Beauftragung durch Jahwe einverleibt wurde, kann er, wie zum Beispiel in 28 21, die Tradition bloß noch als Negativ verwenden.

Grundsätzlich nicht anders wäre die Verwendung der sog. Ziontradition durch Jesaja, wenn es eine solche Tradition vor Jesaja gegeben hätte. G. Wanke hat dies aber mit guten Gründen bestritten[268]. In seiner Kritik macht H.-M. Lutz geltend, daß Wankes Spätdatierung des Völkersturmmotivs und der Zionslieder Jes 8 9f. und 17 12-14 entgegenstehen[269].

---

266 E. Rohland, Die Bedeutung der Erwählungstraditionen, 209ff.

267 L. Rost, Die Überlieferung von der Thronnachfolge Davids, BWANT 42, 1926, 47—74; siehe auch E. Kutsch, Die Dynastie von Gottes Gnaden, ZThK 58 (1961), 137—153.

268 G. Wanke, Die Zionstheologie der Korachiten in ihrem traditionsgeschichtlichen Zusammenhang, BZAW 97, 1966, 113—117.

269 H.-M. Lutz, Jahwe, Jerusalem und die Völker. Zur Vorgeschichte von Sach 12 1-8 und 14 1-5, WMANT 27, 1968, 215.

Da von der Beurteilung der beiden Texte die Frage nach dem Verhältnis Jesajas zur Ziontradition entscheidend abhängt, muß auf Jes 8 9f. und 17 12-14 hier näher eingegangen werden.

Lutz räumt zwar ein, daß die Echtheit der beiden Texte umstritten ist[270], unterläßt es aber, sich mit den Bedenken gegen jesajanische Verfasserschaft auseinanderzusetzen, geschweige denn sie zu entkräften. Statt dessen verdächtigt er Wanke, er entledige »sich kurzerhand der beiden unbequemen Texte: sie gehören nach seiner Meinung ‚in die nachexilische Zeit' und sind ‚Jesaja abzusprechen'«[271]. Bei solcher Art von Polemik übersieht Lutz, daß Wanke sich der beiden Texte nicht »kurzerhand entledigt«, sondern daß er auf Grund seiner traditions- und motivgeschichtlichen Untersuchung zu der Folgerung kommt, daß Jes 8 9f. und 17 12-14 nicht von Jesaja stammen[272]. Doch wie rechtfertigt Lutz jesajanische Verfasserschaft dieser Texte? Er schreibt: »Gerade für Jes 8 9f. läßt sich die jesajanische Autorschaft kaum mit guten Gründen bestreiten.«[273] Der Verweis auf S. 40ff. enttäuscht jedoch, da man hier ein Urteil über die Stichhaltigkeit der von K. Marti, G. B. Gray, K. Budde und G. Fohrer vorgebrachten Gründe erwartet, doch läßt es H.-M. Lutz allein mit der Aufzählung der Gegenstimmen — lange nicht aller — sein Bewenden haben, ohne wiederum auch nur im entferntesten die Gegengründe zu nennen! Was Jes 17 12-14 betrifft, so gesteht er zu, daß »die Urheberschaft Jesajas zweifellos schwieriger zu erweisen« ist, fährt dann aber fort, daß sie »angesichts der engen Berührung des Beleges mit Jes 8 9f. jedoch zumindest nicht von vornherein auszuschließen«[274] ist. Man fragt sich etwas ratlos, wer »von vornherein« ausschließt, wen also solche Polemik treffen soll. Die ganze Beweislast, daß Jesaja das Völkersturmmotiv kannte, müssen die beiden Texte 8 9f. und 14 26 tragen. Für Jesajas Verfasserschaft von 8 9f. vermag Lutz lediglich anzuführen, daß Jesajas Verkündigung weithin von dem Vorstellungskreis von Jahwes Ratschluß und seinem Werk bestimmt ist und daß v. 10 hinsichtlich des Wortfeldes sich sehr eng mit Jes 7 3-7 berührt[275]. Der Tenor des Wortes 8 9f. aber widerspricht völlig der Intention der Worte im Kontext 8 5-8 und 8 11-15. Es ist unklar, warum ein Redaktor diesen Spruch gerade hier plaziert haben soll, wenn es ihm um den Zusammenhang mit Jes 7 1ff. gegangen sein soll[276]. Weiter fehlt, wie Lutz selbst sagt[277], in 8 9f. jeder konkrete Bezugspunkt. Jesaja hat immer wieder konkret von Assur gesprochen und die Angreifer Judas im syrisch-ephraimitischen Krieg nicht als »Völker« bezeichnet und angeredet[278]. Wer außer Assur sollte zu Jesajas Zeiten gemeint gewesen sein? Die Vorstellung aber, daß Jesaja Assur und die von ihm unterworfenen Völker derartig herausgefordert hat, ist angesichts seiner sonstigen Worte über Assur sehr schwierig. Zudem war Assur gerüstet und brauchte dazu nicht erst aufgefordert zu werden[279]. Auch der Sprachgebrauch spricht keineswegs so eindeutig für Jesaja. קום und עֵצָה finden sich z. B. auch bei

[270] Ebd. 40f. Anm. 1 und 2, 48 Anm. 1.

[271] Ebd. 215.

[272] A. a. O. (Anm. 268) 113—117; siehe auch G. Fohrer, ZAW 80 (1968), 437.

[273] A. a. O. (Anm. 269) 215.

[274] Ebd.

[275] Ebd. 43f.

[276] Ebd. 44.

[277] Ebd.

[278] Vgl. G. Fohrer, Jesaja, I 128.

[279] Siehe ebd.

Deuterojesaja[280], freilich positiv formuliert und von Jahwe ausgesagt, aber die positive Formulierung impliziert die negative Aussage bezogen auf andere Götter oder Mächte. Kein Wort verliert Lutz über die schwierigste Frage: Wie soll es zu verstehen sein, daß Jesaja, der doch das totale Vernichtungsgericht ansagte, zumindest aber die Verheißung des Heils an die Umkehr band[281], die Uneinnehmbarkeit Israel-Judas bedingungslos weissagte? Im Gegensatz zu Hosea findet sich bei Jesaja kein Text, der diesen radikalen Umschwung in seiner Verkündigung verständlich machte. Wir können nur den unerträglichen gegenseitigen Widerspruch von Nein und Ja bei gewissen Texten im Jesajabuch feststellen, der durch die Annahme, Jesaja sei in manchen Texten von bestimmten Traditionen abhängig, nicht aufgehoben wird. Denn sogleich erhebt sich doch die Frage, warum sich Jesaja nur in einigen Texten, nicht aber durchweg von der Ziontradition abhängig erweist. Ist es denn überhaupt denkbar, daß der Prophet einmal die Ziontradition »aktualisiert« und dann zu einer unbedingten Heilsansage kommt, ein anderes Mal aber diese Tradition völlig ignoriert und Heil nur auf dem Wege über die Umkehr in Aussicht stellt oder sogar das totale Ende ansagt? Diese Frage bejahen heißt doch Jesaja der Schizophrenie bezichtigen. Etwas anderes wäre es, wenn sich in der Verkündigung Jesajas eine Entwicklung abzeichnen ließe, in der sich die Geltung der fraglichen Überlieferungen immer mehr durchsetzte. Aber der Versuch, eine solche Entwicklung aufzuzeigen, wird gar nicht erst unternommen, weil »die gesamte Verkündigung Jesajas auf zwei Überlieferungen steht, der Zion- und der Davidüberlieferung«[282]. Von dieser Voraussetzung her ist es dann nur folgerichtig, wenn die Verstockungsaussage heilsgeschichtlich verstanden wird und viele Texte es sich gefallen lassen müssen, entweder in ihr glattes Gegenteil verkehrt[283] oder gar nicht erwähnt zu werden. Die Frage, was schwerer wiegt, ist müßig, da beide Verfahrensweisen den Propheten Jesaja gründlich verfehlen.

Aber auch von der Tatsache, daß Jesaja Jahwe als den bezeichnet, der auf dem Berg Zion wohnt (8 18), der den Zion gegründet hat (14 32), der einen erprobten Eckstein in Zion gelegt hat (28 16), läßt sich die These von der Ziontradition bei Jesaja nicht begründen. Mit der Näherbestimmung Jahwes als dessen, der auf dem Berg Zion wohnt, hebt Jesaja nicht die ewige Bedeutung des Zion als der Wohnstätte Jahwes hervor, sondern er erinnert an das eigene Erlebnis dort im Todesjahr Ussias, an seine Berufungsvision[284]; Jes 6 und 8 16-18 sind die Rahmenstücke der Sammlung Kap. 6—8[285]. Die Aussage aber, daß Jahwe den Zion gegründet hat, ist in der Tat auffällig und am ehesten geeignet, die Hypothese von der Ziontradition zu stützen. Ein Vergleich mit der ähnlichen Aussage in 28 16, wonach Jahwe in Zion einen erprobten Eckstein gelegt hat, macht aber sofort stutzig. Dort ist es der Zion selbst, hier ein Stein in Zion. Dort sind es die עֲנִיֵּי עַמּוֹ, die in Zion Zuflucht finden werden, hier ist es der Glaubende (מַאֲמִין), der nicht zu

[280] 46 10, vgl. 40 8.

[281] Siehe zuletzt Th. Lescow, Geburtsmotiv, 186.

[282] G. v. Rad, Theologie, II 180.

[283] Wie z. B. 28 21 ebd. 171.

[284] Vgl. hierzu K. Marti, Jesaja, 88.

[285] Siehe G. Fohrer, Einleitung, 401f.

fliehen braucht. Während der Begriff עָנִי in 14 32 offensichtlich theologisch verstanden ist, gebraucht Jesaja ihn sonst nur im sozialrechtlichen Sinn[286]. Daß die »Armen« sich in Jahwe bergen, ist eine Hoffnung der späteren Zeit[287]. Auf Grund dieser Eigentümlichkeiten fällt es schwer, 14 32 Jesaja zuzuschreiben[288]. Somit bleibt als einziger Text das schwer deutbare Wort von dem erprobten Eckstein, den Jahwe in Zion gegründet hat. Wie immer man das Bild versteht, »Jesaja verheißt weder eine bedingungslose Bewahrung oder Rettung Jerusalems noch ein künftiges Heil durch das Gericht hindurch, sondern droht unverblümt das tödliche Scheitern der angeblich klugen Politik an, die auf trügerische Vorstellungen gebaut ist«[289]. Wie E. Rohland in 28 14-18 »die Kontinuität der Erwählung« sieht[290], ist unverständlich. Rohland erliegt dem Vorurteil von der Unangreifbarkeit des Zion, obwohl Heil hier ausdrücklich an den Glauben gebunden ist[291].

Die Hypothese von der Ziontradition, in der Jesaja stehen soll, schafft mehr neue Probleme, als sie alte löst, und ist darum wenig vertrauenerweckend. Wer den Rückfall in vorkritische Auslegung und den Ersatz der Methode durch Hypothesen nicht mitmachen kann, für den sind David- und Ziontradition kein Zugang zum Verständnis Jesajas. Wir können trotz des grundsätzlichen Urteils G. v. Rads[292] hinter die literarkritische Forschung zurück nur um den Preis des Verständnisses der Propheten selbst[293]. Die selbstverständliche

---

[286] Siehe 3 14. 15 10 2.

[287] Siehe z. B. Ps 9/10 14 74, nach H.-J. Kraus, Psalmen, 79. 105. 515, alle in exilisch-nachexilischer Zeit entstanden.

[288] Siehe u. a. B. Duhm, Jesaia, 124; K. Marti, Jesaja, 132; vgl. H. Guthe, Jesaia, 615; G. B. Gray, Isaiah I—XXVII, 267. 270.

[289] G. Fohrer, Jesaja, II 60.

[290] Die Bedeutung der Erwählungstraditionen 153.

[291] Wie sehr gerade bei E. Rohland eine Vorentscheidung über die Verkündigung Jesajas die Einzelinterpretation beherrscht, soll folgendes Zitat zu Jes 28 21 zeigen: »Jahwe wird sich wieder erheben wie am Berge Perazim. Aber diesmal nicht *für* David, dessen Reich durch jenen Sieg über die Philister (vgl. 2. S 5) begründet wurde, sondern *gegen* dieses Reich, dessen Existenz damit durch Jahwe selbst aufs Spiel gesetzt wird. Sollte die Erwählung des Volkes über diese Tat Jahwes hinaus Bestand haben, so war zweifellos auch hier ein neuer Anfang der Heilsgeschichte nötig«, Die Bedeutung der Erwählungstraditionen 156f. Schon die »prophetische Gebärde« im Stil des letzten Satzes macht deutlich, daß Rohland mehr zu wissen vorgibt, als der Text wissen läßt.

[292] In bezug auf den Amosschluß, Theologie II 144, siehe oben S. 3.

[293] Es versteht sich von selbst, daß wir unsere Großväter nicht einfach kopieren können; zuviele neue Fragestellungen sind in der Zwischenzeit aufgebrochen. Aber es sollte sich ebenso von selbst verstehen, daß wir nicht ungestraft auf das uns überkommene Erbe verzichten können; wir müssen es übernehmen und uns mit ihm auseinandersetzen.

Voraussetzung, daß in bezug auf ihre Echtheit so fragwürdige Texte wie 8 9-10 9 1-6 11 1-8 17 12-14 29 6-7 von Jesaja stammen[294], muß notwendig zu einem ebenso fragwürdigen Verständnis seiner Verkündigung führen. Es sei noch einmal unterstrichen, daß die traditionsgeschichtliche Frage genauso berechtigt ist wie die literarkritische, daß sie aber erst nach der literarkritischen Frage gestellt werden darf. Denn erst wenn die Literarkritik geklärt hat, welche Texte von Jesaja her zu verstehen sind, darf man fragen, welche Traditionen Jesaja verwendet. Die Umkehrung der Reihenfolge der beiden Methoden oder die Vernachlässigung der Literarkritik stiftet Verwirrung und führt nur zu einem harmonisierenden Verständnis der in Jes 1—35 überlieferten, so unterschiedlichen Texte.

Das uns überkommene Erbe zwingt uns zum Aufbruch aus der Restauration uns lieber Vorstellungen. Die Erkenntnis, daß das Gericht für Jesaja kein Durchgangsstadium war, hinter dem Jahwe einen Neuanfang setzt, sondern das Ende, mag schmerzlich berühren, aber es könnte ja sein, daß das Festhalten der Zionstheologie[295] als eines wichtigen Bestandteiles der Verkündigung Jesajas ein Ausdruck der menschlichen Selbstbehauptung ist, die sich immer auf Verfügbares statt auf den unverfügbaren Gott verläßt und deren Scheitern vor Gott Jesaja gerade angekündigt hat.

Hat Jesaja die Tradition von der Gründung des Zion durch Jahwe und dessen daraus folgende Uneinnehmbarkeit aller Wahrscheinlichkeit nach nicht gekannt, so muß betont werden, daß für Jesaja nicht die Verwendung einer Tradition als solche ausschlaggebend ist, sondern allein die Art ihrer Verwendung, die Funktion der Tradition. Selbst wenn Jesaja in der letztlichen Geborgenheit der Ziontradition gelebt hätte, die Geltung dieser Überlieferung wäre ihm zerschlagen worden wie die Geltung aller Überlieferungen, in denen sich der Mensch vor dem Zugriff Gottes sichern will. Daß es im Angesicht Gottes diese Sicherung durch die Tradition nicht gibt, hat Jesaja in seiner Berufung erfahren und in seiner ganzen Verkündigung zum Ausdruck gebracht. Seine geschichtlichen Rückblicke und Motive haben gerade zum Ziel, den Bruch mit der Tradition deutlich zu machen. Das groß angelegte, mehrstrophige Kehrversgedicht 9 7-20 + 5 25. 26-29 gipfelt in der Ansage des vollständigen Vernichtungsgerichts, hinter dem kein neuer Morgen dämmert. Die Erinnerung an die Frühzeit im Weinberglied oder die Erfolge Davids ist nur das Negativ der über Israel und Juda hereinbrechenden Wirklichkeit. Was Israel zu erwarten hat, steht in schroffer Diskontinuität zu

---

[294] So O. Procksch, Jesaia I, jeweils zu den Stellen; E. Rohland, Die Bedeutung der Erwählungstraditionen, 167—170. 234—242; G. v. Rad, Theologie, II 154—181; R. Rendtorff, Tradition und Prophetie, 223f.

[295] Vgl. deren Darstellung bei G. Wanke, Zionstheologie, 31—39.

seinen Anfängen, die Jahwe voller Hoffnung gesetzt hat. Auch hinter dem Weinberglied zeichnet sich kein Hoffnungsschimmer ab, kein Ausblick auf eine neue Pflanzung schwächt die furchtbare Drohung ab. Das Gericht, das Jesaja anzukündigen hat, ist radikal, ohne Hoffnung, endgültig. Was früher war, gilt nicht mehr, die Tradition von der Erwählung ist aufgehoben. Der radikale Bruch mit der Tradition, der sich in der Berufungserzählung Jes 6 verdichtet hat, bestimmt in der Tat die Verkündigung Jesajas. Wie Jesaja selbst den Rückhalt in der Vergangenheit preisgeben mußte, so ist auch Israel jegliche Berufung auf die Vergangenheit verwehrt.

In seiner Berufung hat Jesaja erfahren, daß das Sich-Verstehen von der Vergangenheit und der Tradition her — und seien diese noch so heilig — falsch ist. Seine Frage »wie lange?«, die grundsätzlich aus der Geborgenheit in der Tradition heraus gestellt ist, wird abgewiesen. Jesaja wird wie Abraham in Neuland berufen. Der Inhalt seines Auftrages ist nicht aus der Tradition ableitbar, er ist das Ende jeder Tradition. Jesaja kündigt weder »die Aufhebung, Erneuerung und Erfüllung der Erwählung des Zion« an, noch erwartet er, daß »auch das Haus Davids wieder auf seine Anfänge zurückgeführt« wird[296], noch kann man sagen, »daß die gesamte Verkündigung Jesajas auf zwei Überlieferungen steht, der Zion- und der Davidüberlieferung«[297], noch »hat Jesaja gerade in der Umwandlung die Ziontradition bewahrt und ihr eine neue Bedeutung für die spätere israelitische Tradition gegeben«, noch zeigt sich bei ihm die »kritische Funktion« der »Umwandlung der Davidtradition«[298], noch kann es »keine Frage mehr sein«, »daß Jesaja die Ziontradition kennt und weitgehend von ihr her zu verstehen ist«[299].

Wenn Jesaja so radikal mit der Vergangenheit bricht, trotzdem aber die Vergangenheit immer wieder in Erinnerung ruft, dann erhebt sich noch einmal die Frage nach der Funktion geschichtlicher Überlieferung bei Jesaja. Die Vergangenheit ist nicht konstitutiv für die Verkündigung Jesajas. Trotzdem nimmt der Rückbezug auf sie einen nicht geringen Raum in seiner Botschaft ein. Jesaja hätte, was er zu sagen hatte, auch ohne jede Erinnerung an vergangenes Geschehen sagen können, die Hörer aber hätten ihn höchstwahrscheinlich nicht verstanden, denn sie haben keine Berufung erlebt, in der sie aus der Geltung des Bisherigen herausgerufen worden wären. Weil sie im Bisherigen wurzeln und sich von der Tradition der heilvollen Zuwendung Jahwes zu Israel her verstehen, holt Jesaja sie gleichsam bei ihrem Selbstverständnis ab und führt sie durch seine Geschichts-

[296] So E. Rohland, Die Bedeutung der Erwählungstraditionen, 271.

[297] So G. v. Rad, Theologie, II 180.

[298] So R. Rendtorff, Tradition und Prophetie, 224.

[299] So H. Wildberger, Jesaja, 79.

betrachtung zwangsläufig zum Ziel seiner Botschaft hin. Die Ankündigung der Vernichtung Israels und Judas ist die Mitte seiner Verkündigung. Er begnügt sich aber nicht damit, diesen einen Kernsatz seinen Hörern wieder und wieder ins Gedächtnis zu hämmern, um sich dann zurückzuziehen und den Erweis des göttlichen Wortes abzuwarten. Vielmehr appelliert er in immer neuen Worten an die Einsicht der Hörer, geht es ihm darum, daß die Hörer verstehen, was auf sie zukommt. Denn hinter der Unerbittlichkeit der Gerichtsankündigung verbirgt sich doch noch die leise Hoffnung, daß die Einsicht in den Verlauf der Geschichte die Hörer zur Preisgabe ihres bisherigen Selbstverständnisses und damit zur völligen Hingabe an Jahwe, zum Stillehalten und zum Vertrauen auf Jahwe nötigt. Geschähe dies, würden die Verantwortlichen sich tatsächlich vorbehaltlos für Jahwe entscheiden und zu ihm umkehren, so würde Jahwe seinen Ratschluß noch einmal rückgängig machen. Ein Dasein aber, das sich auf בָּשָׂר, auf das Vorfindliche und Verfügbare verläßt, muß notwendig scheitern[300].

Die ausführliche Begründung des Gerichtes in Gestalt verschiedener geschichtlicher Rückblicke entspricht so dem Gewicht der menschlichen Entscheidung, das Jesaja in seinen Geschichtsbetrachtungen aufzeigt. Er will die Entscheidung bewußt machen, in die Entscheidung rufen. Die Ansage des Gerichtes durch ihn ist die letzte Mahnung zur Umkehr. Darum setzt Jesaja alles daran, die jetzige Situation der Hörer zu erhellen als Situation zum Tode, sofern sie sich wie bisher im Vergangenen, in der Tradition vor dem Zugriff Jahwes sicher wähnen, als Situation zum Leben aber, sofern sie die Brücken nach hinten niederreißen und im Auszug aus ihrem bisherigen Glaubensverständnis und der scheinbaren Geborgenheit durch die Tradition sich allein dem Wort Jahwes aussetzen. Die durch die Tradition übermittelte Gabe des Eintretens Jahwes für Israel, der Adoption Israels an Sohnes Statt, der Stiftung des Gemeinschaftsverhältnisses mit Israel wirkt nicht automatisch weiter, sondern sie muß im Glauben, im Stillehalten und Vertrauen auf Jahwe bewährt werden. Bleibt die Bewährung aus, wird Jahwe die vollständige Hingabe versagt — und das ist genau die Situation, der Jesaja gegenübersteht —, dann verkehrt sich die Gabe der Tradition in ihr Gegenteil, tritt die Tradition außer Kraft[301]. Darum verwendet Jesaja die Tradition nur mehr

---

[300] Siehe hierzu besonders die eindringliche Gegenüberstellung von בָּשָׂר und רוּחַ in 31 1-3.

[301] Vgl. hierzu F. Baumgärtel, Gerhard von Rad's »Theologie des Alten Testaments«, ThLZ 86 (1961), 808: »Die alten Setzungen (Rettung aus Ägypten, Sinai, Landgabe) waren vom Blickpunkt der Propheten aus überhaupt nicht ‚heilskräftig' (was doch nur heißen kann: das Heil schenkend). Sie waren vielmehr immer erneute göttliche Zusage des Erwähltseins Israels. Die Erwählung war aber nur Verheißung, nicht

e contrario, als begründenden Kontrast zu dem, was Israel nun bevorsteht. Die Tradition hat ihren Eigenwert verloren, sie ist nur mehr Material, das Jesaja heranzieht, um die Situation durchsichtig zu machen, in der Israel-Juda jetzt vor Jahwe steht, sie bildet den Hintergrund, vor dem sich dessen Zukunft um so deutlicher abhebt. Die Tradition ist nicht konstitutiv für die Verkündigung Jesajas, sie dient nur noch zur Illustration, zur Begründung. Jesaja verwendet sie, um sich seinen Hörern verständlich zu machen.

Vergleicht man damit die Verwendung der Tradition in den nachjesajanischen Texten, so kann nicht übersehen werden, daß deren Wertung der Tradition sich von derjenigen durch Jesaja grundlegend unterscheidet. Während für Jesaja die Geltung der Tradition grundsätzlich aufgehoben ist, berufen sich diese Texte gerade auf die Tradition und betonen die Kontinuität mit ihr. Wohl dient auch hier die Tradition zur Begründung und Veranschaulichung des Kommenden, also als Material, weil auch diese Verfasser keine anderen Mittel, sich verständlich zu machen, haben als die ihnen vorgegebenen. Aber darüber hinaus steht die Tradition grundsätzlich in Kraft, weil Jahwe derselbe ist, der er bei der Herausführung aus Ägypten, in der Schlacht gegen die Midianiter und in der Erwählung der davidischen Dynastie war. Weil Jahwe sich selbst treu bleibt, bringt er die mit seinem Volk begonnene Geschichte zu ihrem heilvollen Ziel.

Faktifizierung des Heils; denn in der Verheißung war impliziert die Forderung an das Volk, unter der es sich zu entscheiden galt, damit das verheißene Heil faktisch werde. . . . Im Weinberglied Jes 5 ist von den Heilssetzungen die Rede. Sie waren gewiß Israel zum Heil gesetzt, so wahr die Pflanzung und Hegung des Weinbergs den Erwählungswillen Gottes kennzeichnet. Aber durch sie wurde das Volk nicht in den Zustand des Heils versetzt. Sie waren nur Saat auf Hoffnung, daß diese Heilssetzungen an ihm heilskräftig würden, so daß es die Liebe des Weingärtners mit Gegenliebe (der Tat) beantworte. Israel sollte sich unter diesen Heilssetzungen *entscheiden*, ob es gute oder schlechte Früchte bringen wollte« (Hervorhebung von Baumgärtel).

4. KAPITEL:
DIE GESCHICHTSBETRACHTUNG DER PROPHETEN AMOS, HOSEA UND JESAJA UND DEREN VERHÄLTNIS ZUR TRADITION

Den Geschichtsbetrachtungen der Propheten Amos, Hosea und Jesaja ist — bei allen Unterschieden im einzelnen — das gemeinsam, daß sie von der Zukunft her konzipiert sind, die Zukunft miteinbeziehen und also das Ganze der Geschichte Israels im Blick haben. Darin liegt grundsätzlich das Besondere der prophetischen Geschichtsbetrachtung, daß ihr Blick nicht ausschließlich und nicht einmal primär rückwärtsgewandt ist. Die Propheten zeichnen nicht den Verlauf der Geschichte Israels nach von deren Anfängen bis zu ihrer Gegenwart, um von der Vergangenheit her den Standort ihrer Gegenwart zu bestimmen. Was es mit ihrer Gegenwart auf sich hat, erfahren sie von der Zukunft her, die anzusagen ihnen von Jahwe aufgetragen wurde. Die Propheten haben das Ganze der Geschichte Israels vor Augen. Darin unterscheiden sie sich vom Historiker, dem immer nur ein Teil der Geschichte zugänglich ist, weil er noch mitten in der Geschichte steht. Durch die Anrede Jahwes ist der Prophet gleichsam aus der Geschichte herausgehoben und dadurch in der Lage, seine Gegenwart nach der Vergangenheit und nach der Zukunft hin einzuordnen.

Die Untersuchung der geschichtlichen Rückblicke und Motive bei Amos, Hosea und Jesaja hat ergeben, daß diese drei Propheten des 8. Jh. nicht nur deswegen zusammengeschaut werden können, weil sie von der ihnen geoffenbarten Zukunft her das Ganze der Geschichte Israels vor Augen haben. Auch in der Bestimmung der Zukunft gehen sie den gleichen Weg. Inhalt der unmittelbar bevorstehenden Zukunft Israels ist Jahwes Kommen zum Gericht. Amos, Hosea und Jesaja haben einmal während ihrer Verkündigung Jahwes Zukunft als Israels Vernichtung und damit als Ende der Geschichte Israels verstanden. Während Amos für die Dauer seines kurzen Auftretens nur dies eine anzusagen und zu begründen hatte »Gekommen ist das Ende über mein Volk Israel«[1], ist Hosea zwar auch von der Ansage der Vernichtung Israels in seiner Verkündigung ausgegangen, hat dann aber einen neuen Auftrag erhalten: die Ankündigung von Israels Erlösung durch ein Läuterungsgericht hindurch. Auch in der Verkündigung Jesajas lassen sich, wenn man auf die Wandlung seiner Gerichtsvorstellung blickt, zwei Perioden unterscheiden. Er war zunächst der

[1] Am 8 2.

Ansicht, daß ein Läuterungsgericht ausreichen würde, um Israel in die volle Gemeinschaft mit Jahwe zurückzuführen[2]. Nach der zweiten Begegnung mit Ahas — nach dessen Ablehnung des Zeichenangebots — aber hat er das vollständige Vernichtungsgericht angekündigt[3].

Wie immer die Zukunft Israels verstanden wurde, ob als Ende der Geschichte Israels wie bei Amos, in der ersten Periode der Wirksamkeit Hoseas und bei Jesaja nach dessen zweiter Begegnung mit Ahas oder als neu anbrechende unverbrüchliche Gemeinschaft zwischen Jahwe und Israel wie in der zweiten Periode der Wirksamkeit Hoseas, das eine ist entscheidend: Amos, Hosea und Jesaja hatten mit der Ankündigung der unmittelbar bevorstehenden Zukunft auf die Gegenwart einzuwirken. Ihr ganzes Interesse zielte darauf, angesichts der Zukunft den Entscheidungscharakter der Gegenwart, die noch verantwortet werden konnte, noch nicht in Vergangenheit erstarrt war, evident zu machen. Ihr Interesse an der Geschichte konzentrierte sich auf die Zeit, die noch nicht Geschichte war.

Dem scheinen die zahlreichen geschichtlichen Rückblicke und Motive bei eben diesen Propheten zu widersprechen. Der Widerspruch löst sich aber auf, wenn wir nach der Funktion jener Rückblicke und Motive fragen. Den Propheten war die Zukunft Israels anvertraut. Sie standen vor der schwierigen Aufgabe, diese Zukunft, die — vom Erlösungsglauben Hoseas abgesehen — das Ende der Geschichte Israels bedeutete und darum dem Existenzverständnis der Hörer entgegengesetzt war, anzusagen und zu begründen. In ihrem Streben, den Hörern gerecht zu werden und sich ihnen verständlich zu machen, griffen sie mehrfach auf die bereits vergangene Geschichte zurück, von der her sich die Hörer verstanden. Die Vergangenheit war den Propheten und ihren Hörern gleichermaßen zugänglich. Gelang es den Propheten in der Deutung dessen, was war, die Zustimmung ihrer Hörer zu gewinnen, dann bestand immerhin die Möglichkeit, daß die Ansage der Zukunft verstanden wurde als letzte, unwiderruflich letzte Mahnung zur Umkehr. Es kam alles darauf an, die Zukunft als eine Folge der Vergangenheit, auf die die Hörer sich immer wieder beriefen, begreifen zu lehren. Die erste Aufgabe der Propheten bestand demnach darin, mit ihren Hörern in der Deutung der Vergangenheit übereinzukommen. Darum begannen sie ihre Reden vielfach mit einem geschichtlichen Rückblick. Nicht selten erinnerte der erste Satz an eine Heilstat Jahwes, an den Exodus oder die Erwählung oder im Bild ganz allgemein an Jahwes Zuwendung zu Israel[4]. In solchen Fällen konnten

---

[2] Siehe besonders 1 21-26, ein Text, der allgemein an den Anfang der Wirksamkeit Jesajas gestellt wird.

[3] Mit G. Fohrer, Wandlungen Jesajas, in: Festschrift W. Eilers, 1967, 67.

[4] Hos 11 1 13 5 10 11 9 10a Jes 1 2 5 1-2.

Hosea und Jesaja der Zustimmung ihrer Hörer von Anfang an gewiß sein, mußte ihnen doch die Erinnerung an Jahwes Heilstat als Bestätigung ihres bisherigen Selbstverständnisses erscheinen. Dem daran anschließenden Schuldaufweis konnten sie sich aber um so weniger entziehen, als die Heilstat Jahwes sie ja gegenüber Jahwe verpflichtete, und jedes einzelne Vergehen zeigte, daß sie dieser Verpflichtung nicht gerecht geworden sind. Weit entfernt, das Selbstverständnis der Hörer zu bestätigen, haben die Rückblicke in die Vergangenheit gerade die Funktion, die Schuldverfallenheit aufzuzeigen und das Ende als Folge dieser Schuldverfallenheit darzulegen[5].

Jesaja ist in seiner Kunst, die Hörer ihrer Schuld zu überführen und von ihrem Ende zu überzeugen, noch einen Schritt weitergegangen: Er läßt sie sich selbst das Urteil sprechen, in das sie sich unentrinnbar verstrickt haben[6]. — Es kann keinem Zweifel unterliegen, daß diese geschichtlichen Rückblicke von der Zukunft her konzipiert sind, obwohl sie mit der Vergangenheit einsetzen.

Einen anderen Weg wählt Amos in dem großen Fremdvölkergedicht. Während Hosea und Jesaja die Zustimmung ihrer Hörer dadurch gewinnen, daß sie mit der Erinnerung an Jahwes Heilstat beginnen, erreicht Amos die gleiche Wirkung durch die Voranstellung der Fremdvölkersprüche. Wiegten die Hörer sich bei der Ankündigung des Geschickes der fremden Völker noch in Sicherheit, so wußten sie mit der Anklage gegen Israel sofort, was die Stunde geschlagen hatte. Die Erweiterung der Anklage in 2 9 hat die Funktion, die Schuld Israels durch den Kontrast zu dem Eintreten Jahwes für Israel in ihrer ganzen Schwere herauszustellen[7].

Die großen Kehrversgedichte machen noch in einem höheren Grade deutlich, daß die Keimzelle der geschichtlichen Rückblicke das den Propheten geoffenbarte Ende ihres Volkes ist. Das Geschichtsbild, das Amos und Jesaja da entwerfen, ist gekennzeichnet durch strenge Einseitigkeit und Reduktion. Beide Gedichte verzichten auf Erinnerungen an Jahwes Heilstaten und beschränken sich auf eine Aufreihung von Plagen und Plagenkomplexen, die immer schwerer wurden und die schließlich in die Vernichtung Israels ausmünden. In einer Einseitigkeit, wie sie dem Historiker strikt verwehrt ist, wird die bisherige Geschichte in ein Schema gepreßt, das nur daraufhin angelegt ist, den Zusammenhang mit der von Amos und Jesaja geschauten Zukunft nachzuweisen. Alles, was sich diesem Schema nicht

---

[5] Hos 11 1-7 13 5-8.

[6] Jes 5 1-7; vgl. die Natanparabel II Sam 12 1 ff.

[7] Eine ähnliche Einblendung der Vergangenheit findet sich in Hos 11 3f., obwohl in v. 1 mit der Erinnerung an die Herausführung aus Ägypten die Exposition bereits vorliegt.

fügt, wird rücksichtslos beiseite gelassen[8]. Der vergangenen Geschichte wohnt eine Gesetzmäßigkeit inne, auf Grund deren das Ende der Geschichte nahezu zwangsläufig folgt. Diese Gesetzmäßigkeit herauszustellen ist das Anliegen der geschichtlichen Rückblicke Am 4 6-11 und Jes 9 7-20 + 5 25. Die strophische Gliederung und die beiden Kehrverse zwingen der vergangenen Geschichte jene Gesetzmäßigkeit auf, die nur vom Wissen um das Ende der Geschichte her verständlich wird. In der Frage nach dem Grund des Endes machen Amos und Jesaja zwei Kausalreihen namhaft, die die Hörer von der Unentrinnbarkeit des Endes überzeugen sollen. Jahwes Wirken der einzelnen Plagen und Israels permanente Verweigerung der Umkehr bei Amos bzw. Jahwes andauernder Zorn, der sich immer wieder in konkreten Katastrophen entlud, und Israels Ungehorsam bei Jesaja haben immer wieder neue, schwerere Plagen hervorgerufen, bis schließlich keine andere Steigerung als die vollständige Vernichtung möglich ist.

Die beiden Kehrversgedichte lassen deutlich die Grundzüge des Geschichtsbildes von Amos und Jesaja erkennen. Sie weisen einen lückenlosen Zusammenhang im vergangenen Geschehen nach, indem sie darlegen, daß jedes Ereignis durch das Ineinandergreifen der beiden Kausalreihen geschehen ist. Wohl hat Jahwe die Geschichte Israels gewirkt, aber daß diese Geschichte gerade so und nicht anders verlief, ist nicht begründet in einem Plan Jahwes, den er von Urzeit an Schritt für Schritt verwirklicht hätte, sondern zurückzuführen auf die jeweilige menschliche Entscheidung für oder gegen Jahwe. Der konkrete Verlauf der Geschichte war immer wieder von Jahwe gewirkte Antwort auf die verkehrte menschliche Entscheidung. Hätte Israel in seiner Verstocktheit nicht hartnäckig auf der Verweigerung der Umkehr bestanden, Jahwe hätte der Geschichte Israels einen anderen Verlauf gegeben. Die treibenden Kräfte der Geschichte sind — immer noch die beiden Kehrversgedichte vorausgesetzt — Israels Schuld und Jahwes wiederholte und schließlich vergebliche Versuche, Israel zur Umkehr zu mahnen. Amos und Jesaja messen der menschlichen Entscheidung eine für den Verlauf der bisherigen Geschichte ausschlaggebende Bedeutung bei. Alle Interpretationen, die die menschliche Komponente außer acht lassen, verfehlen das prophetische Verständnis von Geschichte. J. Fichtner räumt zwar ein, »daß es sich für den Propheten bei dem ‚Plan Jahves‘ nicht um ein starres, sachlich bis in alle Einzelheiten festgelegtes ‚Programm‘ . . . handeln kann«, er betont aber ausdrücklich, es dürfe »nicht der Eindruck entstehen, als

[8] Dieses Interesse an der Geschichte könnte man fast mit dem vielfältig bezeugten Interesse vergleichen, das alle totalitären Staatsführungen an der Vergangenheit nehmen. Es besteht hier ein abgeleitetes Interesse am Vergangenen, »abgeleitet aus der vorausgegebenen Gewißheit der einmal erkannten und stets erkennbaren Gesetzmäßigkeit in der Geschichte«, R. Wittram, Das Interesse an der Geschichte, 1968[3], 6.

ob Jesaja dem Plan Jahves als Reaktion auf das Handeln der Völker (oder des Gottesvolkes) seine Eigenständigkeit und Unabhängigkeit genommen hätte«[9]. Fichtner gelangt zu diesem umstrittenen Urteil, weil er die Begriffe עֵצָה bzw. יעץ ungeschickt mit »Plan« bzw. »planen« wiedergibt, wodurch von vornherein die Korrelation von menschlicher Entscheidung und Jahwes Handeln gar nicht in Blick kommt. Damit zusammen hängt die literarkritische Vorentscheidung Fichtners, daß Jes 2 2-4 9 1-6 11 1-9 der Verkündigung Jesajas zugehören. Daraus folgt für ihn, daß der Plan Jahwes die Durchsetzung seiner Heiligkeit und Herrlichkeit zum Ziel hat und durch das Gericht hindurch in einer Zeit des Heils seine Erfüllung findet. »Daß ein *Heils*-Plan Jahves durch die Botschaft Jesajas hindurchklingt und im Hintergrunde der Gerichtsankündigung steht, ist also von vornherein zu erwarten, wenn man die Weite und Tiefe des Gottesglaubens des Propheten bedenkt und das Ziel des Gerichtsplanes ins Auge faßt: der im Gericht gegen die Überheblichkeit seines Volkes und der Völker einschreitende und sich durchsetzende Gott richtet seine Herrschaft auf.«[10] Die Wiedergabe von עֵצָה mit »Plan« gleicht einem Scheck, der durch das Postulat eines Heilsplanes nicht ausreichend gedeckt ist. Mit der Erkenntnis, daß bei Jesaja die Verheißung des Heils stets an die Umkehr gebunden ist[11] und die Verheißungen bedingungslosen Heils wie 2 2-4 9 1-6 11 1-9 gar nicht von Jesaja stammen, verliert die Übersetzung »Plan« ihre Berechtigung[12]. Von einem »Plan Jahwes« bei Jesaja könnte man sprechen, wenn Jesaja die Kontingenz der menschlichen Entscheidung ausschlösse. Man wird daher עֵצָה bei Jesaja besser mit »Entschluß« oder »Absicht« wiedergeben, zumal das »Planen«, wie die unterschiedliche Beurteilung der Assyrer durch Jesaja zeigt, veränderlich ist[13].

Die Korrelation von Jahwes Handeln und der menschlichen Entscheidung ist aber auch für Hoseas Geschichtsbild konstitutiv. Freilich kennen wir von Hosea keinen Text, der die mehrmalige Abfolge von Jahwes Handeln und der menschlichen Entscheidung in der Vergangenheit zum Gegenstand hätte, doch geht es auch Hosea in seinen geschichtlichen Rückblicken darum, den Zusammenhang des Ge-

---

[9] J. Fichtner, Jahves Plan in der Botschaft des Jesaja, ZAW 63 (1951), 27.

[10] Ebd. 28, Hervorhebung von Fichtner.

[11] Siehe Jes 1 19 f. 30 15, dazu Th. Lescow, Das Geburtsmotiv in den messianischen Weissagungen bei Jesaja und Micha, ZAW 79 (1967), 186f.; G. Fohrer, Das Buch Jesaja, I 1966², 16.

[12] Unter einem Plan versteht man im allgemeinen einen Entwurf, in dem eine beabsichtigte Handlung oder eine zu stiftende Ordnung mit den Hauptstadien ihrer Verwirklichung gedanklich vorweggenommen wird, siehe Der Große Brockhaus, IX 1956, unter dem Stichwort Plan.

[13] So GB unter II עֵצָה; G. Fohrer, Zehn Jahre Literatur zur alttestamentlichen Prophetie (1951—1960), ThR 28 (1962), 66.

schehens nachzuweisen über seine Gegenwart hinaus mit der Zukunft, die er anzusagen hat. Ein entscheidendes Element in diesem Nachweis ist auch bei ihm Israels Schuld, ohne die Jahwes zukünftiges Handeln im Gegensatz zu seinem früheren unverständlich bliebe.

Während Amos und Jesaja in ihren Kehrversgedichten die Gesetzmäßigkeit des geschichtlichen Geschehens exemplarisch an der jüngeren Vergangenheit aufzeigen, umspannen die Rückblicke Hoseas das Ganze der bisherigen Geschichte Israels. Hosea wird nicht müde, in immer neuen Bildern und Rückblicken die Grundzüge seines Geschichtsbildes zu wiederholen. Ihm kommt es auf die Periodisierung der Geschichte Israels in zwei Epochen an. Die beiden Epochen lassen sich streng voneinander abheben; das Ende der ersten und der Anfang der zweiten Epoche fallen mit dem Übergang Israels ins Kulturland zusammen. Schauplatz der ersten Epoche ist die Wüste, Schauplatz der zweiten das Kulturland. Mit dem Übergang ins Kulturland hat für Hosea die Gegenwart begonnen. Sie ist gekennzeichnet durch Israels Abfall zu den Fruchtbarkeitsgöttern Kanaans. Die ganze Geschichte Israels im Kulturland glaubt Hosea mit dem einen Stichwort Abfall von Jahwe hinreichend zu charakterisieren. Was sonst noch geschah, gliedert sich mühelos diesem Stichwort unter[14] oder versinkt in Bedeutungslosigkeit.

Im Kontrast dazu malt Hosea die Wüstenzeit in harmonischen Farben. Israel kennt nur Jahwe und verdankt ihm seine ganze Existenz. Der Kontrast von Einst und Jetzt kennzeichnet das Geschichtsbild Hoseas. Er findet sich auch bei Jesaja[15], der aber Licht und Schatten anders verteilt. Für Jesaja ist die Davidszeit die »Idealzeit«, in der Recht und Gerechtigkeit in Jerusalem wohnten. Die entscheidende Wende in der Geschichte Israels tritt bei ihm nicht so deutlich hervor wie bei Hosea, doch spricht vieles dafür, daß er nach dem Tode Salomos die zweite Epoche beginnen sieht. Im Unterschied zu Hosea spielen bei ihm die Anfänge der Geschichte Israels, Herausführung aus Ägypten, Wüstenzeit und Landnahme so gut wie keine Rolle.

Von einem Geschichtsbild des Amos kann man kaum sprechen. Er erwähnt einmal die Landnahme[16] und scheint darin den Beginn der Geschichte Jahwes mit Israel gesehen zu haben. Wenn die Interpretation von 5 25[17] zutrifft, kannte Amos keine »Idealzeit« und damit auch nicht die Gegenüberstellung von Einst und Jetzt.

So unterschiedlich die »Geschichtsbilder« von Amos, Hosea und Jesaja im einzelnen sind, sie stimmen in zwei Punkten überein:

---

[14] Siehe die Anspielungen auf die Tage von Gibea 9 9 10 9, die Blutschuld zu Jesreel 1 4, Gilgal 9 15 oder die vergeblichen Strafgerichte 6 5.

[15] Ganz deutlich in 1 21-26, wo die jetzt verderbte Stadt der einst treuen gegenübergestellt wird.

[16] Am 2 9.

[17] Siehe oben S. 37ff.

Erstens: Jahwes Handeln geschieht in Korrelation zu der menschlichen Entscheidung. Zweitens: Das Geschichtsbild ist eine Funktion der Ankündigung zukünftigen Geschehens. Das Interesse, das die Propheten an der Vergangenheit nehmen, ist ein abgeleitetes. Das bringt gerade die Verschiedenheit der Geschichtsbilder zum Ausdruck. Die drei Propheten haben auf je eigene Weise die Vergangenheit ihrer Verkündigung integriert und dienstbar gemacht. Am deutlichsten ist die Funktionalität der Rückbezüge auf die Vergangenheit in der Verkündigung des Amos. Amos greift nur ganz selten auf die Vergangenheit zurück, wird an zwei Stellen in eine Diskussion über die Heilstaten Jahwes verwickelt, die seine Gerichtsverkündigung in Frage stellen sollen, von Amos aber in Begründungen für seine Verkündigung umgemünzt werden, und in dem Kehrversgedicht 4 6-11 wird das vergangene Geschehen derartig typisiert, daß seine Funktion, die letzte Plage, das Vernichtungsgericht, zu begründen, offen zutage liegt. Die Vergangenheit wird da in einer Zwangsläufigkeit von der Zukunft her und — für die Hörer — auf die Zukunft hin entworfen, die dem wirklichen Geschichtsablauf Gewalt antut.

Bei Jesaja ist die Funktionalität seiner geschichtlichen Rückblicke kaum weniger deutlich. Zwar hat man den Eindruck, daß er sich in seinem Kehrversgedicht 9 7-20 + 5 25. 26-29 mehr an den geschichtlichen Ablauf hält, daß er im Unterschied zu Amos am Nacheinander des Geschehenen festhalten will, während bei Amos die einzelnen Strophen durchaus vertauschbar und lediglich nach dem sachlichen Prinzip der Steigerung angeordnet sind, aber die Auswahl, die Jesaja trifft, läßt an der Tendenz seiner Geschichtsbetrachtung keinen Zweifel. Das Ende folgt bei ihm nicht weniger zwingend aus dem gesetzmäßigen Verlauf der vergangenen Geschichte als bei Amos.

Das Geschichtsbild ist bestimmt durch strenge Reduktion auf die wesentlichen Grundzüge. Die geschichtlichen Gegebenheiten werden nur noch in der Weise wahrgenommen, als sie auf das Ende der Geschichte Israels hinweisen und also zur Begründung dieses Endes herangezogen werden können. Diese Reduktion geschieht entweder so, daß aus der verwirrenden Vielfalt geschichtlichen Geschehens der eine rote Faden bloßgelegt wird, der die Vergangenheit mit der Zukunft lückenlos verbindet[18], oder so, daß die ganze Geschichte als der Widerspruch begriffen wird zwischen der heilvollen Setzung Jahwes am Anfang und dem Ungehorsam Israels als völlig unverständliche Antwort darauf[19]. Weil Israel durch seinen Ungehorsam aus der Gemeinschaft mit Jahwe und damit aus seiner Geschichte herausgetreten

[18] Am 4 6-12 Jes 9 7-20 + 5 25. 26-29.

[19] Am 2 6-9 Hos 11 1-4 13 5f. Jes 1 2-3 5 1-2; vgl. noch Hos 9 10 10 1-2 10 11. 13a, wo ebenfalls dieser Widerspruch bestimmend ist, wo aber nicht expressis verbis gesagt wird, daß Israel seine Existenz Jahwe verdankt.

ist, setzt Jahwe nun von sich aus der Geschichte Israels ein Ende. Bevor Jahwe sich aber zu diesem letzten Schritt entschlossen hat, hat er Israel auf vielfältige Weise immer wieder zur Umkehr gemahnt, aber diese Mahnungen verhallten ungehört. Es hat sich im Laufe der Geschichte gezeigt, daß auch weitere Mahnungen nichts fruchteten, weil nur noch eine Steigerung der bisherigen Schläge denkbar ist: die vollständige Vernichtung Israels.

Wollen die Propheten in ihren geschichtlichen Rückblicken primär den kausalen Zusammenhang nachweisen, der die Vergangenheit über die Gegenwart mit der Zukunft, dem Ende der Geschichte Israels, verbindet, so haben die Einzelmotive in der Regel den Zweck, eine Entsprechung der jetzigen Situation mit einer früheren herauszustellen und dadurch blitzartig den Stand der Hörer zu erhellen. Ein nicht zu übertreffender Meister dieser »analogisierenden Geschichtsbetrachtung« ist Jesaja, der das Sodom-Gomorra-Motiv ohne Vergleichspartikel verwendet und dadurch die Distanz, die jeder ausgeführte Vergleich trotz der Nähe, die er zwischen den zu vergleichenden Größen sieht, immer notwendig mitsetzt, gänzlich aufhebt. Jesaja verdichtet das Motiv derart, daß er den Hörer als Bewohner von Sodom und Gomorra und damit als gleichzeitig mit Sodom und Gomorra vor deren Zerstörung anspricht. Eine solche Verdichtung ist uns von Jesaja aber auch nur in 1 10 überliefert, in 1 9 und 28 21 bringt er ausgeführte Vergleiche.

Ein charakteristisches Stilmittel ist der Vergleich bei Hosea. Er findet sich bei ihm vor allem in seinen zahlreichen Jahwegleichnissen[20], dann aber auch in den geschichtlichen Rückblicken und Motiven. Neben den Erinnerungen in 9 9 und 11 8, die vergleichsweise herangezogen werden, um die Schuld Israels zu veranschaulichen bzw. die Katastrophe beschwörend zu bannen, verwendet Hosea den Vergleich auch in 9 10 und 11 4, wo er einen Eindruck vermittelt von dem Wert, den Israel in den Augen Jahwes hatte bzw. von der Liebe, mit der Jahwe für Israel sorgte. In 2 16ff., wo Hosea das heilvolle künftige Geschehen grundsätzlich als begrenzte Wiederholung der Vergangenheit versteht, vergleicht er die Bereitschaft Israels, Jahwe zu folgen, mit seiner Willigkeit beim Auszug in seiner Jugend. Das Vergangene wird hier in Erinnerung gerufen, um das künftige Geschehen vor den Hörern lebendig und greifbar werden zu lassen. Der Auszug aus Ägypten war ein freudiges Ereignis, und die Erinnerung daran soll schon die Vorfreude wecken auf die Zeit, in der Israel ein zweites Mal von Jahwe das Kulturland erhält.

---

[20] Siehe hierzu besonders J. Hempel, Jahwegleichnisse der israelitischen Propheten, ZAW 42 (1924), 74—104 (wieder abgedruckt in: J. Hempel, Apoxysmata, BZAW 81, 1961, 1—29).

In weit geringerem Maße, bezeichnenderweise jedoch auch in den meisten geschichtlichen Rückbezügen findet sich der Vergleich bei Amos[21]. Der Vergleich in 2 9 will eine Vorstellung geben von der außergewöhnlichen Größe der Amoriter und damit der Weise, in der Jahwe für die Israeliten eingetreten ist: Ohne seine Hilfe hätten sie niemals die Amoriter bezwungen und das Kulturland besetzt. Die Nivellierung der Israeliten mit den Kuschiten in 9 7 zieht Israel den Boden seines angemaßten Privilegs vor Jahwe unter den Füßen weg und mußte bei den Hörern geradezu Empörung auslösen: Der Erstling der Völker gilt vor Jahwe nicht mehr als die Kuschiten am Ende der Welt.

Trotz der verschiedenartigen Verwendung der Vergleiche ist eines nicht zu übersehen: Worauf es den Propheten jeweils ankommt, ist die Aussage, nicht der Vergleich. Der Vergleich ist lediglich ein Stilmittel, das die Intention des Gesagten treffend, plastisch und anschaulich wiedergibt. Die geschichtlichen Erinnerungen sind gegenwartsbezogen. Die Propheten wollen keine Aussagen machen über damalige Geschehnisse, sondern sie spielen auf vergangene Ereignisse an, um damit ein Licht auf die Gegenwart zu werfen. Die Vergleiche und damit die Rückbezüge auf die Vergangenheit sind nicht Selbstzweck, sondern stehen im Dienst der Verständigung über die Gegenwart. Mit der vergleichenden Erinnerung an allgemein Bekanntes sagen die Propheten ihren Hörern, wie es jetzt um sie steht und was sie in nächster Zukunft erwartet. Die Erinnerung an die Vergangenheit ist lediglich Material der Verkündigung, nicht ihr Inhalt. Die Propheten könnten das, was sie zu sagen haben, ohne jede Anspielung auf die Vergangenheit sagen — dem Inhalt ihrer Verkündigung würde dadurch kein Abbruch getan. Weil sie aber selbst noch in der Ansage des Endes der Geschichte verstanden werden wollen und sich an die Einsicht der Hörer wenden, greifen sie immer wieder auf die Vergangenheit zurück und versuchen von ihr her das Ende zu begründen bzw. eine Entsprechung oder Ähnlichkeit ihrer Gegenwart mit früheren Situationen aufzuzeigen.

Die Frage nach Geltung und Funktion der Tradition bei den Propheten Amos, Hosea und Jesaja spitzt sich zu auf die Frage nach dem Verhältnis des an sie neu ergangenen Jahwewortes zu den geschichtlichen Überlieferungen, die ihnen vorgegeben waren[22]. Das an sie ergehende Jahwewort hat die Propheten genötigt, als einzelne aus ihrem Volk herauszutreten und im Namen Jahwes zu sprechen. Der Ruf Jahwes hat sie in eine Gegnerschaft zu ihrem Volk gestellt. In einem Diskussionswort versucht Amos, diese ihm von Jahwe aufgenötigte Gegnerschaft zu rechtfertigen:

---

[21] Siehe 2 9 4 11 9 7

[22] Siehe die Anfrage W. Zimmerlis an G. v. Rad oben S. 3 Anm. 11.

Der Löwe brüllt,
wer fürchtet sich nicht?
Jahwe[23] hat geredet,
wer tritt nicht als Prophet auf? (Am 3 8)

Wenn die Propheten in den heilsgeschichtlichen Traditionen Israels wurzelten, wäre diese Gegnerschaft unverständlich, denn gerade das läßt sich ja von ihren Hörern sagen: Sie verstehen sich von der unverbrüchlichen Geltung der Heilstaten Jahwes her, in denen Jahwe sich ein für allemal mit seinem Volk verbunden hat. Daß die Propheten dieses Selbstverständnis ihrer Hörer nicht bestätigt, sondern zutiefst in Frage gestellt haben, mußte jene Gegnerschaft heraufführen. Solche Infragestellung geschah aber nicht in angemaßter Vollmacht, sondern in Berufung auf Jahwe. Nach der dritten Vision hat Amos die Unabänderlichkeit des göttlichen Gerichtes verstanden — er tut keine Fürbitte mehr, er appelliert nicht an Jahwes Heilstaten in der Vergangenheit und seine Treue zu Israel. Die Geltung der heilsgeschichtlichen Tradition ist für ihn erloschen. Hosea muß seine Kinder Nicht-Erbarmt und Nicht-mein-Volk nennen, weil Jahwe sich Israels nicht mehr erbarmen wird, weil Israel nicht mehr Jahwes Volk ist. Auf seine Frage »wie lange«, die von der Voraussetzung her gestellt ist, daß Jahwe zwar begrenzt strafen kann, daß er aber trotz allem nach wie vor zu seiner Erwählung Israels steht, muß Jesaja vernehmen, daß Jahwe solange strafen wird, bis die Existenz Israels zunichte ist.

Mochten die Propheten als Glieder des Volkes Israel sich von den heilsgeschichtlichen Traditionen her verstanden haben, mochten sie in dem heilsgeschichtlichen Boden ihres Volkes wurzeln und auf den Jahwe vertrauen, der sein Volk nicht im Stich läßt, das Wort Jahwes rief sie heraus aus ihrem bisherigen Selbstverständnis und stellte sie auf einen Weg, auf dem sie sich allein der Zukunft und dem Zugriff Jahwes ausgesetzt sahen, ohne sich vor ihm im Schutz der heilsgeschichtlichen Traditionen bergen zu können. Das Jahwewort hat sie aus der Geborgenheit der Tradition hinausgestoßen, aus dem Glauben des Volkes herausgerissen und in Niemandsland ausgesetzt, in dem sie von allen Wegen zurück in die Vergangenheit abgeschnitten sind. Die Sicherung in der Tradition — weil Jahwe früher für Israel eintrat, wird er wieder und wieder für Israel eintreten[24] — wurde ihnen

---

[23] Streiche אדני als Zusatz mit V. Maag, Text, Wortschatz und Begriffswelt des Buches Amos, 1951, 14, u. a.

[24] Siehe hierzu das Traditionsverständnis in den nachjesajanischen Texten oben S. 168ff.; außerdem H. W. Wolff, Das Alte Testament und das Problem der existentialen Interpretation, EvTh 23 (1963), 10 (= Gesammelte Studien zum Alten Testament, ThB 22, 1964, 335): » . . . Dennoch haben die überlieferten alten Geschehnisse

zerschlagen: Die mit der Erwählung von Jahwe gesetzte Gemeinschaft mit Israel ist zu Ende.

Amos und Jesaja mußten bis zum Schluß ihrer Wirksamkeit das Ende der Existenz Israels ansagen, weil Israel die Gabe der Erwählung schuldhaft verwirkt hatte. Die Gabe der Erwählung wirkt nicht automatisch weiter, sie muß im Vertrauen auf und in der Hingabe an Jahwe bewährt werden. Hosea hat zwar in der zweiten Periode seiner Wirksamkeit die Erlösung Israels durch ein Läuterungsgericht angekündigt, weil er das Volk unfähig zur Bewährung ansah, aber auch diesen neuen Inhalt seiner Verkündigung vertrat er nicht in eigener vollmächtiger Interpretation der alten heilsgeschichtlichen Traditionen, sondern weil Jahwes Wort ihn dazu autorisiert hatte. Ob sie nun das Ende der Heilsgeschichte ankündigen oder einen Neuanfang Jahwes mit seinem Volk, das an sie ergehende und sie herausrufende Wort Jahwes hat sie zu ihrer Verkündigung autorisiert, nicht die Tradition.

Die Propheten sind nicht Interpreten der Tradition, sondern Künder des an sie ergehenden Jahwewortes. Jahwes Wort ist Grund ihres Selbstverständnisses, nicht die Tradition. Die Propheten unterscheiden sich gerade darin vom Prediger, daß ihr Reden von Jahwe nicht »textbezogen«, nicht Auslegung von Überlieferung ist, sondern daß sie das *jetzt* an sie ergehende Wort Jahwes sogar gegen die Tradition zur Geltung bringen[25].

Das Verhältnis der Propheten zur Tradition ist das von Anknüpfung und Widerspruch[26]. Die Tradition hat durch Jahwes Wort ihren Eigenwert verloren. Ihr kommt nur mehr homiletisches Gewicht zu.

---

aktuelle Bedeutung, — nicht weil der geschichtliche Abstand von ,Text' und gegenwärtigem Hörer verkannt wäre, sondern — weil der Gott, der für die Ägyptengeneration gehandelt hat, sich Israel in *Treue* verbunden hat und so als der Verläßliche der neuen Generation verkündet werden kann. Der Treue Gottes wegen darf man vergangenes Gotteshandeln als typisches glauben.« (Hervorhebung von H. W. Wolff).

25 Vgl. hierzu G. Fohrer, Prophetie und Geschichte, ThLZ 89 (1964), 495f. (= Studien zur alttestamentlichen Prophetie, 1949—1965, BZAW 99, 1967, 286): »Daher verwenden sie die Überlieferungen im Interesse dieser Botschaft. Sie wird zudem durch die häufigen Formeln ,So spricht Jahwe' und ,Ausspruch Jahwes' in großem Maße auf die göttliche Offenbarung zurückgeführt oder als solche bezeichnet. Nimmt man das ernst, so kann man gar nicht erwarten, daß die Propheten Traditionen predigen. Die Bezugnahme auf sie nimmt vielmehr eine untergeordnete Stellung in dem ein, was die Propheten im Namen Jahwes als an sie ergangene Offenbarung verkündigen.«

26 Vgl. R. Bultmann, Anknüpfung und Widerspruch. Zur Frage nach der Anknüpfung der neutestamentlichen Verkündigung an die natürliche Theologie der Stoa, die hellenistischen Mysterienreligionen und die Gnosis, ThZ 2 (1946), 401—418 (= Glauben und Verstehen, II 1952, 117—132).

Konstitutiv ist sie für die Verkündigung der Propheten nicht mehr. Denn das Neue, das sie anzusagen haben, läßt sich gerade nicht aus der Tradition ableiten, sondern ist das Ende der Tradition. Jahwes Wort ist ein kontingentes Widerfahrnis. Wenn die Propheten sich nun nicht auf die bloße Wiedergabe des Jahwewortes beschränken, sondern die Vergangenheit in ihre Verkündigung einbeziehen, so tun sie dies um der Hörer willen. Sie nehmen den Hörer ernst, sprechen ihn in seinen Voraussetzungen an, d. h. Botschaft und Situation entsprechen sich[27]. Die Hörer wurzeln in den heilsgeschichtlichen Traditionen ihres Volkes, sie verstehen sich von der unverbrüchlichen Gemeinschaft her, die Jahwe mit Israel am Anfang seiner Geschichte eingegangen ist. Die Propheten können in ihrer Verkündigung an dem Selbstverständnis ihrer Hörer nicht vorbei, wenn anders sie an ihnen nicht heillos vorbeireden wollen. So gewiß die Situation, der Adressat zur Botschaft gehört, weil sie ihn angeht, so gewiß müssen die Propheten den Hörer mit seiner Herkunft in ihre Verkündigung einbeziehen. Sie knüpfen an das durch die Tradition bestimmte Selbstverständnis der Hörer an, um dann diesem Selbstverständnis in der Vollmacht Jahwes zu widersprechen. Das Interesse der Propheten an der Tradition ist ein homiletisches. Sie wollen sich mit der Tradition verständlich machen. Sie ziehen die Tradition zur Begründung und zur Veranschaulichung dessen heran, was ihnen von Jahwe zu sagen anvertraut wurde, obwohl gerade das nicht aus der Tradition ableitbar ist[28].

»Wer waren die Propheten?«, so fragten wir am Anfang mit R. Knierim[29]. Wer ihre Geschichtsbetrachtungen untersucht und der Funktion der geschichtlichen Motive in ihrer Verkündigung nachgeht, dem zeigen sie sich als Männer, die von Jahwe aus der Geborgenheit durch die heilsgeschichtlichen Traditionen herausgerufen wurden, in denen sie mit ihrem Volk lebten, und sich ganz von der Zukunft Jahwes her verstanden. Sie wußten sich der Gegenwart Jahwes ausgesetzt, der der Heilsgeschichte Israels das Ende setzt. Das Vergangene gilt nicht mehr. Sie waren aber deswegen keine schöpferischen Persönlichkeiten, sondern Zeugen, die mit ihrer Existenz für die Geltung des ihnen von Jahwe aufgetragenen Wortes eintraten — gegen Herkommen und Tradition. Sie verstanden sich als Männer, die in letzter

---

[27] Siehe P. Tillich, Systematische Theologie, I 1956², 9—12.

[28] Vgl. G. Fohrer, Remarks on Modern Interpretation of the Prophets, JBL 80 (1961), 312—317 (deutsch: Bemerkungen zum neueren Verständnis der Propheten, in: Studien, 1967, 23—28); ders., Prophetie und Geschichte, 495f. (= Studien, 1967, 285f.), mit dessen mehr thetischen Ausführungen sich das Ergebnis dieser Arbeit weithin deckt.

[29] Siehe oben S. 4.

Stunde mit ihrem Volk rangen[30]. Ihre nicht ermüdenden Versuche, auf dem Umweg über die Tradition Jahwes Wort vor ihren Hörern zu bezeugen, sind ja nur sinnvoll, wenn sie bis zuletzt von der Möglichkeit der Rettung überzeugt waren. So paradox das klingen mag: Indem sie das Ende der Heilsgeschichte ansagten, haben sie den letzten Ausweg zum Leben gezeigt: Umkehr und vorbehaltlose Hingabe an Jahwe. Ein Dasein, das vor dem Zugriff Jahwes in die Tradition — und sei diese noch so heilig — flüchtet, muß scheitern. Wer sich aber der scheinbaren Sicherung durch die Tradition begibt und sich auf Jahwe verläßt, wird leben. So muß man entgegen der heute weitverbreiteten Auffassung[31] sagen, daß die Propheten nicht die Tradition erneuerten oder aktualisierten, sondern in unerhörter Schroffheit das Vertrauen einzig und allein auf Jahwe gegen das Vertrauen auf die Tradition, das ja nur ein Ausdruck der Selbstbehauptung des gegen Jahwe rebellierenden Menschen ist, forderten, weil der einzige Weg zum Leben das Vertrauen auf Jahwe ist[32]. Vertrauen auf Jahwe aber schließt Preisgabe der Tradition und Selbstpreisgabe in gleicher Weise ein.

[30] Vgl. hierzu S. Amsler, Amos, prophète de la onzième heure, ThZ 21 (1965), 318—328. Das schon in dem Titel zum Ausdruck kommende Verständnis des Amos würde auch Jesaja nach seiner zweiten Begegnung mit Ahas und Hosea während der ersten Periode seiner Wirksamkeit gerecht.

[31] Zur Auseinandersetzung mit dem Verständnis der Propheten als Erneuerer und aktueller Interpreten der Tradition siehe oben die Schlußabschnitte zu den einzelnen Kapiteln S. 43ff. 115ff. 186ff.

[32] Hingewiesen sei hier lediglich auf Kernstellen wie Am 5 4 Hos 6 6 Jes 7 9 30 15.

Stellenregister

Beihefte
zur Zeitschrift für die alttestamentliche Wissenschaft

Herausgegeben von GEORG FOHRER

Zuletzt erschienen:

Das Königtum in Israel. Ursprünge, Spannungen, Entwicklung. Von J. A. SOGGIN. X, 167 Seiten. 1967. Ganzleinen DM 36,— (Heft 104)

Das ferne und nahe Wort. Festschrift LEONHARD ROST zur Vollendung seines 70. Lebensjahres am 30. XI. 1966 gewidmet. Im Auftrag der Mitarbeiter herausgegeben von F. MAASS. Mit 1 Frontispiz. VIII, 275 Seiten. 1967. Ganzleinen DM 62,— (Heft 105)

Yariḫ und Nikkal und der Preis der Kuṯarāt-Göttinnen. Ein kultisch-magischer Text aus Ras Schamra. Von W. HERRMANN. X, 48 Seiten. Mit 1 Tafel. 1968. DM 18,— (Heft 106)

The Samaritan Chronicle No. II (or: Sepher Ha-Yamim) From Josua to Nebuchadnezzar. By J. MACDONALD. VIII, 227, 93 Seiten. 1969. Ganzleinen DM 70,— (Heft 107)

The Problem of Etiological Narrative in the Old Testament. By B. O. LONG. VIII, 94 Seiten. 1968. Ganzleinen DM 24,— (Heft 108)

Ursprünge und Strukturen alttestamentlicher Eschatologie. Von H.-P. MÜLLER. XII, 232 Seiten. 1969. Ganzleinen DM 46,— (Heft 109)

Mose. Überlieferung und Geschichte. Von H. SCHMID. VIII, 113 Seiten. 1968. Ganzleinen DM 32,— (Heft 110)

The Prophetic Word of Hosea. A Morphological Study. By M. J. BUSS. XIV, 142 Seiten. 1969. Ganzleinen DM 46,— (Heft 111)

Text und Textform im hebräischen Sirach. Untersuchungen zur Textgeschichte und Textkritik der hebräischen Sirachfragmente aus der Kairoer Geniza. Von H. P. RÜGER. VIII, 117 Seiten. 1970. Ganzleinen DM 46,— (Heft 112)

Die Wurzel schalem im Alten Testament. Von W. EISENBEIS. XVI, 367 Seiten. 1969. Ganzleinen DM 80,— (Heft 113)

Das Todesrecht im Alten Testament. Studien zur Rechtsform der Mot-Jumat-Sätze. Von H. SCHULZ. X, 208 Seiten. 1969. Ganzleinen DM 42,— (Heft 114)

Studien zur alttestamentlichen Theologie und Geschichte (1949—1966). Von G. FOHRER. X, 371 Seiten. 1969. Ganzleinen DM 74,— (Heft 115)

Prophet und Tradition. Versuch einer Problemstellung. Von M.-L. HENRY. X, 77 Seiten. 1969. Ganzleinen DM 22,— (Heft 116)

Die Psalmen: Stilistische Verfahren und Aufbau. Mit besonderer Berücksichtigung von Ps 1—41. Von N. H. RIDDERBOS. (Aus dem Holländ. von K. E. Mittring.) Etwa 312 Seiten. 1970. Etwa DM 49,— (Heft 117)

Strukturen und Figuren im Kult von Jerusalem. Studien zur altorientalischen, vor- und frühisraelitischen Religion. Von FRITZ STOLZ. XI, 235 Seiten. 1970. Ganzleinen DM 58,— (Heft 118)

Die Priesterschrift von Numeri 1,1 bis 10,10. Von D. KELLERMANN. Etwa 200 Seiten. 1970. DM 48,— (Heft 120)

Liefermöglichkeiten und Preise der früheren Hefte auf Anfrage

Walter de Gruyter & Co · Berlin 30

Altorientalische Texte zum Alten Testament

In Verbindung mit Erich Ebeling, Hermann Ranke und Nikolaus Rhodokanakis, herausgegeben von Hugo Gressmann

2. Nachdruck der zweiten, völlig neugestalteten und stark vermehrten Auflage von 1926

Groß-Oktav. X, 478 Seiten. 1970. Gebunden DM 60,—

Dieser Band erschien ursprünglich als erster Teil des Werkes „Altorietalische Texte und Bilder zum Alten Testament", hrsg. von Hugo Gressmann

---

Einführung in die vergleichende Kulturgeschichte des Alten Orients unter besonderer Berücksichtigung der Kultur Israels

Aus dem Inhalt:

Ägyptische Texte (Mythologie, Poetik, Sprüche, Prophezeiungen, Märchen und Erzählungen, geschichtliche Texte)

Babylonisch-assyrische Texte (religiöse, chronologisch-historische, juristische Texte)

Nordsemitische Inschriften und Papyri

Altsüdarabische Inschriften

Walter de Gruyter & Co · Berlin 30